한국 현대소설의 비판적 언술 양상

지은이 김동석(金東石, Kim, Dong-seok)은 1970년 전남 무안에서 출생하여 광주에서 중·고등학교 시절을 보냈고, 고려대학교 국어국문학과와 같은 대학원에서 현대문학을 공부했다. 한국근대사와 근대문학의 파행성과 비극성에 많은 학문적 관심을 갖고 있었고, 이를 극복하기 위한 문학적 실천을 고민했었다. 2007년 8월 14일 새벽, 37세를 일기로 타계했다. 논저로 「김유정 소설의 구조원리 연구」(고려대 석사논문, 2000), 「해방기 소설의 비판적 언술 연구」(고려대 박사논문, 2005), 「역사적 리얼리티와 민족주의—안수길의 『북간도』론」(『한국문학평론』 21호, 국학자료원, 2002), 「경계의 와해와 분열의식—장용학의 「요한시집론」」(『어문논집』 47집, 민족어문학회, 2003), 「염상섭 소설에 나타난 욕망과 윤리, 이념—해방기를 중심으로」(『한국문학연구』 5호, 고려대 민족문화연구원 한국문학연구소, 2004), 「채만식 소설의 내적 원리 연구」(『민족문화연구』 41호, 고려대 민족문화연구원, 2004), 「해방기 진보적 리얼리즘론에 대한 일고(一考)—1930년대 후반 리얼리즘론과의 관련성을 중심으로」(『한국 근대문학 연구』 제6권 제1호, 한국근대문학회, 2005), 「이기영의 「땅」 연구」(『어문논집』 51집, 민족어문학회, 2005), 「김남천의 「1945년 8·15」 연구」(『현대소설연구』 26호, 한국현대소설학회, 2005), 「해방기 어문운동이 문학에 미친 영향—문인들의 반응을 중심으로」(『어문논집』 54호, 민족어문학회, 2006) 등이 있다.

한국 현대소설의 비판적 언술 양상

2008년 8월 10일 1판 1쇄 인쇄
2008년 8월 15일 1판 1쇄 발행

지은이 _ 김동석
펴낸이 _ 박성모
펴낸곳 _ 소명출판
등록 _ 제13-522호
주소 _ 137-878 서울시 서초구 서초동 1621-18 (란빌딩 1층)
대표전화 _ (02) 585-7840
팩시밀리 _ (02) 585-7848

somyong@korea.com | www.somyong.co.kr

값 19,000원
ISBN 978-89-5626-314-4 93810

한국 현대소설의 비판적 언술 양상

Critical Discourse in Modern Korean Novels

김동석

소명출판

그가 없다. 이것은 돌이킬 수 없는 사태이다.

우리는 여기 한 따뜻했던 영혼을 위한 진혼가(鎭魂歌)를 적어두려 한다.

그를 생각하면 늘 떠오르는 단어가 있는데 '인자무적(仁者無敵)'이라는 말이다. 그의 곁에는 늘 사람들이 모여들곤 했었다. 그는 언제나 온화한 표정으로 사람들을 대했고, 우리는 그의 부드러운 품성이 항상 부러웠다. 다른 사람들에겐 한없이 관대했지만 그는 스스로에 대해서는 무척 엄격했던 것 같다. 그는 아무리 친한 친구들에게라도, 자기의 속마음을 온전히 드러내 보이는 일은 그리 점잖지 못한 일이라고 생각했었던 것 같다. 스스로에 대해서는 많이 엄격했던 그가 우리는 못내 서운하다.

그가 남긴 글들을 찬찬히 들여다보면 유난히 쉼표를 많이 사용하고 있다는 것을 알 수 있다. 그는 왜 유독 쉼표를 많이 썼던 걸까. 그는 늘 천천히 세상과 마주했다. 느릿느릿 여유롭게 움직이던 그의 영혼은 바삐 움직이는 세상의 속도를 불편해 했던 것 같다. 그렇지 않고서야 그처럼 맑은 영혼의 소유자가 우리 곁을 그렇게 빨리 떠나지는 않았을 것이다. 그는 우리에게 늘 따뜻했던 동료였으며, 언제나 남을 먼저 배려하는 선배이자 후배였다. 우리는 아직 그의 죽음을 받아들일 수가 없다.

이 책은 고(故) 김동석의 삶과 학문의 자취를 희미하게나 더듬어보고, 그를 망각의 늪에 머물러있지 않게 하려는 사람들의 작은 노력들이 모여서 이루어졌다. 이 책의 제1부는 그의 박사논문을 수록한 것이다. 그리고 제2부에서는 그가 남긴 소논문들을 한 자리에 모아놓았다.

우리들의 작은 정성은 보잘 것 없고 부질없는 것이지만, 그가 아이처럼 해맑게 한번 웃어준다면 정말 기쁠 것 같다. 모쪼록 이 작은 책이 아무 흔적도 남기지 않았던 그에게 누가 되지 않았으면 하는 바람이다.

2008년 6월 1일

그를 기억하는 벗들을 대표하여,

이찬 · 이도연 · 김종수 함께 적음

차례

제2부 현대소설과 비판적 언술의 지형

제1부
해방기 소설의 비판적 언술 연구

제1장 서론

1. 연구의 목적과 방법

본 논문의 주된 목적은 해방기 소설에 나타난 비판적 언술 양상을 검토하는 데에 있다. '해방기'[1]는 국가 수립이라는 역사적 과제 앞에서

1) 이 시기에 대한 명칭으로는 '해방공간'(김윤식 · 권영민 · 정호웅 · 김승환), '해방기'(신형기 · 송희복) '미군정기'(서경석), '해방 직후'(조남현 · 이우용), '광복 직후'(김성렬), '교착기'(이재선) 등이 사용되고 있다. '해방공간'이라는 용어는 국문학계에서 광범위하게 사용되고 있으나 이 시기의 역사적 계기성을 무화시킬 위험성이 있고, 역사학계에서 주로 사용하고 있는 '미군정기'라는 용어는 당시의 정치 체제에 근거한 것으로 정치사적 의미에 한정되는 문제점이 있다. 또한 '해방 직후', '광복 직후' 등의 용어는 문학사적 시대 단위의 의미를 갖기에는 적절하지 못하다고 판단되어 본 논문에서는 이미 일반화된 용어 중 '해방기'라는 명칭을 사용하고자 한다. 일제의 식민지 통치로부터 벗어난 '해방기'가 다른 시기와 구별되는 점은 민족국가 수립이라는 역사적 과제가 이 시기의 모든 담론을 지배했다는 점이다. 민족국가 수립이라는 지배적 담론의 영향력은 남한과 북한이 각기 단독정부를 수립한 뒤에도 전쟁이 전면화되는 시점(1950.6.25)까지 이어졌다고 할 수 있는데, 이에 본 논문은 1945년 8월 15일부터 1950년

좌·우익 이념 대립을 중심으로 첨예한 정치 투쟁의 소용돌이에 휩쓸렸던 시기이다. 이에 따라 이 시기 작가 혹은 작품들 역시 그러한 영향력 아래 놓여 있을 수밖에 없었다. 이런 점에 주목한 기존의 해방기 문학 연구는 이 시기 문학의 가장 두드러진 특징이 정치 혹은 이념 지향성에 있음을 강조해 왔다. 이 시기 문학의 대표적인 연구 성과 중 하나라고 할 수 있는 김윤식의 『해방공간의 문학사론』(서울대 출판부, 1989)은 이 시기 문학의 특징이 "씌어진 문학이 아니라 씌어지고자 하는 싹을 무성히 보여준, 부재하는 문학에 많은 의미가 고여 있는 형국"[2]에 있다고 지적하고 이로 인하여 이 시기 문학 연구가 문단 활동이라든지 조직 강령, 신변적 발언 등을 통한 문제적 개인의 내면 풍경의 탐구로 갈 수밖에 없었던 사정을 역설한 바 있다. 이러한 의미의 연장선 위에서 그는 이 시기를 해방공간이라고 명명하였고, 그와 같은 관점에 입각한 논의들은 이 시기 문학을 이해하는 데에 선구적인 역할을 해 왔던 것이 사실이다.

그런데 이와 관련하여 우리는 다음과 같은 물음을 제기하게 된다. 이 시기의 문학작품은 정말로 씌어진 문학, 실제하는 문학이라기보다는 씌어지지 않은 문학, 부재하는 문학으로서의 의미와 성격이 지배적이었는가 하는 의문이다. 소설만 한정해서 살펴보았을 때 이 시기 작품을 발표한 작가는 190여 명 정도이고, 그동안 씌어진 작품은 790여 편 이상이다.[3] 그렇다면 '부재하는 문학'으로서의 문학사적 규정은 작품의 부재

6월 25일까지의 기간을 '해방기'로 간주하고자 한다. 이와 관련하여 북한에서는 이 시기를 '평화적 민주 건설 시기'로 시대 구분하고 있다. 사회과학원 연구소 편, 『조선문학사』, 과학백과사전출판사, 1978; 안함광, 『조선문학사』, 태동, 1989 참조.

2) 김윤식, 『해방공간의 문학사론』(서울대 출판부, 1989)의 머리말. '해방공간'이라는 용어와 관련한 김윤식의 또 다른 언급은 다음과 같다. "해방공간은 모든 문인들을 문학이냐 정치냐의 선택 앞에 노출시켰던 상황이었다고 요약할 수 있다. 이를 두고 '시적 현실' 또는 '해방공간'이라고 부르는 데, 왜냐하면 모든 사람을 역사 의식의 제로 지점에 일단 내려 앉게 만들었기 때문이다."(김윤식, 『해방공간 문단의 내면 풍경』(김동리와 그의 시대 2), 민음사, 1996, 62면)

를 의미하는 것이라기보다는 정치적 성격이 우세할 수밖에 없었던 이 시기 문학의 특수성을 강조한 표현이라고 할 수 있다. 이에 따라 해방기 소설에 대한 기존 연구의 대표적인 접근 방식은 역사주의적 관점 혹은 내용 사회학적인 관점에 의하여 좌파・우파・중간파 등 정치적 지형 속에 작품들을 배치하거나 작품에 반영된 사회 현실의 양상을 살펴보는 것이었다. 해방기가 다른 어느 시기보다 강한 정치성 혹은 사회성의 자장 아래 놓여 있었다는 사실을 감안하면, 이러한 접근 방식의 유효성과 타당성은 우선적으로 받아들여질 수 있을 것이다. 이 때 중요하게 취급되는 것은 당시 문학 단체의 조직화 과정과 각 문학 단체들 사이의 대결 과정, 그리고 비평론 등에 대한 실증적인 자료 조사 등 이 시기의 사회・역사적 상황과 직접적으로 관련된 것들이었고, 문학 작품은 당시의 정치적 지형 혹은 사회적 현실을 파악하거나 증명하는 또 하나의 자료로서 취급되었다. 그런데 여기에서 문제가 되는 것은 개별 작가들의 이념적 지향성이 유동적이거나 애매한 경우가 적지 않았고[4] 작품의 의미 또한 단순하게 정치적 이념 혹은 사회적 현실로만 귀속시키기 어려운 부분이 있다는 점이다. 다시 말해 실증적 자료 조사와 역사적 재구성을 통해 문학 또는 문학사적 의미를 규정하고자 하는 역사주의적 접근 방식과 소설과 현실의 소박한 일대일 대응 관계를 전제로 한 내용 사회학적인 접근 방식은 기본적으로 '문학 언어로서의 작품'이 가지고 있는 의미에 대한 이해와 고려가 미흡할 수밖에 없다는 한계를 가지고 있다고 할 수 있다.

3) 본 논문의 부록에 실린 해방기 작품 목록 참고.

4) 이와 관련하여 김홍규는 "이 시기 문인・지식인들 각자의 지향에도 크고 작은 편차가 존재하였음에도 불구하고 민족진영 대 공산진영이라는 단순 논리의 도식으로 정리된 데에는 급속도록 악화되어간 당시의 정치 정세가 일차적인 요인으로 작용하였지만, 남북 분단 이후의 현실 추세가 이 시기의 사회・문화적 이념들이 지닌 모든 편차를 제약 또는 단순화하면서 양분법적 인식의 틀 안에 우겨 넣었다는 점도 유의해야 한다"고 지적한 바 있다. 김홍규, 「민족문학과 순수문학」, 『한국문학의 현단계』(백낙청・염무웅 편) Ⅳ, 창작과비평사, 1985, 185면.

문학의 자율적 형식을 존중하면서도 그것과 사회적 현실과의 유기적인 연관성을 놓치지 않으려고 한 것은 골드만에 의해 본격화된 구조주의적 사회학이다. 골드만은 소설을 구성하는 요소가 사회적 현실을 변화시키지 않고 거의 그대로 반영한다고 보는 내용 사회학의 관점을 비판하면서, 소설 자체가 가지고 있는 구조와 그것이 전개된 사회 환경의 구조 사이의 엄격한 상동성(homologie rigoureuse)[5]을 밝혀내고자 하였다. 그에 의하면, 작품이 가진 내적인 의미의 통일성을 부여하는 것이 그 작품의 의미 구조라면, 그러한 작품의 의미 구조가 끼워져서 설명될 수 있는 포괄적인 구조를 제공하는 것이 '세계관' 개념[6]이다. 세계관이라는 매개 개념을 통해 골드만은 소설 장르와 사회 현실 사이의 구조적 상동성을 드러낼 수 있다고 믿었다. 이후 소설 장르의 발생론적 토대를 자본주의적 체제와의 관계 속에서 해명하고자 한 골드만의 후기 작업은 '세계관' 또는 '가능 의식' 등의 매개 개념보다는 '교환 가치'라는 매개 개념을 통해 서구 자본주의 체제의 구조와 소설 구조와의 상관 관계에 더욱 주목하고 있다. 하지만 그러한 일련의 골드만의 작업은 허구적 텍스트의 일의성을 전제하고 이를 메타-텍스트의 구조 속에 기계적으로 끼워 넣고 있는 것은 아닌가 하는 비판을 받아왔던 것이 사실이다. 이 때문에 골드만의 후계자들은 골드만의 기본적인 관점을 이어받으면서도 그것이 가진 문제점을 극복하고 보완하기 위해 노력해 왔다. 골드만 이후 이른바 텍스트 사회학의 성과들이 그 대표적인 것이라고 할 수 있는데, 텍스트 사회학은 문학 작품을 사회·역사적인 측면과 연계시키고자 하는 거시적 관점을 배제하지 않으면서도, 문학 텍스트의 언어적 측면을 중시하는 미시적 접근에 더욱 유의하고자 하였다.

---

5) 루시앙 골드만, 조경숙 역, 『소설사회학을 위하여』, 청하, 1982, 21면.

6) 골드만에 의하면, '예외적 개인'이 한 사회 집단의 가능 의식의 최대치를 구현하는 자를 의미한다면, '세계관'이란 집단 의식의 특징적인 요소들이 극대화된 형태를 갖춘 것을 의미한다. 홍성호, 『문학사회학, 골드만과 그 이후』, 문학과지성사, 1995 참조.

텍스트 사회학의 대표적인 논자라고 할 수 있는 페터 지마는 사회와 역사라는 전체적인 자장 속에서 소설 장르의 기원을 설명하고자 한 발생론적 구조주의 사회학의 접근 방식보다는 텍스트의 현상적 작용에 초점을 맞추면서 언어적 차원에서의 의미론적이고 통사론적인 성격에 집중하는 동시에 그것과 사회·역사적 현실과의 상호 관련성을 밝히고자 노력하였다.[7] 그의 『문학텍스트의 사회학을 위하여』·『텍스트사회학이란 무엇인가』·『소설과 이데올로기』·『이데올로기와 이론』·『문예미학』 등의 연구서[8]들은 그와 같은 노력의 성과물이라고 할 수 있다. 그러한 텍스트 사회학의 성과들은 역사주의적인 관점과 내용 사회학적인 관점에 머물러 있는 해방기 문학 연구에 새로운 방법론적 토대를 제공할 수 있다고 생각한다. "문학 텍스트는 오로지 언어적 구조들을 경유해서만 사회적 현실과 관계 맺을 수 있다"[9]는 텍스트 사회학의 기본적인 공리는, 작품에 대한 미시적 분석이 미흡하다고 할 수 있는 해방기 소설 연구에 하나의 반성적 계기로 작용할 수 있다고 판단되기 때문이다. 하지만 텍스트 사회학의 이론 전개와 구체적 작품 분석 과정이 서구 자본주의 사회와 거기에 기반한 작품들을 대상으로 하고 있다는 점에서, 그것과는 많은 차이를 갖고 있는 해방기 문학을 분석하기 위한 방법론으로 이를 직접적으로 활용하기에는 많은 어려움이 있다. 교환가치에 의한 무차별적 매개가 전면화되어 가는 서구 사회를 배경으로 한 문학 텍스트의 의미론적 구조를 해명하고자 하는 텍스트 사회학의 논의들[10]은, 어떤 점에서, 해방기 우리의 현실과 문학을 이해하는 데에

7) 페터 지마, 정수철 역, 『문학의 사회비평론』, 태학사, 1996, 161면.

8) 페터 지마, 이건우 역, 『문학텍스트의 사회학을 위하여』, 문학과지성사, 1993; ____, 허창운·김태환 역, 『텍스트 사회학이란 무엇인가』, 아르케, 2001; ____, 서영상·김창주 역, 『소설과 이데올로기』, 문예출판사, 1996; ____, 허창운·김태환 역, 『이데올로기와 이론』, 문학과지성사, 1996; ____, 허창운 역, 『문예미학』, 을유문화사, 1993.

9) 페터 지마, 서영상·김창주 역, 『소설과 이데올로기』, 문예출판사, 1996, 17면.

10) 페터 지마의 경우 주로 이데올로기적 언술과 이론적 언술의 구분에 기반하여 논의를 전개하고 있다. 언술 행위 주체가 의미론적인 그 자체의 활동에 대해 채택하는 자

오히려 장애로 작용될 수도 있기 때문이다. 텍스트 사회학의 실제 논의들을 해방기 문학을 이해하기 위한 방법론적 토대로 활용하기 위해서는 무엇보다도 해방기 사회 언어학적 상황에 대한 이해와 검토가 선행되어야 할 것이다.

좌·우익 이념을 중심으로 첨예한 정치적 대립과 갈등을 보여주었던 해방기의 사회 언어학적 상황을 이해하는 데 빼놓을 수 없는 문제는 바로 '이데올로기'의 문제라고 할 수 있다. 여기에서 우리는 '만일 모든 것이 다 이데올로기라면, 이데올로기는 더 이상 아무것도 아닌 것이 되어 버린다'[11]는 말에 유념할 필요가 있다. 이데올로기를 둘러싼 어떠한 구별과 비판 또는 반성의 근거를 포기하게 되면, 우리가 할 수 있는 일이란 철저하게 파괴하거나 조용히 침묵을 지키는 이외의 방도도 없어지게 되기 때문이다. 프랑스의 철학자 데튀 드 트라시(Destutt de Tracy)가 자기 연구서의 표제어[12]로 사용한 이래(1796) 급속하게 파급된 '이데올로기'라는 용어는 오늘날 일상적인 용법에서도 흔히 사용되고 있는 말이다. 처음에 이데올로기는 형이상학 또는 심리학에 반대하여, 관념(ideas)에 대한 과학적 분석, 실증적 과학 정신 등을 의미하는 것이었는데, 나폴레옹이 이 시기 이데올로그(Ideologue, 프랑스 혁명기 철학자 또는 지식인)들에 대하여 추상적인 관념에 매달려 구체적인 문제들은 잘 알지도 못하면서 비현실적이고 위험한 파당적인 주장만을 내세우는 자들이라고 비난하면서 그것은 상대를 조롱하는 뜻을 담게 된 것[13]이기도 하다. 하

세와 관련하여, 그는 이데올로기적 언술과 이론적 언술을 구분하고 있는데, 이데올로기적 언술이 원칙적으로 양가성을 인정하지 않는 이분법적 구조에 의해 기반하여 특정한 합목적성을 추구하는 데 비해, 이론적 언술은 인식의 양가성에 출발함으로써 현실을 일종의 가능한 구성, 즉 우연적 구성으로 인식한다고 설명하고 있다. 페터 지마, 허창운·김태환 역, 『텍스트 사회학이란 무엇인가』, 아르케, 2001, 274~275면.

11) 올리비에 르불, 홍재성·권요룡 역, 『언어와 이데올로기』, 역사비평사, 1994, 43면.

12) 인성의 내용과 진화에 대한 발전 과정을 '이념의 자연사'라는 측면에서 다루면서 그는 자신의 연구서를 『이데올로기의 요소』라고 명명하였다. 존 폴라메나쯔, 진덕규 역, 『이데올로기란 무엇인가』, 까치, 1982, 16면 참조.

지만 오늘날에 와서는, 이데올로기에 대한 유일하고 적합한 정의는 불가능하다[14]고 할 정도로 '이데올로기' 개념은 이 문제에 접근하고자 하는 연구자들의 정치적 혹은 철학적 입장에 따라 판이하게 달라지고 있다. 맑시즘 계열의 이론가들에게 이데올로기란 주로, 현실의 실상을 은폐함으로써 지배 권력의 이익에 봉사하는 허위 의식을 의미하는 것이라면, 오늘날 이데올로기 종언의 시대를 선포하는 사람들에게 그것은 냉전시대의 산물로서 억압적인 정치 권력의 가치 체계에 가까운 것이고, 포스트 모더니즘 이론가들에게 그것은 과거 형이상학의 산물로서 전체적이고 목적론적인 가치 체계에 가까운 의미를 지니고 있다. 이는 그것이 어떻게 정의되고 취급되든, '너(또는 그것)는 이데올로기야'라고 말함으로써 상대를 한순간에 '악한' 또는 '바보'로 만들어버리는, 경멸적인 측면에서의 마술적 용어로서의 성격을 이데올로기라는 말의 용법이 가지고 있음을 말해주고 있다. 이데올로기의 용어 사용 자체가 이데올로기적인 차원에서 이루어지고 있는 셈이다.[15]

이에 반해 올리비에 르불의 『언어와 이데올로기』[16]는 정치・사회학적 입장보다는 주로 언어학적인 관점에서 이데올로기 문제에 대하여 접근하고 있다. 그는 개인 간의 의사 소통을 가능하게 해주는 기호들의 체계인 랑그(langue)와 개인적 측면의 언어 행위인 파롤(parole) 사이에 위치하는 중간적인 실체를 지칭하는 언술(discours)[17]이라는 용어를 사용하

---

13) 존 폴라메나쯔, 위의 책, 35면 참조.

14) 테리 이글턴, 여홍상 역, 『이데올로기 개론』, 한신문화사, 1994, 1면. 테리 이글턴의 『이데올로기 개론』은 이데올로기에 대한 단일하고 포괄적인 어떤 정의를 시도하기보다는 그것을 상이한 개념의 실타래로 짜여진 하나의 텍스트로 간주하고 이에 대하여 비판적으로 개검토하고 있다.

15) 이러한 연장선 위에서 테리 이글턴은 '이데올로기는 마치 입냄새처럼 다른 사람만 가지고 있는 것'(테리 이글턴, 위의 책, 3면)으로 취급되는 경향이 있다고 비판하고 있다. 여기에서 이데올로기는 오직 '적의 생각 혹은 사상'(올리비에 르불, 앞의 책, 21면) 이상의 다른 아무 것도 아니게 되기 때문이다.

16) 올리비에 르불, 홍재성・권오룡 역, 『언어와 이데올로기』, 역사비평사, 1994.

17) Discours(독일어 Diskurs, 영어 Discourse)는 학자들마다 조금씩 다르게 사용되는 탓에

여, 권력의 담화로서의 이데올로기적 언술의 특성을 드러내고자 하였다. 이데올로기적 언술은 개별적이고 구체적인 파롤의 형태로 표출되기도 하지만 어떤 조건에 의해 제약받고 그 제약이 지배 권력에 봉사한다는 점에서 랑그의 차원에 또한, 가까워진다는 것이 그의 기본적 관점이다. 이 때문에 단순히 전언(message)의 총체로 한정되는 '정치 선전'과 일정한 방식을 통해 약호(code)를 구성하는 '이데올로기적 언술'을 구분하면서, 그는 "이데올로기적 언술의 기능이 권력의 존재를 정당화하는 것임에 반해, 정치 선전의 기능은 권력의 어떤 행위를 정당화하는 것"[18] 이라고 구별하고 있다. 이와 함께 그는 '확산된 이데올로기', '파벌적 이데올로기', '이데올로기적 분할'이라는 세 가지 유형으로 이데올로기를 나누고 있다. '확산된 이데올로기'가 현재 시점에서 널리 퍼져 있으면서 현재의 권력을 정당화하는데 이바지하는 이데올로기라면, '파벌적 이데올로기'는 현재의 권력에 대항하여 권력을 탈취하고 장악하고자 하는 이데올로기이며, '이데올로기적 분할'은 확산된 이데올로기나 파벌적인 이데올로기들 속에서 다시 발견되는, 파편화된 이데올로기로서의 성격을 갖는 것이라고 그는 설명하고 있다. 그에 의하면, 이들 이데올로기의 가장 핵심적인 구성 요소는 바로 권력인데, 여기에서 권력은 단순히 정치적 권력만을 의미하는 것이라기보다는 정치적 · 경제적 · 종교적 · 관

학술적 의사소통에 혼동을 일으키고 있는 대표적인 용어이다. 언어학자들에게 그것은 한 문장보다 긴 언어의 복합적 단위를 지칭하는가 하면, 서사학자들에게는 텍스트의 다양한 서술 기법과 서사 전략을 지칭하는 것으로, 담론학자들에게는 고정된 텍스트를 넘어서서 사회적 장 속에서의 의미 작용 일반을 지칭하는 것으로 사용되고 있다. 흔히 '담론'으로 번역되는 Diskurs 개념이 주로 한 논거와 그에 반하는 논거가 서로 교차하면서 발생하는 대화적 논쟁(토론적 담론, 메타 대화)으로서의 의미 층위에 가깝다면, 페터 지마의 Diskurs 개념은 텍스트의 의미론적 또는 서술적 구조를 지칭하는 것으로서의 의미 층위에 가깝다고 할 수 있다. 하지만 그렇다고 해서 페터 지마의 Diskurs 개념이 텍스트 자체 내의 서술 기법과 서사 전략들에 대한 미세한 분석을 중시하는 텍스트주의자들의 Diskurs 개념을 의미한다고 볼 수는 없을 것이다. 페터 지마, 허창운 · 김태환 역, 『텍스트 사회학이란 무엇인가』, 아르케, 2001, 274~275면 참조.

18) 올리비에 르불, 앞의 책, 46면.

료적 · 교육적 권력 등 다양한 형태를 띠고 있는 권력 모두를 포괄하여, "인간에 대한 인간의 지속적인 지배 전부"[19]를 의미한다. 이데올로기적 언술이 어떤 개별적 행위를 정당화하고자 하는 표면적 발화의 층위가 아닌, 자기 존재의 정당성과 관련된 하위 약호(sous-code idéologique) 체계의 층위에 있음도 그러한 권력의 포괄적 성격 때문이다.

그렇다면 해방기가 보여주었던 권력 또는 이데올로기의 특징은 어떻다고 할 수 있을까. 일제 식민지 체제에서 벗어나 새로운 정체(政體)를 수립해야 한다는 역사적 과제 앞에서 각 정치 세력 간에 치열한 정권 쟁탈전이 벌어진 이 시기는, 사실상 어떤 권력도 그것이 사회 일반에 대한 지속적인 지배를 행사했다고 볼 수 없다는 점에서 일종의 '권력 부재 상태'였다고 할 수 있다. 다시 말해 현재의 권력 상태를 당연한 것이나 불가피한 것으로 정당화하고자 하는 지배 집단의 '확산된 이데올로기'가 존재했다고 보기 어려우며, 이 때문에 기성 권력에 맞서는 대항적 권력 형태라고 할 수 있는 각 소수 집단에 특유한 '파벌적 이데올로기'나 이데올로기적 분할 형태인 '파편화된 이데올로기' 역시 존재했다고 보기 어렵다. 과거 지배 권력의 온갖 억압으로부터의 해방을 특징으로 했던 이 시기는 오히려 '이데올로기 부재기'로서의 성격이 더욱 강했고, 지배 권력으로서의 이데올로기가 부재한 상태에서 여러 가지 '분산된 가치 체계'가 치열한 권력 쟁탈전을 벌였으며 그것의 표면적 형태가 정치 투쟁으로 나타났다고 할 수 있다.

이 시기 새로운 정체(政體) 수립을 둘러싸고 벌어진 이른바 '민족국가 담론'[20]은 노동 문제, 토지 문제, 환경 문제, 여성 문제, 지식인 문제 등

19) 위의 책, 26면.

20) 여기에서 담론은 앞에서의 언술과 마찬가지로 Discours의 번역어이다. 하지만 이 때 담론(Discours)은 파롤의 한 유형이면서도 또 한편으로는 하위 약호 체계로서의 층위에 가까운 언술(Discours)과 달리, 추상화된 관념이기 쉬운 체계 또는 구조, 의식 등 일체의 인위적 일반 규정을 거부하면서 개별적이고 구체적인 파롤의 층위(사회적이고 실천적인 성격)에 한층 가까워진다고 할 수 있다. 이 때문에 오늘날 유행하는 일련의 담론 연

사회적으로 논란거리가 될 수 있는 모든 쟁점의 중심을 차지하게 되었다. 그러한 민족국가 담론은, 그것이 해방기 사회적 현실 속에서의 제반 가치에 대한 지속적이고 광범위한 영향력을 행사했다는 점에서, '확산된 이데올로기'와 가까워 보이는 것이 사실이다. 하지만 이 시기 민족국가 담론은 아직은 이데올로기 일반의 형태를 갖추었다고 보기 어려운데, 이는 그것이 "물리적 억압에 호소하지 않고서도 현상적인 지배를 항구적으로 복종 받을 수 있도록 보장해주는 당연한 권리로 변화시켜주는",[21] 다시 말해, 이데올로기에 의한 억압과 굴종의 상태를 스스로의 권리와 의무로 생각하게 만드는 이데올로기적 정당화의 작업이 충분히 이루어졌다고 보기 힘들기 때문이다. 이 시기 '민족국가 담론'이 이른바 민족국가 이데올로기로 분화되고 고착화된 것은 남북한 단독정부 수립과 6·25전쟁을 거쳐 한반도 내 분단 구조가 정착된 이후의 시기라고 보는 것이 더욱 타당하다고 판단된다. 이와 관련하여 "이데올로기를 특수한 담론의 집합으로서보다는, 담론 내부의 특수한 효과의 집합으로 보는 것이 도움이 될지 모른다"[22]는 테리 이글턴의 언급은 그 시사하는 바가 크다. 이 시기의 민족국가 담론은 그 자체로 이미 이데올로기의 형태를 갖추었다기보다는 그 담론 내부의 특수한 효과 또는

구는 말과 글의 텍스트 영역을 넘어서서 그것의 기술적인 과정, 사회적인 관습 또는 규범, 제도, 그리고 실제적인 실천의 영역으로까지 광범위하게 확장되는 경향이 있다. 이 때 그것(Discours)은 '대화적 논쟁'을 의미하는 우리말 일상적 용법의 어감에 오히려 가까워지고 있다는 점에서 '언술'보다는 '담론'이라는 번역어가 오히려 적합한 것으로 판단된다. 이에 본 논문은 Discours를 텍스트의 의미론적 또는 서술적 구조의 층위를 지칭하고자 할 경우에는 '언술'로, 텍스트 영역을 넘어서 대화적 논쟁 혹은 사회적 실천 등의 층위로 확장될 경우에는 '담론'으로 각각 구별하여 사용하고자 한다. 다시 말해, 해방기 소설의 기반이 되고 있는 이 시기 사회언어학적 상황의 의미론적 구조를 지칭하는 것으로는 '언술'이라는 용어를, 이 시기 민족국가 수립에 관한 광범위한 논의와 논쟁을 지칭하는 것으로는 '담론'이라는 용어를 사용할 것이다. 다만, 언술로 지칭되든지 담론으로 지칭되든지, Discours는 랑그(langue)의 영역에 속해 있는 것이 아니라, 파롤(parole)의 영역 어느 지점에 속해 있는 것이라고 할 수 있을 것이다.

21) 올리비에 르불, 앞의 책, 29면.

22) 테리 이글턴, 앞의 책, 264면.

기능, 내용 등의 집합이 배타적으로 고형화되면서 점차적으로 이데올로기 일반의 형태로 발전되었다고 볼 수 있기 때문이다. 그렇다면 이 시기 민족국가 담론의 구체적인 전개 양상은 어떠했을까. 이 시기 민족국가 담론 안에서 핵심적인 쟁점으로 떠오른 것은 친일 잔재 청산과 외세 의존 배격, 그리고 봉건 잔재 청산의 문제[23]였다. 이들 문제를 둘러싸고 벌어졌던 대립과 갈등은 긴밀한 상호 작용의 그물망을 형성하면서 민족국가 수립이라는 이 시기 역사적 담론으로 수렴되고 있다. 그렇다면, 이 문제들(친일 잔재 청산, 외세 의존 배격, 봉건 잔재 청산 논의)에 대하여 간략하게 살펴보도록 하자.

먼저, 민족적 정체성 회복이라는 역사적 과제와 맞물려 있는 '친일 잔재 청산' 논의는 기본적으로 민족 대 반민족의 대립 구도를 기반으로 하고 있다. 일제의 식민지 통치로 인하여 훼손되었던 민족적 정체성을 바로 세우기 위해 무엇보다도 친일적 잔재를 청산해야 한다는 주장은 민족국가 담론 내에서 논란의 여지가 있기 어려운 당위적 전제였다. 하지만 그렇듯 당연하고도 이의(異意)가 있을 수 없어 보이는 당위적 전제는 특정 집단의 정치적 이해 관계와 연결되고 도구화됨으로써 정략적 수단으로 변질되고 만다. 좌익 진영에서는 친일파 청산 문제를 교묘하게 회피하고 있는 우익 진영을 반민족적 세력으로 몰아세운 반면, 우익 진영에서는 그것을 이유로 사회적 혼란과 민족적 분열만을 일삼는 좌익 진영을 오히려 반민족적 세력이라고 공격하였다. 이로 인하여 친일적 잔재 청산이라는 당위적 전제는 아무런 울림이 없는 추상적 구호로 전락하게 되고 거기에는 정략적 분파성만이 소란스럽게 흘러 넘쳐나게

23) 친일 문제와 이데올로기 문제를 중심으로 해방기 소설의 현실 대응력을 살핀 안한상은 각 집단의 이해 관계에 따른 이 시기 대립과 대결의 양상을 크게 친일 잔재 청산의 문제로 인한 민족-반민족의 대립, 체제 선택의 이데올로기 문제로 인한 좌우의 대립, 봉건 잔재의 청산 문제로 인한 봉건-반봉건의 대립, 외세의 개입과 분단 문제로 인한 외세-반외세의 대립 등 네 가지로 구분한 바 있다. 안한상, 『해방기 소설의 현실 인식과 구조 연구』, 국학자료원, 1995, 12면.

되었다. 특히, 일제 잔재 청산이 가장 불철저했던 분야는 경찰·행정·군대·사법부 등의 국가통치기구였다고 할 수 있는데, 미군정은 사회의 혼란을 수습하기 위하여 일제 시대 총독부의 행정기구를 그대로 유지하고자 하였다.[24] 조선총독부의 기구는 그대로 미군정의 기구가 되었고, 총독부 고위 관리들은 처음에 유임되었다가 뒤에는 미군정청 고문이 되었다. 일본인 관공리와 총독부에 봉사한 하급 관리들 역시 그대로 유임되거나 재임용되었고, 그러한 현실적 상황과 각 정파 간의 치열한 정권 쟁탈전 속에서 친일 잔재 청산 문제는 시간이 갈수록 해결하기 어려운 난제로 남게 되었다.

다음으로, 외세 대 반외세의 대립 구도를 기반으로 하는 '외세 의존 배격' 논의는 외세의 영향과 지배로부터 벗어나 민족 주체성과 자주성을 확립해야 한다는 주장으로 이어짐으로써 '친일 잔재 청산' 논의의 연장선상에 놓인 것이라고 할 수 있다. 이는 이른바 **자주적 민족국**가 수립이라는 명제로 수렴됨으로써 그 내용과 형식을 한층 구체화하였는데, '자주적'이라는 단어는 '민족'이라는 단어와 동어 반복적[25] 성격이 강한 것으로, 여기에서는 민족국가 수립의 절대적이고 보편적인 정당성과 당위성이 무엇보다도 강조되고 있다. 그러나 일제 식민지 통치로부터의 해방이 우리의 자력에 의해 쟁취된 것이 아니라 연합군의 도움을 받아 성취된 타력에 의한 것이라는 역사적 조건에 비추어 보았을 때,[26] 외세

---

24) "1945년 9월 9일 남한에 주둔한 미군은 총독 정치의 연장까지도 고려하고 있었는데, 민심의 항의와 동경 맥아더 사령부의 압력으로 군정 실시로 방침을 결정하였다."(역사문제연구소, 『해방 3년사 연구 입문』, 까치, 1989, 95면)

25) 동어반복은 "A는 A이다"라는 동일성의 원리에 근거한 것이다. 이것은 개별항들의 의미와 무관하게 필연적으로 참인 명제(필연적 진리)를 의미하는 것으로, 여기에는 현실 또는 역사의 특수한 변화의 요소와 계기들이 반영되기는 어렵다고 할 수 있다. 엘리자베스 클레망 외 3, 이정우 역, 『철학사전』, 동녘, 1996, 80면 참조.

26) 이와 관련하여 미군이 한국에 상륙하기 바로 전(1945.9.7) 발표한 태평양 미육군총사령부의 포고 제1호는 주목할 만하다. 이 포고문은 "점령군에 대하여 반항 행동을 하거나 또는 질서 보안을 교란하는 행위를 하는 자는 용서 없이 엄벌에 처할 것"이라는 점을 경고하였다. 서중석, 『한국 현대민족운동 연구』, 역사비평사, 1991, 254~255면 참조.

의존의 절대적 배격을 통한 자주적 민족국가 수립의 명제는 애초부터 실현되기 어려운 것이었다. 해방 직후 삼팔선을 경계로 한 소련군과 미군의 분산 배치는 한반도에 대한 강대국의 분할 지배와 그로 인한 분단을 의미하는 것이었다. 특히 한반도의 신탁통치 실시 방안에 대한 연합국 간의 협정 내용(모스크바 협정 발표, 1945.12.27)은 국내 정치 집단을 찬탁 세력과 반탁 세력으로 갈라놓은 결정적 계기가 됨으로써 한반도 전체를 이념적 대립과 갈등의 소용돌이 속으로 내몰았다. 북한에서는 조만식을 중심으로 한 조선 민주당의 반탁 운동이 전면적으로 금지됨으로써 토착적 민족주의 세력이 제거되고, 남한에서는 우익 진영은 반탁 세력으로 좌익 진영은 찬탁 세력으로 결집되어 양대 세력이 격렬히 대립하게 되었다.[27] 논란의 여지가 없어 보이는 외세 의존 배격(=자주적 민족국가) 논의 역시 국내·외의 주변적 환경과 정치적 이해 관계에 의해 파탄을 맞을 수밖에 없는 운명에 처해 있었던 것이다.

마지막으로 봉건 대 반봉건의 대립 구도에 기반한 봉건적 잔재 청산 논의는 한편으로는 친일적 잔재 청산 문제를 더욱 구체화한 것이면서 다른 한편으로는 외세 의존에 대한 무조건적 배격의 논리와는 일정한 대립각을 세우고 있는 것이기도 하다. 외세 의존 배격 논의(=자주적 민족국가 수립)가 해방기의 역사적 단계보다는 민족국가 담론 내에서 언제든지 통용될 수 있는 보편적 가치를 한층 절대화한 것이라면, 봉건 잔재 청산 논의는 이를 통해 근대적 민족 국가를 수립해야 한다는 주장으로 이어짐으로써 해방기라는 역사적 단계에서의 방향성을 더욱 강조하고 있다. 봉건과 근대라는 대립 구도에 기반한 일종의 근대적 기획에 의해 비로소 토지 문제, 노동 문제 등 당대의 여러 가지 사회·역사적 문제점들에 대하여 개혁의 기본적 지침과 실제적 방향을 제시할 수 있었기 때문이다. 그 중에서도 봉건적인 토지 소유 제도는 이 시기에 시급히 해결해야 할

27) 김학준, 「분단의 배경과 고정화 경향」, 『해방전후사의 인식』 1, 한길사, 1989, 84면.

역사적 과제였다. 하지만 그러한 역사적 과제의 정당성 또는 당위성에 대한 논의 역시, 좌·우익의 정치적 대립과 토착 지주 또는 자본가들의 완강한 저항, 그리고 미군정 정책의 혼선 등 복잡한 사회·현실적 조건들에 의해 많은 어려움을 겪게 될 수밖에 없었다. 토지개혁이 이 시기 민족국가 수립의 핵심적인 과제라는 것은 당시의 모든 정치 세력이 공감하고 있었지만 남한의 경우, 자신들의 정치적 입장에 따라 이를 둘러싸고 '유상몰수·유상분배'(임시정부수립대책협의회), '유상몰수·무상분배(시국대책협의회), 무상몰수·무상분배(민주주의민주전선)라는 세가지 방법을 주장한 좌·우익간의 대립이 극심하였을 뿐, 미군정기에는 실제로 어느 방법도 실행되지 않았고, 다만 1948년 3월 22일 신한공사가 해산되고 신한공사 소유농지를 연생산고의 2할을 15년간 현물 납입한다는 조건으로 최대 2정보씩 소작인에게 불하하였을 뿐'[28)]이다.

이상, 민족 국가 담론을 중심으로 한 '친일 잔재 청산, 외세 의존 배격, 봉건 잔재 청산' 논의는 긴밀한 상호 작용의 그물망을 형성하면서도 그 안에서 치열한 대립과 갈등의 투쟁 양상을 보여주었다. 하지만 이 시기 민족국가 담론 내부의 구성 요소 또는 기능, 효과 등의 특수한 집합들은 한편으로는 실제적인 사회·현실의 개별 조건과 환경들을 고려하지 않으려 하고 또 다른 한편으로는 자기와는 다른 어떤 의미화의 형태도 완강히 배제함으로써 특별한 기표를 지배적 위치에 고정하게 되는데, 이 시기 '**자주적** 민족 국가(반외세)'와 '**근대적** 민족 국가(반봉건)'라는 기표는 그 대표적인 예라고 할 수 있다. '추상'과 '배제'를 특징으로 하는 그러한 특별한 기표가 바로 '당파적', '집단적', '은폐적', '합리적', '권력에 봉사하는 사고'[29)] 등을 특징으로 하는 이데올로기 일반의 형태와 근사해질 수 있음은 물론이다. 하지만 그러한 기표[30)]들은 이 시

28) 역사문제연구소, 『해방 3년사 연구입문』, 까치, 1989, 219면.

29) 올리비에 르불, 앞의 책, 22~26면 참조.

30) 이 시기 반외세와 반봉건을 둘러싼 이념적 대립과 갈등은 거슬러 올라가면 구한말

기 사회역사적 상황 속에서 견고한 위치를 점유하고 있었다기보다는 매우 불안정한 상태에 처해 있었다. 어느 것도 지배적 기표의 위치에 있지 못했었기 때문에 자신의 권력을 정당화하기 위해 수많은 정치 선전과 구호, 욕설과 비방, 그리고 폭력과 테러 등 표면적이고 물리적인 억압의 형태로 나타났다고 볼 수 있다. 결국 이 시기 민족국가 담론 내부의 주요 구성 요소들은 이데올로기 일반의 형태로 발전되기 이전, 역사적 담론의 장 속에서 일종의 '잠재적 가능성'으로만 남아 있었다고 할 수 있다. 다시 말해 그들 구성 요소들의 중요한 공통 특징은 '실제적이고 사회적인 담론의 장'과 '고형화되고 배타적인 이데올로기' 사이에 위치한 이중적 면모에 있었다.

이런 점에서 이 시기 사회언어학적 상황은 '이데올로기적 언술'이라고 단일하게 규정하기보다는 민족국가 담론 내부의 구성 요소들을 중심으로 세분화하는 것이 더욱 타당하다고 판단된다. 이에 본 논문은 '친일 잔재 청산, 외세 의존 배격, 봉건 잔재 청산' 등 이 시기 담론 내부의 구성 요소들이 각각, '자기비판적 언술', '이념 비판적 언술', '현실 비판적 언술' 등 해방기 사회 언어학적 상황의 세 유형을 이루고 있다고 전제하고, 그러한 전제하에 각 지배적 언술과 직접적 관련을 맺고 있는 이 시기 소설의 의미론적 구조와 특징을 살펴보고자 한다. 해방기 사회 언어학적 상황과의 관련성 속에서 이 시기 소설을 검토하고자 한 본 논문의 목적은, 그것이 어떠한 이데올로기적 성격을 가지고 있다고

위정척사파와 개화파 간의 사상적 대립 양상과 연결될 수 있으며, 오늘날 분단 구조 내에서 각 사회 세력들 간의 대립 양상과도 이어지고 있다고 판단된다. 하지만, 본 논문의 일차적 목적은 이들 사이의 통시적 관계에 대한 검토에 있다기보다는 해방기라는 단위 시대 내에서의 소설의 서사적 대응 양상을 살펴보는 데 있으므로 이들의 계기적 관련성과 변화 양상에 대한 고찰은 앞으로의 과제로 남겨둔다. 다만, 이러한 사실은 해방기가 한국사에서 별도의 특수한 공간으로서의 성격보다는 그 이전 시기와도 긴밀한 상호 연관성과 계기성을 가지고 있음을 말해준다. 그러한 상호 연관성과 역사적 계기성은, 해방기 문학이 차지하는 문학사적 위상과 관련해서도, 마찬가지로 중시되어야 한다는 것이 본 논문의 기본적 시각이다.

말하는 데 있다기보다는, 그러한 이데올로기의 영향력 속에서 그 각각이 어떠한 의미론적 구조와 특징을 보이면서 변주되는가를 살펴보는 데에 있다. 이는 비판(critique)이라는 용어가 가지고 있는 성격과도 밀접한 관련을 맺고 있다. 비평(criticism)과 비판(critique) 개념을 구분한 뒤, 그로부터 이데올로기 비판을 시도한 바 있는 테리 이글턴은, "계몽적인 의미에서 비평(criticism)은 어떤 사람들에게 어떤 외부적이며 아마도 초월적인 유리한 입장(외부적 시각)에서, 그들의 상황에서 무엇이 잘못되었는지를 설명해주고자 한다. 반면에 비판(critique)은 주체의 현 조건을 넘어서서 지시하는 그 경험의 유효한 측면들을 도출하기 위해, 주체의 경험에 내부로부터 깃들고자 하는 담론의 형태이다"[31]라고 구분한 바 있다. 이러한 구분법에 의하면, 비판(critique) 개념은 어떤 대상으로부터의 초월적인 위치에서 그것에 대한 시시비비를 알려주는 것이라기보다는 그 안에서의 모순성 혹은 부정성과의 긴장 관계 속에서 그것에 대한 투쟁과 극복 의지를 담고 있다고 할 수 있다. 하지만, 자체 내의 모순성 혹은 부정성과의 긴장력을 상실하게 될 때 그것의 비판적 성격은 자연스럽게 소멸된다고 할 수 있을 것이다. 이런 점에서, 본 논문의 비판적 언술 개념은 그러한 의미론적 구조의 차이와 지형을 드러내기 위한 하나의 방법론적 도구라고 할 수 있다. 이들 각각에 대하여 본 연구자는 상호 우열적인 가치 평가를 앞세우기보다는 그것이 가진 의미와 특징에 대하여 객관적 분석의 자세를 가능한 견지하고자 한다.

31) 테리 이글턴, 여홍상 역, 「서론」, 『이데올로기 개론』, 한신문화사, 1994, 8면.

2. 연구사 검토와 문제 제기

해방기 문학 연구는 크게 조직론 또는 비평론 중심의 연구와 문학 작품 중심의 연구로 나눌 수 있다. 먼저 조직론 또는 비평론 중심의 연구는, 이 시기가 유례없는 정치의 시대라고 불리울 정도로 각 정파를 중심으로 한 문학 단체의 활동과 이에 따른 비평적 논의가 활발했던 만큼, 그것은 이 시기 문학 연구의 가장 특징적인 현상이라고 할 수 있다. ① 이와 관련한 초창기 연구는 극렬한 좌·우 대립의 역사적 현장 속에 직접 참가했던 문인들에 의한 회고록의 형태로 나타났다.[32] 이는 당시의 문단 활동과 분위기에 대한 직접적인 보고문의 성격을 가지고 있다는 점에서 자료적 측면에서 중요한 의의를 지니고 있다. 그러나 이들은 자신의 개인적 체험과 주관적 감회에 바탕하고 있는 만큼 문학 연구의 객관적 시각 확보에는 많은 한계를 가지고 있는 것이 사실이다. 특히 이들 대부분이 공유하고 있는 반공 이데올로기적 관점은 이 시기 문학 연구에 있어 후대 연구자들이 극복해야 할 하나의 과제로 남게 된다. ② 이 분야에 대한 본격적인 연구는 80년대 이후 김윤식·정한숙·권영민·신형기 등의 선구적인 업적[33]으로부터 시작되었다고 할 수 있다. 이들은 당시 문학 단체의 조직화 과정과 대립 양상에 대한 실증적인 자료 연구뿐만 아니라 각 문학 단체와 그들이 펼친 문학론, 더 나아가서는 그것과 문학 작품 사이의 유기적인 연관성에 대한 전반적인 해명을 시도하고자 하였다. 김윤식

32) 곽종원, 「해방 문단 10년의 총 결산」, 『현대문학』, 1960.8; 김송, 「배달의 상징한 '백민'과 해방문단」, 『현대문학』, 1965.8; 조연현, 『내가 살아온 한국문단』, 현대문학사, 1968; 한국문인협회 편, 『해방문학 20년』, 정음사, 1971; 백철, 『문학자서전』, 박영사, 1975.

33) 김윤식, 「한국소설의 미학적 기반 上·下」, 『한국학보』 2·3호, 1976; 정한숙, 『해방문단사』, 고려대 출판부, 1980; 권영민, 『해방 직후의 민족문학운동연구』, 서울대 출판부, 1986; 신형기, 『해방 직후의 문학운동론』, 화다, 1988; 김윤식, 『해방공간의 문학사론』, 서울대 출판부, 1989.

은 70년대 중반 이후 「한국문학의 미학적 기반」(『한국학보』 2 · 3집, 1976)과 『한국 현대문학사』(일지사, 1976)를 통해 이미 해방기 문학에 주목한 바 있는데, 그의 『해방공간의 문학사론』(서울대 출판부, 1989)은 이 시기 문학 단체의 대립 양상과 이들의 강령 또는 논설, 그리고 각종 좌담회에서의 개인적 발언 등에 대한 세밀한 문헌 조사와 해석을 통해 이 시기 문제적 작가들의 내면 풍경을 드러내고자 하였다. 시대와 작가와의 관계, 그리고 작품 자체에 대한 분석의 중요성을 강조[34]한 정한숙의 『해방문단사』는 그것이 비록 여전히 반공 이데올로기적 관점에 기반하고 있기는 하지만, 당시까지는 금기의 영역에 속했던 이기영 · 김남천 · 이태준 등 이른바 좌파 계열 작가들의 작품에 대한 논의를 보여주었다는 점에서 의의를 가지고 있다. 권영민의 『해방 직후의 민족문학운동 연구』는 당시 문단의 중심적인 문제로 부각되었던 민족문학론을 중심으로 이를 좌 · 우의 양 진영이 어떻게 이해하였으며 그것이 어떻게 충돌하였는가에 대하여 전반적으로 검토하고 있다. 또한 중간파적 작가들의 문학론과 작품에도 주목함으로써 이 시기 문학을 좌우 대립적인 시각에서만 고찰하려는 태도에서 벗어나고자 하였다. 이 시기 문학론에 대한 최초의 박사 학위 논문인 신형기의 「해방 직후의 문학운동 연구」는 문학 단체 운동과의 연관성 속에서 좌익과 우익, 그리고 중간파 계열의 문학론을 체계적으로 정리한 대표적인 연구 성과물이다. ③ 이외에도 해방기 문학을 좌우 문단 형성이(1945.8~1946.12), 대립 심화기(1947.1~1947.12), 문단 확정기(1948.1~1949)로 세분하여 각 단계별로 문학론의 쟁점과 그것이 창작에 미친 영향을 살펴 본 김성렬의 「광복 직후 좌우대립기의 문학 연구」(고려대 박사논문,

34) 정한숙은 문학의 역사적 연구를 위한 네 가지 조건으로 사상과 문화, 사회제도, 그리고 전기에 대한 이해를 들고 있다. 문학의 역사적 연구는 언어와 형식, 시대와 운동, 사회 조건 등 다양한 관계의 양상과 변화를 세심하게 고려해야 한다는 것이다. 그러나 동시에, 문학 연구의 중심은 어디까지나 작품임을 분명히 하면서, 평론만을 중심으로 이 시기 문학을 이해하고자 하는 기존의 연구 태도를 비판하였다. 정한숙, 『해방문단사』, 고려대 출판부, 1980, 6~7면, 181면.

1989), 해방기 비평을 시론비평과 원론비평으로 나누어 고찰함으로써 좌·우라는 정치 이분법적인 대립 구도를 지양하고자 한 송희복의 「해방기 문학비평 연구」(동국대 박사논문, 1992), 좌파 계열의 민족문학론을 1930년대 후반의 리얼리즘론과의 연계선 상에서 고찰하고자 한 하정일의 「해방기 민족문학론 연구」(연세대 박사논문, 1992) 등이 주목할 만하다. 이상 조직론 또는 비평론 중심의 해방기 문학 연구는 당시의 문학 단체 운동과 문학론, 그리고 작품이 서로 유기적인 연관 관계를 맺고 있다는 전제에서 출발하여 이 시기 문단의 움직임을 특히 주목하고 있다. 이러한 연구는 운동으로서의 문학적 성격이 강했던 해방기 문학의 특성을 실증적으로 규명하고 있으며, 이 시기 문학에 대한 이해의 기초적 토대를 제공하고 있다는 점에서 중요한 의의를 가지고 있다고 할 수 있다.

문학 작품(소설) 중심의 연구는 다시 창작방법론과 작품과의 연관 관계를 살펴본 것, 작품에 나타난 사회상과 현실인식을 살펴본 것, 작가의 세계관과 소설 형식과의 관련성에 주목한 것, 사회 구조와 소설 구조와의 대응 관계를 살펴본 것으로 나누어 볼 수 있다. ① 먼저, 창작방법론과의 연관 관계 속에서 이 시기 소설을 살펴본 논의는 앞에서 설명한 조직론 또는 비평론 중심의 문학 연구의 연장성 위에 있는 것이라고 할 수 있다. 특히 당시 진보적 리얼리즘을 제창한 좌파 계열의 창작 방법론과 해당 작품과의 연관성이 연구자들의 주된 관심의 대상이 되고 있다. 처음으로 이 시기 작품집(『해방 3년의 소설문학』, 세계, 1987)을 엮은 김희민은 진보적 리얼리즘과 관련된 창작적 성과를 주제별로 나누어 작품 해설을 시도하고 있다. 임진영의 「8·15 직후 단편소설 연구」(연세대 석사논문, 1988), 신덕룡의 「해방직후 리얼리즘소설 연구」(경희대 박사논문, 1989), 김경원의 「해방 직후 진보적 리얼리즘소설 연구」(서울대 석사논문, 1990), 이우용의 『미군정기 민족문학의 논리』(태학사, 1992) 등은 기본적으로 이러한 방법론에 토대하고 있는 글이라고 할 수 있다. ② 작품에 나타난 사회상과 현실인식을 살펴보고자 한 것은 이 시기 소설 연구의 일반적인 경향이다. 염무웅의 「소설을 통해 본 해방 직후의 사회상」(『해방전후사의 인식』 1, 한길사, 1979)은 소설 속에 나타난 토지 문제와 일제 잔재의 문제 등을 통해 해방기의 과제가 무엇인가를 살펴본 것이며 임헌영의 「해방 이후 문학에 나타난 외세 의식」(『해방공간의 문학운동과 문학의 현실 인식』, 한울, 1989)은 작중 인물들이 보여준 외세 의식을 중심으로 일본과 미국에 대한 당대의 일반적 인식과 그 변모 과정을 살펴 본 것이다. 박재섭의 「해방기 소설 연구」(서강대 석사논문, 1985), 오현봉의 「한국 현대소설의 사회학적 연구」(경희대 박사논문, 1986) 등 역시 그러한 사회학적 관점에 바탕하고 있는 논문들이다. 리얼리즘적 반영론의 틀 안에서 해방기 소설을 파악하고자 한 송기섭의 「해방기 리얼리즘소설 연구」(충남대 박사논문, 1994)나 해방기 소설에 나타난 시대정신의 파악에 주안점을 둔 전흥남의 「해방기 소설의 정신사적 연구」(전북대 박사논문, 1995), 작품으로서의 형상화 방식에 유의하면서 당대 사회에 대한 현실 인식과 소설의 현실 대응력을 살펴보고자 한 안한상의 「해방기 소설의 현실인식과 형상화 연구」(서울시립대 박사논문, 1995), 이념이라는 주제어를 통해 해방기 소설 전반을 다루고자 한 이병순의 「해방기 소설의 이념지향성 연구」(숙명여대 박사논문, 1996) 또한 넓게 보면 그러한 범주에서 크게 벗어나고 있지 않다. ③작가의 세계관과 소설 형식과의 관련성에 대하여 집중적 관심을 보인 것은 김윤식의 「한국소설의 미학적 기반 上·下」(『한국학보』 2·3집, 1976)이 처음이라고 할 수 있다. 여기에서 그는 해방기의 김동인·염상섭·채만식·안회남·김동리·계용묵·황순원·허준 소설을 통해 소설의 본질적 문제(형식)를 작가의 세계관(생의 형식)과 관련시켜 파악하고자 하였다. 이는 작가의 전기적 사실을 중시하는 역사주의적 관점과 소설의 발생론적 기반을 세계관이라는 매개 개념을 통해 이해하고자 한 골드만의 관점을 결합하고자 한 새로운 방법론적 모색으로 볼 수 있을 것이다. 해방기 소설 가운데서 자기비판을 다룬 작품을 대상으로 자기비판의 양상과 그것의 구조적 특징에 주목한 정호웅의 「해방공간의 자기비판소설 연구」(서울대 박사논문, 1993) 또한 세계관과 소설 형식과의 관련성에 주목한 것이라고 볼 수 있다. 그는 이 시기 자기비판론을 크게 근본적 자기비판론, 민족적 자기비판론, 세계관적 자기비판론으로 나눈 뒤 채만식 소설과 문학가동맹 계열 작가들의 소설, 그리고 허준 소설을 검토하고 있다. ④ 당대의 사회 구조와 소설 구조와의 상관관계를 규명하고자 한 것은 김승환의 「해방공간의 농민 소설 연구」(서울대 박사논문, 1990)가 대표적이라고 할 수 있다. 그는 해방기를 식민지 반봉건사회로 규정한 뒤, 그것과 소설 구조 사이의 동질성을 규명하는 동시에 텍스트 구조의 상호 의존성에도 주목하고자 하였다.

해방기 소설에 대한 기존 연구의 공통된 특징은, 작품의 의미에 앞서서 존재하는 선재적 의미를 강하게 전제하고 있으며, 그것을 더욱 공고히 확정하고자 한다는 점에 있다. 기존 연구는, 이 시기 소설의 특징적 현상이 '이데올로기적 언술'로서의 성격에 있다는 점을 지속적으로 강조해 왔다. 기존 연구의 대표적인 주제어는 '해방공간',[35] '추상적 무시간성' 등의 용어였으며, 그것이 이 시기 소설을 이해하는 데에 선구적인 기능과 역할을 해왔음은 주지하는 바와 같다. 이들 주제어에 기반하고 있는 기존 연구에 의하면, 해방기 소설은 '정치적 이념 지향성에 의해 현실의 구체적 개별성이 무매개적으로 추상화된 것'[36] 혹은 '전망

35) '해방공간'이라는 용어를 이 시기 문학의 성격과 특징을 드러내는 대표적인 용어로 일반화시킨 것은 김윤식, 『해방공간의 문학사론』(서울대 출판부, 1989)과 『해방공간의 내면 풍경』(민음사, 1996)이라고 할 수 있다. '해방공간'이라는 용어는 정치적 성격이 우세할 수밖에 없었던 당대 역사적 상황의 특수성을 강조하기 위한 일종의 수사학적 표현이기도 하였지만, 이 시기 문학 연구의 가능성은 작가의 내면 풍경을 탐색하는 데에서 찾을 수 있다는, 즉 역사주의적 문학 연구의 정당성을 내세우기 위한 근거의 일환으로 사용된 측면 또한 강하다. 역사주의적 문학 연구는 근대에 이르러 여러 가지 비판과 공격을 받아왔지만, 우리의 문학 연구에서 여전히 가장 많은 의미와 의의, 성과를 보여준 것이 사실이다. 하지만 그럼에도 불구하고 그것의 문제점은 표면적으로는 사실 중시의 관점을 취하고 있으면서도 그 이면에는 주관화에 의한 사실의 왜곡, 혹은 은폐의 위험성이 매우 높다는 점일 것이다.

36) 정호웅, 「해방공간의 자기비판소설 연구」, 서울대 박사논문, 1993.

부재와 상실, 과장의 구조를 가진 것'[37]으로 흔히 규정·평가되고 있다. 이와 관련하여, 본 논문의 주된 문제 의식은 이들 개념어에 의한 지나친 구분과 경계가, 시간의 힘에 맞서 싸웠던 이 시기 언어가 남겨 놓은 고통과 상처의 흔적을 애써 무시하고 있는 것은 아닌가 하는 반성이다. '해방공간', '추상적 무시간성' 등의 개념어는 그것으로 환원되지 않는, 소설 속 이질적인 의미의 영역을 배제하고 있다. 그것이 더욱 문제적인 것은 경멸적인 측면에서의 마술적 효능을 가진 '이데올로기'라는 말의 용법과 유사한 성격을 그 안에 담고 있다는 점이다. 이들 개념어에 의해 해방기의 모든 언술 또는 언술 주체들은 '악한' 아니면 '바보'가 되어버리기 때문이다. 본 논문 역시 이들 이데올로기의 자장과 영향력으로부터 자유로울 수 없음은 물론이다. 하지만 그럼에도 불구하고 그것이 행사하는 사실 은폐와 왜곡 현상을 직시하고자 하는 것은, '파괴 혹은 침묵'이 아닌 '비판과 반성'의 가능성[38]은 이로부터 나온다고 믿기 때문이다. 중요한 것은, '의미의 확정 혹은 부정(否定)'이 아니라 '부정(不定)한 의미에의 침투와 참여'에 있다고 생각한다.

본 논문이 해방기 소설에 주목한 일차적 이유는 이 시기 소설 역시 정치 선언이나 과학 혹은 철학이 아닌 소설 형식을 갖춘 문학 언어였다는 사실과 이로 인하여 이들 역시 원리 일반으로 환원되지 않는 잉여의 영역을 그 안에 담고 있다는 사실 때문이다. 하지만 그렇다고 해서, 본 논문의 목적이 기존의 연구 성과들을 전적으로 부정하고 다른 어떤 새로운 '의미'(선재적 언어)를 정초하고자 함에 있지는 않다. 기존 논의에 대

---

37) 김승환, 「해방공간의 농민소설 연구」, 서울대 박사논문, 1990.

38) 이데올로기의 근본 메커니즘 연구에 천착하고 있는 지젝에 의하면, 이데올로기가 작동하고 있는 사회적인 장은, 이데올로기적 환상 작용에 대해 아무 것도 모르고 행동하는 순진한 개인들 뿐만 아니라, 그것에 대해 잘 알고 있음에도 불구하고 여전히 아무 것도 모르는 듯이 행동하는 개인들을 포함한다(슬라보예 지젝, 이수련 역, 『이데올로기라는 숭고한 대상』, 인간사랑, 2002, 60~69면). 문학 혹은 문학 연구의 독자성과 자율성은 그러한 이데올로기적 환상 작용에 대한 끊임없는 비판과 반성 속에서 찾을 수 있다고 생각한다.

한 비판적 문제 의식을 바탕으로 '문학 언어로서의 해방기 소설'의 의미론적 구조와 특징을 살펴보고자 함은 그들 작품 내부에 '자족적 형식의 원리' 또는 '서사적 기법의 차이'를 체계적으로 해명하고자 하는 시도와는 오히려 거리가 멀다. 문학 작품의 의미를 형성하는 심급은 작가·독자·현실 등 '작품 외부'의 어느 것으로 결코 환원될 수 없지만, 그렇다고 해서 '작품 내부'에 엄연히 포함되어 있는 그들을 '의미' 밖으로 추방해버릴 수는 없기 때문이다. 이런 점에서 기존의 연구 성과들 역시 이 시기 소설에 대한 중요한 '이해의 자리'를 제공하고 있다고 할 수 있다. 본 논문은 그것들이 마련해 준 '이해의 자리'를 토대로 우리의 기억에 '이해되어 있지 않은 것'을 발견하는 작업[39]에 중점을 두고자 한다. 본 논문이 분석 대상으로 선택한 '채만식·허준·김동리·염상섭·김남천·이기영 소설' 또한 그 각각이 '의미 이해의 자리' 역할을 하고 있다는 점에서, '부정(不定)한 의미 이해로 나아가는 하나의 지표들'이라고 할 수 있다.

39) 이와 관련하여 김인환은 "문학의 단계론은 기억의 계단을 하나씩 하나씩 밟아 내려가면서 서로 상충되는 이질적 원리들이 하나의 문학 시대에 내재하는 것을 확인하고 우리의 이해가 자리잡는 곳에 이해되어 있지 않은 것을 발견하는 작업이다"(김인환, 『기억의 계단』, 민음사, 2001, 5면)라고 강조하면서, "문학사가의 작업에는 금기가 있을 수 없다. 어떤 화제가 금지되어 있는 상류 사회의 식탁에서처럼, 어떤 주제에 대한 논의를 스스로 금지하는 것은 문학사의 몰락을 자초하는 일이 될 것이다"(위의 책, 12면)라고 경계하였다. 이러한 연장선 위에서 문학의 단계론(문학사 연구)은 "작가 정신 혹은 시대정신을 확정하는 것이 아니라 상충되는 이질적 원리들이 하나의 문학 시대에 내재하는 것을 확인하고 우리의 이해가 자리 잡는 곳에 이해되어 있지 않은 것을 발견하는 작업"(위의 책, 23면)에 있다고 역설한 바 있다.

제2장 자기비판적 언술과 채만식·허준 소설

해방기 민족 국가 담론과 관련하여 그 기본적 전제로서의 성격과 의미를 가졌던 친일 잔재 청산과 관련된 문제는 이 시기 작가들에게도 가장 뜨거운 쟁점으로 다가왔던 것이기도 하다. 일제 식민지 통치 하에 살아야 했던 대부분의 작가들 역시 이 문제로부터 결코 자유로울 수 없었기 때문이다. 황도문학 수립의 기치를 내세우고 결성되었던 조선문인보국회가(1943.4.17) 있었던 자리(종로 한청빌딩)에, 해방된 바로 다음 날(1946.8.16), 문인들이 모여 치욕스러운 옛 간판을 내리고 조선문학건설본부라는 새 간판을 내걸었던 것은 그 상징적인 의미를 갖는 것이다. 해방 직후 전개된 일련의 자기비판 논의는 이와 직접적 관련을 맺고 있다. 각종 언론 매체에서는 자기비판 논의를 의제로 앞 다투어 유명 작가들을 초빙하여 좌담회를 개최하였는데, 아서원 좌담회니 봉황각 좌담회[1)]

1) 아서원 좌담회, 1945년 12월 12일 모임(한설야·이기영·권환·한효·박세영·임화·김남천·이원조·김영건·한재덕 등 참석), 『예술』 1호(1946.1)에 수록; 봉황각 좌담회, 1945년 12월 말경 모임(김남천·이태준·한설야·이기영·김사량·이원조·한

등은 모두 이에 해당한다. 과거의 자기 삶과 문학에 대한 전반적 비판과 새로운 방향 정립이라는 시대적 요구에 대한 응답이 이른바 문인들의 자기비판 논의로 표출되었다고 할 수 있다. 이 장에서는 그러한 자기비판 문제를 작품 창작의 중요한 내적 동인으로 삼았던 채만식과 허준의 소설을 이 시기 자기비판적 언술에 해당하는 대표적 작품으로 간주하고 이들 작품의 의미론적 구조와 특징에 대해서 살펴보고자 한다.

1. 가치 내부의 원환과 지속–채만식의 「맹순사」, 「민족의 죄인」, 「옥랑사」

채만식은 해방 이후 죽을 때까지(1950.6.11) 총 18편의 작품을 남겼다.[2] 꽁트와 희곡·동화 등을 제외하면, 이 시기 채만식 소설은 크게 세 가지 계열로 나누어볼 수 있는데, 「맹순사」, 「미스터방」, 「논이야기」, 「도야지」 등으로 이어지는 풍자소설과 「역로」, 「민족의 죄인」, 「낙조」 등의 자기비판소설, 그리고 「옥랑사」, 「아시아의 운명」, 「역사」, 「늙은 극

효·임화 등 참석), 『중성』 1호(1946.2)에 수록.

2) 채만식(1902.6.17~1950.6.10, 전북 옥구 生)이 해방기에 발표한 작품은 모두 다음과 같다. 「유감」(꽁트), 『한성시보』, 1945.10; 「맹순사」(1945.12.19 作), 『백민』 3호, 1946.3; 「미스터방」(1946.2.16 作), 『대조』 2호, 1946.7; 「논이야기」(1946.4.18 作), 『협동』, 1946.10(『해방문학선집』(1948.12)과 『잘난 사람들』(민중서관, 1948)에 수록); 「역로」(1946.4.24 作), 『신문학』 2호, 1946.6; 「민족의 죄인」(1946.5.19 作), 『백민』 16~17호, 1948.10~1949.1; 「허생전」, 『협동문고』, 1946.11.15; 희곡 「심봉사」, 『전북공론』 5·6월, 11월호, 1947.4~10; 「도야지」(1948.6.22 탈고), 『문장』 27호, 1948.10; 「처자」(1948.7.26 作), 『주간서울』 34, 35호; 「낙조」(1948.8.15 作), 『잘난 사람들』, 민중서관, 1948; 「이상한 선생님」(동화), 『어린이나라』, 1949.1; 「신미전후」(1948.12.5 作), 『학풍』 3호, 1949.1; 「아시아의 운명」(1948년 말 作,), 『야담』, 1955.10(유고); 「늙은 극동선수」(1949.1.3 作), 『신천지』 33~34호, 1949.2~3; 「소년은 자란다」(1949.2.25 作), 『월간문학』, 1972.9(유고); 「심봉사」, 『협동』, 1949.3,5,7,9; 『옥랑사』(1948.1.18 탈고), 『희망』, 1955.5~1956.5; 『옥랑사』, 성화사, 1961.10.31(유고).

동선수」 등의 역사소설이 그것이다. 이 중에서 친일 문제와 직접적 관련이 있는 것은 「역로」와 「민족의 죄인」, 「낙조」 등의 작품에 한정된다고 할 수 있다. 특히 「민족의 죄인」은 그것이 보여주고 있는 자기비판의 진정성 문제를 둘러싸고 이 시기 소설 중 가장 많은 논란이 되어 온 작품이기도 하다. 그런데 이 시기 채만식 소설의 탈고일자를 검토해 보면 흥미로운 사실을 확인할 수 있다. 해방 후 첫 작품 「맹순사」를 발표한 채만식은 뒤이어 「미스터방」, 「논이야기」, 「역로」, 「민족의 죄인」 등 5편의 단편을[3] 연속적으로 썼다. 그런데 이상한 점은, 해방 직후 누구 못지 않은 창작욕을 보였던 그가 「민족의 죄인」(1946.5.19 탈고)을 마지막으로 어떤 이유에서였던지 「도야지」(1948.6.22 탈고)라는 작품을 쓰기까지 약 2년여에 걸친 기간 동안, 고전을 윤색한 소설 「허생전」과 희곡 「심봉사」, 그리고 일종의 역사소설이라고 할 수 있는 『옥랑사』를 제외하고는,[4] 본격적인 소설 작품을 한 편도 쓰지 않았다는 사실이다. 그렇다면 1936년 1월 조선일보사를 그만 둔 이후 본격적인 전업 작가의 길로 들어섰고, 해방 직후에도 의욕적인 작품 활동을 했던 그가 적지 않은 기간 동안에 거의 절필에 가까운 행보를 보인 이유는 무엇일까. 채만식이 해방을 맞아 상경하여 잠시 서울에 거주하다가 다시 낙향한 것은, 「민족의 죄인」이 1946년 5월 19일 향리 임피에서 탈고되었다는 사실에 비

3) 이들 작품의 탈고일자는 다음과 같다. 「맹순사」(1945.12.19 탈고), 「미스터방」(1946.2.16 탈고), 「논이야기(1946.4.18 탈고), 「역로」(1946.4.24 탈고), 「민족의 죄인」(1946.5.19 탈고).

4) 「민족의 죄인」을 탈고한 1946년 5월 19일부터 「도야지」를 탈고한 1948년 6월 22일까지 이 기간 동안 채만식이 쓴 글은 다음과 같다. 「글루미 이맨시페이션」(수필), 『예술통신』, 1946.11.6; 「허생전」, 『협동문고』, 1946.11.15; 「심봉사」, 『전북 공론』, 1947.4, 10; 「옥랑사」(1948.1.18 탈고). '심봉사'라는 제목으로 발표된 채만식의 작품으로 희곡 두 편과 미완의 장편소설 두 편이 있다. 1936년에 씌어진 작품으로 『한국문학전집』 33권(민중서관, 1960, 유고)에 수록된 희곡 「심봉사」와 『신시대』 1944년 11월호부터 1945년 2월호까지 4회에 걸쳐 연재되다 중단된 소설 「심봉사」, 『전북공론』에 2회(1947년, 5・6월호, 11월호)에 걸쳐 연재된 희곡 「심봉사」, 그리고 정홍섭(「채만식 문학의 풍자 양식 연구」, 서울대 박사논문, 2003.2)에 의해 채만식의 마지막 발표작으로 밝혀진 소설 「심봉사」(『협동』, 1949.3,5,7,9)가 그것이다.

추어볼 때, 1946년 5월 이전인 것으로 보인다. 낙향한 이유는 정확하게 밝혀져 있지 않지만, 제자 장영창의 회고에 의하면, '어지러운 환경을 벗어나서 조용한 창작 생활에만 일념하기 위한 것'[5]이었다고 한다. 그런데 낙향한 이후 「민족의 죄인」을 쓴 뒤 2년여에 걸친 기간 동안, 본격적인 소설 작품을 한 편도 쓰지 않았다는 사실은 다소 납득하기 어렵다. 그러한 이유를 작가의 건강 악화 때문이라고 생각할 수도 있지만, 당시 채만식과 가까이 살았던 제자 장영창의 회고에 의하면, 1948년까지 채만식의 건강은 그렇게 나쁜 편이 아니었고, 원인 불명의 고열로 시달린 것은 1949년 6월경부터라고 한다.[6] 이에 본 논문은 '자기비판 문제'를 중심으로 이 시기 채만식 소설이 긴밀한 상호 관련을 맺고 있다는 전제 아래, 해방기 채만식 소설의 세 가지 작품 계열을 대표한다고 판단되는 「맹순사」(풍자소설), 「민족의 죄인」(자기비판소설), 「옥랑사」(역사소설)의 의미론적 구조와 특징에 대한 검토를 통해 이들 사이의 내적 연관성을 살펴보고자 한다.

1) 배제와 포섭의 양면성

채만식이 해방을 맞이하고 나서 처음 쓴 작품은 「맹순사」(1945.12.19 탈고, 『백민』 3호, 1946.3)이다. 따라서 이 작품은 이 시기 채만식 소설의 출발점 혹은 입지점이 어디에 있는지를 살필 수 있다는 점에서 주목할 만하다. 이 작품의 처음은 다음과 같이 시작한다.

> 맹순사가 동양의 대현이라는 맹자님과 어떤 혈통의 관계가 있는지 없는지,

---

5) 장영창, 「채만식 선생을 회고한다」(『신여원』, 1972), 『백릉 채만식 생애와 문학』, 신아출판사, 2000, 156면.

6) 위의 책, 149, 154면.

또 우리나라 명재상 맹고불이 맹정승과는 제 몇 대손이나 되는지, 혹은 아무것도 안되는지, 그런 것은 상고하여 보지 못하였다.[7)]

이 작품의 주인공인 맹순사가 맹자, 맹정승과 어떤 관계가 있는지는 상고하여 보지 못하였다는 서술자의 발언은 이 작품의 궁극적인 주제가 맹자, 맹정승에 비추어 보았을 때 맹순사라는 인물이 어떠한 인물인가를 살펴보는 데 있다는 것에 대한 반어적 표현일 따름이다. 아이러니에 의한 인물 형성이나 주제 표현 방식[8)]은 채만식 소설에서 흔히 볼 수 있는 표현법이다. 맹순사는 '큰 덩치를 먹을 욕심과 기대'가 있기는 하였으나 좀처럼 기회를 얻지 못함으로써 자칭 청백리 행세를 하는 인물이다. 그 의사와는 상관없이 '아뭏든지 큰 것을 먹지 아니하였으니, 따라서 부자가 되지를 아니하였으니, 나는 청백하였노라'[9)] 하는 것이 맹순사의 청백관이다. 하지만 이 작품의 서술자와 독자의 관점에서 보았을 때, 이러한 맹순사의 청백관은 터무니없는 수작일 따름이다. 적어도 청백리라고 한다면, 이기적이고도 세속적인 탐욕과는 일정한 거리를 두고 있어야 한다는 것이 이 작품의 서술자와 이 작품을 읽는 독자가 함께 전제하고 있는 공통된 약속이라고 할 수 있을 것이다. 여기에서, 동양의 대현이라는 맹자, 우리나라의 명재상 맹고불은 독자와 서술자가 함께 인정할 수 있는 청백리의 기준이 되고 있는 셈이며, 이런 점에서 맹자, 맹정승으로 대표되는 도덕적 순결성은 암암리에 이 작품의 중요한 내적 근거로 작동하고 있다고 볼 수 있다. 이 때, 맹순사의 도덕 불감증은 이 작품의 일차적 비판의 대상이 된다. 다시 말해 「맹순사」의 전체적인 구성 원리는 기본적으로 '맹자, 맹정승이 맹순사를 비판한다'라는 풍자적 구성 원리[10)]에 입각해 있다고 할 수 있다. 그러나 맹순사

---

7) 채만식, 「맹순사」(『백민』 3호, 1946.3), 『채만식전집』 8, 창작과비평사, 1989, 259면.
8) 송하춘, 『채만식』, 건국대 출판부, 1994, 33면.
9) 채만식, 앞의 글, 264면.
10) 김인환은 'x가 y를 비판한다'는 문장의 확대에 토대한 구성 유형을 풍자적 구성이라

는 이 작품에서 단순히 비판과 조롱의 일방적 대상에만 그치고 있지는 않다. 작품이 진행되면서 작품의 후반부에 이르면 부정적 인물 맹순사는 작품 내부에서의 수동적 입장에서 벗어나 해방기 혼란스러운 사회현실의 부조리한 세태를 비판하고 고발하는 능동적 입장으로 전환되고 있다. 즉, 작품 후반부로 갈수록, 이 작품의 구성과 특징은 오히려 '부정적 인물 맹순사가 부정적 현실을 비판 한다'라는 문장으로의 확대 양상을 보여주고 있다. 예전에 살인강도였던 강봉세가 어엿한 순사가 되어버린 현실에 망연자실한 맹순사의 마지막 한탄은 다음과 같다.

> 허기야 예전 순사라는 게 살인강도허구 다를 게 있었나! 남의 재물 강제루 뺏어먹구, 생사람 죽이구 하긴 매일반였지[11]

백성의 재산과 생명을 보호해야 할 처지에 있는 순사가 살인강도와 동일한 선상에 놓여 버린 현실에 대하여 자칭 청백리 맹순사가 직접적으로 조롱하고 있는 것이다. 이렇듯 부정적 인물로 하여금 부정적 현실을 폭로하게 하는 것 역시 채만식 소설에서 흔히 볼 수 있는 전형적 수법이다. 해방기 또 다른 풍자소설 「논이야기」뿐만 아니라, 일제 시대 그의 풍자소설 「인테리와 빈대떡」, 「레디메이디 인생」, 「명일」 등 또한 그러한 형식과 수법을 보여주고 있다. 이런 점에서 채만식의 「맹순사」는 '맹자, 맹정승이 맹순사를 비판한다'라는 문장에 '맹순사가 부정적 세태를 비판한다'라는 문장이 결합된 양상을 보여주고 있다고 할 수 있는데 이로 인하여 이 작품은, 읽는 이로 하여금, 단조롭고 일방적인 설교라는 느낌보다는, 다양하고 복합적인 의미의 긴장을 유발하고 있다. 다시 말해 「맹순사」의 이중적 구성이 유발하는 기능과 효과는 부정적 인물 내

하고, 'x가 y와 화해 한다'는 문장의 확대에 토대한 구성을 해학적 구성이라고 한 바 있다. 김인환, 『비평의 원리』, 나남, 1994, 139~142면.

11) 채만식, 「맹순사」(『백민』 3호, 1946.3), 『채만식전집』 8, 창작과비평사, 1989, 268면.

부의 허위 의식을 폭로하는 동시에 그 인물을 둘러싼 외부 상황에 대한 비판의 칼날을 함께 드러냄으로써 부정적 인물과 부정적 현실에 대한 동시적 반성을 촉구하고 있다고 할 수 있다. 물론 「맹순사」의 소설적 재미와 매력은 그러한 구성적 특징에만 있는 것은 아니다. 소설의 구성 또는 문체와 관련하여, 김인환은 '이야기의 전개는 주로 구성에 의존하지만, 한편의 작품을 바로 그 작품으로 규정하는 것은 언뜻 보아 이야기에 필요 없는 듯이 여겨지는 문체'[12]라고 한 바 있다. 「맹순사」의 소설적 재미와 매력 역시 상당 부분 그러한 문체적 특징에서 연유한다. 앞에서도 이미 지적한 바 있는 서술자의 능청스러움, 이른바 시치미 떼기는 「맹순사」의 기본적 서술 전략이다.

①맹순사의 아낙 서분이도 미상불 언변 좋고, 똑똑하고(즉 객관적으로 바꾸어 치면 건방지고) 하기로는 좀처럼 남에게 질 생각이 없으나, 오직 옷 호사 한 가지만은 어엿이 고개를 들 자신이 와락 없었다.

천하에 순사의 아낙되어 옷 호사를 못하다니, 유감이 깊을지매, 자못 동정스런 노릇이었다.

②웬만한 일에는 성 같은 것이 나지를 아니하였다. 남에게다 나의 의견이나 고집을 굳이 세우러 들줄을 몰랐다. 그러고 싶지도 않고 그래지지도 않거니와, 그럴 필요를 느끼지도 아니하였다. 그렇기 때문에 남과 시비와 갈등 같은 것이 생기는 일이 생기는 일이 드물었다.

좋게 말하면 원만이요, 사실대로 말하면 반편스럽고 지조없고 무능이요 하였다.

③이렇게 그는 작은 것이나마 뇌물을 먹지 아니한 것이 아니면서도 스스로 청백하였노라고 팔분의 자신이 있었다. 맹순사의 생각엔 양복벌이나 빼앗아 입고, 돈이나 몇십 원, 돈 백 원 받아 쓰고, 쌀 나무며 찬거리나 조금씩 얻어 먹고, 술대접이나 받고 하는 것은 아무나 예사로 하는 일이요, 하여도 죄될 것이 없고, 따라서 독직이 되거나 죄가 되는 것은 아니었다. ……

---

12) 김인환, 『비평의 원리』, 나남, 1994, 134면.

그런 고로 맹순사는 스스로 청백타 하던 것이었었다.[13)]

맹순사의 아내 서분이가 품고 있는 세속적 욕망의 타락성과 맹순사가 지닌 청백관의 허위성은 이 작품의 서술자와 독자가 이미 명백하게 알고 있는 사항이다. 그러나 서술자는 이에 대해서 짐짓 모르는 체 시치미를 떼고 그들의 거짓과 탐욕을 서술하고 있으며, 독자 역시 서술자와 동등한 차원에서 소설 속 인물과 일정한 거리를 유지하며 읽어 나가게 된다. 이로 인하여, 서술자와 독자는 작중 인물보다 훨씬 우월한 위치에서 그들의 내부와 외부를 넘나들며 함께 이야기를 꾸며나간다고 할 수 있다. ①, ②, ③에서 앞 부분은 아내 서분이와 맹순사가 각각 초점 인물이 되어 그들의 내부 심리가 직접적으로 서술되고 있다면, 뒷부분은 서술자가 그들의 바깥으로 나와서 직접적 논평을 하고 있다. 이렇듯 인물 심리 묘사를 둘러싼 서술자의 자유자재의 넘나듦은 서술의 리듬과 생동감을 부여하는데 크게 기여하고 있다. 그렇다면 그러한 서술자의 능청스러움과 능수능란함은 어디에서 연유하는 것일까. 이는 일차적으로는 작가의 역량과 관계되는 문제이겠지만, 다른 한편으로는 대상 인물에 대한 작가의 동정과 연민(애정)에서 기인한 것이기도 하다. 맹순사의 아내 서분이를 묘사하는 대목 ①의 '천하에 순사의 아낙되어 옷호사를 못하다니, 유감이 깊을 지매, 자못 동정스런 노릇이었다'라는 서술자의 논평은 서분이의 세속적 욕망의 타락성에 대한 비판적 관점이 기본적으로 깔려 있는 것이지만, 그것이 무차별적 적대감으로 이어지는 것이 아니라, 인간의 타락한 욕망에 대한 깊은 유감과 동정을 담고 있는 것이기도 하다. 맹순사를 묘사하는 대목 ②의 '좋게 말하면 원만이요, 사실대로 말하면 반편스럽고 지조없고 무능이요 하였다'라는 서술자의 논평 역시 거기에는 인물에 대한 무차별적 적대감과 불화의 감정

---

13) 채만식, 「맹순사」(『백민』 3호, 1946.3), 『채만식전집』 8, 창작과비평사, 1989, 259, 261, 263면.

이 아니라 오히려 인간의 어리석음과 못남에 대한 안쓰러운 동정과 연민의 감정이 배어 있다. 이러한 동정과 연민의 감정은 '맹자, 맹정승이 맹순사(또는 서분이)를 비판한다'라는 이 작품의 기본적 주제나 구성 유형을 변경할 정도는 아니지만, 인물의 구체성과 생동감을 부여하고 있으며 그것이 가진 의미의 진폭을 보다 확산시킬 수 있는 가능성을 열어두고 있다. 이에 따라 전체적으로는 대립적 관계로 맺어진 서술자와 작중 인물 간의 거리가 점차적으로 소멸되고 어느 순간 작중 인물의 목소리가 작품 전면에 등장하고 있다.

그렇다면, 부정적 인물(맹순사)에 대한 작가의 시선이 비판적인 것으로부터 동정과 연민어린 것으로 바뀌게 된 이유는 무엇일까. 서술자와 독자의 비판적 시선을 물리치고 맹순사의 목소리가 작품 전면에 부각되는 것은 맹순사가 생활난에 쫓겨 파출소로 다시 나가기로 결심하는 지점에서부터 그러하다.

> '배운 도적질이 그뿐이니 무가내하로다. 쯧, 세상도 새세상이니, 설마 어떠리.' 마침내 이렇게 단념 같은 결심을 하기에 이르렀던 것이었었다.[14)]

해방 이후 일제 잔재 세력의 청산이 가장 불철저했던 분야가 경찰·행정·군대·사법부 등의 국가통치기구였다고 할 수 있는데, 미군정은 사회의 혼란을 수습하기 위하여 무엇보다도 일제 시대 총독부의 행정기구를 그대로 유지하고자 하였다.[15)] 이에 따라 관료 경험이 있는 기존의 관리들이 우선적으로 재임용되었다.[16)] 이러한 사실에 비추어 보았을

---

14) 위의 책, 264면.

15) 역사문제연구소, 『해방 3년사 연구 입문』, 까치, 1989, 95면.

16) 이에 대해서는 맹순사의 아낙 서분이의 입을 통해서 이미 폭로되고 있다. "흥, 가네모도상은 그렇게 들이 긁어먹구두, 되려 승찰해서 부장이 된 건 어떡허구?" "여주루 내려갔든 기노시다상넨, 이살 해오는데, 재봉틀이 인장표루다 손틀 발틀 두 개에, 방안 짐이 여덟 개에, 옷이 옥상옷만 도랑꾸로 열다섯 도랑꾸드래요. 그리구두 서울루 빼젓이 와서 기계방아 사놓구 돈벌이만 잘 허믄서, 활개 펴고 삽디다. 죽길 어째 죽으며,

때, 생활난에 쫓긴 전직 경찰 맹순사가 가장 쉽게 직장을 구할 수 있는 곳이 바로 경찰서였음은 당연하다고 할 수 있다. 당시 경찰조직 체계의 허술함은 "팔 년이나 다닌 경험자라서, 그 경험을 증명할 만한 몇 마디 테스트를 하더니, 그 당장 채용을 하였고, ○○경찰서로 배속을 시켰다"라는 단 한 문장으로 간명하게 드러나고 있다. 이후 맹순사의 경찰서 순례가 이어지는데, 그곳에서 그가 만난 것은 우미관 건달패였던 노마와 살인강도였던 강봉세 두 사람이다. 하지만 그들이 죄수가 아닌 동료 순사로 둔갑해 있는 현실은 맹순사로선 포복졸도하고 기절초풍할 일이다. 여기에서 폭로되고 있는 것은 제도 일반의 횡포와 폭력성에 관한 것이기도 하지만, 더욱 문제적이고 본질적인 것은 악화일로로 치닫고 있는 제도의 허술함과 혼란스러움이 전체 질서의 붕괴로까지 이어질 수 있다는 위기감이다.

해방을 맞은 조선의 현실에 대한 채만식의 시각이 결코 긍정적이지만은 않았다는 것은 당시 그의 수필과 작품, 그리고 작품집 후기 곳곳에서 나타나고 있다. 해방 후 첫 수필이라고 할 수 있는 「8·15 전후」(『건설』 5호, 1945.12)에서 "일본이 졌으니깐 우리 조선은 독립될 테지?"라며 흥분한 중형의 물음에 채만식은 "글쎄요……"라며 말끝을 흐리고 있고, 『잘난 사람들』(민중서관, 1948) 후기에서는 '세상은 바야흐로 옛 그 「치숙」의 시절을 방불케 함이 없지가 못하다'라고 한탄하고 있다. 그러한 망설임과 한탄은 현실에 대한 체념과 패배적 허무주의로 연결될 수 있는 가능성을 암암리에 내포하고 있다고 할 수 있다. 「맹순사」에서 현실의 부정성을 비판하는 주체는 작중 인물인 맹순사이기도 하면서 동시에 이 작품의 서술자이기도 하다. 적대적 관계로 맺어졌던 그들이 유대적 관계로 바뀌게 된 중요한 계기는 인물에 대한 동정과 연민의 감정이라고 할 수 있는데, 이는, 어떤 면에서는, '현실의 어찌할 수 없음(無可

팔대리가 부러질 팔대린 어딨어?"(채만식, 「맹순사」, 앞의 책, 262면)

奈何)'이라는 체념적 허무주의에 귀속될 수 있는 성질의 것에 가깝다.[17] 그리고 그러한 현실 체념적 태도에는 '순결한 개인과 타락한 사회'라는 이분법적 도덕률과도 긴밀한 연관을 갖고 있다고 할 수 있다. 도덕적 순결성에 대한 강한 집착과 이에 따른 현실 체념적 태도는 이 작품이, 현실의 다양한 계기성과 가능성을 탐색하기보다는 현실의 타락성과 부정성을 폭로하는 배제의 원리를 따르게 한 중요한 내적 이유라고 할 수 있다. 이는 「맹순사」, 「미스터방」, 「논이야기」 등의 일련의 풍자소설뿐만 아니라 채만식의 해방기 소설 전반이 가지고 있는 특징적 현상이기도 하며, 이후 연구자들에 의해 이 시기 채만식 소설이 부정적 평가를 받게 된 주된 이유이기도 하다. 선/악의 윤리적 이분법이라는 도덕적 관념에 매달림으로서 현실 속에서의 구체적 가능성을 포기해버린 허무주의적 태도는 이 시기 채만식 소설의 치명적인 한계로 지적[18]되곤 하였다. 하지만 그러한 강고한 도덕률은 그의 작품이 이 시기 다른 어느 작가의 작품보다도 사회 현실에 대한 더욱 신랄하고도 강도 높은 비판정신으로 나타나게 한 동인이 되기도 하였으며, 이로 인한 현실 체념적이고 허무주의적 태도는, 어떤 면에서, 인간의 삶과 사회 현실에 대한 좀 더 깊이 있는 통찰을 보여줄 수 있게 중요한 기제로 작용하고 있다는 점 또한 우리는 간과해서는 안될 것이다. 다시 말해, 이 작품의 내적

---

17) 맹순사가 사직원을 쓰는 것으로 끝나는 결말 구도 역시 현실의 부정성에 대한 체념적 태도와 긴밀한 연관성을 가지고 있다고 볼 수 있을 것이다.

18) "해방공간의 채만식 문학은 친일의 이력으로 욕된 과거의 나로부터의 벗어남이란 과제에 들려 있었다. 그 벗어남은, 앞에서 보았듯 민족적 자기비판론이란, 허구의 논리를 따라 이루어진다. 그러나 내면 깊숙한 곳에서는 결코 이를 수긍하지 못하는 통절한 자각이 있었으니, 이같은 자각과 역사 주체 및 방법의 부재라는 사실이 결합하여 만들어낸 허무주의란 환각의 시야 속에서 기성 세대와 신세대의 단절, 나아가 과거·현재와 미래의 단절이란 이분법이 자리잡으면서 채만식 문학은 객관 현실의 구체적 지반을 떠나 돌연 낭만적 낙관주의의 세계로 비약하고 만다. 요컨대 이 시기 채만식 문학은 두 겹의 이분법에 갇혀 벗어나지 못했으며, 개별성을 일반성으로 치환, 추상화시키고 말았던 것이다."(정호웅, 「해방공간의 자기비판소설 연구」, 서울대 박사논문, 1993, 39면)

동인이라고 할 수 있는 강고한 도덕률은 한편으로는 인간의 타락한 가치에 대한 강력한 배제의 원리로 작용하고 있기도 하지만 또 다른 한편으로는 타락한 욕망에 사로잡힌 인간에 대한 동정과 연민의 시선이 내포된 이중적 성격을 가지고 있으며, 그러한 이중적 시선을 바탕으로 이 시기 채만식의 풍자소설은 당시의 타락한 사회 현실에 대한 신랄한 비판 정신을 보여줄 수 있었다고 할 수 있다.

2) 자기비판의 원환

자기비판의 문제는 해방 직후 이 시기 작가들에게 가장 첨예하고도 난감한 주제로 떠오른 것이었다. 언론 매체에서는 이것을 의제로 하여 앞 다투어 유명 작가들을 초빙하여 좌담회 등을 개최하였는데, 채만식 역시 이 문제에 지대한 관심을 가지고 있었음은 신문학사에서 주최한 '창작 합평회'[19] 석상의 발언에서 이미 엿볼 수 있다. 여기에서 그는 이 문제와 관련하여 '자기 역시 대담하게 쓰고 싶었으나 어쩔 수 없이 주저하게 됨과 그럼에도 불구하고 이제는 써야겠다는 강한 의지를 가지고 있음'[20]을 밝히고 있다. 그리고 그러한 작가의 의지가 직접적으로 반영된 작품이 바로 「민족의 죄인」이라고 할 수 있다. 총 6개의 분절로 이루어진 이 작품은 겉 이야기와 속 이야기로 짜여진 액자 구성을 취하고 있다. 1절과 2절 일부, 5절 · 6절이 겉 이야기에 해당한다면, 2절 · 3절 · 4절이 속 이야기에 해당한다. 겉 이야기에서는 이 글을 쓰게 된 배경과 친일 문제에 대한 작중 인물 '윤'과 '김'의 논쟁, 그리고 집에 돌아

19) 장소－취산장, 일시－1946.1.20, 참석자－송영 · 윤세중 · 채만식 · 김남천 · 이흡 · 이원조 · 박영준, 『신문학』 2호(1946.6)에 수록.

20) 채만식, 「창작 합평회」(『신문학』 2호, 1946.6), 『채만식전집』 9, 창작과비평사, 1989, 562면.

온 '나'의 심경이 서술되고 있고, 일종의 고백체의 성격을 띤 속이야기에서는 '나'의 일제 시대 행적이 서술되고 있다. 과거 자신에 대한 자기 비판이 어려운, '어쩔 수 없이 주저하게 됨'의 이유가 속 이야기를 통해 드러나고 있다면, '그럼에도 불구하고 써야겠다'는 강한 의지는 겉 이야기를 통해 드러나고 있다.21)

「민족의 죄인」의 겉 이야기는 기본적으로 '내가 나를 비판한다'라는 문장의 확대에 토대한 구성 유형을 보여준다. 이는 「맹순사」의 '맹자, 맹정승이 맹순사를 비판한다'라는 구성 유형과 유사한 듯하면서도 많은 차이를 가지고 있다. 「맹순사」는 서술하는 주체의 확고한 정당성에 기반하여 비판의 칼날이 작중 인물 또는 주변 환경으로 향하고 있다. 이 때, 비판하는 주체에 해당하는 내포작가, 서술자, 독자는 별다른 갈등이나 분열 없이 완전하게 통합되어 있다. 그러나 '내가 나를 비판한다'라는 문장은 비판하는 주체의 정당성 자체가 문제가 된다. 이로 인하여 서술의 초점이 외부 대상이 아닌 서술 주체에게로 향하고 있고, 그러한 서술 주체의 심리적 갈등과 분열, 그리고 긴장은 이 작품의 출발점이면서 동시에 이 작품의 서사를 지탱하고 추동하는 지속적인 동인(動因)으로서의 역할을 하고 있다. 주인공이자 서술자인 '나'의 현재 심리적 상태를 밝히고 있는 이 작품의 처음은 다음과 같다.

> 그동안까지는 단순히 나는 하여커나 죄인이거니 하여 면목 없는 마음, 반성

---

21) 「민족의 죄인」에 대한 기존 연구는 작가의 실제 삶의 행적과 매우 유사한 양상을 보이고 있는 속 이야기에 집중되면서, 그것이 통렬한 자기비판을 보여주는 것인가, 아니면 궁색한 자기변명에 불과한 것인가에 대한 규명에 치우친 경향이 있었다. 그런데 이러한 논의에서의 문제점은 작중 인물과 작가를 완전히 동일시함으로써 작가의 전략적 서술의 가능성을 전적으로 차단해 버린다는 점이다. 물론 「민족의 죄인」에서 작중 인물 '나'의 고백 양상이 작품 바깥의 작가를 직접적으로 가리키는 듯한 자기 지시적 성격을 강하게 가지고 있음은 부인할 수 없다. 하지만 그렇다고 해서 작가의 전략적 배치와 서술에 의해 전개되고 있는 「민족의 죄인」을 자기 체험과 감상의 직접적 서술에 해당하는 자서전과 동일시할 수는 없을 것이다.

> 하는 마음이 골똘할 뿐이더니 그날 김군의 P사에서 비로소 그 일을 당하고 나서부터는 일종의 자포적인 울분과 그리고 이 구차스런 내 몸뚱이를 어떻게 주체할 바를 모르겠는 불쾌감이 전면적으로 생각을 덮었다. 그러면서 보름 동안을 머리 싸고 누워 병 아닌 병을 앓았다.[22]

주인공 내가 병 아닌 병을 앓게 된 이유는 'P사에서의 그 일' 때문이다. 'P사에서의 그 일'이란 그곳에서 내가 친일 협력을 하지 않은 인물 '윤'을 만나 과거 친일 행적 때문에 그에게 노골적인 경멸과 조롱을 받게 된 사실을 말한다. '윤'의 비판은 "바루 그 전날꺼지, 그 전날꺼지가 무어야, 그날 아침꺼지두 총독부루 군부루 총력연맹으로 쫓어댕기구 일본을 상전처럼 어미아비처럼 떠받치구 미국 영국을 불공대천지 원수루 저주 공격하구, 백성들더러 어째서 황국신민이 아니 되느냐구, 어째서 증병이며 증용을 꺼려하느냐구, 어째서 공출을 잘 아니 내느냐구 꾸짖구 호령하구 하던 그 아굴찌, 그 붓토막으루다, (…중략…) 오오, 우리의 해방의 은인이 온다. 위대한 정의의 사도 연합군을 맞이하자. 이런 소리가 아무려면 그래 제 얼굴이 간지라워서라두, 제 계집 자식이 면괴스러워서라두 차마 지껄여지며 써지느냐 말야. 오늘은 이가의 내일은 김가의 품으루 굴러댕기는 매춘부는 차라리 동정할 여지나 있지. 고 따위루 비루하구 얌체빠지구 뻔뻔스런 것들이 그게 사람야? 개도야지만두 못한 것들이지. 도둑놈의 개두 제 주인은 섬길 줄은 안다구 아니해?"[23]라는 부분에서 최고조에 이른다. 그런데 우리는 그러한 '윤'의 목소리가 이보다 조금 빠른 시기에 탈고된(1946.4.24) 「역로」의 주인공 '내'가 제 자신의 구명운동을 위해 변절을 서슴지 않는 사람들에 대해서 신랄하게 비판하는 부분[24]과 정확하게 일치함을 알 수 있다. 주지하다시피, 「역

---

22) 채만식, 「민족의 죄인」(『백민』 16~17호, 1948.10~1949.1), 『채만식전집』 8, 창작과비평사, 1989, 414면.

23) 위의 책, 447면.

24) "남편이 없는 새 장성한 딸자식이 보는 데서 실컷 못된 짓을 하구 댕기던 계집이 있

로」의 주인공 '나' 역시, 「민족의 죄인」의 주인공 '나'와 마찬가지로, 작품 바깥의 작가를 지시하는 자기 지시적 성격이 매우 강하다. 「민족의 죄인」에 등장하는 '윤'의 목소리가 「역로」의 주인공 '나'의 목소리와 일치한다는 것은 작중 인물 '윤'이 작가의 '또다른 자아로서의 성격을 갖고 있음을 말해준다.' 이는 '윤이 나를 비판한다'라는 이 작품에서의 표면적 형태를 '내가 나를 비판한다'라는 문장의 변형으로 간주할 수 있는 이유이다. 이렇게 보았을 때, 작품에서 형상화되고 있는 '윤'과 '나'의 대립과 갈등 양상은, 바로, 내 안의 '나'와 '나'의 심리적 대립과 갈등을 인물화한 것이라고 할 수 있다. 주인공 '내'가 가장 혐오하는 것 중의 하나는 구차스러움, 다시 말해, '비루하구 얌체빠지구 뻔뻔스런 것'이다. 그런데 자신이 그토록 혐오해 마지않는 그러한 구차스러움 속에 자기 스스로가 포함되어 있다는 사실에 대한 새삼스러운 확인은 자신을 일종의 심리적 패닉 상태에 빠지게 하기에 충분한 것이다. 그런데 작품 속에서 '나'와 '윤'의 대립과 갈등은 사실상 직접적으로 이루어지는 것이 아니라 '김'이라는 매개 인물을 통해 이루어지고 있다. '나'에 대한 '윤'의 비판이 '김'과의 설전을 통해 간접적으로 드러나고 있다면, '윤'에 대한 비판은 '김'을 통해서만 드러나고 있다. '윤'에 대한 '김'의 비판은 크게 두 가지 측면에서 행해지고 있는데, 하나는 일제시대 '윤'의 개인적 처지에 대한 것이고 다른 하나는 '윤'의 재산적 배경에 대한 것이다. 일제로부터 시국강연에 대한 어떠한 교섭을 받은 적도 없는

다구 하세. 그래 그 계 집이 남편이 돌아오니까는 그 딸 자식 앞에서 남편과 마조 앉어 정절을 말하구 주장하구 한다면? (…중략…) 금 새 미국 영국을 악당으루 몰구 황국신민 되라구 소리지르구 써대구 하던 그 입 그 붓으루다 방금 또 왜놈이 죽일 놈이요, 조선 사람은 애국심을 분발해야 한다구 소리지르구 써대구 하는 걸 백성들이나 특별히 어린 사 람들이 보구 무어라구 하겠나? '대관절 아까 하던 말허구 지끔 하는 말허구 어는 게 정말인구?' '미친놈야 미 친놈' '아냐. 뻔뻔스러 그래.' '아냐 사람이란 나처럼 이렇게 변절을 잘 해야 하느니라. 그걸 시방 우리한테 배 워주는 거야.' 이럴 게 아니냔 말야?"(채만식, 「역로」(『신문학』 2호, 1946.6), 『채만식전집』 8, 창작과비평사, 1989, 276면)

'윤'의 지조란 미시험의 지조에 불과한 것이고, 직장을 그만 두어도 먹고 사는 데 아무런 걱정이 없었던 '윤'의 결백이란 다름 아닌 재산적 운명에 불과하다는 것이 '김'의 비판이다. '나'에 대한 '윤'의 비판이 지조 또는 결백이라는 윤리성 자체를 문제 삼고 있다면, '윤'에 대한 '김'의 비판은 그러한 윤리성을 둘러싸고 있는 주변적 조건을 문제 삼고 있다. 이것은 도덕적 가치가 마땅히 지향해야 할 절대적 순결성 자체를 강조하는 가치 중시론과 주변의 상황적 사실에 대해서도 심각하게 고려해야 하지 않겠느냐는 사실 수리론[25]이 대립되고 충돌되는 양상을 보여주는 것이라고도 할 수 있다. 이러한 '윤'과 '김'의 대립과 갈등 양상은 마지막 친일파와 민족반역자 처리 문제에 이르러서 최고조에 다다른다.

"많지. 그렇지만 벌이라는 건 그 범죄가 끼친 영향을 참작하구 범죄자의 정상을 참작하구, 그리구 범 죄 이후의 심리와 행동을 참작하구, 그래가지구 처단에 경중이 있어야 하는 법이지, 자네 같을래서야 3천만 가운데 장정의 태반은 죽이자구 할 테니, 그야말루 뿔을 바루잡으려다가 솔 죽이는 격이 아니겠는가?" "웬만한 놈은 죄다 쓸어 숙청은 해야지, 관대했다간 건국에 큰 방해야. 38 이북에서 하듯기 해야만해 그리구 난 누가 무슨 말을 하거나 그 비루하구 얌체빠지구 뻔뻔스럽구 한 인간성 그게 싫여. 소릭이 끼치두룩 싫구 얄미워. 그런 것들과 조선사람이라는 이름을 같이한다는 것꺼지두 욕스럽고 불쾌해."[26]

범죄가 끼친 영향과 범죄자의 주변적 정황을 충분히 고려해야 한다는 것이 '김'의 주장이고, 민족적 관점에서나 개인적 관점에서나 범죄와

25) 일제 말기 유행한 '사실수리론'을 주장한 최초의 대표적인 글은 백철의 「시대적 우연의 수리」(『조선일보』, 1938.12.2~7)라는 글이다. 1937년 중일전쟁이 발생한 이후 무한, 삼진이 함락된 것(1938.10)을 보면서 쓴 것 으로 보이는 이 글에서 그는 일본이 중국을 완전히 점령할 것이라는 사실을 시대적 우연으로 인식하고 이러한 사실을 수리할 수밖에 없음을 역설하고 있다("정상이든 아니든 간에 우연도 공연한 하나의 사실인 한에서, 우리들은 일차는 그 사실을 수리해야 할 문제이다").

26) 채만식, 「민족의 죄인」(『백민』 16~17호, 1948.10~1949.1), 『채만식전집』 8, 창작과비평사, 1989, 452면.

범죄자 그 자체를 절대로 용납할 수 없다는 것이 '윤'의 주장이다. 이러한 '윤'과 '김'의 대립 양상은 바로 「역로」의 주인공 '나'와 '김'의 대립 양상과 유사함을 다시 한번 확인할 수 있는데, 자신의 친일 행적 때문에 견딜 수 없이 불쾌해하고 고통스러워하는 '나'에 대해 친구 '김'은 '무섭게 괴벽스런 천착'에 불과하다고 비판하면서 그럴 바엔 차라리 건국 운동에 일조하는 게 어떻겠냐고 반문한 바 있다. 다시 말해 「민족의 죄인」의 '윤'과 '김'의 설전은 「역로」의 '나'와 '김'의 대립을 반복하고 있는 것이다. 이 때, 「민족의 죄인」의 주인공이자 서술자인 '나'는 자신을 변호하고자 하는 '김'의 주장을 오히려 '억지 형식논리에 기울어진, 옹색스럽고 공극투성이'인 것으로 일소해 버린다. 이러한 '나'와 '윤', 그리고 '김'의 관계를 도식화하면 다음과 같다.

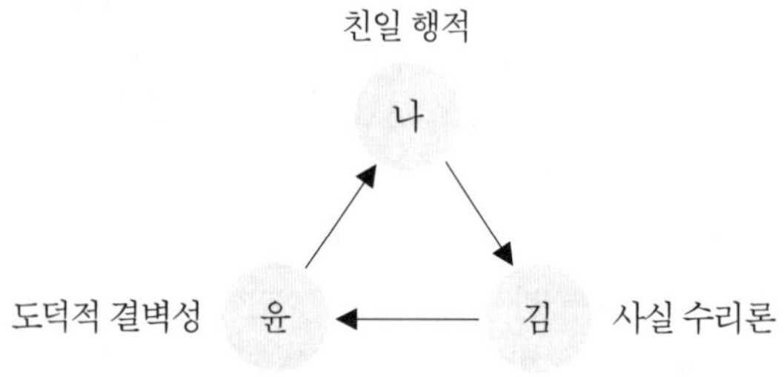

이는 세 인물의 관계가, '친일 행적이 있는 나'를 '윤'이 비판하고, '도덕적 결벽성에 집착하는 윤'을 '김'이 비판하고, '사실 수리론을 내세우는 김'을 다시 '내'가 비판하는 순환적 구조를 가지고 있음을 보여준다. 그런데 여기에서 '나'를 비판하는 '윤'이나 '윤'을 비판하는 '김'의 경우, '도덕적 결벽성'과 '사실 수리론'이라는 그들 나름대로의 비판 근거를 가지고 있다. 이 때문에 당대의 첨예한 현실 문제를 놓고 두 인물간의 설전도 가능했던 것이다. 그러나 친일 행적이 있는 '나'의 경우, 비판의 자기 근거를 상실함으로써 이들 사이의 논쟁에 전혀 개입하지 못하고 있다. 이러한 자기 근거의 상실은 허무주의 또는 파국적 구성[27]으로 치달을 가능성이 높다고 할 수 있다. 그러나 채만식의 「민족의 죄인」이 허무주의나 파국적 구성으로 나아가지 않고 있음은 이 작품의 주인공 내가 '윤', '김'과 헤어져 집으로 돌아온 뒤의 마지막 결론 부분에서 확연해진다.

> "학문은 영웅지여사란 말이 있어 사람이 잘나야. 하구, 학문은 그 댐이니라. 인격이 제일이요, 지식은 둘째니라 이 뜻야. 공부보다두 위선 사람이 돼야 해. 옳은 일을 하기 위해선 불 가운데라두 뛰어들어갈 용기. 옳지 못한 길에는 칼을 겨누면서 핍박을 하더래두 굽히지 않는 절개. 단체를 위한 일이면 개인을 돌아보지 않는 의협. 그런 것이 인격야. 그러구서야 학문도 필요한 법야. 알았어, 이놈아." "네." "당장 가. 가서 같이 해. 퇴학맞아두 좋다, 금년에 상급하교 들지 못해두 상관 없어." "네." "비단 동맹휴학뿐 아니라, 어델 가 무슨 일에던지 용렬히 굴진 마라. 알았어?" "네."[28]

이는 옳은 일임에도 불구하고 자신의 조그마한 이익이나 구차한 안전을 얻자고 집으로 돌아온 조카를 주인공 내가 호되게 야단치고 있는 이 작품의 마지막 장면이다. 이 때, 나에게 호된 비판을 받고 있는 조카는 바로 친일 행위를 한 '과거의 나'이기도 하며, 사실 수리론을 내세운 '김'이기도 하다. 여기에서 용기·절개·의협 등 인간의 도덕적 가치는, 어찌할 바를 모르는 난처함과 당혹감 속에서 근거 상실이라는 절대적 위기에 부딪친 주인공을 수습하고 봉합하는 자기 통합의 결정적 기제로 작용한다. 그러한 도덕적 가치를 전적으로 수용함으로써만 주인공 나는 조카의 잘못을 강하게 질타하고 그것을 수정하도록 명령하는 권위적인 주체로서의 모습을 회복할 수 있게 되고, 그러한 절대적 가치와

27) 파국적 구성과 관련하여 김인환은 '단순한 불행이 아니라 근거의 몰락을 표현하는 것이 파국'이라고 규정한 바 있다. 김인환, 『비평의 원리』, 나남, 1994, 224면.
28) 채만식, 「민족의 죄인」(『백민』 16~17호, 1948.10~1949.1), 『채만식전집』 8, 창작과비평사, 1989, 458면.

권위적 주체에 의존함으로써 비로소 심리적 안정을 얻고 있다.[29] 한편, 조카 역시 그것에 절대적으로 순응하고 있다는 것(세 번의 동의)은 '윤'과 '김', '나'라는 세 인물의 대립과 분열 양상으로 전개되었던 이 작품의 궁극적 귀결점이 어디에 있는가를 보여주고 있다. 즉, 작중 인물들의 대립과 갈등 양상이 근거의 상실 또는 몰락의 위기에까지 처하게 되었을 때, 작가가 내린 처방은 주체의 도덕적 순결성 회복의 중요성에 대한 새삼스러운 강조이자 재확인이다.

이상, 겉 이야기의 전개 과정과 결말 구도를 볼 때, 채만식의 「민족의 죄인」은 그동안의 대립과 갈등을 작품을 통해 완전하게 해소해 버리고자 하는 일종의 자족적이고 완결된 구성을 지향하고 있다고 볼 수 있을 것이다. 그러나 그럼에도 불구하고 그러한 결론을 통한 인물들 간의 갈등 또는 분열의 해소가 잠정적이고 형식적인 해결에 그칠 뿐, 지속적이고 실질적인 해결에 이르렀다고 보기는 어렵다. 이는 일차적으로는 그것이 작가 개인의 실존적 삶과 직결되는 문제이기 때문이라고 볼 수 있을 것이다. 채만식이 일제 말기 친일적 행위(신체제론, 대동아공영권)에 연루되었음은, 그의 유일한 생화(生貨) 수단이 글쓰기였던 만큼, 비교적 많은 자료로 남아 있는 편이다.[30] 「민족의 죄인」의 속 이야기가 담고 있는 내용은 바로 그러한 작가 자신의 과거 체험과 긴밀한 관련을 맺고 있음은 분명해 보인다. 작품 전체 분량의 3분의 2가량을 차지하는 속

---

29) 이 작품의 마지막 문장은 다음과 같다. "그러나, 그러면서도 한편으로 무엇인지 모를 속 후련하고, 겸하여 안심되는 것 같은 것이 문득 느껴지고 있음을 나는 스스로 거역할 수가 없었다."(채만식, 앞의 책, 458면)

30) 채만식이 남긴 글 중 친일적인 색채를 띠고 있는 것은 다음과 같다. 「나의 꽃과 병정」(『인문평론』, 1940.7), 「대륙경륜의 장도 그 세계사적 의의」(『매일신보』, 1940.11.22~23), 「문학과 전체주의」(『삼천리』, 1941.1), 「시대를 배경하는 문학」(『매일신보』, 1941.1.5~15), 전쟁소설 「혈전」(『신시대』, 1941.7), 「추모되는 지인태 대위의 자폭」(『춘추』, 1943.1), 「지인태 대위 유족 방문기」(『신시대』, 1943.1), 「위대한 아버지 감화」(『매일신보』, 1943.1.18), 「홍대하옵신 성은」(『매일신보』, 1943.8.3), 「군신」(『반도の光』, 1944.3~7), 「경금속 공장의 하루」(『신시대』, 1944.6), 장편소설 『여인전기』(『매일신보』, 1944.10.5~1945.5.17).

이야기는 먼저 이 작품의 주인공 내가 해방되기 얼마 전(1945.4) 고향으로 소개를 간 것으로부터 이른바 '독서회 사건'(1938)으로[31] 약 두 달에 걸쳐 경찰서 유치장 신세를 지게 된 일로까지 거슬러 올라가는데(2절), 전체적으로는 내가 고향으로 내려간 이유를 밝히는 것으로(2절, 3절, 4절) 이루어져 있다. 이는 「민족의 죄인」의 속 이야기가 '호박이랑 옥수수랑 많이 수확하셨습니까'라는 윤의 경멸과 조롱에 대한 나 자신의 고백 형식을 취하고 있음을 말해 준다.

> 일본의 패전, 그 다음에 오는 것의 불안과 공포랄지, 눈에 살기를 머금은 일본 병정들의 등덜미를 겨누는 기관총 부리의 위협이랄지, 이런 것 외에도 멀찍이 궁벽한 시골로 낙향을 하여야만 할 또 한 가지의 다른 사정이란, 곧 이 대일 협력의 수렁으로부터의 도피행 그것이었다. (…중략…) 오직 그 대일협력이라는 사실에서 풍기어 나오는 악취 그것이 못견디게 불쾌하였고, 목전에 그것을 면하고 싶은 지극히 당면적인 간단한 욕망으로서일 뿐이었다. 아무리 정강이께서 도피하여 나왔다고 하더라도 한 번 살에 묻은 대일협력의 불결한 진흙은 나의 두 다리에 신겨진 불멸의 고무장화였다. 씻어도 깎아도 지워지지 않는 영원한 '죄의 표지'이었다.[32]

여기에서 나는, 고향에 내려간 이유를 사회적 혼란에 대한 불안이라든지, 일본 병사들의 위협 등에 대한 우려 때문이었기도 하지만, 대일 협력이라는 수렁으로부터 벗어나고 싶은 욕망 때문이었음을 강변하고 있다. 내가 밝히고 있는 대일 협력 행위는 황해도 시국 강연회(1943)에 제 발로 찾아가 참석한 것에서부터인데, 그때 강연의 내용이란 '미국 영국은 나쁜 놈들이요, 일본이 옳고, 전쟁은 시방이 한 고패요, 조선 사

31) 방민호는, 이러한 사실에 대한 언급이 있는 「액년」(『박문』, 1940.3)의 집필 시기를 근거로, 독서회 사건이 발생한 해를 1938년이 아닌 1939년으로 추정하고 있다. 방민호, 『채만식과 조선적 근대문학의 구상』, 소명출판, 2001, 42면.

32) 채만식, 「민족의 죄인」(『백민』 16~17호, 1948.10~1949.1), 『채만식전집』 8, 창작과비평사, 1989, 441면.

람은 어서 바삐 증산을 하고 저축을 많이 하고 하여 이 전쟁을 일본의 승리로써 빨리 끝내도록 협력해야 한다'는 것이었다. 그렇다면 그렇듯 본심도 아니면서 대일 협력이라는 수렁에 깊숙이 빠지게 된 이유는 무엇인가. 이에 대한 해명을 위해 '나'는 독서회 사건을 언급하고 있는데, 그것은 주인공이 개성에 살고 있을 때 불온한, 모임을 주관했다는 혐의로 유치장 신세를 지면서 갖은 곤욕을 겪게 되었고, 황군위문대를 파견하고자 한다는 소식이 든 조선문인협회의 엽서 한 장 덕분에 가까스로 풀려나게 된 사건을 말한다. 이 사건 이후, 일신의 안전을 위하여 대일 협력의 길로 나아가게 되었다는 것이 '나'의 주장이다. 시골로의 낙향에서, 시국 강연회에의 참석, 그리고 독서회 사건으로 거슬러 올라갔던(2절) 주인공의 기억은, 다시 시국 강연회에서 젊은 청년과의 만남(3절), 그리고 낙향을 해서 농사짓게 되기까지의 과정으로 이어지고 있다. 이상, 주인공의 과거 기억을 통해 강조되고 있는 것은 자신의 친일 행각이 전적으로 잘못된 것이며, 그것이 자기 본심과는 전혀 다른 것이었다는 점이다. 이는 「민족의 죄인」에서 '나'의 고백이 궁극적으로 '내가 내 자신을 비판한다'라는 문장의 확대라기보다는 '내가 내 자신을 부정한다'라는 문장의 확대에 토대하고 있음을 말해 준다. 이러한 부정의 방식은 합리적이고 논리적인 이성에 근거한 비판의 방식이라기보다는 다분히 주관적인 감성에 근거한 것이라고 할 수 있을 것이다. 이렇듯 나의 고백을 통해 과거 자신의 행위를 전적으로 부정하고, 다시 조카와의 대화를 통해 도덕적이고 권위적인 주체에 절대적으로 의존함으로써 이 작품의 결말은 형식적으로나마 그동안의 대립과 갈등을 완전하게 해소해 버린 듯하다. 그러나 문제는, 과거 자신의 죄악은, '두 다리에 신겨진 불멸의 고무장화이자, 씻어도 깎아도 지워지지 않는 영원한 죄의 표지'[33]로 여전히 남아 있다는 것이다. 다시 말해, 이 작품의 표면적 해결 방식

33) 위의 책, 441면.

은 그럼에도 불구하고 여전히 불충분한 것이라고 할 수 있는데, 그러한 불충분한 해결 방식은 '아무래도 씻기지 않는 영원한 죄의 표지'가 주는 견딜 수 없는 불쾌와 울분을 강하게 상기시키는 동시에, 다시, '자포적인 울분과 그리고 이 구차스런 내 몸뚱이를 어떻게 주체할 바를 모르겠다는 불쾌감이 전면적으로 생각을 덮었다. 그러면서 보름 동안을 머리싸고 누워 병 아닌 병을 앓았다'[34]라는 이 작품 서두에서의 서술자의 발언으로 되돌아가고 있다. 이는 이 작품의 전체적인 의미론적 구조와 특징이 단순하고 일면적인 자기 부정의 방식이 아니라 복합적이고 지속적인 자기비판의 원환 구조를 보여주고 있다고 간주할 수 있게 하는 이유이기도 하다.

3) 가치의 모순과 역설

해방을 맞아 잠시 상경하였다가 '창작 생활에만 일념하기 위해' 다시 낙향하였다는 채만식이 고향에 내려간 이후 2년여에 걸친 기간 동안 쓴 작품은, 고전을 윤색한 「허생전」과 「심청전」, 그리고 일종의 역사소설이라고 할 수 있는 『옥랑사』뿐이다. 「허생전」과 「심청전」이 모두 고전을 윤색한 것임을 감안한다면 이 시기 채만식의 순수 창작물이라고 할 수 있는 것은 『옥랑사』 한 편뿐[35]이다. 『옥랑사』는 비록 유고로 발표되었지만, 그 탈고일자(1948.1.18)가 분명하다는 점에서 이 시기 작가의 완

34) 위의 책, 414면.

35) 1961년 성화사에서 간행된 『옥랑사』에서 최태응의 후기('개중에 가장 심혈을 경주한 선생의 대표적 역사소설이자 유작을 겸한 작품으로서 본저 『옥랑사』를 들 수 있다.')와 제자 장영창의 회고('역사소설인 『옥랑사』 대부분의 원고가 실은 이 방 안에서 창작되었다. 이 소설의 원고를 새벽 두 시나 세 시까지 밤늦도록 쓰다가 흥분되어 한밤을 한잠도 주무시지도 못하고 그냥 새워버렸다고 호소하는 때가 여러 번 있었다.' 『백릉 채만식 생애와 문학』, 신아출판사, 2000, 151~152면)로 미루어 볼 때, 『옥랑사』는 이 시기 작가가 가장 심혈을 기울였던 작품이라고 할 수 있다.

결된 작품으로 간주하는데 큰 무리가 없을 것이다. 모두 12장으로 이루어진 『옥랑사』는 아전의 자식인 주인공 선용이 양반의 딸 옥봉과의 혼담이 좌절된 이후, 서울과 지방을 오가면서 겪게 된 여러 가지 사건들을 다루고 있다. 특히 그것은 구한말(1890~1913)의 역사적 사건과 관계되면서 이른바 역사소설의 형식을 취하고 있다. 선용의 아버지 장학수는 당시 그 지방의 세납을 맡아 보았던 서청(書廳)의 책임자(도서원)였다. 그런데 5년 전(1886), 고을 수령과 하급관리들의 착취로 나라에 받쳐야 할 세금을 내지 못한(逋欠) 장학수는, 밀린 요포를 받기 위해 몰려든 병정들의 무자비한 폭력과 횡포에 시달릴 대로 시달리다가 죽고 말았다. 그러한 아버지의 제사장을 보고 돌아오던 길에 선용은 우연히 백생원의 딸 옥봉의 목숨을 구하게 되었고, 그것을 인연으로 그 집에 혼담을 건네보았으나, 자신의 집안이 양반 집안이 아니라는 이유로 모욕과 망신만 당하고 말았다는 것이 이 작품의 발단이다.(제1장, 제2장, 제3장) 그만큼, 양반이니 권력이 하는 것에 대한 선용의 원한과 반감은 뼈에 사무쳤다고 할 수 있다. 양반과 권력에 대한 증오와 적개심을 품은 채 가출한 선용은 이후 중요한 역사적인 사건들에 직·간접적으로 관여하게 된다. 즉, 옥랑과의 혼담 좌절이라는 선용의 개인적 사건이 점차적으로 사회적이고 역사적인 사건으로 확대되고 있다고 할 수 있다. 여기에서 양반과 권력 계층(국가)의 타락한 모습에 대한 분노와 그것의 폭로가 작품 전개의 기본적 동인임은 물론이다. 다시 말해, 순결한 개인과 타락한 사회라는 채만식 소설의 전형적인 대립 구도가 이 작품의 밑바탕에서도 강하게 흐르고 있다고 할 수 있다. 그런데 문제는, 작품의 상당 부분을 차지하는 당시 역사적 사건에 대한 작가의 직접적 서술이 작품의 본론과 유기적으로 결합되어 있다기보다는 작품의 파탄으로 여겨질 만큼 지루하고 독립적으로 전개되고 있다는 점이다 이는 작가의 과도한 욕망이 지나치게 개입되었기 때문이라고 볼 수 있는데, 이 작품을 통해 작가가 무엇보다도 강조하고자 하는 것은, 개인을 규정하는 결정적 인자가 개인의 개별적 의지라기보다는 전체 역사의 강력한 사회적 구속력이라는 사실이다. 당시 사회적 환경 아래에서 아전의 자식 선용과 양반의 딸 옥봉의 사랑이 순조롭게 성취될 가능성은 거의 없다. 그럼에도 불구하고 선용은 끝내 그러한 현실을 받아들이지 못하고 가출을 하며 방황하게 되는데, 그러한 가출과 방황을 통해 선용이 재삼 경험하게 되는 것은 강고하고도 빈틈없는 전체 역사의 굴레 또는 족쇄에 대한 것이다. 개인에 대한 역사의 강고한 구속력을 더욱 직접적으로 드러내기 위해, 작가는 인물 또는 사건과의 유기적 결합을 통한 차분한 형상화를 포기하고, 직접적 요약과 주석적 논평의 서술 방식에 의존하게 된 것으로 볼 수 있다.

가출을 한 이후, 서울과 지방을 오가면서 선용이 겪게 되는 가장 중대한 역사적 사건은 하나는 개화파의 득세이고 다른 하나는 동학 운동이다. 두 사건은 양반과 권력 계층의 타락과 무능에 대해서 집단적으로 반발하고 항거한 실제 역사적 사건이라고 할 수 있다. 즉, 이들 모두 부패하고 무능한 양반과 권력 계층에 대한 증오와 적개심으로부터 출발하고 있다는 점에서 기본적으로는 선용이 마음속에 품고 있는 대결 또는 갈등 구도와 일치하고 있는 셈이다. 그럼 먼저, 개화파에 대해서 선용이 어떻게 인식하고 판단하고 있는지 살펴보도록 하자.(제6장) 개화파와 선용을 연결시켜 주는 매개적 인물은 그의 매부 강영석이다. 제중원에 다니면서 서양 의술을 배우고 있는 강영석은, 청국이라는 외세를 배경 삼은 민씨네 중심의 수구파들을 몰아내고자 한, 갑신정변(1882) 전후의 개화파의 등장에 적극적으로 동조하고 있는 인물이다. 선용이 가출을 하고자 결심하게 된 계기 중 하나도 매부 강영석에게서 들은 세상물정 이야기(개화파의 등장) 때문이었고, 서울에 가서 처음 머물게 된 곳 역시 그렇듯 개화파에 가담하고 있는 매부 강영석의 집이었다. 그러나 선용은 개화파의 노선에 결코 동조하지 않고 있는데, 그 이유는 매부 강영석과의 대화를 통해 잘 드러나고 있다.

"하마트면 큰일날 뻔 했군. 그래 내가 애당초에 무어라던가. 인제는 다신 병정 그만두고 우리 개화당이나 들어서 일하두룩 하세나."하였다. 선용은 퉁명스럽게, "나는 개화당 싫소." "어째? 자네 조선이 개화하는 거 반댄가 문명개화해서 일등국 ? 되가지구 남처럼 잘 사는 거 반댄가?" "개화는 불가불 해야겠습니다. 고 왜놈들 뇌꼴스러, 우리두 어서어서 개화해 가지구 보아란드끼 살아야 하긴 하겠습니다. 형님 다니시는 미국 사람 병원두 그게 다 개화 속 아뇨? 다 부럽습디다. 그렇지만……" "그렇지만 무어야?" "남의 불에 게 잡아 무얼 허우?" "남의 불에 게 잡다니?" "자기네 힘이라곤 한푼에치두 없어가지구." "힘?" "힘이라께 다른 것이요? 나라 백성이 딸구, 일을 할 때면 백성이 뒤를 받쳐주구 하는 게 힘일 테죠?"[36)]

선용이 개화파의 노선에 동조하지 못하고 심정적으로도 못마땅하게 생각하는 이유는 그들의 노선이 '남의 불에 게 잡는 꼴'에 불과할 수 있다는 사실 때문이다. 이러한 선용의 시각은 곧 작가의 시각으로도 볼 수 있게 하는데, 일본의 힘에 의존하여 민씨 중심의 수구파를 물리치고 정권을 장악한 개화파에 대해 이 작품의 서술자는, '나의 힘을 기를 겨를도 생각도 없이, 번연히 남의 힘을 빌어 반대파의 정권을 빼앗아 가지고, 남의 힘을 의지하여 그것을 지탱하려 드는 데 있어서는 개화당도 결코 사대주의의 무리이기는 민씨네 파보다 장할 것이 없었다'[37)]라는 작가 주석적 논평을 하고 있기 때문이다. 외세 의존 세력에 대한 뿌리 깊은 불신과 심정적 원한은 작가 주석적 논평과 인물 시각을 통해 작품 곳곳에서 드러나고 있다. 이는, 경술국치(1910)로 일본에 나라를 빼앗겨 버린 역사적 결과뿐만 아니라, 해방 이후 과거 친일 행위에 연루된 작가 자신의 죄의식과도 긴밀히 연관된 것이라고 할 수 있다. 주인공 선용으로 하여금, 일본군에 맞서서 경복궁을 수비하는 병정이 되도록 설정한 것이나 매부 강영석(개화파)의 설득과 만류를 물리치고 굳이 동학

---

36) 채만식, 「옥랑사」(성화사, 1961.10.31, 유고), 『채만식전집』 5, 창작과비평사, 1987, 85~86면.

37) 위의 책, 78면.

군에 가담하도록 한 것 등 역시 이와 관련이 있으며, 일본의 도움을 받은 개화파의 권력 장악 과정을 주로 서술하고 있는 제6장의 제목이 '눈먼 사람들'인 것 역시 일본에 의한 국권 강탈의 위험성을 경계하지 못한 개화파의 어리석음을 말하기 위한 것으로 볼 수 있을 것이다.

한편, 주인공 선용을 동학과 연결시켜주는 작품 속의 매개적 인물은 외삼촌 박재춘이다. 외삼촌 박재춘은 '나의 곧은 것을 가지고 남의 굽은 것 앞에 굴하려 하지 아니한',[38] 한 마디로 공명정대한 인물로서 동학의 접주[39]를 맞고 있는 인물이다. 처음엔 동학이 한낱 '허황하고 사위스런 잡도'에 지나지 않는 것이라고 생각했던 선용도 외삼촌 박재춘을 통해 그 안에 '참되고 정대한 무엇'이 있는 것이라는 생각을 갖게 된다. 일본의 힘에만 의존하고 있는 개화파의 노선을 수락할 수 없었던 선용이 동학을 찾아 공주로 떠나게 된 것도 외삼촌 박재춘과의 인연 때문이다. 그러나 아무리 도덕적 정당성과 백성들의 지지를 받고 있다고 하더라도, 그것의 현실적 성공 가능성이 희박하다는 데에 동학의 현 노선을 무조 건적으로 따를 수 없는 선용의 고민과 갈등이 있다. 다음은 그러한 내용을 담고 있는, 외삼촌 박재춘과 선용의 대화 부분이다.

> "저두 동학당이 제일 일은 함직하다구 생각했어요. 개화당이니, 민가네 사대당이니, 아라사파니, 미국파니 다아 소용 없구, 동학당 하나가 일을 하겠다구. 백성이 등 뒤에서 뒷받침을 해주니깐요. 백성이 등 뒤에서 뒷받침을 해주는 게 그게 힘 아녜요? 그래서 저두 서울서 그런 생각 저런 생각 없이 무턱대구 쫓아 내려오질 아니했어요. 했드니, 막상 와서 보니깐, 호왈 십만 해놓구는 실속은 병정다운 병정 천백 명 몫두 못하게 생겨놨으니 이거 큰일 아녜요?" "모르면 몰라두, 이 병력 가지면, 서울을 뺏기는 염려 없으리라." (…중략…) "가사, 아저씨 말씀대루 낼 모레 서울을 뺏구, 동학당 정부를 차리구 하게 된다구 합시다. 그럭헌다면, 아마 글피쯤은 일본군사가 몇만 명 들어닥칠 텐데, 어느 해가

38) 위의 책, 50면.
39) 각 지방에 설치된 접소의 책임자.

에 그 십 만 명 백만 명 조선 군사 갖추어 가지구, 일병 막나요? 지끔 이 무리 가지구는 어림두 없는 일니니깐 말씀에요." "……"[40]

매부 강영석의 만류를 뿌리친 선용은, 항일 투쟁을 기치로 내세우고 두 번째로 봉기한(1894년 10월) 동학군을 좇아 공주로 내려갔다. 그런데 거기에서 살펴본 동학군의 객관적 전력은, 자신이 직접 싸워본 일본군과 비교해 보았을 때 한심할 뿐이었다. 이러한 선용의 객관적 평가에 대하여 재춘은 '지난번에 고부 황토현서 시작해 가지구 전주를 함락시키기까지 우리 동학군이 무얼 가지구 접전을 해서 번번이 그렇게 이긴 줄 아느냐?'[41]라고 맞서고 있다. 이는 '시천주조화정, 영세불망사지(侍天主造化定永世不忘萬事知)'라는 주문만 외우면 관병이 쏘는 탄환도 몸에 들어오지 않는다는 믿음과 다를 것이 없다. 다시 말해 재춘과 선용의 대화를 통해 폭로되고 있는 것은 동학군을 이끄는 지도층의 객관적 정세 판단과 현실적 정치 감각의 부재이다. 그리고 이로 인하여 초래된 역사적 결과란, 수없이 많은 백성들의 억울하고 허망한 죽음만을 남긴 참담한 패배였다. 선용의 시선을 통해 동학의 참담한 패배와 백성들의 억울한 죽음을 다룬 '제7장(대학살)'에 이어지는 '제8장(통역정치)' 전체는 작중 인물이 전혀 등장하지 않고 작가에 의한 직접적 요약과 주석적 논평으로만 채워져 있다. 이를 통해 청일전쟁과 삼국간섭, 을미사변, 아관파천 등으로 이어지면서 더욱 심화되어 가는 외세 침략과 이를 둘러싼 권력 계층의 당파 싸움이라는 구한말 실제 역사에 대한 작가의 울분과 분노가 직접적으로 드러나고 있다. '제9장(말세에 횡행하는 것은 독립협회의 활약에 선용이)' 잠시 희망을 가져 보기도 하지만, 이마저 황국 협회라는 어용단체의 무단 폭력에 의해 무참하게 좌절되고 만다는 내용이다. 이로써 주인공 선용을 통한 『옥랑사』의 역사 순례는 모두 끝이 나고 마는

40) 위의 책, 93~94면.

41) 위의 책, 92면.

데, 이후 제10장・제11장・제12장은 그러한 모든 역사적 시련으로부터 한발 물러난 선용의 뒷이야기를 다룬 일종의 후일담이다. 『옥랑사』 후기를 보면 우리는, 이 작품을 통해 작가가 궁극적으로 '역사상 그 현단계에 있어서의 현실을 발견'[42]하고자 하였음을 알 수 있다. 그런데 『옥랑사』를 통해 발견하게 되는 역사상 현실이란 것이 참담하고 무참한 패배뿐이었다는 사실의 재확인은, 작가로 하여금, 옥봉[43]과 재회하는 주인공의 후일담마저 결코 낭만적이거나 또는 환상적인 결말로 끝맺음할 수 없도록 하고 만다. 보쌈을 당한 뒤 선용에게 의지할 마음을 잠시 가져 보기도 하지만 끝내 시어머니의 시묘를 떠나지 못한 옥봉은 아들 '불명'을 낳고 죽어 버린다. 선용의 아내 서씨에게 맡겨진 아들 '불명' 또한 알 수 없는 병에 걸려 갑작스럽게 죽어 버린다. 삶에 대한 일체의 기대나 의지를 상실한 선용 역시, 무모한 테러를 홀로 벌이다가, 일본 헌병의 총에 맞아 죽고 만다. 이런 점에서, 역사적 현실의 참담한 패배 뒤에 남는 것은 결국 개인의 무참한 죽음뿐이라는 점을 『옥랑사』의 후일담은 우리에게 말하고 있는지 모른다. '중도 못되고 속인도 못되는' 가련한 선용의 신세에서, 우리는 해방 이후 방향감을 상실한 채 역사와 현실 속을 헤매었던 작가 채만식의 모습을 엿볼 수도 있을 것이다. 「민족의 죄인」 이후 『옥랑사』 탈고(1948.1)를 전후한 2년여 동안, 『옥랑사』 이외의 작품을 거의 쓰지 못했다는 사실은, 이 시기(1946.5~1948.6) 작가가, 『옥랑사』에서 나타나고 있는 역사적 허무주의 혹은 패배주의에 그만큼 강하게 포박되었음을 암시하고 있다.

『옥랑사』를 탈고한 이후 첫 소설은 「도야지」(1948.6.22 탈고, 『문장』 27호, 1948.10 발표)라는 작품이다. 이와 함께 「낙조」(1948.8.15 탈고, 『잘난 사람들』, 민중서관, 1948), 「역사—신미전후」(1948.12.5 탈고, 『학풍』 3호, 1949.1), 「아시아의 운명」(1948년 말경 탈고, 『야담』, 1955.10, 유고), 「늙은 극동선수」(1949.1.3 탈

42) 위의 책, 469면.
43) '옥봉'은 작품 후반부에 이르러서는 '옥랑'으로 바뀐다.

고, 『신천지』 2,3, 1949.2,3) 등의 작품이 연속적으로 발표되었는데, 여기에는 풍자소설과 자기비판소설, 역사소설 등이 혼재되어 있다. 그런데 흥미로운 사실은 「역사—신미전후」, 「아시아의 운명」, 「늙은 극동선수」로 이어지는 일련의 역사소설에서는, 『옥랑사』를 지배했던 역사에 대한 패배주의적 또는 허무주의적 인식이 작품 속에 전혀 나타나지 않고 있다는 점이다. 갑오농민전쟁과 한일합방, 그리고 삼일운동으로 남편과 아들들을 모두 잃은 어느 총기 좋은 할머니가 손자에게 이에 대해 이야기해 주는 형식을 취하고 있는 일련의 「역사」 연작물은 역사적 인물(긍정적 인물)에 대한 작가의 강한 신뢰와 높은 긍지를 느끼게 한다. 이는, 현실과 역사에 대한 패배주의적 인식을 어떤 식으로든지 극복하기 위한 작가의 해결 방안이 다시 강고한 도덕률 혹은 거기에 기반한 역사적 긍정성의 발견의 차원에서 이루어지고 있음을 보여주고 있으며, 『옥랑사』에서 나타나고 있는 역사적 허무주의 역시, 그것을 단순히 현실과 역사에 대한 무기력한 패배주의에 전적으로 함몰되어 있다고만은 말하기 어렵게 하는 이유이기도 하다.

지금까지 살펴본 내용을 요약하면 다음과 같다. 강고한 도덕률은 해방기 채만식 소설을 규율하고 있는 중요한 내적 원리이다. 이는 한편으로는 해방 이후의 사회 현실에 대한 날카로운 비판 정신을 보여준, 일련의 풍자소설(「맹순사」, 「미스터방」, 「논이야기」 등)의 내적 동인이기도 하지만, 다른 한편으로는 일제 시대 자신의 친일 행위 문제를 다루고자 한 이른바 자기비판소설(「역로」와 「민족의 죄인」 등)의 내적 동인이기도 하다. 강고한 도덕률에 의한 죄의식의 굴레에서 좀처럼 헤어나기 어려웠던 작가가 새롭게 주목한 것은 현실의 영역이 아닌 역사의 영역이었다. 그러나 새로운 출구를 모색하고자 작가의 관심 전환은 오히려, 현실뿐만 아니라 역사에서도 일체의 기대를 갖기 어렵다는 역사적 허무주의로 귀결되고 있다. 풍자의 방식으로부터 자기 자신의 친일 행위 문제, 그리고 역사적 허무주의로의 작가의 관심 이동은 해방 직후 발표한 「맹순사」로부터 「민족의 죄인」, 그리고 「옥랑사」에 이르기까지 순차적이고 계기적인 연속성을 보여주고 있다. 「옥랑사」 이후에 쓰여진 작품들은 다시 풍자소설과 자기비판소설, 역사소설 등이 혼재되어 있는 데 여기에서 주목할 점은, 이 때의 「역사」 연작물은, 이전 『옥랑사』에서와는 달리, 역사적 인물(긍정적 인물)에 대한 강한 신뢰와 높은 긍지를 바탕으로 하고 있다는 사실이다. 이는 현실과 역사에 대한 허무주의적 인식을 극복하기 위해 다시 도덕적 순결성에 강하게 의존하고 있음을 보여주고 있다. 이런 점에서 해방기 채만식 소설을 크게, 사회 현실과 역사라는 전체적인 자장 속에서의 자기 흔들림과 그것의 극복 방식을 주제로 삼고 있는 것이라고 보았을 때, 그 공통된 기반이 되고 있는 내적 원리로 작동하고 있는 것은 강고한 도덕률이라고 할 수 있으며, 이는 친일 잔재 청산 논의를 중심으로 자기비판 문제가 중요한 쟁점이 되었던 해방기 사회 언어학적 상황 속에서, 이 시기 채만식 소설을 자기비판적 언술을 대표하는 전형적인 서사로서의 의미와 성격을 가진 것으로 간주할 수 있게 한다.

2. 자기 내부의 존재와 연장—허준의 「잔등」

과거 자신의 친일 행위를 중심으로 한 죄의식의 문제를 다루고 있는 채만식 소설과 달리, 해방기 허준 소설[44]은 그러한 친일 행위 문제를

---

44) 허준(1910.2.27~?, 평북 용천 生)이 해방기에 발표한 작품은 모두 다음과 같다. 「잔등」, 『대조』 1~2호, 1946.1~7; 「한식일기」, 『민성』, 1946.6; 「속 습작실에서」, 『조선춘추』 1호(1947.12)에 전반부 게재, 『문학』 8호(1948.7)에 모두 게재; 「임풍전씨의 일기」, 『협동』,

직접적으로 다루고 있지는 않다는 점에서 서로 구별된다고 할 수 있다. 하지만 허준 소설 역시, 과거의 나와 현재의 나, 그리고 자신과 사회 현실 사이의 전체적인 관계망 속에서의 동요와 그것의 해결 방식이 작품 전개의 중심적인 견인력이 되고 있다는 점에서 이 시기 채만식 소설과 같은 층위에서 비교되어 논의될 수 있다고 판단된다. 시대적 요구에 따른 자기비판의 문제와 이를 통한 주체 정립의 과정은 과거 일제 시대에 모더니즘 계열에 위치해 있던 많은 작가들로 하여금 개인적 영역에 머물러 있던 자신들의 미학적 관심을 사회 역사적 영역으로 이동하게 하거나 확대하게 한 커다란 계기가 되었고,[45] 이로 인하여 이들 작가들의 현실 참여는 해방의 감격과 흥분에 따른 이 시기의 일반적 현상으로 나타났다. 해방 이전 「탁류」(조광, 1936.2), 「야한기」(『조선일보』, 1938.9.3~11.11), 「습작실에서」(문장, 1941.2) 등의 작품을 통해 주로 인간의 내면과 고독, 허무 등에 대한 탐색에 치중함으로써 1930년 후반 대표적 신세대 작가에 포함되었던 허준 역시, 해방 이후 좌익 계열의 문학 단체였던 문학가동맹(서울시지부 부위원장, 문학대중화운동위원회 위원)에 가담하여 활동하였다[46]는 사실은 그의 작품 또한 개인적인 영역으로부터 역사적인 영역으로의 관심의 이동(혹은 확대) 현상을 보여주었던 것으로 짐작할 수 있게 한다. 이에 이 장에서는 허준의 대표작 「잔등」[47]에 대한 분석을 통

1947.6; 「평대저울」, 『개벽』 76호, 1948.1; 「역사」, 『문장』 27호, 1948.10.

45) 1930년대 후반과 해방기 문학 사이의 상호 관련성 속에서 허준 소설을 검토하고자 한 연구로는 채호석의 「허준론」(『한국학보』 15호, 일지사, 1989), 권성우의 「허준 소설의 미학적 현대성 연구」(『한국학보』 19호, 일지사, 1993), 황경의 「허준 소설 연구」(『현대문학이론연구』 11호, 현대문학이론학회, 1999), 김혜영의 「허준 소설에 나타난 타자 인식의 서사적 기능과 의미 연구」(『현대소설연구』 14호, 한국현대소설학회, 2001) 등이 있다.

46) 권성우의 「허준 소설의 미학적 현대성 연구」, 『한국학보』 19호, 일지사, 1993; 신수정, 「역사에 대한 소명 의식과 예술가의 자세」, 『한국 소설문학대계』 24, 동아출판사, 1995, 607면.

47) 「잔등」의 판본 문제와 관련하여, 『대조』지에 실린 텍스트와 작품집 『잔등』(을유문화사, 1946.9)에 실린 텍스트는 표기상의 차이를 보이고 있다는 점에서 주목할 만하다.

해 그 서사적 대응 방식이 보여주고 있는 의미와 특징에 대하여 살펴보고자 한다.

1) 머무름과 응시

1930년대 후반 발표했던 「탁류」(『조광』, 1936.2)와 「습작실에서」(『문장』, 1941.2)와 해방 이후 발표한 「잔등」(『대조』 1~2호, 1946.1~7) 세 편을 함께 엮어서, 간행한 허준의 첫 작품집 『잔등』(을유문화사, 1946.9) 서문은 이 시기 허준 소설의 의미론적 구조 혹은 특징과 관련하여 주목할 만하다.

「殘燈」도 물론 그러하였거니와
앞으로도 적어도 당분간은
나는 이런 것이 아니리라 할
아무런 영특한 信念도
울어날 것 같지 아니할 뿐 아니라

'을유문화사本'은 '대조本'에서의 오자를 교정한 것도 있지만, '대조本'에는 없는 오자가 상당 부분 발견될 뿐만 아니라, '대조本'과는 많은 차이를 갖고 있는 문장 역시 자주 발견할 수 있다. 허준의 「잔등」을 싣고 있는, 주요 선집들(김승환 · 신범순 편, 『해방공간의 문학(소설)』 2, 돌베개, 1988; 『한국 해금문학전집』 12, 삼성출판사, 1989; 이광희 편, 『월북작가 대표문학』 8, 서음출판사, 1989; 『한국 소설문학대계』 24, 동아출판사, 1995)은 모두 '을유문화사本'을 현대 표기법에 맞추어 재수록하고 있으며, 이 작품에 대한 기존 연구 역시 대부분 '을유문화사本'만을 대상으로 하고 있다. 이로 인하여 '대조本'에는 없는, '을유문화사本'에서의 오자 및 이상한 대목들은 별다른 수정 없이 현재까지 그대로 반복되고 있다. 이에 앞으로의 연구는 이 작품의 판본 문제에 대한 면밀한 검토가 선행 되어야 한다고 판단된다. 본 논문은 일차적으로는 먼저 발표된 '대조本'을 대상으로 하였고 『대조』지에 실리지 않은 작품 후반부는 '을유문화사本'을 대상으로 하였다. 『대조』 1호(1946.1)와 2호(1946.7), 두 차례에 걸쳐 연재된 것은 이 작품(「잔등」) 전체 분량의 삼분의 이 정도이고, 『대조』 3호(1947.5)에 실릴 예정이었던 나머지 부분은, 그 전에 단행본(1946.9)이 발행된 탓으로, 연재가 취소된 것으로 보인다. '대조本'과 '을유문화사本'을 비교 · 검토한 결과, 표기상(혹은 문장상) 차이를 보이고 있는 주요 부분은 본론 인용문 각주에 명시하였다.

또한 한 作家가 새로운 文學을 들고 나올 때 필요한
生이 死에 해당한
제二의 危機를 苦悶할 階梯에
나는 미처 이르르지 못하였음을
告白하지 아니할 수가 없다.
내 소설의 한정이
겨우 요만한 울 안에 놓여 있음을
나는 自認하며
이 자인으로써
나의 唯一한 自安으로나
미더움으로도
나는 알지 아니하는 바이다.
허지만 너의 文學은 어째 오늘날도 興奮이 없느냐,
왜 그리 喜悅이 없이 차기만 하냐,
새 時代의 擧族的인 熱狂과 鬪爭 속에
자그마한 感激은 있어도 좋을 것이 아니냐고들
하는 사람이 있는데는
나는 반드시 진심으로는 感服하지 아니한다.
民族의 生理를 文學的으로 感得하는 方途에 있어서,
다시 말하면 文學을 두고 지금껏 알아오고 느껴오는 方途에 있어서
반드시 나는 그들과 같은 方向에 서서
같은 眺望을 가질 수 없음을
아니 느낄 수 없는 까닭이다.
이것은 영영 어찌하지 못할
不得不한 나의 宿命的인 것이오
부득불한 나의 資質的인 것인지도 모른다.
同時에 이 책 속에 담기어
나의 몸을 떨어져 나가는
조그마한 몇 개
내 '存在의 分身'을 내어 놓고

나는 무엇으로 달리 이를
解明할 道理가 있을 것이리오.
丙戌初秋著者[48)]

작품집 『잔등』 서문인 위 인용문에서, 그 내용에 앞서 눈길을 끄는 것은, 여기에서의 문체적 특징이 그의 소설 속 그것과 크게 다르지 않다는 점이다. 위 인용문 첫 문장은 '무엇을 고백한다'라는 형식을 통해 현재 자신은 '아무런 영특한 신념'에 '미처 이르르지 못하였다'는 내용을 담고 있다. 하지만 그것의 구체적 서술 양상은, 한 문장 안에, 유사한 의미를 갖는 단문들이 중첩되고 다양한 부사어와 서술어(부정어)가 반복적으로 사용됨으로써, 독자로 하여금, 편안하고 순조로운 독서의 진행을 방해하고 있다. 그러나 그렇다고 해서 그것이 그 안의 의미 파악을 저해할 정도로 이상하고 난해하다고는 말할 수 없다. 위 인용문에서의 문체적 특징은 일상적 언어 혹은 습관적인 지각에 대한 '해체와 전복'으로서의 의미와 성격보다는 그 자리에 머물러 그 안을 '가만히' '한참' 들여다보게 하는 '머무름과 응시'로서의 의미와 성격이 더욱 강하다. '현재 자신은 아무런 영특한 신념에 미처 이르르지 못하였다'는 고백 뒤에 이어지고 있는 위 인용문의 내용은 '흥분, 희열, 열광, 두생, 감격' 등에 대한 주변의 요구에 대하여 '자신의 방도 혹은 방향'이 그들(타인)

48) 허준, 「小序」, 『잔등』, 을유문화사, 1946.9(권영민·이주형·정호웅 편, 『한국 근대단편소설대계』 32, 태학사, 1988, 403면, 영인본). 『근대단편소설대계』(태학사, 1988)에는 작품집 『잔등』에 실린 「小序」 앞장이 빠진 채 영인되어 있다. 『잔등』 「小序」의 맨 처음은 허준의 창작 태도의 시발점을 엿볼 수 있는, 1930년대 후반 썼던 자신의 글(「문예시평－비평과 비평정신」, 『조선일보』, 1939.5.31, 6.2) 일부를 그대로 싣고 있는데 그 처음과 마지막은 다음과 같다. "대체 나의 이른바 本來의 經驗이란 아직 뜯어서 말할것은 못 되나 파스칼이 이 세상에는 얼마나 많은 사람이 있느냐는것을 발견하였다는 그런 인간성의 個差이며 운명적인것의 差別인지도 모른다. (…중략…) 다만 나에게는 나만 알고 내가 구해 내지 아니 하면 구해낼 사람도 없을것이오, 또 이를 구해내지 않고서는 나의 살 보람은 없다는 人生의 가장 危險한 경험에 到達하는 시간부터가 藝術家의 예술가로서의 첫 發足點이 되는것만은 잊지 못 할것이다."(허준, 「小序」, 『잔등』, 을유문화사, 1946.9)

과는 다름을 내세움과 동시에 숙명적이고 자질적인 것으로서의 그 어찌할 수 없음을 고백하고 있다. 한편으로는 타인과의 다름 속에서 서 있는 '자신의 방도 혹은 방향'을 강조하면서도, 또 다른 한편으로는 그것을 둘러싼 가치 판단에 대해서는 함부로 단언하지 않고 일종의 유보 상태에 놓아 둠으로써, 결론적으로 '자기 존재의 분신으로서의 작품'만이 그 해명의 근거로 남을 뿐이라고 끝맺고 있다.

위 인용문(작품집 『잔등』의 서문)과 그의 대표작 「잔등」의 서두를 비교해 보자.

> 長春서 會寧까지 수므하로를 두고 온 旅程이었다. 雨露를 막을
> 아모런 裝備도없는
> 無蓋貨車속에서
> 아모렇게나 내여팽겨친
> 오뚜기모양으로
> 가로 서기도하고
> 모로 서기도하고
> 혹은 팔을 끼고
> 엉거주춤 주저앉아서
> 서로 얼골을 비비대고
> 졸다가는
> 煤煙에 저언
> 남의 얼골에다
> 거언 침을 지르르 흘려주기질과
> 車에 오를 때 마다
> 떼 밀고 잡어채고
> 곤두막질을 하면서 오는
> 짝패 이다가도
> 하로 아침 忽然히 오는
> 別離의맛을 보지 않고는

寒露와 炭塵 속에
건너 매여진
마음의 닷줄이
얼마만한것인가를
알고살기
힘든듯 하였다.[49)]

두 문장으로 이루어진 위 장면에서, 앞의 문장이 '장춘서 회령까지의 여정'에 대한 간단한 요지에 해당한다면, 뒤의 문장은 그 구체적인 과정에 대한 서술에 해당한다. 그런데 뒷 문장에서의 문체적 특징은 바로 작품집 『잔등』 서문의 그것과 매우 흡사한 양상을 보여주고 있다. 유사한 의미를 갖는 단문들이 종결되지 않은 채 끊임없이 중첩되고 있으며, 다양한 부사어와 서술어가 그 안에 반복적으로 사용됨으로써, 독자로 하여금, 다음 문장으로의 순조로운 진행을 방해하고 오히려 다시 앞으로 돌아가 그 안을 한참 동안 들여다보지 않을 수 없게 하고 있다. 물론 그렇다고 해서 그것이 어떤 이질적인 의미의 결합 양상을 보여주고 있다든지, 비문으로서의 성격을 갖고 있다고 말하기는 어렵다. 이러한 문체적 특징(머무름과 응시)이 유발하는 기능과 효과는, 야단스럽고 장황한 서술을 하지 않고서도, 단 한 문장으로, '장춘서 회령까지 스무 하루의 힘든 여정'을 떠올리게 하고 있다. 또한 위 인용문 후반부에 '차에 오를 때마다 떼밀고 잡어채고 곤두막질을 하면서 오는 짝패이다가도 하로 아침 홀연히 오는 별리의 맛을 보지 않고는 한로와 탄진 속에 건너 매여진 마음의 닷줄이 얼마만한 것인가'라고 한 부분은 바로 '나(千伏)'와 '방(方)'의 갑작스러운 이별의 순간과 국밥집 할머니의 존재를 상기시키고 있다는 점에서, 이 작품의 서사적 전개의 방향을 암시하고 있는 것이기도 하다. 사람 사이의 '만남과 이별', 그리고 그러한 '만남과 이별'

49) 허준, 「잔등」, 『대조』 1호, 1946.1, 184면.

을 잇대어 주는 '마음의 닻줄'은 바로 이 작품의 시선이 붙잡혀 있는 '머무름의 자리'이며, 이에 대한 '지속적인 응시'를 통해 이 작품의 서사는 진행되고 있기 때문이다.

이에 따라 이 작품 안에는 사람 사이의 만남과 이별에 대한 이야기가 여러 차례 반복해서 나타나고 있는데, 위 인용문 바로 뒤에 이어지고 있는 것은, 그들의 여로 중 우연히 하룻밤 신세를 지게 된 집 여주인과의 만남과 이별에 대한 짤막한 이야기이다. 좁은 집에 낯선 길손을 들인 것을 못마땅하게 여기는 남편에게 이래저래 변명을 하며 어렵게 동의를 구하는[50] 여주인의 착한 심성이 짧은 장면을 통해 잘 드러나고 있다. 그리고 그 다음 장면에 이어지는 것이 귀향길에 오른 '나'와 나의 짝패인 '方'과의 관계에 대한 서술이다.

이 작품 전체 여로에서, 마치 몸이 붙은 시암쌍둥이(siamese twins)와 같은, '이인삼각 선수'[51]로 설정되어 있는 '나'와 '방'의 이별과 재회의 과정은 이 작품의 가장 중심적인 서사의 축이라고 할 수 있는데, 方과의 이별의 순간, 이 작품의 긴장도는 급격히 상승하고, '발가숭이 소년'과 국밥집 할머니와의 만남, '방'과의 재회, 그리고 '나'와 '방'이 다시 함께 길을 떠나는 장면을 끝으로 이 작품의 서사는 마무리되고 있다. 그런데 만남의 계기 혹은 과정은 생략된 채, '나'와 '방'의 대조적 성격만이 대비적으로 서술되어 있는 초반부 장면은 이 작품의 전반적 성격과 관련

---

50) "男便에게나 손님인 우리들에게 양쪽으로 다 가치 未安하게 된 변명으로, '어쩌믄 한 정거정만 더 갖다주면 될 걸 게서 내려놔요 이 밤중에 글세' 하고 혼자 혀를 끌끌 차며 할머니를 보았다. 男便은 마지 못해 지듯이, '글세 우리 食口가 있으니 말이지'." (허준, 「잔등」, 『대조』 1호, 1946.1, 185면)

51) "말하자면 우리 두 二人三脚選手가 발을 마추어가지고 떠나야할 第一目的地에 不外하였다"(허준, 「잔등」, 『대조』 1호, 1946.1, 191면) '나'와 '방'은 그들의 여정(피난길)이 시작되기 이전부터 알았던 사이였던 것으로 작품 속에 설정되어 있는데, 그들의 친분 정도를 알려주는 대목은 다음과 같다. "이런 旅苦가 없든 예전부터 술집 앞에 와서 절름거리는 그의 大義ㄹ랑 몰을 것이 아니여서"(허준, 「잔등」, 『대조』 1호, 1946.1, 186면) 작품 속 '나'의 여로는 다음과 같다. (장춘)－(금생)－회령－수성－청진－(서울)

하여, 작품집 잔등 서문과의 관계 속에서, 다시 한 번 주목할 만하다.

"그렇게 되면 그렇게된대로 또 어떻게라도 되겠지." 明確한 豫測이서지 아니한채 이런 樂觀부터 가지고서 繼續되는 몇날이고 몇날이고를 安心立命하였다는드키 지내는것이였다. 이것은 方에게 있어서도 一般이였다. 나와 이 性質은 마치 首尾를 밧구어 놓은가재미의몸둥아리모양으로 노-상 지축거리면서 太平하게 콧노래를 흥얼거리고 단니고 酒幕에 앉으면 궁둥이가 짉이고 누으면 다섯발 여섯발 늘어나다가도 한번 精神이들어야 할때에 이르르면 停車場構內에 뛰여 들어가 어느새 蘇聯兵에게 軍用車를 交涉하기도 하고 또 날쌔게 貨車에 뛰어올으기도 하였다. 나를 諦念을 위한 行動者라 할수가 있다면 그는 觀察과 行動을 앞세운 諦觀者라 할수가 있을것같앴다. 내 恒常뿔랭크를 隨伴하는 집흐린 궁상한 얼골대신에 恒心이 배여나온것같은 잔 光波가 늘 흐늘거리여 마지않는 그 눈언저리가 이를 證明하였다. 그가 交際的인것과 내가 孤立的인것 그가 遠心的인것과 내가 內延的인것 그가 漸進的인것과 내가 突發的이요 發作的인것 그가 行動的이오 내가 踏步的인 것-이곳에도 이 陰陽의 原理가 우리의 旅行을 比較的順調로웁게 하는지도 알수없는일이었다. 그러지 않고서야 汽車가 두정거장가서도 내려놓고 세 정거장 가서도 내려놓는 이旅行을 數없는 정거장에서 갈어타고 오면서 會寧까지 오기로 친대도 몇 달걸렸슬지 모르는 일이었다.[52]

52) 허준, 「잔등」, 『대조』 1호, 1946.1, 187면. 위 인용문 중 "내 恒常뿔랭크를 隨伴하는 찝흐린 궁상한 얼골 대신에 恒心이 배여 나온 것 같은 잔 光波가 늘 흐늘거리여 마지않는 그 눈 언저리가 이를 證明하였다" 부분은 '을유문화사本'에서는 "내 항상 뿔랭크를 수행(隨行)하는 찌프린 궁상한 얼굴 대신에 항심(恒心)이 늘 배어 나온것 같은 잔 광파가 흐늘거리어 마지 않는 그 눈 언저리가 이를 증명하였다"(8면)로 서술되어 있다. 뿔랭크(blank)를 '얼빠진 듯한 멍한 상태' 혹은 '공허함(공백)' 등의 의미를 갖는 것이라고 본다면, '어떤 것을 따라 행함'을 의미하는 '수행(隨行)'보다는 '어떤 것이 함께 나타남'을 의미하는 '수반(隨伴)'이 더욱 적절하다고 판단된다. 또한 부사어 '늘'의 위치 역시 전체적인 문맥상 '대조本'이 '을유문화사本'보다 더 적합하지 않나 하는 생각을 갖게 한다. 미묘한 어감과 의미상의 차이를 갖고 있는, 이 부분에 대한 해석과 가치 판단은 독자 혹은 연구자에 따라 조금씩 달라질 수 있을 것이다. 다만, 여기에서 우리의 반성을 요하는 것은, 『대조』(1946.1,7)에 발표된 텍스트와 작품집 『잔등』(을유문화사, 1946.9)에 수록된 텍스트의 판본이 일정한 차이를 가지고 있음에도 불구하고, 이 작품을 싣고 있는 선집류와 기존 연구는, 먼저 발표된 '대조本'과의 비교·검토를 생략한

여기에서 서술자 나에게 '方'의 존재는 그 출발부터 자기 여정의 동반자로서 이미 전제되어 있으며, 위 인용문의 마지막 부분은 '나'와는 전혀 다른 상반된 성격의 소유자라고 할 수 있는 '方'이 없었다면 자신의 힘든 여정은 몇 달이 걸렸을지, 혹은 어쩌면 불가능했을지도 모른다고 서술되고 있다. 다시 말해, 위 인용문은 '나'와 '방'의 상반된 성격을 장황하게 나열하고 있지만, 그 안에는 또한, '나'와 '방'의 공통된 면모와 함께 바로 그것이 그들 여행을 가능하게 하는 중요한 요인일 수 있다는 점을 강조하고 있다. 이는 이 작품 안에서 '나'와 '方'의 관계를 자기와 타인 혹은 '타인'과 '타인'으로서 라기보다는 자기 안의 또다른 자아로서의 의미와 성격을 가지고 있는 것으로, 이에 더 나아가, 이 작품 속 그들의 여정을 바로 '나'의 삶 전반에 대한 알레고리로 간주할 수 있게 한다. 특히, '나'의 고유한 본성이기도 한 '제삼자의 정신'[53]이 '나'뿐만이 아니라 '방'에게도 공통된 것이라는 이 작품의 주석적 서술은 이를 더욱 뒷받침하고 있다. 불의의 이별 뒤, '방'과의 재회에 대한 간절한 고대 속에, 정거장 부근 귀향민들을 바라보는 '나'의 서술은 다음과 같다.

> 기름기름히 쌓아얹힌 角材들 사이에 끼인 사람 부서지다 남은 걸상과 책상을 쓰고 자는 사람 째여진 장막의 한 끄틀 잡어 다려 뼈가 들추이는 억개를 가리운 사람 이 사람들은 한 特殊한概念을 形成하는 사람들이었다. 그리고 이 特殊한概念을 한 獨自的인 完全無缺한 概念으로 凝固시키렴에는, '方'은 그 中에서는 두드러저 나온 사람 이었고 無用한 사람일수밖에는 없었다. 그는 아니 우리는 아직 다 灰燼하지 아니한 사람이였다. 灰燼하지 아니하였으면서도 灰燼을 체험할 수 있는 대신에는 灰燼하고 있는 自己自身을 떠나 더욱 더 아픔이

채, '을유문화사本'만을 대상으로 하고 있다는 점이다. 위 인용문은 기존 연구에 있어 가장 자주 인용되는 부분 중 하나이기도 하다.

53) "이 소리는 또한 나에게 내 가슴 속에 고유하니 본성으로 잠복해 있는 내 구슬픈 제삼자의 정신을 불러 일으키었다."(허준, 「잔등」, 을유문화사, 1946.9, 102면)

올줄을 알면서까지 일층 노픈 處所에서 灰燼하고 있는 자신을 내려다 보지 아니할수 없는 부류의 사람들이었다. 車와 車를 連結한 쇄인을 다시 디디고 넘어서서 나는 뒤도 돌아다 보지아니하고 천천히 거러 停車場을 나왔다.(次號完)[54)]

모든 것이 다 소진해버린 뒤 특수하고 완전무결한 개념만을 형성하는 사람들과 달리, 그들과는 다른 처소에서 회신(灰燼)하고 있는 자신을 내려다 볼 수 있는 '방'의 성격적 특성은 바로 '내'가 가지고 있는 중요한 특성이기도 하다. 이 때, '나'와 '方'의 관계는 채만식의 「민족의 죄인」에서 '나'와 '윤'과 '김'의 관계와 비교해 볼 때, 흥미로운 차이를 발견할 수 있다. 「민족의 죄인」의 경우, '친일 행적이 있는 나'를 '윤'이 비판하고, '도덕적 결벽성에 집착하는 윤'을 '김'이 비판하고, '사실 수리론을 내세우는 김'을 다시 '내'가 비판하는 순환적 구조를 보여줌으로써[55)] 끊임없는 자기비판의 원환 속에 놓여 있다면, 「잔등」의 경우, 어떤 개념어에 의한 응고 상태부터 벗어나는 일종의 미확정 영역에 대한

---

54) 허준, 「잔등」, 『대조』 2호, 1946.7, 255면. 위 인용문은 『대조』에 2회에 걸쳐 실린 「잔등」 텍스트(대조본)의 가장 마지막 부분이기도 하다. 『대조』 3호(1947.5)에 실릴 예정이었던 나머지 부분은, 그전에 단행본(을유문화사, 1946.9)을 통해 이미 발표해서였던지, 실제로 연재되지 않았다. 위 인용문에 대한 '을유문화사本'은 단어 표기뿐만 아니라 문장 전체적으로도, '대조本'과 차이를 보여주고 있는데, '을유문화사本'은 다음과 같다. "방은 **그 중에서는 무용한 사람일수 밖에는 없었다.** 그는 아니 우리는 아모리 다 **회진**하였다 하드라도 그래도 어딘는지 덜 **회진**한 곳이 남어있는 사람이었다. **회진**하지 아니하였으면서도 **회진**을 체험할 수 있는 대신에는 **회진**하고 있는 자기 자신을 떠나 더욱 더 완전한 **회진**이 올줄을 알면서까지 일층 높은 처소에서 **회진**하고 있는 자기 자신을 내려다 보고 방관하고 있을수 있는 부류의 사람이었다. (**애꾸즌 제삼자의 정신!**) 차와 차를 연결한 쇄인을 다시 짚고 넘어서서, 나는 뒤도 돌아다 보지 아니하고 천천히 걸어 정거장을 나왔다."(69~70면) 여기에서 '재와 먼지'를 의미하는 '회진(灰塵)'은 '흔적 없이 아주 타버림'을 의미하는 '회신(灰燼)'의 명백한 오기라고 할 수 있다. 또한 '대조本'에서의 단문 하나(두드러져 나온 사람이였고)가 '을유문화사 본'에는 빠져 있고, '대조本'에는 없었던 문장(애꾸즌 제삼자의 정신!)이 '을유문화사本'에는 새롭게 첨가되어 있음을 확인할 수 있다.

55) 이 책 제1부 1장 '서론' 참조.

자각적 인식 속에서 자기 안의 여러 흔들림과 떨림 등에 대하여 더욱 유념하게 하고 있다. 명확한 가치 판단의 유보 상태에서 자신의 머무름의 자리를 가만히 한참 응시하고자 함은 '나'와 '방'의 공통된 태도이자 이 작품 안에서 그들 여정을 가능하게 하는 중요한 요인이다. 한편, 이러한 응시의 태도는 어쩔 수 없는 극한 상황에서도 '그렇게 되면 그렇게 된대로 또 어떻게 되겠지'라며 터무니없는 태평함과 유창한 심사를 갖게 하는 내적 동인이라고도 할 수 있다. 이는, 자신이 처하게 된 극한 상황으로부터 벗어나 다른 곳으로 도망가기보다는 그 자리에 머물러 스스로의 힘으로 끝까지 버티어 내고자 하는, 일종의 견딤의 방식으로서의 의미와 성격을 그 안에 담고 있다. 뜻하지 않은 순간, '나'와 '방'이 각각 기차 위와 철로 위에 떨어져, 헤어지게 되는 이별 장면은 이를 잘 보여주고 있다.

> 두손으로는 무거웁게 질머진 륙구삭구의 들메줄을 잡고 땅에 떨어지다 붙은듯한 過히 제쳐 쓴 帽子를 쓰고 두툼한 훌렁々々한 호신속에 茫然히 서서 바라보는 나를 그는 어떻게 보앗을가 그는 두사 나희사이에 벌어져가는 距離에 앞서 層一層車에 앞서가는걸로만 보이게 하자는것처럼 뒤에떨어지는 나를向하야 섯다가 이렇게된 형편임을 보고서는 다시는 어쩔수없슴을 깨달은듯이 얼피 諦念의 우숨을 우서 던지었다. 그리고는 손을들어 머리우에서 휘저었다. 이때 그가 渾身의 힘을 다하여 車上의몸이된 것임을 알고 그의 心中도 어떠하리라는 것을 나는 몰을수가 없었다. 나도 손을 들었다. 車ㅅ머리가 까아드를 지나 커어브를 돌아 차차 速力이加해짐이 分明할때에 誘發的인 以外에 아모런 動機도 없이 올라간 내 손은 제힘을 비러 다시 묵어웁게 내려왔다. 이제는 完全히 홀로된것을 느끼며 鐵路에서 나와 홈으로 발을옮겨 디딀때까지 몇개 붉은 글자의 行列은 오랫동안 나의눈앞에 현황하게 어른거리였다. ─꿋모오닝 ▲祝君早安▲GooD MoRNING (…중략…) 나는 이 不意의別離에 아무러한 나의罪도 認定할수가없었다. 혹 허물이 있었는지는 몰으고 잘못됨이 있었는지는 몰으나 그런意識쯤이야 나의 孤獨에 대한 勇力과 忍耐力을 집어 샘킬것 까지는 못되였다. 내가 부르르 머리를 털고 일어나서 때마침 偶然히 타게된 도락구

우에 몸이되여[56]

철로 위의 '나' 와 기차 위의 '方' 사이 무언(無言)의 이별 장면은, 청진에서 만난 할머니네 가게(殘燈)를 향해 손을 내젓는 마지막 장면과 함께, 이 작품에서 가장 인상적인 장면 중 하나라고 할 수 있다. 이 때, 철로 위에 홀로 떨어져 남은 '나'를 향해 얼핏 웃어 보이는 '방'의 체념의 웃음이 의미하는 바는, 기차를 타고 홀로 떠나게 되는 '방'을 향해 손을 들어 흔드는 '나'의 유발적 손짓이 의미하는 바와 크게 다르지 않다. 여기에서 '방'의 웃음과 '나'의 손짓은 모두, 자신이 처한 현실에 대하여 쉽게 흥분하거나 절망하기보다는 자신으로서는 어찌할 수 없게 된 상황에 대하여 스스로 감내하고 버티어 내고자 하는 그 나름의 견딤의 방식을 의미하는 것으로 볼 수 있다. 위 인용문 마지막에서 '나의 고독에 대한 용력과 인내력'을 향한 '나'의 다짐은 '자신의 머무름의 자리'에 대한 이 작품의 기본적 태도를 보여주는 것이라고 할 수 있으며, 그러한 응시의 태도는 '방'과 헤어진 뒤, '나' 홀로의 여로에서도 그대로 유지되고 있다. 이는, 작품집 잔등의 「小序」를 다시 한 번 떠올리게 하는데, 거기에서 자신의 작품을 '내 존재의 분신'이라고 한 작가의 발언[57]은 단순한 수사적 표현이 아니라, 바로 그의 작품이 토대하고 있는 내적 근거와 밀접한 연관을 갖고 있다고 할 수 있다.

---

56) 허준, 「잔등」, 『대조』 1호, 1946.1, 189면. 위 인용문 중 '얼피 체념의 웃음을 우서 던지었다'와 '내가 부르르 머리를 털고'는 '을유문화사本'에서는 '얼른 체념의 웃음을 우서 던지었다'(12면)와 '내가 부르르 털고'(13면)라고 표기되어 있는데, 전후 맥락을 고려할 때, 그 의미와 어감에 적합한 것은, '을유문화사本'보다는 '대조本'이라고 판단된다.

57) "이 책 속에 담기어 나의 몸을 떨어져 나가는 조그마한 몇 개 '내 存在의 分身' 내어놓고 나는 무엇으로 달리 이를 解明할 道理가 있을 것이리오."(허준, 「小序」, 『잔등』, 을유문화사, 1946)

2) 시선의 차이와 긴장

'방'과의 불의의 이별 뒤 '나' 홀로의 여로에서 초점화된 것은 발가숭이 소년과 국밥집 할머니와의 만남이다. 이들 새로운 만남과 관련한 '나'의 태도 역시 기본적으로 지속적인 응시의 자세를 그대로 유지하고 있다. 먼저, 수성(輸城)에서 청진으로 가는 도중, 강가에서 만나게 되는 발가숭이 소년과의 만남에 대하여 살펴보자. '내'가 소년(14~5세)에게 관심을 갖게 된 것은 '이국인의 풍모'를 연상케 하는 그의 외모와 삼지창으로 고기를 잡는 기이한 행동[58] 때문이다. '나'의 관심 표명에 거들떠보지도 않고 고기잡이에 열중하는 소년의 모습에 대한 '나'의 서술은 다음과 같다.

> "사람의 말을 들은체 만체도 아니하고 거들떠보지도 아니하는 그 오만한 態度에는 충분히 諒解가 갈만한 理由가 서지아니한다. 괘씸하여 내여버려둘가하는 생각도 났다. 그러나 부르튼듯이 입이 불쑥 비오저나온 열四五세박게 아니 나 보이는 이 少年의 行動은 나로하여금 오래두룩 探索的인 論難를 갖게 하기에는 너무나 直線的인 굵이와 부러울만한 熱烈함이 있었다. 自我中心의 恍惚이 있는듯하였다. 나는 나自身의 이때 너무나 直情的인 一面을 自笑하듯이 이러나서 한번이면 알아볼 마즈막 고비를 뛰여 넘으려는 逃亡者를 잡어올려 前자리에 팽겨쳐 버리었다. 목숨이 어듸가 부텃는지도 모르는 그목숨에 대한 本能的인 強烈한 執着―그리고 그 本能의 正確性은 놀라리만큼 큰것이었다. (…중략…) 首部가 全面的으로 읏개여저나간 나머지는 그저 고기요 뼈다귀요 피일박게 없을 生命이 어듸가 부텃슬데가없는 이 微物이 가진 本能이라할는지 六感七感이라할는지 혹은 무슨 本然的인 指向이라고 할는지 어쨋든 이 生命에대한 強烈하고 正確한 求心力―나는 무슨 큰 哲理의 端初나 붓잡은 모양으로 히뭇한 一種의 滿足感을 가지고 動物의 단말마적 운동을 바라보고 있었다."[59]

---

58) "그의 히그모레한 사루마다를 두른 궁둥이가 映畵에서 본 南洋土人의 춤처럼 몇번인가左右로 이질거리엿다."(허준, 「잔등」, 『대조』 1호, 1946.1, 196면)('映畵에서 본'(대조本) → '영화에서 보는'(을유문화사本, 26면))

'내'가 '방'과 함께 체념적 혹은 체관적 관찰의 시선을 공유하고 있었던 데 반해, 전신의 힘을 집중하여 자신의 일에 몰두하고 있는 소년의 태도는 그들('나'와 '방')과는 전혀 다른 부류에 속하는 것이라고 할 수 있다. 그런데 그러한 몰입과 집중의 태도는 소년에게 잡힌 물고기에게 있어서 역시 공통된 것이기도 하다. 위 인용문 마지막 부분은 수부(首部)가 전 면적으로 으깨어져 나갔음에도 불구하고 '생명에 대한 강렬하고 정확한 구심력'을 보여주는 물고기의 모습과 이를 무슨 큰 철리의 단초나 잡은 듯이 '히뭇한 일종의 만족감'으로 바라보는 나의 모습이 대비되고 있다. 이러한 '나'의 모습 기저에는 여전히 체념적 관찰의 시선이 견지되고 있는데 반해, '벌거숭이 소년'과 '물고기'는 무언가에의 강한 몰입과 집중의 태도를 보임으로써 어떤 대상에 대한 이들의 시선은 서로 다른 차이를 보여주고 있다. 전자의 시선을 체념과 관찰의 원심적 시선이라고 한다면 후자의 시선은 몰입과 집중의 구심적 시선이라고 할 수 있을 것이다. 그런데 여기에서 다시 주목할 만한 것은 자신과는 다른 시선을 가진 이들에 대한 '나'의 반응이 낯선 이질감 혹은 어떤 불화와 적대의 감정에 연루된다기보다는 오히려 오랫동안 잊고 지냈던, 자기 안의 무언가에 대한 '더 큰 그리운 고혹감(蠱惑感)'[60]에 휩싸이고 있다는 사실이다. 이는 '나'와 '고기잡이 소년'과의 만남 역시 기본적으로는 자기 안의 또다른 자아와의 만남 혹은 발견으로서의 의미와 성격을 갖고

---

59) 허준, 「잔등」, 『대조』 1호, 1946.1, 197면('부르튼듯이' '探索的인' '逃亡者' '피일박게 없을' '指向이라고' '히뭇한'(대조本)→'부틀은듯이' '탐삭적인' '동물의 충동' '피일밖에 없는' '지향(指向)이라' '흐뭇한'(을유문화사本)). 이 중에서 머리가 으깨진 상태서 강물을 향해 본능적으로 움직이는, 물고기의 본연적 지향(생명)에 대하여 '흐뭇한 일종의 만족감을 가지고 동물의 단말마적 운동을 바라보고 있었다'(29면)라고 한 '을유문화사本'의 표기(흐뭇한)는 전후 맥락을 고려해 볼 때 그 의미와 어감에 있어 전혀 어울리지 않는다고 판단된다.

60) 허준, 「잔등」, 『대조』 1호, 1946.1, 197면. 이와 관련하여, '대조本'에서는 "나는 이 蠱惑에 아니 끌려들어 갈수 업습을 느끼며"(197면)라고 서술된 반면, '을유문화사本'에서는 "나는 이 오래된고혹에 제절로 끌리어 들어가는 내 자신을 느끼며"(31면)라고 서술되어 있다(문장 수정 흔적).

있는 것으로 볼 수 있게 한다.

> 事變以來 처음 안겨지는 故國山水의 맑고 정함과 이 맑고 정한 물을 마시고 잘어나는 사람의 雜티가 섯기이지아니한 新鮮한 觸感이 混然히 一致가 되여 나의 마음을 건들임은 尋常한것이 아니였다. 뱀장어며 딱이며 또 그것들을 불을 노아 구어먹자는것이며가 다 이 히그무레하게 거슬떼기박게는 아니될 헌 사루마다를 걸치고 진 구리빛 얼골에 앙가슴이 톡 비여저나온 발가숭이 少年과함께 마주안저서 반말지거리를 하며 그 아모것도 섯기이지아니한 거믄 눈 瞳子를 마조보고 앉어있어보겠다는 慾望박게 아모것도 아니였다. 言語는내가 少年에게건너노코 시픈 한 微弱한 靭帶에 불과하였다. 萬一이 靭帶가업서도 되는것이라면 半말 지거리인들 도리혀 우리에게 무슨 必要가 있으랴. 少年이 가진 여러가지 가슴이 쩌엉해 들어오는 感觸에 부디칠 處所에만 노혀있을수 있다면 잠자코 묵묵하게 안저서 건너다보고 잇슴이 더 얼마나 훌륭한 일이겠기에.[61]

위 인용문은 '고기잡이 소년'의 모습에 대하여 '내'가 느끼는 '고혹감'의 정체를 더욱 분명하게 드러내고 있는 부분이다. 그것은 한편으로는 '고국산수의 맑고 정함'이 불러 일으키는 향수의 감정이기도 하면서 또다른 한편으로는 '사람의 잡티가 섞이지 아니한 신선한 촉감'으로부터 오는 생기발랄함과 순수함에 대한 이끌림이기도 하다. 이들은, '방'과의 이별 뒤, '나' 홀로의 힘든 여로에 서 있는 '나'로 하여금 어린 시절과 고향에 대한 한없는 그리움을 불러 일으키는 동인이 되고 있다. 그 안에는 오랜 타국 생활과 거친 피난길에서 오는 피로감과 함께, '방'과 자신의 공통 지점이기도 한 '제삼자의 정신'에 대한 피로감이 깃들어 있다. 이런 점에서, '방'과의 이별은, 결과적으로 '발가숭이 소년'과의 만남을 가능하게 한 기제로 작용했다고 볼 수 있는데, 이들('방'과 '소년')에 대한 '나'의 태도는 구분과 경계에 의한 어떤 것의 일방적 선택이

61) 허준, 「잔등」, 『대조』 1호, 1946.1, 198~199면. '事變以來' '半말 지거리인들' '건너다 보고 잇슴이'(대조本) → '전쟁이래' '반말지거리의 대화인들' '건너다 보고만 있음이'(을유문화사本, 31~32면)

나 배제의 시선에 지배되고 있다기보다는 그 안에서의 머무름과 이에 대한 지속적인 응시의 자세를 유지하고자 하는 욕망에 지배되고 있다. 그리고 그러한 응시의 자세는 '나'와 '소년'의 사이를 매개하고 이어주는 인대(靭帶)로서의 기능과 역할을 하고 있다. '언어는 내가 소년에게 건너 노코 시픈 한 미약한 인대에 불과하였다'라고 한, 위 인용문 마지막 부분은 '나'와 '소년' 사이 서로 다른 시선의 차이를 잇고 싶어하는 '나'의 기대와 소망을 직접적으로 드러내는 것이라고 할 수 있으며, 이는 "寒露와 炭塵속에 건너 매여진 마음의 닷줄이 얼마만한것인가"[62]라는 이 작품 서두에서의 물음을 상기시키고 있다. 이런 점에서 여기에서의 응시의 태도는 '체념과 관찰의 원심적 시선과 몰입과 집중의 구심적', '시선' 양자 사이를 진동하며 그 안에 머무르고자 한다는 점에서 방관자 혹은 관찰자로서의 '제삼자의 정신'과는 일정하게 구분된다고 할 수 있다.

'나'와 '소년'과의 만남의 장면은 소년에게의 '나의 말건넴'으로부터 점차적으로 나에게의 '소년의 말건넴'으로 이동하고 있다. 이는 『대조』 1호분과 『대조』 2호분이 분기하는 지점이기도 하다. 『대조』 1호분의 마지막 장면은 강가에서 말 없이 헤어진 소년을 다시 만나게 되는 것[63]으로 끝나고 있으며, 『대조』 2호분은 해방 직후 산 중턱에 있는 학교를 일본인이 불을 놓고 달아났다는 소년의 이야기에 대하여 "학곤데 왜 일본놈이 불을 노쿠 달아나"라는 '나'의 흥분된 물음과 "약이 올르니깐 불을 노쿠 달아났지오 뭐"라며 '소년'의 간명한 대답으로 시작하고 있다.

62) 허준, 「잔등」, 『대조』 1호, 1946.1, 184면.

63) 『대조』 1호의 마지막 장면(200면)은 다음과 같다. "그는 아까 江에서 고기를 잡든때의 自己의 行裝이 怪常하엿든것을 自認하는 모양이엿고 지금의 이 突然한 번듯한 채림채림에 놀라지아니할수 업는 내가 또한 當然한것을 인정하는듯 하였다. 이러하거늘 거기 대해더 물을것이 업슴을 안 나로서도 또한 奇異한 질문이 가슴 한편구석에서 대가리를 들고 이러남을 누를 길만은 없었다 나는 무슨 墨契나 잇섯든것처럼 묵々히 少年의뒤를 딸아 堤防을 내려왔다."(未完)

내말이 채 떨어지기도 전에 서슴지안코 불쑥 비여져나온 이 약이 오른다는 대답은 果然粗略한 것이었으나 新鮮하였고 直明하였고 그 自體로부터 完結된것이였고 그러므로 또한 淸凉하였다. "그래! 네 말이 마저 약이 올랐겠지 하하하." 少年이 더듬거리지 아니하고 쓴 素.하고도 含蓄이 많은 이淸.한 表現에 나는 맥혔든 가슴이 시언히 터지도록 웃었다. 웃었으나 興奮狀態에 突入하기를 비롯하려던 憎의 불길은 미처 꺼지지 아니한채 가슴 한모통이에 남어 있었다. 다만 그것이 延燒하여 充滿한 불길로 發展하기에는 지금 自己와 함께 겻딸어 가는 少年의 그 싱싱한 稟性이 나로 하여금 한時도 다른길로 삐여저 나가기를 허락지않는 刺戟的인 것이였고 또 强引한 것이라고도 할것이였다. 나는 창자 속에 아모것도 남음이 없는 우숨을 웃고 난 뒤에 少年의 이 强引한 觸指가 언제든지 한번은 내게 能動的으로 와 作用할 날이 잇을 것을 隱然中에 期待하면서 少年과 몸이 슬칠락 말락 하는 距離를 사이에 두고 한참동안 일부러 잠자코 거러가고 있었다.[64)]

64) 허준, 「잔등」, 『대조』 2호, 1946.7, 239면('强引한 것이라고도'(대조本) → '강인(强引)한 것이었다고도'(을유문화사本, 37면)). 이외에도 '대조本'과 '을유문화사本'을 비교해 보았을 때, 단어와 문장 상의 차이를 보이는 주요 부분은 다음과 같다. 목다리 족구靴(185면) → 목다리 쓰꾸화(4면); 中折帽子(185면) → 쏘프트(4면); 그즛동이(185면) → 그짓이(4면); 닥치는 々々 …… 을(187면) → 닥치는 순간을(7면); 나날이 지터가서(187면) → 나날이 깊어들어가서(7면); 이날도 어느 여늬날과(188면) → 이날도 여늬날과(9면); 중년의 사람도 그의 두 귀만은(188면) → 중년의 사람 그도 그의 두 귀만은(10면); 머무을 맴도리 기에(189면) → 머물을 맴도리야(11면); 나는 漠然히 이런 소리를 가슴 속에서 불러 일으키며(189면) → 나는 여러번 역증이 나던 버릇으로 막연히 이런 소리를 가슴 속에서 다시금 불러 이르키며(11면); 帽子를 내흔들었다(190면) → 내 모자를 내 흔들었다(13면); 한사람이 되여 떠난지(190면) → 한 사람이 되어 나는 떠난지(13면); 一路邁進하야 다사한 초가을의(191면) → 일로매진하여 탄 차가 다사한 초가을의(15면); 룩구밑에 두손을 뒤에돌려 바쳐 들고 々々 …… 堤防우를 거러가는것이었다(191면) → 룩크 밑을 두 손을 뒤에 돌려 받쳐들고 시가지를 가르켜 구버가는 제방 위를 타박 타박 들어 걸어가는것이었다(17면); 모래우에다(192면) → 깨끗한 흰모래 위에다(18면); 발듸려노흘 흙부튼데도(192면) → 발 들여 놓을 흙, 붙은 데도(19면); 荒凉한(192면) → 광량한(19면); 다 그런 변을 한번식은 당하지 않은데가 없는 모양이야(193면) → 한군데도 그런 변을 당하지 않은데가 없어어(21면); 그바람이 실허집데(194면) → 그 바람이 이젠 딱 싫어집데(22면); 錯覺的으로(195면) → 직각적으로(25면); 껍굽서서(197면) → 굽으리고(28면); 逃亡者를 잡어 올려(197면) → 동물의 중동을 잡아 올려(28면); 히뭇한(197면) → 호뭇한(29면); 山間溪水에나(197면) → 맑은 산간계수에나(29면); 갈으쳐 주었기로니(198면) → 가르쳐 들었기로니(30면); 얼마式밧니(198면) → 안 먹으면 얼마씩 받니(30면); 아니 끌려들어갈수 업슴을느끼며(198면) → 제절로 끌리어 들어가는 내 자신을 느끼며

(31면); 먼 비체 본(199면)→먼발에 본(33면); 맑아케(200면)→말짱하게(34면)(이상 『대조』 1호와의 차이)

모스링(240면)→머즐린(38면); 無意味한(240면)→무미한(39면); 받은 물건이었다(241면)→물건인 까닭도 있었다(40면); 斷續的으로(242면)→간헐적(間歇的)으로(44면); 自尊心을 損傷치 못할것이란 表情을 얼골에 내뜨이면서 걸어 나아가는 것이었다(243면)→자존심이 손상ㅎ지 아니 할 것이란 표정을 그 얼굴에 갈아 채어가며 그는 거침없이 걸어 나아가는것이었다(44면); 광이가 너머가믄 일어난다구들 외 그러지들 안턴 그 러지(243면)→고양이가 넘어 지나가면 일어난다고왜 그러지들 안해?!(45면); 그러니까 네가 잡은 이 뱀장어가 꾀 엉뚱한짓을 하는 모양이○(243면)→그런말씀을 하셨어? 그러니까 네가 잡은 이 뱀장어가 꽤 엉뚱한 것을 하는 셈이었단 말이지(46면); 김선생낸 선생 어머니 단 둘뿐인데 김선생이 잽혀 들어가고 난뒤에(244면)→선생낸 선생 어머니하고 나만하고 나보다 적고한, 아버지 없는 조카들 하고 지내다가 김선생이 잡혀들어가고 난뒤에(46면); 일본놈들이란 거즈반 사내없는것들인데다가 애 색끼들만 오굴오굴 허는걸 대리고 어딜가면 무얼 합니까(244면)→일본것들이란 거지반 사내없앤것들만인 데다가 애새끼들만 오글오글 허는걸 데리고 가기는 어딜 가며 어딜 가면 무얼 합니까(47면); 秩序感을 주기에는(245면)→질서감을 깨뜨려 주기에는(49면); 얼골의 모든 平面的인(246면)→평면적인(51면); 어느나라의 主人도 아니라는(246면)→어느 나라의 주인공도 못된다는(52면); 誘惑的인 獨孤感을(247면)→고혹적인 독고감(獨孤感)을(52면); 우리가 남과 가티 산다면 露西亞사람을 내여노코는 가치 살 無難한 國民이 없으리라(247면)→우리가 남과 같이 살아야 한다면 노서아 사람만큼 무난한 국민이 없을는 지도 몰라아(52면); 어떠한 政策이 流行的인 것이 되든 同居해 잇는 民族들의 友誼를 阻害할(247면)→어떠한 정책이 국내적으로 유행적인것이 되던 동거해 있는 민족들의 우의(友誼)를 장해할(52면); 그동안 우리들의(247면)→그동안 그들로 말미암아 당한 우리들의(52면); 어찌 할수없는 諦念이(247면)→어찌할수 없는 체관이(53면); 그들 軍隊에는 어듸로가든지 가는한도록고안에도 얼마나 많은 민족이(247면)→그들 군대에는 얼마나 많은 이민족(異民族)이(53면); 도나브를 들었다. 밤새도록 외치는 노래소리는(248면)→띠 우 스프꼬이네를 들었다. '띠 우 스포꼬이네 메냐 스카지 쯔토 에코 슈트카 레포 끼따이 메냐 스카지 쯔토 에토 슈트카' 밤새도록 웨치는 노래는(54면); 그들의 唯一한 되푸리인(후렴)이었다(248면)→그들 노래의 유일한 후렴이었다(55면); 친구들의(248면)→녀석들의(55면); 키쓰는 질기고 길수록 조화도 당신의 그 빳.한 긴 수염이 나는 영실허요(248면)→키쓰는 질기고 길쓰록 좋은것이지만 당신의 그 지긋지긋한 긴 수염이 나는 영 싫어요(55면); 나는 이렇게 決心하였고 아니 떠나도 할수 없는 노릇이라고 아니 생각치 않을수도 없었다(250면)→하였고, 아니 떠나도 할 수 없는 노릇이라고 질을 쓰듯이 주저 앉어버리고 말었던 것이었다(58면); 그 량반이 탄 車間을(251면)→그 양반 탄 차를(60면); 廣場正面에(251면)→광장 전면에(61면); 길게 네에를(251면)→길게 「예예」를(61면); 얼빠저서 서 있는 내 여플(251면)→얼이 빠져서 서 있는 사람의 옆을(61면); 날림인 日本式建築(252면)→일본식 건축(64면); 나는 나를 想像하였다. 그러나 그럴 피요가 없을 듯 해서 베게우에(252면)→나자신을 나는 상상하였다. 그러나 아직은 그럴 필요가 없을 듯 해서 불끈거릴려는 가슴을 누릎 여기에서 해방 직후 일본인에 의한, 학교 방화 사건이 '약이 올라서 그랬다'는 소년의 대답이 '나'로 하여금 그토록 시원한 웃음을 터뜨리게 한 이유는 무엇일까. 이는 '나'의 마음 안에 무언지 엉켜 있어 풀리지 않았던 어떤 것, 억압 혹은 불쾌로부터의 해방감과 밀접한 관련을 맺고 있다. '일본인이 불을 놓고 달아났다'는 소년의 이야기에 대한 '나'의 반응은 스스로도 놀랄 만큼 거의 즉각적으로 흥분되고 긴장된 상태로 돌입한 데 반해, '약이 올라서 그랬다'는 소년의 대답은 그와 달리, 꾸밈이 없이 천진난만하다. 이 때, '나의 물음'과 '소년의 대답'은 그것이 토대하고 있는 감정 혹은 태도에 있어, 서로 다른 차이를 가지며 대비되고 있음을 알 수 있다. '소년의 대답'이 '나'로 하여금 '창자 속에 아무 것도 남음이 없을 정도로' 그토록 시원한 웃음을 선사할 수 있었던 것은 일차적으로는 그것이 나의 흥분 상태 속에 담겨 있는 어떤 불쾌의 감정을 일시에 해소해버린 데서 연유한 것이라고 할 수 있다. 하지만 '나의 흥분된 물음' 그 근저에 바탕하고 있는 것은 누군가(타인, 일본인)에 대한 끝모를 원한과 증오심이다. '나'의 시원한 웃음 뒤에, 그럼에도 불구하고 '흥분 상태에 돌입하기를 비롯하려던 증오의 불길은 미쳐 꺼지지 아니한 채 가슴 한 모퉁이에 남어 있었다'는 주석적 서술은 이를 잘 보여주고 있다. 이 장면 뒤에 계속되는 소년의 이야기는 '나'로 하여금 '나의 물음' 안에 깃들어 있는 그러한 원한과 증오심에 대한 반성의 기제로 작용하고 있다. '굉이가 오는지 안 오는지 시체가 벌떡 일어나는지 안나는지 잘 지켜야만 된다'[65]라고 한 위원회 김선생의 말과

베개 위에(64면); 나가 보는것인가 않 나가 보는것 인가(254면)→나가 보는 것인가 나가 본대짜 쓸데없는 일일가(66면); ㅗ자로 난 복도(254면)→「오」에 ㅇ만 없는 글짜로 난 복도(66면); 逍遙人群들인지(254면)→소풍꾼들인지(67면); 그믐이 거즈반 다 찬(254면)→그믐이 다 찬(67면); 내마음에 맛끼여 도로 돌아서 버리고 마렀다(255면)→내 마음에 마끼어 찍 소리도 내지 아니하고 도로 돌아서버리고말았다(69면)(이상 『대조』 2호와의 차이)

65) 허준, 「잔등」, 『대조』 2호, 1946.7, 244~245면. '대조本'에는 '시체'가 '신체'로 표기되어 있음(오기).

함께 '안적 못 보섯군요. 건 정말 다들 죽은 거 한가집니다'고 반복(5번)해서 들려주는 소년의 이야기가 '나'로 하여금 촉발 시키는 것은 그들(일본인)에 대한 원한과 증오심보다는 인간 일반에 대한 동정과 연민의 감정에 가깝다. 물론 그렇다고 해서 소년의 이야기가 그들(일본인)에 대한 무조건적인 용서와 화해를 주장하고 촉구하고 있다고는 볼 수 없을 것이다. 그 안에는 '죽은 사람이 벌떡 일어날 수 있다'는 위원장 김선생의 말이 포함되어 있고, 일본인에게 뱀장어를 팔고 있는 소년의 행동 역시 그들에 대한 지속적인 경계와 의심의 시선을 담고 있기 때문이다. 다시 말해, 일본인 문제와 관련한 소년의 이야기는 한편으로는 그들에 대한 경계와 의심을 담고 있으면서도 또다른 한편으로는 인간 일반에 대한 동정과 연민의 감정을 담고 있다고 할 수 있다. 그러한 소년의 이야기는 아무런 꾸밈이 없는 천진난만한 상태를 보유한 '소년의 품성'과 연계되면서 이 문제에 대하여 즉각적인 흥분 상태로 빠져드는 '나'를 붙잡아 주고 있다. 위 인용문 마지막 부분에 "소년의 싱싱한 품성이 한시도 다른 길(원한과 증오심—필자 註)로 삐어져 나가는 허락하지 않는 자극적이고 강인(强引)한 것이었으며, 소년의 이 강인(强引)한 촉지가 내게도 능동적으로 작용할 날이 있기를 기대한다"는 주석적 서술은 이를 잘 보여주고 있다. '나의 말건넴'과 '소년의 말건넴'으로 이루어진 '나와 소년의 만남'은 서로 다른 시선의 차이와 그들 사이의 긴장 관계 속에서 어떤 사태(일본인 문제)에 대한 집요하고 끈질긴 탐색의 과정을 보여주고 있으며, 이는, 어떤 것에 대한 일방적이고 명확한 가치 판단을 앞세우기보다는 그 안에 머무르면서 그것에 대한 지속적인 응시의 자세를 견지하고자 하는 이 작품의 기본적 태도를 보여주는 것이라고 할 수 있을 것이다.

3) 자기 존재의 연장

그럼 마지막으로, 청진에 도착하여 만난 국밥집 할머니와의 만남에 대하여 살펴보자. 이 때, 할머니와의 만남이 있기 바로 직전 '나'의 상태는 소년과의 만남 직전 '나'의 상태와 상반된 차이를 가지고 있다는 점에서 주목할 만하다. 소년과의 만남은 청명한 햇빛 아래 맑은 강물이 흐르는 강가에서 '나 홀로의 여로'에 서 있는 '내'가 잠시 짐을 풀고 휴식을 취하고 있는 동안 이루어지고 있다. 한가로운 풍경 속에서 '나'의 상념은 지난 여로에서 만난 간호부와 소학생 사이의 문답으로부터 고향을 떠나 만주에서 20여 년 동안의 풍상을 겪은 사촌 매부 일가와 영하 사십도의 추운 날씨 속에서 눈물을 얼리우며 십오리 길을 왕래하던 소학교 이학년이던 어린 조카의 모습으로까지 이어지게 된다. 이러한 상념 속에서 '鄕愁란 이러케 根本的인 것일가'[66]라는 독백을 되뇌이고 있을 무렵, '나의 상념'을 깨뜨리는 소년의 고기잡는 소리와 함께 소년에게의 '나의 말건넴'이 시작되고 있다. 이에 반해 '할머니와의 만남'은, '방'이 타고 온 기차가 처음 도착했던 기차가 아니라는 사실을 뒤늦게 알게 되어 정거장으로 쫓아가 보았으나 지칠대로 지쳐 아무렇게나 쓰려져 있는 귀향민들의 을씨년스러운 풍경만을 확인한 뒤, 홀로 밤거리를 거닐며 '어디로 가나'[67]를 되풀이 하며 어디로 그 발길을 옮겨야 할지 지향할 바를 모르는 헤메임 속에서 이루어지고 있다.

이 현황잡다한 풍물 속에 이날 한나절을 보낸 일이 있는 나는 너무나 고조근한 쓸칠듯한 쌀쌀한 공기 속에 새삼스러히 등곬이 오싹함을 느끼어 옷깃을 세우지 아니할수 없었다. '한잔 하고 가나.' 낮에 오래간만으로 돼지고기에 생선에 매운 무나물까지 바쳐서 처음으로 배껏 먹어본 이래론 여지껏 먹은 것도 없으

66) 허준, 「잔등」, 『대조』 1호, 1946.1, 194면.
67) 허준, 「잔등」, 『잔등』, 을유문화사, 1946.9, 70~71면.

려니와 전신이 바싹 오그라들고 가다들어 무엇에 닿으면 닿는대로 부서져 으스러질 것 같은 을시년함을 나는 어찌 하는수 없었던것이다. (…중략…) 이리하여 나는 돌고 돌아 더듬거리어 나오던 끝에 이상하게도 낮에 수성서 들어와서 돼지고기에 생선에 매운 무나물을 맛있게 바쳐 먹은 빼럭행렬 거지반 끝 골목 되이는 그 할머니 가게에 당연히 돌아 들어야만 했던것처럼 돌아들게 된것이었다.[68]

위 인용문 바로 앞에는 낮의 분변(糞便) 사건에 대한 짧은 에피소드가 삽입되어 있는데, 발을 빼내일 수 없을 정도로 일대 공동변소가 형성된 곳을 지다다가 분(糞)을 밟고 남의 일같이 저주스러웁게 제법 골쌀을 찌푸렸음에도 불구하고 자기 또한 "똑같은 길을 도로 돌아오는 길에는 역시 그 위에 발을 벗디디고 주저앉은 사람에 지나지 아니하였다"[69]라는 '나'의 회상은 모두 다 타버려(灰燼) 한 개의 개념으로 '응고된 피난민'보다 일층 높은 곳에서 자신을 바라보고자 한 그 역시 결국은 그 한 분자에 불과하다는 인식을 보여주고 있다. 위 인용문에서 '무엇에 닿으면 닿는대로 부서져 으스러질 것 같은 을시년함을 나는 어찌 하는 수 없었던 것이다'라는 '나'의 고백은 그러한 체념적 자괴감의 연장선 위에 있는 것이라고 할 수 있을 것이다. 힘들고 고된 여로의 휴식 시간 동안 이루어진 '나와 소녀의 만남'과 달리, '나와 할머니의 만남'은 그렇듯 지칠대로 지친 여로의 한 가운데에서 이루어지고 있다. 다시 말해 이들과의 만남 직전, '나'의 심리적 상태는, 전자의 경우, 자신의 힘든 여로로부터 한걸음 물러서서 지난 과거를 조망하고 있는데 반해, 후자의 경우, 그러한 거리 감각을 상실한 채 자기 자신의 현재적 상태에 깊숙이 빠져들어 있다는 점에서 서로 다른 차이를 갖고 있다. 한편, '나'와의 만남이 이루어지기 직전 할머니의 모습 역시 '나'의 관심 표명에 거들떠 보지도 않고 자기 일에만 열중했던 소년의 모습과는 대조적이다.

---

68) 허준, 「잔등」, 『잔등』, 을유문화사, 1946.9, 74~75면.
69) 위의 책, 72면.

"할먼넨 무나물 못잊어 왔습니다." 선을 보이고 앉었는 처녀 모양으로 할머니는 보이한 김이 몰큰거리는 솥 옆구리에 단정히 무릎을 세우고 앉아서 무엇인지 한참 정신이 팔리고 있었다. "고기 있거던 고기에 술도 한잔 주시고요." 한 장으로 된 좁고 긴 나무판자 상 앞에 내가 털썩 주저앉음과 동시에 할머니는 비로소 정신이 드는듯이 주저앉는 나를 쳐다보고, "에, 어서 앉으시오." 하고는 언제 왔었던 손님이려니 하는 어렴풋한 기억만을 더듬는 모양으로 입에서 긴 담대ㅅ대를 떼 내었다.[70)]

자기 일에 열중하는 모습에서 '직선적인 굵이와 자아중심의 황홀함'까지 느끼게 했던 소년과 달리, 자기 일에는 도무지 별 뜻이 없이 무언지 엉뚱한 데 정신이 팔린 듯한 할머니의 모습은 소년의 그것과는 많은 차이를 가지고 있다. 위 인용문에 나타난 '나와 할머니의 모습'은 그 기저에 바탕하고 시선 혹은 태도에서, '나와 소년의 만남'에서 나와 소년이 보여준 시선 혹은 태도의 대립 양상과는 전혀 상반된 성격을 보여주고 있다. 다시 말해, '나와 소년의 만남'이 나의 원심적 시선과 '소년'의 구심적 시선 사이의 대립 양상을 보이고 있다면, '나와 할머니의 만남'은 '나'의 구심적 시선과 '할머니'의 원심적 시선 사이의 대립 양상을 보이고 있다. '나'를 중심으로 그들 사이 시선의 교차 양상을 도식화하면 다음과 같다.

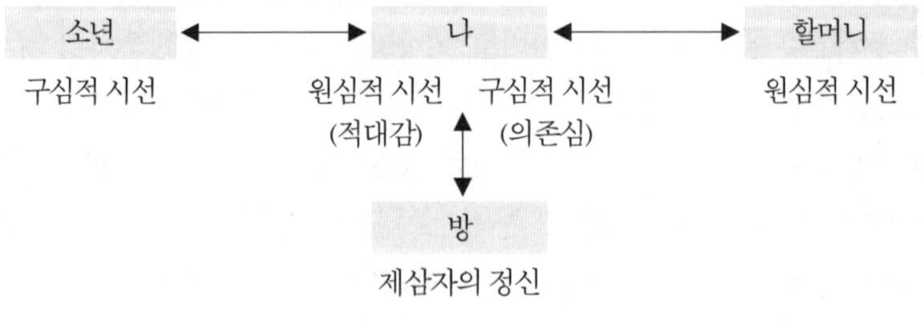

70) 앞의 책, 75~76면.

이 때 '할머니'가 '나'에게 들려주는 이야기는 출구 없는 허방에 빠져 헤메이는 '나'를 붙잡아 주는 역할을 하고 있다. '갓설흔 나던 해 봄에 올해 스물여덜 났던 애가 배ㅅ속에 든 채 혼자가 되었답니다'라는 말로 시작하는 할머니의 이야기는 유복자로 태어난 그 자식마저 해방 한 달을 앞두고 감옥에서 죽고 말았다는 사연으로 이어지고 있다. 자신의 가슴 아픈 속사정을, '별로 상심하는 티도 정도 이상으로는 나타내이지 하면서'[71] 전하는 할머니의 초연한 태도는 듣는 이로 하여금 더욱 애처롭게 느껴지게 한다. 그런데 그러한 할머니의 이야기는 단순히 자신의 가족사에 그치지 않고, 아들의 동지였던 '가도오'의 행방에 대한 염려와 동냥밥을 얻어 먹으며 아오지 가는 차를 기다리는 일본인 잔류자들에 대한 동정과 연민으로까지 이어지고 있는데, 여기에서 할머니의 모습은 자신의 슬픔에 빠져 자포자기의 심리 상태를 보인다든지 혹은 자기로부터 도망가 다른 어떤 곳으로의 도피적 지향 혹은 체념을 보인다기보다는 자신의 자리에 머무르면서 스스로의 힘으로 끝까지 버티어 내고자 하는, 일종의 견딤의 방식으로서의 의미와 성격을 그 안에 담고 있다. 이는 '나'와 '방'이 함께 하는 여로 중 어쩔 수 없는 극한 상황에서 그들이 보여준 터무니 없는 태평함과 유창한 심사의 내적 동인으로 작용했던 응시의 태도가 의미했던 바와 유사하다고 할 수 있다. 다만, 할머니의 이야기 속에는 자기 나름의 견딤의 윤리가 더욱 구체화되어 나타나고 있다고 할 수 있는데, '일본 사람은 일본바다에서 나는 멸치만 잡아 먹어도 넉넉히 살아갈 수 있다'[72]라는 '가도오'의 말과 해방 후 아들 친구들이 자신을 부득부득 끌고 가려는 데에 대해 '그런 호산 내게 당치도 아니한거려니와 그렇지 않단들 생눈을 뻔히 뜨고야 왜 남에게 신세 수고를 끼칩니까'[73]라는 할머니의 말은 이를 잘 보여주고 있다.

71) 허준, 「잔등」, 『잔등』, 을유문화사, 1946.9, 78면.
72) 위의 책, 84면.
73) 위의 책, 89면.

다시 말해 나에게의 할머니의 말건넴은 단순히 자신의 슬픈 사연을 전하고 있다든지, 일본인 잔류자를 비롯한 인간 일반에 대한 동정과 연민의 감정을 보여주는 데 그치지 않고, 자신의 머무름의 자리에서 자기 안의 흔들림을 부여잡고자 하는 자기 나름의 견딤의 윤리로서의 의미 계열로 확장되고 있다. 할머니의 이야기로부터 '새로이 발견한 크나큰 경이'와 함께 '하염 없는 너그러운 슬픔'을 느끼게 된다는 '나'의 서술은 이러한 맥락에서 이해될 수 있을 것이다. 이는 또한 '두 발 뒤꿈치를 돋울 대로 돋우고 모자를 벗어 들고 서서 황량한 폐허 위. 오직 제 힘뿐을 빌어 퍼덕이는 한 점 그 먼 불그늘을 향하여 한없이 한없이 내 손들을 내어저었다'[74]라는 이 작품의 마지막 장면과 중첩되고 있는데, 이러한 장면이 다시 한 번 상기시키는 것은 '寒露와 炭塵속에 건너 매여진 마음의 닷줄이 얼마만한 것인가'[75]라는 이 작품 서두에서의 물음이며, 여기에서 '오직 제 힘뿐을 빌어 퍼덕이는 한 점 그 먼 불그늘'이라고 한 서술은 그러한 '마음의 닷줄'(殘燈)이 자기와 타인 혹은 타인과 타인 사이(자기 밖의 타자)를 잇고 있는 것으로서의 의미와 성격보다는 자기 안의 여러 흔들림과 떨림들(자기 안의 타자)을 잇고 있는 것으로서의 의미와 성격에 더욱 가까운 것으로 볼 수 있게 한다. 그러한 '마음의 닷줄'은 이 작품이 궁극적으로 머무르고자 하는 '머무름의 자리'이며, 이 작품의 제목 '殘燈'이 의미하는 바라고 할 수 있다.

한편, '나 홀로의 여로'에서 만난 '소년과 할머니와의 두 만남'은 그 각각이 모두 '나 홀로의 여로'에 서서 여러 가지 흔들림을 겪는 '나'를 붙잡아 주고 있다는 점에서 유사한 의미와 성격을 가지고 있다고 할 수 있다. '소년과의 만남'에서 소년과 대비되고 있는 '나의 모습'은 표면적으로는 무슨 일에서든지 방관자로서의 자세를 견지하고자 하는 체념적 관찰의 태도이지만, 그 근저에 바탕하고 있는 것은 오히려 누군가에 대

74) 위의 책, 104면.
75) 허준, 「잔등」, 『대조』 1호, 1946.1, 184면.

한 끝 모를 원한과 증오심이다. '할머니와의 만남'에서 할머니와 대비되고 있는 '나의 모습'은 표면적으로는 자기 자신에 대한 체념적 자괴감이지만, 그 근저에 바탕하고 있는 것은 출구 없는 허방에 빠진 듯한 막막함으로부터 벗어나고자 하는 열망, 다시 말해 무언가에 대한 기대와 의존심이라고 할 수 있다. 이렇게 보았을 때 소년과 할머니와의 나의 만남이 의미하는 바는, 동전의 양면처럼 서로 분리될 수 없는 자기 자신의 내밀한 욕망이라고 할 수 있는 누군가에 대한 혹은 무언가에 대한 '의존심과 적대감'의 문제를 회피하거나 외면하지 않고 그 안에 머무르면서 동시에 그것과는 대비적인 대립적인 시선을 통해 반성하고자 하는 것이라고 할 수 있으며, 이에 대한 응시는 서로 다른 시선의 복합적인 관계망 속에 서 있는 자기 존재 혹은 욕망에 대한 지속적인 탐색의 과정을 보여주는 것이라고 할 수 있게 한다.

지금까지 살펴본 내용을 요약하면 다음과 같다. 유사한 의미를 갖는 단문들이 종결되지 않은 채 끊임없이 중첩되고 다양한 부사어와 부정적 서술어의 사용이 빈번한 허준 소설의 문체적 특징은 독자로 하여금 문장에 대한 편안하고 명확한 의미 이해와 다음 문장으로의 빠른 진행(독서)을 저지하고 있다. 이러한 문체적 특징이 유발하는 기능과 효과는 야단스럽고 장황한 서술을 하지 않고서도 어떤 장면을 생생하게 떠올리게 하는 동시에 그 자리에 머물러 그 안을 가만히 한참 동안 바라보게 한다는 점이다. 사람 사이의 만남과 이별, 그리고 그러한 만남과 이별을 잇대어 주는 '마음의 닻줄'은 허준의 「잔등」이 붙잡혀 있는 머무름의 자리이며, 이에 대한 지속적인 응시를 통해 이 작품의 서사는 진행되고 있다. 이 작품 전체 여로에서 '나'와 '방'의 이별과 재회의 과정은 이 작품의 가장 중심적인 서사의 축이라고 할 수 있는데, 여기에서 '나'와 '방'은 자기와 타인 혹은 타인과 타인으로서의 의미와 성격을 가지고 있다기보다는 오히려 자기 안의 또 다른 자아로서의 의미와 성격을 가지고 있으며, 이는 이 작품 속 그들의 여정을 바로 '나'의 삶 전반에 대한 알레고리로 간주할 수 있게 한다. '방'과의 불의의 이별 뒤 '나 홀로의 여로'에서 초점화 되어 있는 것은 소년과 할머니와의 만남이다. 여기에서 '소년과의 만남'이 나의 원심적 시선과 소년의 구심적 시선 사이의 교차 양상을 보이고 있다면, '할머니와의 만남'은 나의 구심적 시선과 할머니의 원심적 시선 사이의 교차 양상을 보이고 있다. 이들 두 만남은 '나 홀로의 여로'에 서서 겪게 되는 여러 가지 흔들림을 겪는 '나'를 붙잡아 주고 있다는 점에서 유사한 의미와 성격을 가지고 있다. 자신과의 대비적 시선을 견지하고 있는 이들과의 만남과 이에 대한 응시를 통해, 이 작품은 서로 다른 시선의 복합적인 관계망 속에 서 있는 자기 존재의 탐색 과정을 보여주고 있는데, 이는 어떤 사태에 대한 일방적이고 명확한 가치 판단을 앞세우기보다는 그 안에 머무르면서 그것에 대한 지속적인 응시의 자세를 견지하고자 하는 허준 소설의 특징적 현상과도 밀접한 연관성을 갖는 것이라고 할 수 있다.

제3장

이념 비판적 언술과 김동리·염상섭 소설

극심한 이념적 대립과 갈등으로 인하여 사회 정세가 더욱 불안해지고 혼탁해지면서, 이 시기 작가들도 좌·우 문단을 중심으로 사분오열하게 되었는데, 이 때 이 시기 작가들이 또 하나의 중요한 쟁점으로 삼았던 것은 정치와 문학 사이의 관계 설정에 대한 문제였다. 문학과 정치 사이의 긴밀한 연관성과 문학의 역사적 사명, 그리고 적극적 실천을 주장했던 좌익 진영의 작가들과 달리, 우익 진영의 작가들은 문학의 정치 예속화에 전면적으로 반대하였다. 문학이 투철한 정치적 이념성을 가져야 한다는 것은 편협한 정치주의에 불과한 것이며 문학은 어디까지나 문학의 본래적 정신에 충실해야 한다는 그들의 주장은 우익 세력을 결집시키는 계기가 되기도 하였는데, 그 대표적 단체였던 조선청년문학가협회(1946.4.4)가 내세운 첫 번째 강령은 '자주독립 촉성에 문화적 헌신을 기한다'는 것이었고, 가장 구체성을 띠었던 것은 '일체의 공식적·예속적인 경향을 배격하고 진정한 문학정신을 옹호'[1)]한다는 세 번째 강령이었다. 이는 자주적 민족국가 수립이라는 보편적 명제 아래 문학의 독자적 이론을 수립하고자 한 것으로 볼 수 있는데, 정치 이념에 대한 비판이 그 중심을 차지하였다. '현 단계의 조선 문학의 과제'라는 부제가 붙은 김동리의 「조선문학의 지표」는 '현 단계의 혁명 정신이 민족적 자각과 민족 정신의 세계적 앙양에 있음'과, '민족문학이란 것도 세계문학이란 각도에서 볼 때는 세계문학의 일환으로서의 민족적 개성을 특징으로 하는 문학, 즉 민족적 개성을 단위로 한 세계문학의 일원이 아니면 안 된다'[2]라고 명시하고 있다. 이는 민족적 개성의 표현이라고 할 수 있는 민족 문학이 궁극적으로는 세계적 보편성으로 확장될 수 있어야 함을 강조한 것이라고 할 수 있다. 인류 보편의 무한무궁에의 생의 욕구의 표현이 바로 문학이라는 그의 기본적 관점은 '문학하는 것이란 어떤 구경적인 생의 형식이 아니어서는 아니된다'[3]는 명제로 집약되어 나타난 바 있다. 이에 따라 유물사관에 토대한 좌익 진영의 계급 문학은 그것이 경제적 또는 경제적 현실에 철저하게 종속되어 있다는 점에서 현실의 일면적 진리만을 담고 있는 제2의적, 제3의적인 문학은 될 수 있을지언정 결코 '문학 정신 본령 정계의 순수문학 혹은 본격문학이라 일컫는 제1의적인 문학이 될 수 없다'[4]라고 비판되었다. 현실

---

1) 이들이 내세운 강령은 ① 자주독립촉성에 문화적 헌신을 기함, ② 민족문학의 세계사적 사명의 완수를 기함, ③ 일체의 공식적 예속적 경향을 배격하고 진정한 문학정신을 옹호함 등 세 가지였다(한국문인협회, 『해방문학 20년』, 정음사, 1971, 143면).

2) 김동리, 「조선문학의 지표」, 『청년신문』(청년문학가협회의 기관지), 1946.4.2. 신형기 편, 『해방 3년의 비평문학』(세계, 1988, 105면)에 재수록된 것을 인용함. 이 시기 순수문학 논쟁을 불러 일으켰던, 그의 「순수문학의 진의」(『서울신문』, 1946.9.15)를 비롯하여 「순수문학과 제3세계관」(『대조』 2권 2호, 1947.8), 「생활과 문학의 핵심」(『신천지』 3권 1호, 1948.1) 등의 글 역시 민족정신이 기본이 되는 민족문학이 '문학정신 본령정계의 순수문학'과 별개의 것일 수 없다고 설명하면서 '세계사적 각도', '세계사적 성격', '세계사적 사명' 등 전체적인 원리로서의 보편적 문학의 성격을 강조하고 있음을 확인할 수 있다.

3) 김동리, 「문학하는 것에 대한 사고(私考)」, 『백민』 4권 2호, 1948.3(『김동리전집』 7, 민음사, 1997, 71면에 재수록).

4) 김동리, 「순수문학과 제3세계관」, 『대조』 2권 2호, 1947.8(신형기 편, 『해방 3년의 비평문학』, 세계, 1988, 342면에 재수록).

또는 역사, 정치란 일시적으로 스쳐 지나가는 것에 불과하며, 그렇듯 우발적이고 파편적인 사실의 세계와는 다른, 인류 전체의 근원적 보편성의 세계를 작품을 통해 구체화하는 것이 문학 본연의 임무라는 믿음으로부터 이 시기 김동리의 문학은 전개되었다고 할 수 있다. 정치 이념에 대한 비판적 입장은 이른바 중간파 계열의 작가들 역시 공유하고 있었던 항목이기도 하였다. 중간파 계열의 작가들은 문학의 자율성만을 옹호하는 데에는 반대했지만, 특정 정치 세력에 예속되거나 공식주의적인 경향을 띠는 문학적 현상에 대해서도 비판적인 입장을 가졌다. 중간파 계열의 대표적 작가라고 할 수 있는 염상섭은, 일찍이, '생활은 엇더한 경우에서든지 第一義다', 문예 역시, '다만 藝術的表現이어야 하는 條件이 잇기 때문에 여러 가지 形式과 制約이 잇슬 따름이요, 그 이외에는 人類生活이나 宇宙的 存在로서, 決코 神聖을 主張하거나 至上을 固執할 것이 못되는 것이다'[5]라는 입장을 피력한 바 있다. 여기에서 염상섭이 가장 중요하다고 믿었던 것은 어떠한 것도 완강한 사실(생활)의 힘(제약)으로부터 절대적으로 분리될 수 없다는 사실이다. 이러한 연장선 위에서 그는, 자신들의 입장만을 배타적으로 내세우고자 하는 좌익 또는 우익의 정치 이념이란, 생활의 제약에 의해 지배받는 사실의 세계를 무시한 채, 지상 또는 천상을 고집하고 주장 하는 것에 불과한 것이라고 비판하였다. 해방 후 좌우 양 진영에서 앞다투어 내세우고 있는 '민족 문학'과 관련하여 자신의 입장을 표명한 글에서 염상섭은, 실제 내용과는 아무런 상관없이 '민족문학'을 가운데 놓고 '선입견의 공식적 작의(作意)'를 가지고 각자가 자기의 소출이라고 마주 끌고 찢는 현상이

---

5) 염상섭, 「문예와 생활」, 『조선문단』 19호, 1927.2(『염상섭전집』 12, 민음사, 1987, 110면에 재수록). 이 글의 마지막에서 그는 사이비 인생의 조작에 불과한 문예작품을 보는 것보다는 제국주의 국가 재상의 정견 연설 기사나 사회운동단체의 선언서를 읽는 것이 더 흥미를 끌 때가 많다고 하면서, '未成品의 文藝를 通하여 實人生과는 距離가 머른 模造人生을 보고 不快를 늣기는 것보다는 그러한 演說이나 宣言가운데에 움즉이는 人生, 움즉이는 社會, 움즉이는 世界가 보이기 때문이다'라고 끝맺고 있다.

외관부터 정상적이 아니라고 한탄하고 있다. '겸허할 뿐 아니라 십분 존중하는 경의를 가지고 객관적으로 탐색하고 모집하고 연찬하고 평가하여 체계를 세운 뒤에 이것을 토대 삼아 앞으로 신민족문화의 진로를 세워야겠거늘, 일방은 프로레타리아 문화 수립이라는 국부적 편견에 사로잡혀 이를 무시하려 하고 또 일방은 그 반발, 반동적 감정에 흘러 국수적 복고주의의 경향에 흐른다면 신문화 건설은 고사하고 바야흐로 제 근지, 제 밑천이나 찾게 되는 이 호기를 잃고 외래 문화에 또 다시 압도되는 비운을 자초하는 외에는 별 방도도 없게 될 것이다'[6]라고 끝맺고 있는 이 글의 비관적 전망은 정치・사회적으로 극단적인 대립과 분열의 양상이 이미 전면화된 이 시기 역사적 상황(1947년 말경)에 비추어 볼 때 어쩌면 새로울 것이 없는 것인지도 모른다. 한 편, 그렇다고 해서 이 시기 염상섭 문학이 '있는 그대로의 사실'에 대한 관찰 또는 기록의 수준에서 멈추어 무기력한 객관성에 함몰되어 있다고 볼 수는 없을 것이다. 이 무렵 좌우 합작 노선을 지지하는 『신민일보』(1948.2.10 창간)의 편집국장을 맡았다는 사실과 남한 단독정부 수립을 위한 5.10선거에 반대했다는 이유로 며칠 동안 구류를 살았다(1948.4.28)는 사실 등[7]은 이를 뒷받침하고 있다. 조선문학 재건의 방향과 관련하여 총 5가지 항목(일제 잔재 청산, 외세 문제, 봉건잔재 청산, 민족 문제, 좌익 문제)에 대한 자신의 입장을 정리한 「조선문학 재건에 대한 제의」(『백민』, 1948.5)에서 염상섭은 좌우익 양 진영의 극단적인 대립을 지양하는 중도주의적 노선을 표방하는 한편, 사회성과 순수성을 함께 포괄할 수 있는 문학의 역할과 의의를 강조하고 있다. 특히 좌익 문제와 관련한 마지막 항목 맨 처음 서두에 '좌익 이론을 덮어 놓고 부인하고 배격하는 것만으로 능사라 할 것

---

6) 염상섭, 「민족문학이란 용어에 관련하여」(1947.12.13 탈고), 『호남문화』 1호, 1948.5 (신형기 편, 『해방 3년의 비평문학』, 세계, 1988, 420면에 재수록).

7) 김재용, 「8・15 이후 염상섭의 활동과 '효풍'의 문학사적 의미」, 『효풍』, 실천문학사, 1998, 343면.

은 아니다'[8]라고 밝힘으로써 무조건적으로 반공 이념만을 내세우고자 하는 이들과는 분명한 거리를 두고 있다. 여기에는 당시 남북통일정부 수립을 위한 남북협상(1948.4) 추진 움직임에 대하여 결사적으로 반대했던 우익 진영을 비난하는 목소리가 깃들어 있다고 볼 수 있을 것이다. 이 장에서는 그렇듯 정치 이념에 대하여 비판적인 입장을 공유하고 있으면서도 엄연한 차이를 보였던 김동리와 염상섭의 소설을 검토함으로써 이 시기 이들의 서사적 대응 방식이 보여줬던 의미론적 구조와 특징에 대하여 살펴보고자 한다.

1. 근대의 희화화와 위계적 운명-김동리의 「해방」

해방된 뒤 청문협 활동(1946.4.4)을 비롯하여 우익 문단을 주도적으로 이끌어 나갔던 김동리는 이 시기 총 18편의 작품[9]을 남겼다. 이 시기 김동리 소설은 흔히 '역사적 현실을 소재로 이념 비판을 시도한 유형과 초역사적 공간 속에서 운명적 인물들의 삶을 다룬 유형이라는 두 가지 소설 유형'[10]으로 대별되곤 한다. 「지연기」, 「상철이」, 「형제」, 「해방」

---

8) 염상섭, 「조선문학 재건에 대한 제의」(『백민』, 1948.5), 『염상섭전집』 12, 민음사, 1987, 170면.

9) 김동리(1913.11.24~1995.6.17, 경북 경주 生)가 해방기에 발표한 소설은 모두 다음과 같다. 「윤회설」, 『서울신문』, 1946.6.6~26; 「지연기」, 『동아일보』, 1946.12.1~19; 「미수」, 『백민』, 1946.12; 「혈거부족」, 『백민』 7호, 1947.3; 「달」, 『문화』 1호, 1947.4; 「이맛살」, 『문화』, 1947.10; 「상철이」, 『백민』 11호, 1947.10,11; 「역마」, 『백민』 12호, 1948.1; 「어머니와 그 아들들」, 『삼천리』, 1948.8; 「절 한번」, 『평화신문』, 1948.8; 「개를 위하여」, 『백민』, 1948.10; 「심정」, 『학풍』 4호, 1949.3; 「유서방」, 『대조』, 1949.3, 4; 「형제」, 『백민』 18호, 1949.3,4; 「급류」, 『조선교육』 16~18호, 1949.4~6; 『혜성』 2호, 1950.3; 「검군」, 『연합신문』, 1949.5.15~28; 장편소설 『해방』, 『동아일보』, 1949.9.1~1950.2.16; 「인간 동의」, 『문예』, 1950.5.

등의 작품이 전자에 해당한다면, 「달」, 「역마」 등의 작품은 후자에 해당한다고 할 수 있다. 이 중에서도 특히 『해방』은, 김동리의 첫 장편소설로서, 이들 두 가지 소설 유형 사이의 매개적 연관 관계라든지, 그의 문학론과의 상관성, 그리고 이 시기 작가의 현실 인식 등에 대하여 다양한 검토를 가능하게 하는, 중요한 작품이라는 것이 본 논문의 기본적 시각[11]이다. 하지만 이에 대한 지금까지의 논의[12]는 충분하다고 할 수

---

10) 진정석, 「김동리 문학 연구」, 서울대 석사논문, 1993; 이동하, 「한국문학의 전통지향적 보수주의 연구」, 서울대 박사논문, 1989. 이에 반해 박종홍의 「해방기 김동리 소설의 지향」(『현대소설의 시각』, 국학자료원, 2002)은 이 시기 김동리 소설에 대하여, 해방의 혼란상과 자유주의의 수용(「지연기」, 「해방」, 「형제」, 「윤회설」), 가족관계의 동요와 모성애의 연민(「미수」, 「어머니와 그 아들들」, 「심정」, 「인간동의」), 구경적 삶과 운명에의 초극(「달」, 「역마」) 양상으로 삼분한 바 있다.

11) 이와 관련하여, 「해방」을 자료집 형태로 엮어낸(『어문론총』 37, 39호, 2002, 2003) 김주현은 "(김동리의) 『해방』은 이전의 단편 중심의 문학 세계에서 장편의 세계로 나아가는 지점에 놓여 있다. 또한 당대의 가장 민감한 사안이었던 친일파 처리 문제나 좌우익의 갈등 문제에 대한 김동리의 시국관과 현실관이 잘 노정된 작품이다"(『어문론총』 37호, 한국문학언어학회, 2002.12)라고 소개하고 있다. 박헌호(「김동리의 『해방』에 나타난 이념과 통속의 관계」, 『현대소설연구』 17호, 한국현대소설학회, 2002) 역시, "『해방』은 한국 근대소설사의 관점에서나 김동리 개인의 관점에서나 장편과 단편에 대한 인식의 근원을 도드라지게 보여준 작품이다"라고 하면서 이 작품에 주목한 바 있다.

12) 「해방」에 대한 기존 논의는 김동리 문학 전반 혹은 해방기 김동리 문학에 관한 연구 안에 그 일부로 포함되어 있는 경우와 이 작품만을 다루고 있는 소논문으로 구분할 수 있다. 전자에 해당하는 것은 이동하의 「한국문학의 전통지향적 보수주의 연구」(서울대 박사논문, 1989), 신형기, 「순수의 정체」(『해방기 소설 연구』, 태학사, 1992), 진정석의 「김동리 문학 연구」(서울대 석사논문, 1993), 이찬의 「김동리 문학 연구」(고려대 석사논문, 1999), 박종홍의 「김동리 해방기 소설의 지향」(『현대소설의 시각』, 국학자료원, 2002), 강경화의 「해방기 김동리 문학에 나타난 정치성 연구」(『현대소설연구』 18호, 한국현대소설학회, 2003) 등이고, 후자에 해당하는 것은 박영순의 「김동리의 「해방」 연구」(『국어국문학』 99호, 국어국문학회, 1988), 박헌호의 「김동리의 「해방」에 나타난 이념과 통속성의 관계」(『현대소설연구』 17호, 한국현대소설학회, 2002) 등이다. 이 중에서 본 논문의 문제의식과 밀접한 관련을 맺고 있는 글은 박헌호의 「김동리의 『해방』에 나타난 이념과 통속성의 관계」이다. 이 글은 한국 근대소설사에서 장편소설 연구의 가장 큰 걸림돌로 작용하였던, 통속성 논의에 대하여 이의를 제기함으로써 장편소설과 통속성의 관계에 대한 전반적인 재검토를 촉구하는 한편, 「해방」에 나타난 이념 비판과 통속성의 관계 양상을 고찰하고 있다. 이 글 서론에서의 문제 의식은 본 논문 역시 공유하고 있는 바이다. 하지만, 본론 작품 분석에서, 「해방」에 나타난 이념 비판 양상을 여전히 통속성 차원으로만 접근하고 있는 박헌호의 관점은 본 논문의 시각과는 일정 정도 차이를 갖는

는 없을 듯하다. 여기에는 여러 가지 사정이 있을 수 있겠지만, 우선적으로 이 작품이 김동리 문학을 대표할 만한 미적 형상성을 갖추지 못하고 있다는 판단이 크게 작용한 듯하다. 당시 신문에 연재된(『동아일보』, 1949.9.1~1950.2.16) 이후, 한 번도 단행본으로 간행되지 않았을 뿐만 아니라, 『김동리 대표작 선집』 1~6(삼성출판사, 1967)과 『김동리전집』 1~6(민음사, 1995)에도 이 작품이 제외되었음은 이를 뒷받침한다.[13] 그런데 여기에는, 미적 형상화의 실패 이유 못지않게, 그 안에 작가의 반공 사상이 지나치게 드러나고 있다는 부담감 또한 중요한 이유로 작용하고 있는 것은 아닌가 하는 생각을 갖게 된다. 해방기 김동리 소설과 관련하여 이동하는, '김동리의 문학은 그 제1기(일제시대)에는 반체제 문학의 성격을 띠고 있었으나 이제(해방기)부터는 친체제적인 문학으로 전환하게 된다. 김동리 문학이 정치적인 차원에서 볼 때 가장 순수한 의미를 지녔던 시기는 해방과 더불어 끝난 것이다'[14]라고 평가하고 있다. 이러한 관점에 기반하여 이동하는, 이념적 대립을 소설화한 작품들(「지연기」, 「혈거부족」, 「형제」, 「해방」 등)이 좌익의 이념에 대한 검토를 전적으로 회피한 채 오로지 좌익을 주장하는 자들의 인간성이 나쁘다는 투의 비난으로 일관함으로써 충분한 설득력을 갖지 못하고 있다는 점에서 이 시기 김동리 문학의 주목할 만한 성과는, 전통적 세계에 대한 천착을 보여준 작품들(「달」, 「역마」)에서 찾을 수 있다는 입장을 취하고 있다. 그런데 이러한 관점에 바탕한 기존 논의에서 갖게 되는 의문은, 그렇듯 서로 다른 두 가지 계열 작품들 사이의 내적 연관 관계는 어떻게 이해해야 하고 이해할 수 있는가 하는 문제이다. 이동하의 논의에 따르면, 작가의 현실 인식이 작품 표면에 드러나지 않고 있는 작품들만이 성공작으로

다. 이에 대해서는 본론에서 논의하도록 하겠다.

13) 김동리의 「해방」은, 김주현에 의해, 『어문론총』 37호와 39호(한국문학언어학회(구 경북어문학회), 2002.12, 2003.12)에 두 차례에 걸쳐 자료집 형태로 실려 있다. 본 논문은 당시의 신문 원본(마이크로 필름)과 이 자료집을 함께 참조하였다.

14) 이동하, 「한국문학의 전통지향적 보수주의 연구」, 서울대 박사논문, 1989, 63면.

평가되고 있는 셈인데, 그렇다면 이는 어떤 면에서, 이 시기 「달」, 「역마」[15]는 실제적으로는 작가의 문제성 있는 현실 인식을 감추고 있는 것이라는 의미를 담고 있는 것은 아닌가 하는 생각을 들게 하기 때문이다. 한편, 김동리의 「해방」에 대한 이동하의 논의와 평가 또한, 일정 부분 동의하기 어려운 점이 있다. 그는, 이 작품이 추리 소설적 구성, 삼각관계, 선정적인 장면, 총격전의 묘사 등 대중 소설로서의 면모를 강하게 드러내고 있으며, '이러한 대중 소설로의 접근 현상은 김동리가 장편에서도 여전히 단편에서와 마찬가지로 사회적·정치적 현실의 심층적 탐구를 배제한 것과 표리에 놓이는 것'[16]이라고 평가하고 있다. 그런데, 이 작품에 나타난 사회 현실 탐구가 심층적이었나 아니었나 하는 가치 평가의 문제를 떼놓고 본다면, 한 가지 분명한 사실은 이 작품이 당시의 사회 현실 문제를 다루고 있지 않다고는 결코 말할 수 없다는 점이다. 그렇다면 여기에서 우선적으로 중요한 것은, 이 작품에서의 사회 현실 탐구가 어떠한 의미와 성격을 가지면서 구조화되어 있는가를 살펴보는 데 있다고 할 수 있을 것이다. 다음은 이 작품이 연재되기 바로 전에 실린, 「작가의 말」 전문이다.

> 우리의 해방을 소설로 쓸 생각은 진작부터 가지고 있었다. 그러나 그 네 돐을 맞은 오늘에 이르도록 三八선은 의연히 가로 놓여 있으며 파괴와 혼란은 그칠 줄을 모르고 우리의 해방은 아직도 완수되어 있지 않다. 따라서 우리의 해방을 완전히 그려낼 만한 적당한 거리에 와 있지는 않다. 그러나 우리의 신념은 이미 사년 간의 실적을 쌓아 왔다. 우리의 독립은 완수될 것이며 우리의 자유는 승리할 것이다. 나는 우리의 이러한 자유와 독립에 대한 신념으로 우리의 해방을

15) 김윤식은 김동리의 「역마」에 대하여, '해방 직후 좌익 문학에의 대타의식으로 현상되는 이념적 맹목성이 작가로 하여금 자신의 고유한 미학적 자질을 통찰하도록 추동시켜 만들어 낸 예외적 경우'로서, '가장 김동리다운 작품'이며 '그의 문학적 원점이자 회귀점'이라고 평가한 바 있다(김윤식, 『한국 현대문학사』, 서울대 출판부, 1976, 161면; 김윤식, 『한국 근대작가론고』, 일지사, 1985, 313면).

16) 이동하, 앞의 책, 76~77면.

> 충실히 그려 보려 한다. 여기에는 우리의 해방을 상징할 만한 몇 개의 인간형(人間型)이 등장할 것이다. 그리하여 나는 그들이 해방의 기쁨보다도 해방이 가져온 아픔과 괴로움에 어떻게 울며 쓰러지며 싸우며 나아가며 하고 있는가를 그려보려 한다. 될 수 있는 대로 모든 사람이 다 이해할 수 있고 재미날 수 있게 써보려 한다.[17]

여기에서 눈길을 끄는 부분은, 이 작품이 해방된 지 네 해가 지난 시점에서 쓰이고 있다는 사실이다. 이때는 이미 남한(대한민국, 1948.8.15)과 북한(조선민주주의인민공화국, 1948.9.9)에 각각 단독 정부가 수립된 지 한 해가 지난 시점이고, '정치 운동에서 문학운동으로'[18]라는 기치 아래 순문예지 『문예』가 창간(발행인 모윤숙, 편집인 김동리, 1949.8)된 시점[19]이기도 하다. 『문예』 창간사에서 김동리는, '붓대를 던지고 당파 싸움이나 정치 행렬에만 가담하는 것이 현실을 알고 문화를 건설하는 방법이라 생각하는 것은 세상에 흔히 있는 거짓의 하나다 우리는 이러한 거짓을 거절해야 한다. 소설가는 소설을 쓰고 시인은 시를 쓰는 것만이 민족문학 건설의 구체적 방법의 제1보가 되리라고 우리는 믿어야 한다'[20]라는 말로 민족문학 건설의 첫 번째 원칙을 내세우고 있다. 김동리의 「해방」은 바로 그러한 시점에서, 즉 좌익 세력에 대한 승리의 자신감과 함께 진정한 민족문학 건설에 대한 강한 사명감을 가졌던 시점에 쓰인 작품이다. 여기에서 또한, '해방을 상징할 만한 몇 개의 인간형을 통해 해방이

17) 김동리, 「작자의 말」, 『동아일보』, 1949.8.28.

18) 김윤식, 『해방공간 문단의 내면 풍경』(김동리와 그의 시대 2), 민음사, 1996, 332면.

19) 이 작품이 쓰인 시기(1949.9.1~1950.2.16)와 이 작품이 다루고 있는 시간적 배경(1945.11)을 비교해 볼 때, 이 작품은 남한과 북한에서 각각 단독정부수립이라는 형식적인 남북 분단이 이루어진 상태에서, 해방 직후 이념적 대립의 혼란상에 대한 작가 김동리의 일종의 회고록으로서의 성격을 담고 있기도 하다. 특히 이 작품의 주인공 이장우는 해방 전 지리산의 절(화암사)에 머무르던 중 일제의 강제 징용을 피해 한때 고향(어머니)에 내려가 수리 조합 서기로 근무했던 것으로 되어 있는데, 이는 작가 김동리의 일제 시대 행적과 매우 흡사하다.

20) 김동리, 「창간사」, 『문예』 1호, 1949.8.

가져 온 기쁨보다는 아픔과 괴로움을 될 수 있는 대로 쉽고 재미있게 써 나가겠다'고 한 부분은, 이 작품의 전개 방향과 전체적인 성격에 대하여 간단하게나마 암시하고 있는데, 이러한 점에 주목한다면, 친일파 처리 문제나 좌우익의 갈등 문제 등 당시의 민감했던 사회적 쟁점에 대한 작가의 문제의식과 현실 인식이 어떠했는가에 대한 것뿐만 아니라, '구경적 생의 형식으로서의 문학'을 옹호하고 '진정한 민족문학 건설'의 기치를 내세운 작가의 문학론과의 관련 양상 등에 관한 다양한 이해의 지점을 이 작품은 마련하고 있다고 할 수 있다. 특히, 본 논문이 이 작품에 주목하고자 하는 이유는, 이 작품의 의미론적 구조와 특징이 김동리 개인만의 작가적 특이성으로 끝나지 않고, 해방기 좌익 이념 비판의 대표적인 서사의 한 형태로서의 성격과 의미를 가지고 있으며, 이에 대한 검토가 이 시기 이념 비판적 언술의 내적 구조를 살펴볼 수 있는, 중요한 계기를 제공할 수 있다는 판단 때문이다. 다시 말해, 이 작품에 대한 논의를 통해 본 논문의 목적하는 바는 이 작품이 성공작이었는가 실패작이었는가 하는 미적 가치를 판가름한다든지, 김동리 문학 전반의 특징과 성격을 규명하는 데 있다기보다는 이 작품을 통해 해방기라는 당대 현실의 자장 속에서 대표적인 서사의 한 형태로 존재하였던 이념 비판적 언술의 내적 구조가 어떻게 이루어지고 있는가를 고찰하는 데에 있다.

1) 계기적 우연성과 운명적 삶

총11장으로 이루어진 이 작품의 소제목 목차와 각 장의 주요 사건 개요는 다음과 같다.

1. 禹性根의 被殺(10) : 우성근 피살, 복수 결의, 장례집행위원장에 이장우(29)

추대, 우성근의 편지.

2. 親日派沈載榮(23) : 심재영(46)의 과거행적, 유해룡 · 이장우 방문, 이장우 · 심양애(19)의 대화.

3. 갈렸던 사랑(16) : 이장우를 찾은 하윤철(28), 이장우의 회상, 하나꼬(순이)와 귀국.

4. 다시 살아나다(15) : 상경한 이장우, 하미경(26)과의 재회, 신철수(25)의 방문, 하미경과 신철수.

5. 解放週報社(22) : 해방주보창간, 오금례와 신철수의 만남, 신철수 · 윤정혜(20)의 관계.

6. 選擇의 自由(13) : 신철수의 여성관계, 정조관념 해방(박선주), 친일자 위협(신철수).

7. 肉祭(10) : 신철수의 협박성 제의에 고민하다 호텔로 찾아간 하미경, 하미경을 협박하는 신철수,

8. 서글픈 因果(12) : 심재영과 이장우, 신철수의 협박과 친일파 처리 문제를 상의하는 심재영,

9. 相徵이(13) : 우성근과 김상철의 형제애, 해방주보사를 찾아가는 상철이, 윤동섭과 장극준의 갈등,

10. 피흐르는 解放(14) : 신철수의 자백, 박성익 · 하기철의 은신처 급습, 정창식과 하기철의 죽음,

11. 十字架의 倫理(8) : 윤철 · 장우의 대화, 양애 · 미경 · 오금례 방문, 경찰의 포위, 이장우의 자진 출두.

이 작품의 전체 이야기-시간(story time)[21]은 대한 청년회 회장 우성근이 피살된 시점으로부터 대한 청년회에서 우성근 살해 용의자들을 취조하는 불법 현장을 CIC와 수도청 경찰들이 포위하고 있는 시점에 이르

21) 시모어 채트먼은 담화를 정독하는 데 걸리는 담화-시간과 서사물에서 기도된 사건들의 지속인 이야기-시간을 구분한 뒤, 제라르 쥬네트의 논의(순서, 지속, 빈도)에 토대하여 서사물 안에서의 주요 구성 요소인 시간 문제에 대한 이론적 고찰을 시도한 바 있다(시모어 채트먼, 김경수 역, 『영화와 소설의 서사구조』, 민음사, 1990, 73~100면).

기까지 그리 길지 않은 기간이다. 우성근의 피살이 이루어진 것이 '좌익 계열의 청년 단체 군사 단체들을 일체 해체하라는 성명서를 우군이 발표한 바로 직후'라는 이장우의 발언(「해방」 7회, 1949.9.7)으로 미루어 볼 때, 이 작품의 시작은 미군정이 법령 28호를 발표(1945.11.13)함으로써 기존의 각종 군사 단체와 무장 단체의 활동을 불법화한 1945년 11월 무렵부터[22]임을 짐작할 수 있게 한다. 범행(우성근 암살)의 유력한 용의자인 하기철이 대한청년회에 붙들려 불법 취조를 받다가 죽은 현장을 경찰이 포위한 것은, 이장우를 찾아간 하미경이 거기에서 만나게 된 신철수로부터 동생 하기철의 소식을 들은 날로부터, 이틀이 지난 시점이다. 이장우와 하미경의 재회는 오빠 하윤철이 이장우를 방문한 바로 다음 날 이루어지는데, 하윤철이 이장우를 찾아 간 것은 이장우가 심재영을 만나고 돌아온 날 밤(제2장)이다. 그렇다면 제1장을 제외하면, 이 작품은 이장우가 심재영을 만난 날로부터(제2장) 불법 감금(신철수)과 살인(하기철)이 이루어진 현장을 경찰이 들이닥치려는 위기의 순간까지(제11장) 총 4일 동안의 이야기를 다루고 있는 셈이다. 우성근이 피살된 뒤 장례에 이르기까지의 장례 집행 과정이 작품 속에서 한 마디도 언급되고 있지 않은 점을 감안하면, 대한청년회 회원들이 복수를 결의하고 있는 제1장은 이 작품의 서사 진행에서 단지 프롤로그(서막)로서의 역할만 하고 있다고 할 수 있다. 우성근의 장례 집행 과정 뿐만 아니라, 국군준비대나 민청 등 좌익 계열 단체들의 활동이나 성격, 혹은 그들이 미군정에 의해 해산 명령을 받은 이유라든지 그들 좌익 계열의 단체와 대한 청년회의 대립 과정 등 우성근의 피살과 관련된 구체적이고 현실적인 문제들은 이

22) 우성근에 대한 살해를 국군준비대 아니면 민청이나 학병동맹의 소행으로 추정하는 김상철의 발언(『해방』 6회, 1949.9.6) 역시 이 사건이 벌어진 시기가 1945년 11월 무렵임을 뒷받침한다. 미군정법령 28호에 의해, 좌익 계열의 국군준비대(총사령-이혁기, 부사령-박승환)와 학병동맹(위원장-박두만, 대표-왕익권)은 강제 해산되고, 1946년 1월 15일 現한국군의 모체라고 할 수 있는 남조선국방경비대가 창설되었다. 안진, 「미군정기 국가기구의 형성과 성격」, 『해방전후사의 인식』 3, 한길사, 1987 참조.

작품의 서사 진행에 있어 아무런 기능이나 역할을 하지 못하고 있기 때문이다. 장례 집행위원장이었던 이장우가 우성근의 장인 심재영을 만나는 것은(제2장) 장례의 절차가 어느 정도 완료된 뒤라고 할 수 있겠는데, 그들 사이의 매개적 서술은 완전히 생략된 채 작품의 서사는 진행되고 있다.

그런데, 작품의 서사가 진행됨에 따라 작품 속 실제 이야기—시간은 상당히 혼란스러운 양상을 보여주고 있다. 작중 인물들의 과거 행적이나 해방 당시(8 · 15)의 장면에 대한 회상적 서술(analepse, 소급 제시)이 상당한 분량을 차지하고 있기도 하지만, 이 작품의 중요한 이야기 축을 차지하고 있는 해방주보사의 실제 창간 일자가 1946년 4월 10일[23)]이라는 사실은 그러한 혼란을 더욱 부추기고 있다. 이는 우성근이 피살당한 1945년 11월과는 상당한 시간적 거리가 있기 때문이다. 뿐만 아니라 반찬 가게 장사를 하였던 오금례와 『만주일보』 신문기자를 하였던 신철수의 우연한 만남으로 해방주보사가 세워지고 신철수 개인에 의해 해방주보의 거의 모든 것이 꾸려지고 있다는 소설 속 설정은 당시의 역사적 사실과는 실제적 관련성이 지나치게 부족하다. 이로 인하여, 작품 안에서 좌익 계열의 한 주간 신문으로 등장하고 있는 '해방주보'는 그 실제적 사실과는 상관 없이 다만 이름만 빌린 것이라는 느낌을 지울 수 없다. 또한 이 작품의 마지막 결론에서, 불법으로 우성근 살해 용의자를 불법으로 취조하고 있던 대한청년회 회관을 포위한 것이 CIC와 수도청[24)] 경찰인데, 당시 수도청이 창설된 것이 1946년 9월 17일이라는 점을 감안하면, 엄밀하게 따져 이 작품의 역사적 시간의 배경이 정확히

23) "해방일보사는 4월 10일 해방주보를 창간하였지만 해방일보가 폐간되면서 이 주간지도 저절로 없어졌다."(정진석, 『언론과 한국현대사』, 커뮤니케이션북스, 2001, 454면)

24) CIC(counter intelligence corps) : 8 · 15해방 이후 남한에 주둔한 미군의 전투부대인 24군단에 소속되어 첩보활동 등을 담당한 정보기관, * 수도경찰청(1946.9.17 창설) : 미군정하에서 서울의 치안을 맡았던 경무부 소속 경찰행정기관, 초대 수도청장은 장택상. 『브리태니커 세계 대백과사전』, 한국브리태니커회사, 1993 참조.

어느 때인지는 분명하게 한정할 수 없게 된다. 이런 점에서 이 작품은 해방 직후 좌우익의 대결 과정에서 해방 이후 한 유력한 우익 지도자가 암살당한 어느 시점에서의 며칠 동안을 시간적 배경으로 하고 있지만, 그를 통해 당시 복잡하게 전개되었던 이념적 대립과 갈등 양상 등 사회 현실적 문제에 대한 논리적인 인과 관계나 실제적이고 역사적인 계기성을 면밀하게 탐색하고 있는 것이라고 보기는 어렵다. 이는 이 작품이 좌익 이념에 대한 비판을 시도하고 있지만, 그것에 대한 실제적이고 논리적인 탐색이 이루어지고 있지 않고 있다고 한 기존 논자들의 지적[25]과 일맥상통하는 바이다. 그렇다면, 그럼에도 불구하고 해방 직후의 사회 현실을 배경으로 하고 있는 이 작품의 서사를 지탱하고 추동하는 힘으로 작용하고 있는 것은 무엇일까. 이 작품의 주인공이라고 할 수 있는 이장우가 심재영을 만나게 되는 과정은 이와 관련하여 그 시사하는 바가 크다. 지리산의 한 절간(화암사)에서 무위도식 하던 중 해방을 맞아 상경한 이장우가 심재영과 같은 속칭 친일파 인사들과 인연을 맺게 될 논리적 이유는 작품 속에서 찾아 볼 수 없다. 이장우와 심재영의 만남을 가능하게 한 유일한 계기(우연성)는 좌익 계열 단체로부터 피살당한 친구 우성근의 편지 한 통 때문인데, 다음은 그 편지 전문이다.

> 자네 내 장인 만나 볼 생각 없는가? 나는 그것을 권고하지도 반대하지도 않네마는 당자가 간절히 그것을 희망하고 있다네. 영감이 외로운 모양이지. 그리고, 자네가 만나 보아도 괜찮다면 그에 관한 이야기가 몇 가지 더 있네. 그러나 그것은 모두 자네가 만나보아도 괜찮다고 생각한 뒤에 할 이야기야. 그럼 우선 이 점에 대해서만 가부를 알려주게. 내 동생이 이 편지를 가지고 갈 터이니, 그 편에 회답을 보내든지 그렇지 않으면 며칠 뒤에 직접 만나서 말하든지 자유로 하게. 그리고 내 동생 편에다 회답을 보내는 경우에는 자네가 나를 찾아 오든지 또는 나를 부르든지 그것도 맘대로 하고, 다만 시간과 장소만은 지정해 보

25) 이동하, 「한국문학의 전통지향적 보수주의 연구」, 서울대 박사논문, 1989, 77면; 진정석, 「김동리 문학 연구」, 서울대 석사논문, 1993, 43면.

내주게. 그럼 이만. 즉일 우성근 배.[26)]

우성근은 이장우가 동경에 있을 즈음, 이장우의 유일한 친구로서, 해방 직후에는 지리산 화암사에 있던 이장우를 서울로 불러 그로 하여금 동아여자대학관 일을 맡게 한 인물이기도 한다. 그러한 우성근이 이장우에게 쓴 이 편지의 내용은 자신의 장인 심재영을 한 번 만나줄 수 없겠느냐는 부탁으로 채워져 있다. 하지만 이 편지는 우성근이 죽은 다음에야 우성근의 부인 심경애에 의해 이장우에게 전달됨으로써 결국 거기에 담긴 내용은 친구 우성근의 유언(遺言)이 되어 버린 셈이다. 이 때문에 편지를 읽고 난 뒤 이장우의 얼굴에 한 순간 스쳐간 '면구스러운 빛'은 그의 의혹과 불안의 심리를 잘 드러내고 있다. 심재영은 일제 말기 총력연맹 이사 겸 문필보국회 회장을 역임했던 당시 가장 대표적인 친일파 중 한 사람이었기 때문이다. 하지만, 유족들에 둘러 싸여 자신의 대답만을 기다리고 있는 당시[27)] 방 안의 분위기를 생각하면 '그럼, 우군의 장례를 치르는 대로 만나 뵙겠습니다'라고 한 이장우의 대답은 인간의 도의상 당연한 것이라고 할 수 있다. 세상이 다 아는 친일파인 심재영을 만나 보라고 한 이유가 도대체 무엇인지, 죽은 우성근에게 따질 수도 없는 노릇이고, 우성근의 유속이자 심재영의 부인과 딸들에게 자기는 친일파를 만나 볼 생각은 없다고 말할 수도 없는 노릇이기 때문이다. 이 때문에 이장우와 심재영의 만남과 인연을 결정하고 있는 것은, 우성근의 편지 내용이라기보다는 그 편지를 읽게 된 시간과 장소의 우연성이라고 볼 수 있다. 그런데 여기에서의 이러한 우연성은 이후의 서사 진행에서나 이 작품의 전체적인 구조 속에서, 지속적이고도 결정적인 계기로 작용하고 있다는 점에서 단속적이고 일발적인 성격에 그치

26) 김동리, 「제1장 '우성근의 피살' (10)」(「해방」 10회), 『동아일보』, 1949.9.10.
27) 심재영의 두 딸인 심경애 · 심양애, 그리고 우성근의 장모, 이들과 이장우의 첫 만남은, 우성근이 살해된 바로 다음 날, 이루어지고 있다.

고 마는 그것과는 구별된다고 할 수 있다. 이러한 우연성은 우선, 이 작품의 전체 서사 진행에 핵심적인 기능과 역할을 하고 있는데, 일제시대 반찬 가게 장사를 하던 오금례와 『만주일보』 신문기자를 하였던 신철수가 거리에서 우연히 만나, 그러한 우연한 만남을 계기로 해방주보가 창간되고 이후 서사가 진행되는 과정 역시 그러한 계기적 우연성에 의해 지탱되고 있다. 여기에서 역시, 당시 실제 했던 '해방주보'를 둘러싼 역사적 사실은 별다른 의미나 중요성을 갖지 못하고, 다만 하숙집 주인과 학생이었던 오금례와 신철수의 우연한 만남이 작품 속 해방주보의 운명을 결정해버리고 있다. 이런 점에서 이 작품 서사의 중심적인 두 가지 이야기 축[28]이 지탱되고 추동되는 데 결정적인 힘으로 작용하고 있는 것은 이장우와 심재영의 우연한 만남과 오금례와 신철수의 우연한 만남이라는 계기적 우연성에 있다고 할 수 있을 것이다.

한편, 이장우가 심재영을 만나는 장면까지 제2장의 전반적 내용은 심재영의 과거 행적과 8·15 이후의 근황 등에 대하여 장황하게 서술되고 있다. 그런데 여기에서 흥미로운 사실은, 8·15해방 이전의 행적은 작가주석서술에 의해서 서술되고 있는 반면(11회~15회), 일본 천황이 항복 발표를 한 8·15 정오 당시와 그 이후는 주로 심재영의 인물시각서술에 의해서 서술되고 있다(16회~29회)는 점이다. 작가주석서술에 의해 서술되는 전반부, 즉 일제시대 심재영의 행적은 그에 대한 세상 사람들의 일반적 평가를 중심으로 이루어지고 있다. 약관의 나이에 조도전 대학을 마치고 귀국한 심재영은 그때 마침 일어난 삼일운동에 투신하여 활약하다 경찰에 붙잡혀 삼년간의 징역을 지르고 그 뒤에 다시 신간회의 조직 사업을 맡아 헌신적으로 일함으로써 많은 사람의 흠모와 존경을 받았던 인물이다. 그러다가 임정 군자금을 조달했다는 명목으로 경찰에 체포된 뒤 전향성명서를 발표하고 복역 일 년 만에 감옥에서 나오더니,

28) 이장우를 중심으로 진행되는 이야기와 신철수를 중심으로 진행되는 이야기.

내지황도선양모범농촌 시찰단 단장이 되어 일본에 갔다 오는가 하면, 청송준응으로 창씨개명을 하고 집안에서도 일본어 상용의 모범을 보이고 학병권유의 열변을 토함으로써 내선일체와 성전완수에 성심성의를 다하게 되었다는 요약적 서술이 그 주된 내용을 차지하고 있다. 이에 반해 8·15 당일 총력연맹 이사실에서 일본 천황의 방송을 기다리고 있는 부분부터는 심재영의 표정과 심리의 변화가 직접적으로 클로즈 업 되면서 매우 섬세한 묘사와 서술이 이어지고 있다.

> 그는 지난 밤의 이 꿈과 오늘의 이 천황폐하의 방송이란 것과를 결부시켜 생각해 볼 때 무엇인지 몹시 불길한 예감과 함께 우울한 생각이 들었던 것이다. "청송 선생 편찮으십니까. 어째 안색이 좋지 못합니다" 목촌이가 그의 얼굴을 쳐다보며 진정으로 걱정하는 듯한 얼굴로 이렇게 물었다. 심재영은 속으로 저 사람이 내 속을 빤히 드려다 보고 있지는 않나 하는 생각이 들어서 천천히 고개를 들며, "아니, 지난 밤에 잠을 깊이 못 잣더니 …… 상당히 고단한 걸 …… 그런데 이사장이 오늘은 여태 안보이는군 ……" 태연한 목소리로 이렇게 대답했다.[29]

위 인용문 바로 다음, 심재영은 일본 천황(裕仁, 히로히토)의 떨리는 목소리를 듣게 되 고, 이에 침체되고 어수선한 사무실을 나와 집으로 가는 길, 선잠을 깨인 듯 무겁고 고단 한 그의 마음에 자꾸만 떠오르는 것은 둘째 딸 양애의 얼굴이었다. 집에 돌아 온 그가 그 얼떨떨하고 머리가 무겁고 견딜 수 없었던 우울의 정체를 깨닫게 되고 갑자기 웃음이 복받쳐 올라 오는 즐거움을 느끼게 된 것 역시, "기뻣서요 …… 아버지한테 젤 먼저 뛰가고 싶었어요 ……"[30]라는 양애의 말 한마디 때문이다. 이 말을 듣는 순간 심재영은 저주 받은 철쇄의 결박에서 이제야 자유로이 풀어 놓였다는 기분을 느끼게 되고 '우리 조선독립 만만세!'를

29) 김동리, 「해방」 16회(제2장 '친일파 심재영'(6)), 『동아일보』, 1949.9.16.
30) 위의 글, 18회(제2장 '친일파 심재영'(8)), 『동아일보』, 1949.9.18.

속으로 부르짖으며 그러한 독립의 결과로 자신이 '설령 사형 선고를 받는다 하더라도 즐겁게 죽음의 명령 아래 복종할 수 있을 것 같다'는 생각까지 하게 된다. 그리고 이러한 순간적인 깨달음은 심재영으로 하여금 속칭 친일파라는 세상 사람들의 비난으로부터 벗어날 수 있게 하는 어떤 지점이라는 점을 이 작품은 어렴풋이 암시하고 있다. 이렇듯 심재영의 인물 형상화 방식에서 보이는, 동일 인물에 대한 서로 다른 두 가지 서술 방식의 대조가 가져오는 효과와 기능은, 어떤 사람의 표면적인 행적이나 그것을 중심으로 한 세상 사람들의 일반적인 평가(친일파 심재영)와는 별도로, 아니 오히려 그보다 더욱 중요한 것은 인간 개개인이 가지고 있는, '본질적인 그 무엇' 혹은 그것에 대한 '순간적인 깨달음'(인간 심재영)일 수 있다는 사실에 대한 전면적 부각이다.

그러한 운명적 삶의 모습 혹은 그것에 대한 깨달음의 중요성은 이 작품의 주인공 이장우의 형상화에서 더욱 분명하게 드러나고 있다. 이장우가 친구 하윤철네 집에 살다가 그 곳을 나와 일본 동경에 건너 간 것은 십년 전의 일이다. 이장우가 친가족처럼 지냈던 윤철의 집을 아무 말없이 떠나게 된 이유는 동경에서 보낸 그의 편지에 잘 나타나 있다.

> 윤철아, 아무래도 내가 있고 남이 있는 이상, 은혜를 주고 받는 관계도 분명하지 않는가. 세상에서 자네와 나와 같이 제일 친한 사이를 은혜로서 구속할 필요가 어디 있겠는가. 나는 공부를 해도 좋고 서울에 머물러 있지 않아도 좋았다. 우리의 둘도 없는 우정만 그대로 영영히 계속될 수 있다면, 그것은 내가 공부를 더 계속할 수 있다던가 우리가 은혜를 주고 받고 하는 것보다 나에게 있어서는 얼마나 더 귀중한 일이었는지 모른다. (…중략…) 미경의 빰을 때린 일-이것을 나는 잊지 않는다. 때리고 맞고 한 것에 잘잘못이 있으리라고는 나는 믿지 않는다. 다만 미경의 빰을 때리게 한, 그 내 손에 덮어 씌워졌던, 내 운명에 대하여 나는 생각한다. ……31)

31) 위의 글, 46회(제3장 '갈렸던 사랑'(13)), 『동아일보』, 1949,10.17.

이 편지의 주된 요지는, 윤철네 가족을 진심으로 사랑했고 자신에 대한 그들의 사랑 역시 의심하지 않았지만, 그럼에도 불구하고 '내가 있고 남이 있을 수밖에 없다'는 자신의 운명을 깨달은 순간, 자신과 그들 사이를 매개했던 현실적 상황('신세'와 '은혜')은 자신의 진심(사랑 혹은 우정)을 구속하고 있는 한갓 장애로만 느껴지게 되었고, 이로 인하여 윤철네 집을 떠나게 되었다는 것이다. 다시 말해, 이장우가 윤철의 집을 떠난 근본적 이유는 자신의 운명적 고독에 대한 순간적인 깨달음 때문이라고 할 수 있다. 이 때, 그가 '미경의 뺨을 때린 일'은 그러한 깨달음을 얻게 된 하나의 우연한 계기로 작용하고 있을 뿐이지, 거기에 누구의 잘잘못을 따질 수 있는 성질의 어떤 내용을 담고 있는 것은 아니다. 십 년 만에 자신을 찾아 와 용서를 비는 미경에게, 이장우는 "지금 와서 왜 그런 말을 해요? 만약 용서를 빌어서 될 일 같으면 내가 왜 먼저 용서를 빌지 않겠서요? (…중략…) 대체 누가 잘못한 사람이 있단 말입니까? 만약 있다면 그것은 내 자신이지요, 내 자신의 성격이지요, 내 자신의 운명이고 환경이었지요"[32]라는 말로 자신의 운명을 둘러싼 '그리움'과 '노여움'의 양가적 감정[33]을 토해 내고 있다. 그러한 운명은 비단 이장우의 것일 뿐만 아니라 윤철과 미경, 더 나아가 인간 공통의 것일 수 있으며, 계기적 우연성에 의해 결정되어 버리는 운명을 향하여 혹은 그것에 대하여 시시비비를 따지는 것은 우습고 무의미한 한갓 세속적 집착에 불과할 수 있을 것이다. 윤철과 미경이 이장우의 편지를 두 번 세 번 읽고 또다시 읽으면서 너무도 아득한 슬픔에 그저 눈물만 흐르게 되는 것[34] 역시 이 때문이라고 할 수 있다.

---

32) 위의 글, 53회(제4장 '다시 살아나다'(4)), 『동아일보』, 1949.10.25.

33) 위의 글.

34) 십 년 만에 만나게 된 미경은, 장우가 일본에서 보낸 편지와 관련하여, 다음과 같이 말하고 있다. "오빠 앞으루 온 걸 저두 보았어요, 무언지 똑똑이는 몰랐어요, 그렇지만, 자꾸 자꾸 읽었어요, 울면서 …… 읽을수록 자꾸 더 슬펏서요 …… 나중엔 그대로 외어 버렸어요 ……"(위의 글, 55회(제3장 '다시 살아나다'(6)), 『동아일보』, 1949.10.27)

2) 근대의 희화화와 위계적 운명

우연한 계기로 맺어지게 되는 사람 사이의 인연과 인간의 고독한 운명에 대한 아득한 슬픔을 중심으로 전개되던 이 작품의 서사는 신철수의 등장(제4장 후반부)과 함께 새로운 양상으로 접어든다. 여기에서 신철수의 등장 방식은, 일종의 복선처럼, 그의 성격과 특징뿐만 아니라 이 작품 내에서 그의 역할과 앞으로의 서사 전개 방향까지 암시하고 있다. 신철수가 작품 내에 처음 등장하는 것은 이장우의 숙소에서 십년 만에 만나게 된 하미경과 이장우가 그동안의 그리움과 괴로움의 감정을 고백하며 서로의 가슴 속에 맺혀 있던 고통과 상처의 흔적으로 인하여 아득한 슬픔에 휩싸여 있을 때[35]이다. 다시 말해 이장우, 하미경이 겪어야 했던 운명적 삶에 대한 서로의 애절한 감정이 가장 고조된 절정의 순간, 신철수는 그들의 운명적 삶에 대한 틈입자 혹은 방해자로서 등장하고 있다. 그가 방 안에 들어 온 뒤, 이장우와 신철수의 대화 장면은 그러한 그의 성격과 역할을 더욱 분명하게 드러내고 있는데, 문 밖에 서서 이장우와 하미경의 대화를 몰래 엿들은 신철수의 태도를 문제 삼는 이장우에 대한 그의 대답은 다음과 같다.

> "나는 자네가 학생을 데리고 그렇게 비밀 이야기를 하고 있는 줄 몰랐네. 그렇게 비밀 이야기를 하고 있는 줄 알았더면 말이야, 나는 거기 서 있지 않았을걸세, 아무턴 미안하게 됐네." "철수가 알고 그러는지 모르고 그러는지는 모르지만, 거기 무슨 비밀 여부가 될 것은 없어 …… 나는 다만 철수의 태도를 말하는 거야." "천만에 비밀이야 왜 비밀이 아니겟는가 말이야? 밤중에 과년한 제자를 자기 방에 끌어드려 포옹을 한다 키쓰를 한다 하는 것이 비밀이 아니란 말인가?" "……" "그러나 자네와 나는 친구 간이란 말이야, 나는 성격적으로 친구간의 의리와 우정을 존중하는 사람이야, 그러므로 나는 자네에 대해서도 우리

---

35) "미경은 그의 가슴에 얼굴을 대인 채 울고 있었다. 바로 그때다. 녹크 소리가 났다" (위의 글, 56회(제4장 '다시 살아나다'(7)), 『동아일보』, 1949.10.28)

두 사람의 의리와 우정을 위하여 자네의 비밀과 약점을 사회에 폭로시킬 의사는 없단 말이야…… 그러나 현대 교육에 있어, 학생들이 얼마나 현대적 지식을 요구하고 있다는 것을 모르고 학생들의 의사를 무시하는 것은 말이야 자네를 말이야, 위하여 나는 근심하지 않을 수 없단 말이야…… 자, 그럼, 그 점 특별히 부탁하네, 그리고 아까 자네의 그 비밀 건에 대해서는 안심하게…… 자, 미경씨 가십시다."[36]

자신들의 운명으로 인한 아득한 슬픔과 아픔에 휩싸여 있던 이장우와 하미경(과거의 연 인 관계)은 신철수의 발언에 의해, 어쨌든 지금 현재에는, 교수와 학생으로서의 사제 관계임이 밝혀지고 있다. 이들의 대화가 이루어지는 시점은 하미경이, 이장우가 교수로 있는 동아여자대학관의 야간부 학생이 된 지 며칠 지난 즈음이다. 교수와 제자 간의 사랑이 그 당시 사회적 윤리 안에서 용납될 수 없음은 당연하다. 당시의 윤리적 잣대에 의하면 한밤 중에 밀회하는 그들의 모습은 타락하고 부정한 것으로 규정되어질 수밖에 없을 것이다. 이러한 사실을 폭로하고 있는 신철수의 협박에 이장우는 침묵한 채, 다시 신철수의 발언이 이어지고 있는데, 여기에서 그가 다시 강조하는 것은 '의리'와 '우정'이다. 이장우(29)는 신철수(25)를 동경 있을 때부터 알고는 있었지만, 결코 친했다고는 할 수 없는 사이이다. 그러한 신철수가 이장우와 하미경의 관계를 부정한 비밀로 규정하고 '의리'와 '우정'을 내세워 그것을 남들에게 말하지 않겠다고 한 것은 '이장우가 있는 학교에서의 강연'이라는 자신의 요구를 관철하기 위한 한갓 음모와 협박에 불과한 것임은 자명하다. 여기에서 음모와 협박, 폭로 등 비열함과 저속함을 특징으로 하는 신철수의 발언은 단순히 그의 야비한 인간성을 드러내는 데에만 있는 것이 아니라 이를 통해 현상적 사실 관계에 집착하여 옳고 그름을 따지는 세속적 윤리가 어떤 면에서는 지극히 일면적 것일 수 있음을 강하게 환기시키

36) 위의 글, 59회(제4장 '다시 살아나다'(10)), 『동아일보』, 1949.10.31.

고 있다. 여기에는 또한 근대적 가치를 표상하고 있는 '현대적 지식'과 '학생들의 의사'가 신철수의 야비한 발언 속에 배치됨으로써, 그것의 실제적 사실 관계 혹은 논리적 인과 관계와는 상관없이, 그들 용어들을 자동적으로 저속하고 비열한 것으로 만들어 버리는 기능과 효과를 발휘하고 있다. 이 때, 신철수의 발언에 대한 이장우의 반론과 침묵 속에는 사제 관계의 윤리, 혹은 우정과 의리를 내세워 자신의 이익을 관철시키고자 하는 인간의 야비한 이기심에 대한 부정적 시선뿐만 아니라, 당시 경쟁적으로 쏟아져 나왔던 근대적 가치를 표상하는 용어들, 즉, '현대적 지식, 학생들의 의사' 등의 주장에 대한 경계와 의심의 시선이 담겨져 있다고 볼 수 있다. 세속적 삶을 대표하는 신철수와 운명적 삶을 대표하는 이장우가 극단적으로 대조되어 있는 이 장면은, 이들을 중심으로 한 대립과 갈등이 이후 이 작품의 중요한 서사적 구조를 이루게 될 것임을 암시하고 있다. 이런 점에서 이장우와 신철수의 삶의 방식의 대비를 통해 이 작품이 보여주고자 하는 바는 단순히 개별적 인간성 차원의 선악 대비 이상의 의미와 성격을 가지고 있다고 할 수 있다.

그런데 한편 신철수의 삶의 태도와 방식 역시, 이장우와 마찬가지로, 계기적 우연성에 의해 추동되는 운명적인 것으로 그려지고 있음은 다시 한 번 주목할 만하다. 이장우의 방에서 나온 신철수가 하미경에게 동생 하기철의 행방을 미끼로 동생을 구하고 싶으면 자신의 호텔로 찾아오라고 위협성 발언을 하는 장면 뒤의 제5장(해방주보사)과 제6장(선택의 자유), 제7장(육제)은 해방주보사를 중심으로 한 신철수의 활약과 그로 인한 사회적 파장과 혼란을 상세하고 서술하고 있다. 신철수가 주필 겸 편집국장으로 있는 해방주보가 기치로 내건 것은 '현정파사(顯正破邪) 정신'이다. 이는 시시비비를 분명하게 따져 옳음을 드러내고 사악함을 물리침으로써 사회의 정의를 실현한다는 뜻으로, 사회적 계몽을 강조하는, 이른바, 근대적 기구의 전형이라고 할 수 있는, 언론사의 대표적인 사훈(社訓)이라고 할 수 있다. 다시 말해, 이때의 '현정파사'라는 사훈은 앞에서의 '현대적 지식'과 '학생의 의사'과 함께 근대적 가치를 표상하는 대표적 용어라고 할 수 있다. 그런데 또한, 여기에서 흥미로운 사실은 해방주보사에 대한 서술 방식이, 앞에서 살펴본 심재영에 대한 서술 방식과 유사한 점을 보여주고 있다는 점이다. 제5장 '해방주보사' 첫 회[37]는 '친일파 민족반역자의 숙청과 악질 모리간상배의 적발'에 가장 많은 지면을 할애함으로써 해방주보가 사람들로부터 많은 인기를 얻게 되었다는 내용이 작가 주석적 서술에 의해 요약되고 있다. 그리고 이러한 작가 주석적 서술 뒤에 이어지는 바로 다음 장은 해방주보사 사장인 오금례 여사의 희화화된 모습이 작품 전면에 클로즈업되고 있다.

> "큰일 났당께 …… 우리 민족에 문화 사업을 위해서는 꼭 버릴 수 없을 것이지만 끝에 가서 글른 건 나 하나 뿐이랑께 …… 우리 사회에서 암만해도 이 오금례 하나를 너무 냉정하게 보는 같애!" 오여사는 아는 사람을 보는 족족 붓잡고는 이렇게 한탄을 한다. "나도 우리 민족을 위해서 내 정성껏 하는 것이 양심에 가책은 안 된다. 하지만 우리 사회에서 어쩌자꼬 나에 대해서 이렇게 냉정하게 보는지 어떤 때는 자다가 생각해도 웃음이 난다닝께 …… 해방 전에 조곰 벌어 나왔던 거 이 사회 사업 하는 바람에 하나 없이 다 까먹어 들어 간당게 …… 나가 처음 신문사 채릴 때만 해도 그 때 돈으로 꼬박히 五 만원을 듸려놨당게 ……"[38]

여기에서 해방주보사 사장 오금례 여사의 전라도 사투리와 순진스럽고 과장된 어법은 '현정파사'라는 그럴듯한 사훈을 내걸고 친일파 청산을 외치는 해방주보에 대한 독자들의 기대와 신뢰를 단숨에 무너뜨려 버리는 기능과 효과를 발휘하고 있다. 이 장면 다음 해방주보사가 세워지게 되는 일련의 과정에 대한 서술 속에서 해방주보의 성격과 위상은 더욱 희화화되고 있는데, 일제시대 반찬가게 장사를 하였던 오금례 여

37) 위의 글, 65회(제5장 '해방주보사'(1)), 『동아일보』, 1949.11.6.
38) 위의 글, 66회(제5장 '해방주보사'(2)), 『동아일보』, 1949.11.7.

사가 신문에 관심을 갖게 된 것은 앞으로는 정부에서 일본 음식을 못 먹게 한다는 항간에 떠도는 이상한 소문 때문이다. 앞으로 조선 독립이 되면 일본 것은 모조리 못쓰게 된다는 소문에 오금례 여사는 '그렇지 않을 것이여! 아니, 우리는 가마보꼬(생선묵)가 없으면 밥을 먹는 같잖는 듸' 하는가 하면, '우리집 애들은 찌개에도 쭉 아부라앙에(기름에 튀긴 두부)를 넣어 주야만 맛있게 먹는당게…… 대체 정말인지 거짓말인지 내 눈으로 그 신문을 꼭 한 번 봤으면 속이 시연 하겟당게'[39]라고 하던 중 그녀가 우연히 만나게 된 사람이 바로 과거 자기 집에서 하숙을 한 적이 있는 신철수이다. 만주에서 신문 방면에 일을 했다는 신철수의 말에 단지 '일본 음식 금지 기사'가 난 신문을 보고 싶었던 오금례 여사의 입에서는 엉뚱하게 자기도 신문사를 하나 내려고 했다는 말이 튀어나오게 되고, 이에 직업도 없이 거리를 배회하던 신철수와 의기투합하게 되어 해방주보사(사장 오금례, 주필 신철수)가 만들어진다. 이렇듯 겉으로는 친일파 청산을 외치는 해방주보에 대한 간단한 작가 주석적 서술 바로 뒤에 사장 오금례와 주필 신철수의 엉뚱하고도 우연한 만남을 상세하게 묘사・서술함으로써 이 작품은 해방주보의 운명 역시 계기적 우연성에 의해 결정되고 있음을 보여줌과 동시에 '현정 판사'라는 근대적 가치 이면에 담겨 있는 것이 실제적으로는 세속적 인간의 한갓 이기적인 욕망의 산물일 수 있음을 드러내고 있다. 이후 이 작품이 진행됨에 따라 신철수를 중심으로 한 이야기 축은 당시 사회역사적 현실 속에서 크게 부각되었던 '친일파 청산'이라든지 '여성 해방' 등을 통한 현실 개혁의 주장 이면에 감추어져 있는 것이 돈과 성을 둘러싼 인간의 타락한 욕망에 불과할 수 있다는 점을 지속적으로 강조하고 있는데, 그것의 주된 방식은 작중 인물에 대한 희화적 서술을 통해 이루어지고 있다. 그러한 희화적 서술 방식이 유발하는 기능과 효과는 무엇보다도, 그 안에

39) 위의 글, 67회(제5장 '해방주보사'(3)), 『동아일보』, 1949.11.8.

서의 실제적인 사실 관계나 논리적인 인과 관계를 따질 수 있는 일체의 근거와 여지를 단숨에 무력화시켜 버리고 있다는 점이다. 이는 이기영의 「땅」에서 지주에 대한 희화적 서술 방식[40]이 유발하는 기능과 효과와 유사하다는 점에서 주목할 만하다. 이기영의 「땅」에서 지주에 대한 희화적 서술 방식 역시 그것의 주된 기능과 효과가 어떤 논의에 대한 합리적이고 논리적인 상호 이해의 과정을 탐색하게 하는 데 있다기보다는 자신의 주장을 반대하는 저항 세력들을 일시에 무력화 시켜버리고 있기 때문이다 하지만 김동리의 「해방」에서의 희화적 서술 방식이 목적하는 바는 「땅」에서의 그것과는 전혀 상반된 것이라고 할 수 있는데, 여기에서의 희화화는 '봉건적 가치와 권위'를 해체하고 전복하는 것으로서의 의미와 성격(이기영의 「땅」)이 아니라, '근대적 가치와 권위'를 해체하고 전복하는 것으로서의 의미와 성격(김동리의 「해방」)을 가지고 있다고 할 수 있다.

한편, 이기영의 「땅」에서의 희화화 방식과 김동리의 「해방」에서의 희화화 방식이 독자에게 주는 느낌과 감정 역시 상당한 차이를 가지고 있는데, 전자의 방식이 명랑한 웃음과 경쾌한 리듬을 유발하고 이를 통해 온갖 억압된 상태로부터의 해방된 느낌을 주고 있는 반면, 후자의 방식은 우울하고 불쾌한 느낌과 감정을 유도하고 있으며 이로 인하여 작품 전반적으로 무겁고 어두운 분위기에 휩싸이게 하고 있다. 그 대표적인 것으로 신철수의 발언 속에 거의 매번 등장하고 있는 '아시겠서요?'라는 말의 반복적 사용을 들 수 있다.

> "그럼 미경씨를 믿는다고 합시다. …… 그러나 미경씨가 비밀을 지킨다는 것은 믿지 못한다고 고치겠습니다. 아시겠서요?" "모르겠서요" 미경은 경멸 하듯한 얼굴로 이렇게 대답한다. 그러면 내가 가르쳐 드리지요 …… 미경씨는 기철 군을 지극히 사랑하고 있습니다. 그러기 때문에 기철 군의 구출 운동에 착수하

40) 이 책 154~158면 참조.

> 게 됩니다. 먼저 큰 오빠 되는 윤철 군에게 상의합니다. 그 다음에는 이장우군을 찾아 갑니다. 아시겠서요? 이장우 군을 찾아 간단 이 말씀이에요" "전 그렇게 말씀 드리지 않았어요. 저만 알고 있겠다고 했어요" "그러면 지금 곧 나를 따라 오시오…… 누구에게도 말 하지 않겠다면 윤철군에게도 이장우군에게도 말하지 않겠다면…… 정말 비밀을 지킬 용의가 있다면 지금 곧 나를 따라 가자 이 말씀예요. 아시겠서요? 정말 비밀을 지킬 용의가 있다면 이장우 군에게까지 비밀을 가질 수 있다면 그 증거로 나를 따라 와 주시란 말씀예요. 아시겠서요? 나를 따라 감으로써 아까 이장우 군 앞에서 나에게 준 그 모독을 행동으로서 사과하란 이 말씀예요. 아시겠서요? 아까 나에게 준 그 모욕을 행동으로서 사과하라는 말씀예요. 아시겠서요?" 신철수는 득의와 냉소가 섞인 두 눈으로 미경의 얼굴을 정면으로 건너다 보며 이렇게 막 협박으로 나온다. "……" 미경은 분노와 살기가 가득 찬 두 눈으로 말 없이 신철수를 노려 보고 있다.[41]

미경의 동생 하기철의 행적과 행방을 미끼로 하미경을 자신이 머무는 호텔 방으로 유인 하고자 하는, 위 짧은 대화 장면 속에서, '아시겠서요?'라는 신철수의 협박성 대사는 모두 6번 반복되어 사용되고 있다. 여기에서 미경과의 대화 장면에서뿐만 아니라, 해방주보사를 만드는 과정에서 오금례와의 대화 장면, 오금례의 딸 윤정혜와 여성동맹원들의 육체를 탐하는 과정에서 여자들과의 대화 장면, 대한청년회에 붙들려 자신의 죄상을 고백하는 과정에서 김상철과의 대화 장면 등에서 '아시겠서요?'라는 신철수의 단골 대사는 총 62번 사용되고 있다. 모름(무지)으로부터 앎(계몽)으로의 요구라고 할 수 있는 그것(아시겠서요?)은 어떤 사실과 지식에 대한 깨달음의 중요성을 강조하고 있다는 점에서 이 역시 근대적 계몽을 대표하는 표상어로서의 의미와 성격을 가진다고 할 수 있다. 하지만 이 작품에서 그것(아시겠서요?)은 이기적이고 세속적인 욕망(私慾과 肉慾)에 붙잡혀 있는 인물, 신철수의 대사 속에서 집요하고도 지속적으로 반복 사용됨으로써 철저하게 희화화되고 있는데, 이를

41) 김동리, 「해방」 64회(제4장 '다시 살아나다'(15)), 『동아일보』, 1949.11.5.

통해 '앎에 대한 요구(근대적 계몽)'와 '옳고 그름을 따지고자 하는 일체의 시비' 자체를 비열하고 저속하고 야비한 것으로 만들어 버리고 있다. 그러한 신철수에 대한 하미경의 증오와 경멸감은 신철수가 호텔 방에서 자신의 육체를 강제로 탐하는 장면에서 최고조에 이르른다. '죽은 윤호일 군이나 이장우를 사랑하듯 신철수도 사랑할 수 있느냐 이 말씀이에요'[42]라고 추궁하며 하미경의 자발적 사랑을 집요하게 요구하는가 하면, 이를 끝까지 거부한다면 동생 하기철을 경찰에 넘겨버리겠다고 위협하는 신철수의 모습은, 마치 신들린 듯하여,[43] 섬뜩한 느낌을 주기조차 한다. 여기에서 '깊이 모를 증오와 경멸의 빛'을 띠게 되는 하미경의 눈빛[44]은 독자로 하여금 이중적 감정을 야기하는데, 한편으로는 그녀와 마찬가지로 신철수로 대표되는 세속적 삶(私慾과 肉慾)의 모습에 대한 경멸과 환멸감이고, 다른 한편으로는 그러한 인물 형상화 방식 자체가 주는 경멸과 환멸감이다. 후자의 경우에는, 그러한 형상화 방식이 실제적 사실을 외면·왜곡하고 있다는 데서 연유하는 것이기도 하지만, 더욱 근본적인 이유는 이러한 장면이 읽는 이로 하여금 원한과 증오의 감정을 유도하고 있을 뿐만 아니라 이에 더 나아가 이 작품의 서사가 바로 그러한 원한과 증오감에 뿌리를 두고 있지 않나 하는 느낌을 주고

---

42) 위의 글, 106회(제7장 '肉祭'(7)), 『동아일보』, 1949.12.18. 윤호일은 하미경의 前남편.

43) 자신의 위협과 협박에 전신을 떨며 온 몸이 굳어져 혼절한 하미경의 모습을 본 신철수는 이에 순간적으로 불안과 공포를 느끼면서도, 악을 쓰듯 '아시겠서요?'만을 반복(세 번)하고 있다. "그것을 한참 보고 서 있던 신철수도 어느 덧 겁이 더럭 났다. 저러다 아주 죽어버리는 것이 아닐가 하는 생각이 들었던 것이다. 신철수는 손에 들고 있던 가방을 놓고 미경을 안아다 그의 침대 위에 눕혔다. 미경의 사지는 죽은 사람처럼 늘어졌다. '미경씨! 아시겟서요?' 신철수는 이렇게 소리를 질렀다. ……"(위의 글, 109회(제7장 '肉祭'(10)), 『동아일보』, 1949.12.21)

44) 당시의 상황을 심문하는 김상철(대한청년회 감찰부원)의 추궁에 신철수의 고백은 다음과 같다. "아아 김 형! …… 나는 아직까지 여자의 그런 눈을 본 적이 없습니다. 여자한테서 그렇게 무서운 눈을 본적이 없단 이 말씀에요. 그 저주하는 듯한, 조소하는 듯한, 증오와 적의에 불타는 그런 눈을 나는 아직 본 일이 없단 이 말씀에요."(위의 글, 143회(제10장 '피흐르는 해방'(9)), 『동아일보』, 1950.2.3)

있기 때문이다. 이 때문에 여기에서의 희화화 방식은 결과적으로 이 작품의 전반적인 분위기를 한없이 어둡고 우울한 것으로 만들고 있다 원한과 증오에 토대한 서사가 사회 전반에 걸쳐 지배적인 힘으로 작용하게 될 때, 필연적으로 야기되는 것은 전쟁일 것이다. 이 작품의 마지막 발표 일자(1950.2.16)[45]가 6 · 25전쟁이 발발하기 직전이라는 사실은 그 시사하는 바가 크다고 할 수 있다.

3) 원심적 시선과 운명의 윤리

하미경(사랑 요구→겁탈, 肉慾)과 심재영(친일파 비판 → 돈 갈취, 物慾)에 대한 신철 수의 위협과 협박, 대한청년회에 체포된 신철수의 자백, 우선근 살해범인 박성익 · 하기철의 은신처를 급습하는 과정에서 대한청년회 감찰부원 정창식의 죽음, 그리고 심문 도중 발생한 하기철의 죽음 등 숨가쁘게 전개된 이 작품의 서사는 마지막 장(제11장 십자가의 윤리)에 와서, 이들 모든 사건으로부터 한 걸음 물러나, 하미경의 오빠이자 이장우의 친구인 하윤철과 이장우가 정국 토론을 하는 장면[46]을 보여주고 있다.

---

45) 「해방」의 마지막 회(156회) 끝 부분이 '「해방」 激流篇了'라고 되어 있을 뿐만 아니라, 「해방」 다음의 연재 소설에 대한 광고 기사에도 역시, '김동리 씨 작 「해방」은 이번에 우선 상편을 끝마치고 이에 이어서 오는 이월 십칠일부터 새로이 윤백남 씨의 「태풍」을 실리게 되었다'(『동아일보』, 1950.2.1)라고 되어 있어, 애초에는 이 작품의 '하편'이 계획되었음을 알려주고 있다. 하지만 이후 이 작품의 '하편'은 쓰이지 않았고, 그 이유는 현재로선 정확히 알 수 없다. 다만, 전쟁이 발발하고 이후 남북 분단이 기정사실화된 상태에서 이 작품의 후편을 굳이 써야 할 필요성을 느끼지 않은 것이 그 한 이유가 아니었을까 짐작될 뿐이다.

46) 제11장의 서두는 다음과 같이 시작하고 있다. "…… 해방주보의 二면 톱호 기사를 읽은 심재영이 다시 자리에 누어 신음하고 있을 그 때, 이 모든 사건의 책임자요 또 피해자인 이장우는 원남동 하윤철의 집에서 하기철의 형이요 하미경의 오빠인 하윤철과 더불어 정국 토론을 하고 있었다."(김동리, 「해방」 149회(제11장 '십자가의 윤리'(1)), 『동아일보』, 1949.2.9)

그런데, 이 때 그들이 토론하는 장소가 하윤철의 집이라는 사실은 의미심장하다. 하윤철의 집은 과거 이장우가 하윤철과의 깊은 우정뿐만 아니라 그의 동생 하미경과의 운명적 사랑을 나누었던 곳이기도 하면서 그들이 서로를 친가족처럼 지냈던 곳이기도 하다. 이는 김동리 문학 전반의 특징을 '전통지향적 보수주의'로 규정하고 해방기에 그것은 '김동리가 좌익의 도전에 맞설 수 있는 자기 쪽의 대안'[47]으로 작용했다는 이동하의 지적처럼, 가족애에 바탕한 전통지향적 보수주의를 상징하는 것으로 볼 수 있게 한다. 하지만 이장우와 하윤철, 그리고 하미경, 그들 사이의 우정과 사랑이, 앞 장에서 살펴본 바와 같이, 온정적 가족주의 혹은 소박한 휴머니즘으로서의 의미와 성격을 갖고 있다기보다는 '자신의 고독한 운명에 대한 한없는 그리움과 노여움 그리고 이로 인한', 아득한 슬픔과 애절함, 안타까움 등, '일종의 운명애'로서의 의미와 성격을 강하게 가지고 있다는 점에서, 이 또한 그러한 온정적 가족주의 혹은 소박한 휴머니즘 이상의 의미와 성격을 내포하고 있다고 판단된다. 당시 정국에 대한 이들의 대화가 이루어지는 장소가 일종의 운명애에 휩싸여 있는 공간이라는 사실은 어둡고 우울한 분위기 속에서 긴박하게 전개되었던 작품 속 사건들을 바라보는 이 작품의 기본적인 관점과 그리고 그것이 기반하고 있는 근본적 토대가 무엇인가를 암시하고 있다.

하윤철과 이장우의 대화 장면을 통해 드러나고 있는 의미와 특징 역시 주목할 만한데, 하윤철은 대학 병원에 근무하는 의사로 당시 좌우합작을 주창했던 인민당 당적을 가지고 있는 상태이고, 이장우는 우회장이 죽은 뒤 극우 단체에 해당하는 대한청년회 회장으로 추대된 상태이다. 이 때문에 이들의 정치적 입장과 지향점이 전혀 상반된 것임은 당연하다. 그런데 거의 대부분이 대화체로 진행되고 있는 이 장면(「해방」, 149~150회; 제11장 '십자가의 윤리')에서 하윤철과 이장우의 대사 분량을 비

47) 이동하, 「한국문학의 전통지향적 보수주의 연구」, 서울대 박사논문, 1989, 75면.

교해 보면, 하윤철의 대사 분량은 원고지 4.4장이고 이장우의 대사 분량은 9.8장이다. 이장우의 대사 분량이 하윤철의 그것보다 두 배 이상이 많은 셈이다. 또한, 이들의 대사 내용을 살펴보면, 하윤철의 대사가 주로, '이장우가 극우 세력을 지지하는 이유가 도대체 무엇인지'를 묻는 항의성 질문으로서의 성격을 띠고 있다면, 이장우의 대사는 그러한 질문에 대한 반문과 자신의 답변으로 채워져 있다. 문답의 형식을 취하고 있는 이들 대화 장면의 주된 특징과 성격은, 그들의 관계가 친구 사이의 관계라기보다는 마치 학생(하윤철)과 교사(이장우) 사이의 사제 관계와 흡사하다는 느낌을 주고 있다. 이들의 대화가 진행되는 동안, 차분하고 일관된 태도를 유지하는 이장우에 반해서 흥분된 표정과 당혹스러움을 감추지 못하는 하윤철의 모습은 이를 잘 보여주고 있다.

> "그럼 자네는 소련의 육십퍼어센트를 인정하는 축이란 말인가?" 이장우는 담배 연기를 내 불었다. "……" 하윤철은 고개를 숙으리고 한참 생각하고 나더니 좀 거북스런 웃음을 띠운 채 입을 열었다. "바로 말하면 나는 양쪽이 꼭 같에. 삼십 퍼어센트 대 삼십 퍼어센트 혹은 육십 퍼어센트 대 육십퍼어센트 …… 나는 이 쪽도 저 쪽도 아니야" "그럼 자네 인민당에는 왜 관계 했어? 인민당은 완전히 공산당의 한 개 외곽 정당이 아닌가?" "인간 관계야. 몽양 선생도 알지만 또 그 밑에 내 친한 친구가 있었어 …… 어쩌면 자네와 나는 무슨 말이라도 흉금을 떨어 놓고 할 수 있을 것 같애. 이렇게 맘 속에 있는 대로 이야기 해 본 것은 해방 후 첨이야 ……" 윤철은 이장우의 담배에 라이타 불을 붙여 주며 이렇게 말했다. 벽 시계가 열 두시를 쳤다. "어머니 아직 미경이 안 들왔어요?" 윤철이 큰방을 건너다 보며 묻는다. "이게 대체 웬 일이야?" 저 쪽에서 도리어 한 숨을 내쉬며 이렇게 묻는다. "……" 윤철이 말 없이 문을 도로 닫았다. 그들 두 사람의 얼굴에는 다 같이 깊은 우울과 절망의 빛이 서리었다.[48)]

위 인용문 앞의 장면을 하윤철의 표정, 변화를 중심으로 간단히 요약

48) 김동리, 「해방」 150회(제11장 '십자가의 윤리'(2)), 『동아일보』, 1949.2.10.

하면 다음과 같다. "난 자네가 그렇게 극우될 줄은 몰랐어. 그 부패하고 억압적이고 보수적인 자본주의 세력 의 지지자가 될 줄은 몰랐어"[49)]라는 흥분된 항의로 시작했던 하윤철의 모습은, "그럼 좌익이란 그와 반대란 말인가?"와 "자네 현실이라는 거 아는가"라는 이장우의 공격적 반문에 직면하게 되자, 급격하게 수세적인 위치에 몰리게 되고, '제3세계 출현'에 대한 하윤철의 희망은, 계속되는 이장우의 설명에 의해, 냉혹한 현실 세계의 논리를 알지 못하는, 지극히 비현실적인 한갓 철부지의 이상과 꿈에 불과한 것으로 전락하고 만다. '두 개의 세계'가 싸우게 마련인 전쟁터와 같은 현실 세계에서 가장 현실적이요 구체적인 방법은 "그 어느 한 개의 세계가 다른 한 개의 세계를 극복하는 길 이외에는 있을 수 없다"라는 이장우의 계시적인 발언에 대하여, "그렇다면 자네가 그 두 개의 세계 중 자본주의를 택해야 하는 이유는 어디에 있는가?"라며 겨우 반문하고 있는 하윤철의 목소리는 '흥분으로서인지 약간 떨리기까지 하였다'라고 서술되고 있다. 흥분한 하윤철과 달리, 당시의 역사적 상황과 현실의 논리에 대한 이장우의 차분한 발언이 계속 이어지는데, 여기에서 이장우가 강조하고 있는 것은 미국식 민주주의의 상대적 우월성과 자주적 민족국가 건설의 당위성이다. 이에 뒤따르는 위 인용문 속 장면은 '자네와 반대로 소련이 60%라고 생각하는 사람들이 있는데 그 문제는 어떻게 생각하느냐?'라는 하윤철의 또 다른 물음에 "그럼 자네는 소련의 육십퍼어센트를 인정하는 축이란 말인가?"라는 이장우의 반문이 이어지고 있다. 여기에 이르게 되자 긴박하게 전개되었던 이들의 대화는 '자신은 솔직히 말해서 이 쪽(소련)도 저 쪽(미국)도 아니고, 다만 몽양 선생과 친한 친구 때문에 어쩔 수 없이 인민당에 관계하게 되었다'라는 하윤철의 궁색한 변명과 '이렇게 흉금을 털어 놓기는 해방후 처음'이라는 고해성사성 발언을 끝으로 마무리되고 있다. 이런 점에

49) 위의 글, 149회(제11장 '십자가의 윤리'(1)), 『동아일보』, 1949.2.11.

서 이들 대화 장면의 기본적 구조는, '이장우(교사)가 하윤철(학생)을 인도하고 있다'라는 문장에 토대하고 있으며, 이로 인하여 그것은 해설적이고 계몽적인 성격과 특징을 강하게 보여주고 있다. 이 때 또한, 하윤철의 고해성사성 발언 속에는 '자신의 뜻과는 상관없이 단순한 인간관계에 의하여 정치적 입장을 선택하는 것은 잘못된 것이다'라는 의미가 담겨 있다고 할 수 있는데, 이는 또한 이 작품의 근본적 토대를 온정적 가족주의 혹은 소박한 휴머니즘 차원으로 간단히 처리해 버릴 수 없게 하고 있다.

그런데 한편 이들의 대화가 모두 끝나고 있는 위 인용문 마지막 부분에서 이장우와 하윤철의 얼굴에 다 같이 서리고 있는 '깊은 우울과 절망의 빛'은, 여기에서의 대화 장면의 마무리가 이장우나 하윤철에게 모두 충분하지 못함을 보여주고 있다. 그들의 우울과 절망감은 한편으로는, 서로의 흉금을 털어 놓고 당시 정국에 대하여 토론을 하고 있는 그들의 진지한 태도와는 아무런 상관없이, 더욱 더 혼란스럽게 전개되고 있는 실제적 사건들(살인, 강간, 폭력, 협박 등—당대 사회적 현실)로 인한 그들 대화의 공허함 때문이기도 하며, 또 다른 한편으로는 '하윤철을 인도하고 있는 이장우'의 발언 속에 담겨져 있는 어딘지 석연치 않은 논리적 모순성 때문이기도 하다. 현실 세계의 이분법 논리와 그 안에서의 최대선(最大善)을 주장하는 이장우의 발언은 비현실적이고 주관적인 세계 이해보다는 현실적이고 객관적인 세계 이해를 강조하고 있는 것이라고 할 수 있다. 하지만 그들의 대화가 있기 전까지 이 작품의 서사는, 현실주의적 관점에 기반한 일상적 사실의 세계 또는 논리적 인과 관계에 탐색을 중시하고 있다기보다는 오히려 그러한 현실주의적 혹은 근대주의적 세계 이해에 대한 철저한 부정으로서의 특징과 성격을 보여 주고 있으며 이장우는 그러한 서사의 중심에 위치해 있었다. 이런 점에서, 하윤철과의 대화 장면에서의 이장우의 발언은 스스로의 논리적 모순성을 피하기 어렵다고 할 수 있다.

이런 점에서, 이때의 우울과 절망감은 체념적이고 허무주의적인 성격에 가까운 것이라고 할 수 있지만, 그렇다고 해서 이 작품의 의미론적 구조와 특징이 그렇듯 체념적이고 허무주의적인 것으로 귀결된다거나 그러한 차원에 머무르고 있다고 할 수는 없다. 이들 대화 장면 다음에 이어지고 있는 이 작품의 마지막 장면은 그러한 체념적 허무주의에 함몰되기보다는 오히려 대한청년회 회장으로서의 이장우의 책임감과 고결한 희생정신을 강조하고 있기 때문이다. 우성근 살해 사건과 관련된 용의자를 붙잡아 불법으로 취조하고 있던 대한청년회 회관을 CIC와 수도청 경찰들이 포위하고 있는 위기의 순간, 이장우는 불법 심문 중 심장 마비로 사망한 하기철의 시체가 안치된 지하실 열쇠를 대한 청년회 감찰 부원인 김상철로부터 받아내고 있다. 이는 하기철의 죽음을 비롯한 작품 속 사건과 관련된 모든 책임을 자기 자신이 진다는 것을 의미하는데, 머뭇거리는 상철에게 이장우는 "내가 우 군(우성근)의 후계자란 것을 알아야 돼. 내가 여기 책임자야. 그 열쇠는 내 대신 김 군이 그동안 맡아 있었던 것 뿐이야"[50]라며 엄숙하게 선언하고 있다. 이러한 이 작품의 마지막 장면이 의미하는 바는 이장우의 논리적 모순성을 극복하기 위한 해결책으로 이 작품이 결론적으로 내세우고 있는 것이 자기 자신의 운명에 대한 절대적 책임감과 이에 따르는 고결한 희생정신임을 보여주고 있다. 이런 점에서 십자가로 표상되고 있는 이장우의 책임감과 희생정신은, 세속적 혹은 현실적 세계와는 상관없이, 어떤 계기적 우연성에 의해 대한청년회 회장이라는 자리에 서 있게 된 이장우의 운명을 의미하는 것이며, 이 작품의 마지막 장의 제목 '십자가의 윤리'는 바로 그러한 불가피한 운명에 처해 있는 이장우의 윤리, 다시 말해, '운명의 윤리'라고 볼 수 있게 한다. 그러한 운명의 윤리란, 현실 혹은 세속의 잣대에 의해서는 그 옳고 그름을 따지기 어려운, 어떤 근본적이

50) 위의 글, 156회(제11장 '십자가의 윤리'), 『동아일보』, 1950.2.16.

고 본질적인 영역에 속해 있는 것이라고 할 수 있을 텐데, 이는 이 시기 좌익 세력과의 대결 의식 속에서 '생의 구경적 형식으로서의 문학'을 강조한 작가의 문학론과도 긴밀히 접맥되는 것이라고 할 수 있으며, 그러한 이 작품의 의미론적 구조와 특징이 바로, 당시(1949년 전후) 남한 사회의 지배적인 서사로서의 위치를 차지하고 있었음은 주지하는 바와 같다.

지금까지 살펴본 내용을 요약하면 다음과 같다. 김동리의 「해방」은 해방 직후 좌우익의 대결 과정에서 해방 이후 한 유력한 우익 지도자가 암살당한 어느 시점에서의 며칠 동안을 시간적 배경으로 하고 있다. 하지만 이 작품이 그를 통해 당시 복잡하게 전개되었던 이념적 대립과 갈등 양상 등 사회 현실적 문제에 대한 실제적이고 역사적인 계기성을 면밀하게 탐색하고 있는 것이라고 보기는 어렵다. 이 작품의 서사를 지탱하고 추동하는 힘은 당대의 역사적 현실 속에서의 실제적이고 필연적인 계기성에 있다기보다는 오히려 사실과 현실의 세계를 넘어서는 순간적이고 우연적인 계기성에 있다. 이장우가 친일파 심재영과 인연을 맺게 되는 과정이라든지 신철수와 오금례 여사의 만남이 해방주보사의 탄생으로 이어지는 과정 등은 이를 잘 보여주고 있다. 한편, 과거 이장우와 하윤철·하미경과의 만남과 헤어짐에 대한 회상적 서술은 그들 운명에 대한 순간적 깨달음 역시 계기적 우연성에 의해 이루어지고 있음을 보여주고 있다. 우연한 계기에 의한 사람 사이의 인연과 인간의 고독한 운명에 대한 아득한 슬픔을 중심으로 전개되던 이 작품의 서사는 신철수의 등장과 함께 새로운 양상으로 접어든다. 신철수와 이장우의 삶의 방식은 극단적으로 대조되어 있다고 할 수 있는데, 이들을 중심으로 한 대립과 갈등이 이후 이 작품의 중심적인 서사 구조를 이루고 있다 여기에서 다양한 장치를 통해 드러나고 있는 근대에 대한 희화화 방식은 독자로 하여금 이중적 감정을 야기하는데, 한편으로는 근대적 삶의 방식에 대한 경멸과 환멸감이고, 다른 한편으로는 그러한 희화화 방식 자체가 주는 경멸과 환멸감이다. 후자의 경우, 그러한 방식이 실제적 사실을 철저히 외면·왜곡하고 있다는 데서 연유하는 것이기도 하지만, 더욱 근본적인 이유는 그것이 읽는 이로 하여금 원한과 증오의 감정을 유도하고 있으며 이에 더 나아가 이 작품의 서사가 바로 그러한 것에 뿌리를 두고 있지 않나 하는 느낌을 주고 있기 때문이다. 이 때문에 여기에서의 희화화 방식은 결과적으로 이 작품의 전반적인 분위기를 한없이 어둡고 우울한 것으로 만들고 있다. 이들 모든 사건으로부터 한 걸음 물러나 이장우와 하윤철이 토론을 벌이는 대화 장면은, 그들 운명에 대한 한없는 그리움과 노여움, 그리고 이로 인한 아득한 슬픔과 애절함, 안타까움 등, '일종의 운명애'로서의 공간을 상징한다고 할 수 있는 '하윤철의 집'에서 이루어지고 있다. 이는 이 작품의 근본적 토대가 온정적 가족주의 혹은 소박한 휴머니즘에 있다기보다는 인간 공통의 본질적 운명애에 바탕하고 있는 것임을 보여주고 있으며, 그들의 대화 과정은, 현실과의 괴리와 그 안에서의 논리적 모순성으로 인하여 그들 모두를 깊은 우울과 절망감에 빠져들지 않을 수 없게 한다. 그러한 현실과의 괴리감 혹은 그 안에서의 논리적 모순성을 극복하기 위한 방안으로 이 작품이 결론적으로 내세우고 있는 것은, 피할 수 없는 자신의 운명에 대한 강한 책임감과 고결한 희생정신이다. 이런 점에서 십자가로 표상되고 있는 이장우의 책임감과 희생정신은, 세속적 삶의 논리 혹은 현실 세계(근대)의 윤리와는 구별되는, 일종의 '운명의 윤리'를 상징한다고 볼 수 있게 한다.

2. 민족의식과 생활 우위의 서사 – 염상섭의 「첫걸음」, 「효풍」

염상섭 문학에 대한 기존 연구 중 대표적인 것은 김종균의 『염상섭 연구』(고려대 출판부, 1974)와 김윤식의 『염상섭 연구』(서울대 출판부, 1987)를 들 수 있다. 이들은 모두 작가의 전기적 생애와 작품에 대한 방대한 자료 조사와 작품 분석을 통해 염상섭 문학의 전반적 양상과 그것을 관통하는 핵심적 원리를 함께 규명하고자 했다는 점에서 염상섭 문학에 대한 실증주의적 연구의 대표적인 업적이라고 할 수 있다. 그런데 흥미로운 사실은, 김종균의 『염상섭 연구』가 염상섭 문학을 근대적 지성인으로서의 울분과 부정의 문학이라고 규정하면서 그것이 가지고 있는 한국적 민족문학으로서의 성격을 강조하고 있는 반면, 김윤식의 『염상섭 연구』는 염상섭 문학이 궁극적으로 현실에 대한 어떤 적극적 가치 판단이나 특정 이념을 내세우기보다는 판단 유보 또는 가치중립의 태도를 보이고 있다는 점에 주목하면서 '제도로서의 가치 중립성'이라는 측면에서의 근대적 성격을 강조하고 있다는 것이다. 동일한 작가와 작품에 대하여 유사한 방법론적 접근을 보이면서도 이처럼 상충된 결론을 향하고 있다는 것은 흥미로운 일이다. 그것은 일단 두 가지 측면에서 이해될 수 있을 것이다. 하나는 염상섭 문학 자체가 가지고 있는 이중적 성격 때문이고 다른 하나는 염상섭 문학에 접근하고자 하는 연구자의 문학적 관점 또는 접근 태도의 차이 때문이라고 할 수 있다. 김종균의 『염상섭 연구』가 작가의 전기적 생애와 문학 전반의 일차적인 자료 제시에 더욱 충실하고자 했다면, 김윤식의 『염상섭 연구』는 한국 문학사 전반의 문제적 성격이라고 할 수 있는 근대적 기획과의 관련 속에서 염상섭 문학의 근대성을 규명하고자 했다고 할 수 있다. 본 논문이 주목하는 부분은 물론, 이들 연구자의 문학적 관점의 차이에 대한 것이라기보다는 염상섭 문학 자체가 가지고 있는 이중적 성격에 대한 것이다.

해방기는 민족주의자로서의 염상섭과 근대주의자로서의 염상섭이 함께 상충되면서 모순되는 듯한 양상을 집약적으로 보여주었던 대표적인 시기이다.[51] 「첫걸음」, 「엉덩이에 남은 발자국」, 「삼팔선」, 「모략」, 「혼란」, 「재혼」, 「이합」, 「효풍」 등 해방 초기 작품과 일상적 생활에서 빚어지는 인간 욕망의 갈등을 풍속사적으로 조망하고 있는 「임종」, 「두 파산」, 「일대의 유업」, 「속 일대의 유업」, 「굴레」 등의 해방 후기 작품은 그 주제와 경향이 판이하게 달라지는 양상을 보여주고 있다. 전자가 민족주의자로서의 염상섭의 모습을 강하게 드러내고 있다면, 후자는 사회적 현실에 대한 가치 판단이나 특정 이념을 배제하고자 한다는 점에서 가치 중립성에 기반한 근대주의자로서 작가의 모습을 강하게 드러내고 있다.

이들 사이의 관련성에 대한 직접적인 해명을 보여주고 있는 글은 그리 많지 않은데, 김재용의 「8・15 이후 염상섭의 활동과 '효풍'의 문학사적 의미」[52]는 이와 관련하여 주목할 만하다. 당시 신문에 연재되었던

---

51) 염상섭(1897.8.30~1963.3.18, 서울生)이 해방기에 발표한 작품은 모두 다음과 같다. 「첫걸음」(1946.8.10 作), 『신문학』 4호, 1946.11(『해방의 아들』(금룡도서주식회사, 1949.2)에 '해방의 아들'로 게재); 「엉덩이에 남은 발자국」(1947.12.17 作), 『구국』 1호, 1948.1; 「삼팔선」, 『삼팔선』, 금룡도서주식회사, 1948.1; 「모략」, 『삼팔선』, 금룡도서주식회사, 1948.1; 「이합」, 『개벽』 76호, 1948.1; 「그 초기」(1948.3.21 作), 『백민』 14호, 1948.5; 「바쁜 이바지」, 『한보』, 1948.6(『해방문학선집』(종로서원, 1948.12)에 '양과자갑'으로 게재); 「재회」(1948.7.20 作), 『개벽』, 1948.8(「이합」의 속편); 「영감가쾌와 돌쇠」(1948.8.2 作), 『학풍』 1호, 1948.10; 「효풍」(1948.9.15 탈고), 『자유신문』, 1948.1.1~11.3(200회); 「허욕」(1948.10.23 作), 『대조』 3권 4호, 1948.12; 「도난난」(1948.11.20 作), 『신태양』 1호, 1948.12; 「혼란」(1948.12.9作, 4・6배판 4단조); 「移徙」(1948.12.22作, 4・6배판 5단조); 「화투」(꽁트), 『신천지』 제4권 5호, 1949.5・6; 「임종」, 『문예』 1호, 1949.8; 「두 파산」, 『신천지』 제4권 8호(48호), 1949.8; 「가엾은 미끼」, 『서울신문』, 1949.9.30~10.5; 「일대의 유업」(1949.9.2 作), 『문예』 3호, 1949.10; 「난류」, 『조선일보』, 1950.2.10~6.25(122회 중단); 「굴레」, 『백민』 제4권 2호, 1950.2; 「채석장의 소년」, 『소학생』 76호, 1950.3; 「속 일대의 유업」(1950.2.3 作), 『신사조』 1호, 1950.5; 「입하의 節」, 『신천지』 46,47호, 1950.5,6(2회 중단).

52) 김재용, 「8・15 이후 염상섭의 활동과 '효풍'의 문학사적 의미」(『근대문학비평』, 1997년 여름호), 『효풍』, 실천문학사, 1998.

염상섭의 「효풍」을 처음 단행본(『효풍』, 실천문학사, 1998)으로 엮어 낸 김재용은, 해방기 염상섭 소설에 대한 연구가 1949년 이후 발표된 「임종」, 「두 파산」, 「일대의 유업」 등의 작품에 주로 치중되어 있는 연구 경향에 대하여 비판적 입장을 보이면서, 해방 직후 발표된 염상섭의 자기 체험적 소설과 당대적 현실을 직접적으로 다루고 있는 「효풍」이 가지고 있는 의의와 의미를, 당시 염상섭의 정치적 행보와 관련하여, 적극적으로 해명하고자 하였다. 이에 따라 좌우합작 노선을 지지한 『신민일보』 창간(1948.2.10)에의 관여와 이 신문의 단선 반대 논조로 인한 구류 경력(1948.4.28), '문화인 108명 연서 남북회담지지 성명'에의 참여(1948.4.14), 국민보도연맹(1949.6)에의 가입 등 작가의 전기적 사실을 실증적으로 제시하고, 이에 기반 하여 이 시기 염상섭 문학의 민족주의적 성격을 적극적으로 부각시키고 있다. 해방 직후 「효풍」에 이르기까지 예리한 민족의식을 보여주었던 염상섭 소설이, 남북협상을 적극적으로 지지했던 좌우합작 노선의 정치적 좌절로 인하여 1949년 이후의 작품들에 이르러 일상의 쇄말주의적 욕망을 다룬 세태 소설적 수준에 그치고 말았다는 것이 김재용의 기본적 시각이라고 할 수 있다. 이는 판단 유보 또는 가치 중립성이라는 작가의 현실 인식 태도를 중심으로 이 시기 염상섭 소설을 접근하고자 한 기존 논의에 대한 비판적 시각을 보여줌과 동시에 1949년을 전후로 염상섭 소설의 경향이 현저하게 변화된 이유를 실증적으로 밝히고 있다는 점에서 주목할 만하다. 하지만 이 시기 염상섭 소설의 변화를 확고한 민족의식을 소유한 민족주의자의 정치적 좌절로 이해하려는 태도는 자칫 작품 내적인 차원에서의 상호 연관성을 간과하게 될 우려가 있다. 특히, 1949년 이후의 염상섭의 작품 경향과 관련하여 '국가 권력의 강제에 의하여 이리저리 끌려 다니면서 자신의 본뜻과는 다르게 이야기를 했다'[53]는 그의 해석은 지나치게 과장된 것이 아닌가

53) 위의 책, 349면.

하는 생각을 갖게 한다. 이 장에서는 이러한 문제의식을 바탕으로 염상섭이 해방 후 처음으로 발표한 자기 체험적 소설 「첫걸음」과 그의 장편소설 「효풍」을 중심으로 이 시기 염상섭 소설이 보여준 서사적 대응 방식의 의미와 특징에 대하여 살펴보고자 한다.

1) 포괄적 시선에 의한 통합

염상섭의 해방 초기 작품(「첫걸음」, 「엉덩이에 남은 발자국」, 「삼팔선」, 「모략」, 「이합」, 「그 초기」, 「재회」, 「혼란」)에서 보여주고 있는 두드러진 특징은 그 대부분이 국내 현실을 대상으로 하고 있다기보다는 만주와 북한 그리고 귀국 과정에서의 자신의 과거 체험적 사실을 작품의 소재로 삼고 있다는 점이다. 물론 그렇다고 해서 작품의 시간적 배경이 해방 이전의 시기로까지 거슬러 올라가지는 않고 있다. 다시 말해, 해방 직후부터 서울에 돌아오기 이전까지 자신이 겪었던 만주에서의 체험, 북한에서의 체류 경험, 그리고 귀국 과정을 우선적으로 소설화하였는데, 이는 그가 오랫동안 만주에서 머무른 탓에(1937~1945) 국내 사정에 아직 익숙하지 못하였다는 사실과 그렇게 하는 것이 국내 현실 문제에 대한 이해와 해법 제시에 오히려 유리하다는 판단이 동시에 작용한 것으로 보인다.

해방 후 염상섭이 처음 발표한 「첫걸음」(1946.8.10作, 『신문학』 4호, 1946.11)은 해방을 맞아 만주 안동에서 신의주로 넘어와 살고 있는 홍규 부부와 준식 부부에 관한 이야기이다. 이 작품에서 가장 문제적인 인물은 일제시대에는 일본인으로 살다가 8·15해방이 되어서는 조선인으로 살게 되는 조준식이다. 아버지가 조선인이고 어머니가 일본인인 준식은 어려서 아버지가 죽자 어머니를 따라 일본으로 건너가 외조부의 민적에 올랐고 장성한 후에는 줄곧 일본인으로 살았던 인물이다. 그러나 일본의 패망과 더불어 찾아온 해방은 준식에게 오히려 곤혹스럽고 난처한 상황이 되고 만다. 아버지의 성을 찾아 조선인(준식)으로 살 것인가, 아니면 어머니의 고국으로 건너가 일본인(마쓰노)으로 살 것인가라는 기로에서, 조선인도 일본인도 아닌, 박쥐와 같은 신세가 되어 버린 것이다. 이것은 '일본의 오랜 식민지 하에서 의식마저 식민지화되어 버린'[54] 조선인 전체의 모습을 상징하는 의미를 가지고 있다는 점에서 주목할 만하다. 작중 인물 준식이 이로 인하여, 즉, 조선인이면서도 일본인으로 살았다는 사실로 인하여 일종의 죄의식에 스스로 괴로워하고 있다는 흔적은 작품 속에서 찾아보기 어렵다. 해방 이전이나 해방 이후에나 준식에게 중요한 것은 조선인으로 살아가야 하는가 아니면 일본인으로 살아가야 하는가라는 존재론적이거나 당위론적인 가치에 관한 문제가 아니라 지금 당장의 생활을 꾸려나가야 하는 현실적 삶에 관한 문제였다 해방이라는 급작스러운 상황의 변화는 그로 하여금 자기 정체성의 혼란뿐만 아니라, 실제적 삶의 방향성에 대한 혼란까지 초래하게 되었다. 대수롭지 않게 생각했던 존재론적 혹은 당위론적 가치에 관한 문제가 자기 삶의 기반을 송두리째 흔들어버리는 절대적 근거의 문제로 다가오게 되고, 싫든 좋든 간에 살아남기 위해서는 이쪽인가 저쪽인가를 선택해야 하는 것이 현실적 삶의 필수적인 조건이 되어버린 것이다. 이때 준식으로 하여금 그가 가야할 방향을 제시해주고 인도해주는 매개적 인물은 바로 이 작품의 초점 인물이기도 한 홍규인데, 강고한 민족주의자의 모습을 띠고 있는 홍규에 의해 준식은 현실적 삶의 필수 조건이자 절대적 근거인 자기 정체성을 비로소 회복할 수 있게 된다. 다시 말해 기본적으로 준식이 보여주고 있는 행동과 심리의 궤적은, 어떤 절대적이고 당위론적인 가치 판단으로부터 출발하여 현실의 구체적 사실에 대한 반성과 탐색으로 이어지고 있는 것이 아니라, 현실의 구체적 사실 판단으로부터 출발하여 일종의 당위론적 가치에 대한 반성과 탐

54) 김재용, 앞의 책, 350면.

색으로 이어지고 있다. 여기에서 우리는 '生活이 어떠한 경우에서든지 第一義'[55]라고 단언한 1920년대 염상섭의 목소리를 상기하게 되고, 이 시기 좌우합작을 통한 민족국가 수립을 무엇보다도 당대 현실과 정세의 필연적 귀결로 파악한 염상섭의 현실주의적 관점을 확인할 수 있게 된다. 이는 무조건적으로 반공 이념만을 내세운 민족주의자들의 모습과 일정한 거리를 갖는 것이기도 하면서, 도덕적 정결주의라는 강고한 도덕률에 기반 하여 타락한 현실의 혼란상과 자신의 친일적 행위를 비판하고 반성하고 있는 채만식의 모습과도 상당한 차이를 보여주는 지점이라고 할 수 있다. 이러한 사실은 강고한 민족주의자의 전형으로 묘사되고 있는 홍규가 준식을 바라보는 태도에서도 엿볼 수 있다.

> 준식이의 침울은 나날히 무거워갔다. 얼굴에는 오뇌(오뇌의 誤記－필자 註)의 그림자가 덮이고 눈에는 절망의 빛이 어리었다. 그렇다고 무엇에나 대들고 분푸리라도 시원히 해보겠다는 결기가 있어 보이는 것도 아니요, 만사가 무심한 모양이다. 안동에서 떠나오던 날 같은 그런 희망과 활기에 찬 기백도, 그 후 얼마동안 무어나 알랴들고 해보려고 덤비던 열심도 스러져버렸다. (짜장 리혼 문제가 이러난 게로군. 내소박인가?) **홍규는 못마땅한 김에 혼자 코웃음을 치면서도 약간의 동정은 없지 못하였다.** (그야말로 다시 조선사람이 되어 보아야 기다리고 있는 것은 나무패기와 고ㅅ간 구석이니까 실망을 하얏다는 것인가?) (아무리 삼십여년 동안 골수를 쏙빼놓아 등신만 남았기로 인제야 나이 삼십도 못된 놈이!) 하고 **홍규는 정신 반짝 나게, 소리를 한번 버럭 지르고 싶은 것을 간신히 참고, '요새 몸이 좀 괴로운 모양이지? 너무 무리는 하지 말아요'하고 말을 걸었다.**[56]

이 작품의 중요한 서술적 특징 중 하나는 준식의 고민과 침울이 홍규라는 인물에 의해서만 서술되고 있다는 점이다. 다시 말해 이 작품의

55) 염상섭, 「문예와 생활」(『조선문단』 19호, 1927.2), 『염상섭전집』 12, 민음사, 108면.
56) 염상섭, 「첫걸음」, 『신문학』 4호, 1946.11, 35~36면.

가장 문제적 인물이라고 할 수 있는 준식의 인물시각 서술이 부재하다고 할 수 있는데, 이로 인하여 사실상 이 작품에서 준식의 내적 고뇌와 갈등의 실체는 좀 더 구체화되지 못하고 있다. 이는 우선적으로 이 작품의 주된 관심이 준식의 내면 의식을 탐색하고자 하는데 있는 것이 아니라 민족적 정체성의 확립이라는 당시의 사회 현실적 당위를 보여주고자 했기 때문인 것으로 이해할 수는 있을 것이다. 그러나 그럼에도 불구하고 그것이 소설적 핍진감을 현저하게 약화시키는 결과를 초래하고 있으며, 이로 인하여 작품 전체적으로 상투적이고 신파적인 설교의 수준[57]에 떨어지고 있다는 비판에서 자유롭지 못한 것이 사실이다. 다만, 본 논문이 여기에서 다시 주목하고자 하는 바는 준식에 대한 홍규의 태도인데, 위 인용문에서 확인할 수 있듯이, 안동에서 떠나올 때와 달리 일본인들의 틈바구니 속에서 어떻게 해야 할지를 모르며 침울해 하는 준식에 대하여 홍규는 한편으로는 못마땅해 하고 불쾌해 하면서도, 또 다른 한편으로는 동정과 이해의 시선을 감추지 않고 있다. 이 때문에 안동에 홀로 남아 숨어 있었던 준식을 도와 신의주로 데리고 왔을 뿐만 아니라, 장작 패는 일을 하면서 함께 생계를 꾸려나가고, 마지막으로 태극기를 선물함으로써 조선인으로서의 새 출발을 격려했던 것이다. 여기에는 과거 일제 시대 때 조선인이면서 어쩔 수 없이 일본인으로 살아야 했던 사람들에게도 아량과 관용의 정신을 베풀어야 하지 않겠느냐는 가치 판단의 목소리가 일정 정도 잠복해 있는 것으로 볼 수 있을 것이다. 이는 친일 문제에 대한 작가의 입장을 간접적으로나마 엿볼 수 있다는 점에서 흥미로운데, 이와 관련한 이 작품의 서술은 일제 시대 때 준식이 일본인으로 살았던 것이 생활의 이로움 때문이기도 하였지만 또한 가족사의 어쩔 수 없는 사정 때문이었음을 하야시와의 대화를 통해 유독 강조하고 있으며, 담배 배급 문제로 홍규와 시공서 사이에

57) 김윤식, 『염상섭 소설 연구』, 서울대 출판부, 1987, 788~789면.

다툼이 벌어졌을 때 준식의 도움을 받았던 사실을 홍규의 아내를 통해 상기시키고 있다. 이 작품의 초점 인물 홍규 또한, 준식이 과거에 일본인으로 살았다는 사실, 그 자체보다는 앞으로 아버지의 성을 찾겠다는 의지가 있느냐 없느냐를 더욱 중시하는 태도를 보이고 있다. 이런 점에서, 개개인의 개별적 상황과 현실의 객관적 조건을 고려하지 않는 전면적이고 배타적인 친일 청산과 관련하여, 이 작품은 반대의 입장을 보여주고 있다고 할 수 있다.

결론적으로 말해, 염상섭의 「첫걸음」은 기본적으로 'X(홍규)가 Y(준식)를 인도한다'라는 문장의 확대에 토대한 구성 유형을 보여주고 있는 작품이다. 여기에서 홍규는 당대 사회 현실의 당위적 존재의 전형으로 형상화되고 있는 반면, 준식은 현실적 존재의 전형으로 형상화되고 있다. 즉, 홍규와 준식은 당시 작가가 파악한, 시대적 당위와 현실의 전형으로 볼 수 있다. 작품 속에서 민족주의자 홍규의 당위적 목소리가 뚜렷할수록, 그만큼 교훈적이고 계몽적이며 민족주의적이라는 작품의 주제 역시 분명하게 된다. 그러나 이 작품 속에서 홍규로 대표되는 당위적 명제가 현실적 삶의 완강한 실제 조건을 배제하지 않으려고 한다는 점, 역시, 우리는 간과할 수 없다. 홍규와 준식이 적절한 긴장과 균형을 유지하지 못하고 홍규의 당위론적 모습이 작품 표면적으로 비대해진 탓에 소설적 핍진감의 약화는 피할 수 없게 되었지만, 작가가 '준식'이라는 인물을 이 작품의 문제적인 인물로 설정하고 있다는 것은 현실적 삶의 완강한 실제 조건을 무시하고는 어떠한 당위적 명제도 의미가 있을 수 없다는 작가의 현실주의적 세계 이해의 태도를 반영한 것으로 볼 수 있다. 자기 체험의 소설화를 특징으로 하는 염상섭의 해방 초기 작품들이 가지고 있는 의미 또한 이러한 관점에서 이해할 수 있을 것이다. 사소한 의분(小節)에 거리끼지 않는 관맹상제(寬猛相濟)의 묘미를 보여주어야 함을 역설한 「엉덩이에 남은 발자국」이나 북한 사회와 남한 사회를 함께 비판하는 동시에 두 사회를 함께 아우르는 결합 가능성을 우회적으로 탐색하고자 한 「이합」과 「재회」, 그리고 해방 직후 만주 지역에서 보여준 조선인들 사이의 분파적 대립과 갈등을 비판하고 있는 「혼란」에 이르기까지 이들 작품들은 모두 삶의 실제적 조건들을 폭넓게 고려해야 한다는, 다시 말해, 현실주의적 관점에 근거한 민족적 화합과 통합에 대한 작가의 열망을 드러내고 있다. 이런 점에서 해방 직후 자신이 경험한 만주와 북한에서의 체험적 사실의 소설화가 가지고 있는 의미는 자기만의 독특한 경험을 작품을 통해 우선적으로 의미화 하겠다는 소극적인 기록의 차원에 있다기보다는 작가가 파악한 당대 사회 현실의 당위적 명제의 현실적 근거를 한층 객관적으로 제시하고자 한 적극적인 차원에 있다고 할 수 있다. 이 때문에 이들 작품들에서 형상화되고 있는 만주와 북한에서의 현실은 국내 현실과는 다른, 낯설거나 이질적인 시·공간으로 느껴진다기보다는 남한의 당대 사회 현실을 상징하는 듯한, 국내 현실과 매우 흡사한 동질적인 시·공간으로 느껴지게 된다. 작가의 그러한 세계 이해의 태도와 관점은 해방기에 완결 연재된 그의 장편소설[58] 「효풍」으로 이어지고 있다.

2) 이념과 욕망의 중층성

「효풍」은 1948년 1월 1일부터 11월 3일까지 총 200회에 걸쳐 『자유신문』에 연재된 장편소설이다. 1945년 10월 5일 창간된(사주 정인익, 사장 하경덕, 편집인 정진석) 『자유신문』[59]은 김남천의 「1945년 8·15」가 연재된

58) 해방기에 발표된 염상섭의 장편은 「효풍」과 「난류」 두 편이다. 그러나 『조선일보』에 연재된(1950.2.10~6.25) 「난류」는 6·25전쟁으로 인하여 122회로 중단되었는데, 그것은 이후 『취우』, 『새울림』, 『지평선』 등의 장편소설로 이어지고 있다.

59) 『자유신문』은 창간 초기에는 좌익 계열에 동조하여 신탁통치를 찬성하는 논조를 펼쳤으며, 이로 인하여 우익청년단체로부터 여러 차례 습격을 받기도 하였다. 그러나 1946년 10월 27일 신익희가 사장으로 취임하고, 이후 편집인 역시 정진석에서 이정순

(1945.10.15~46.6.28; 165회 미완) 신문이기도 한데, 염상섭의 「효풍」이 연재될 무렵은 좌우합작을 지지하는 논조의 기사를 주로 싣고 있었다. 「효풍」을 처음 단행본(실천문학사, 1998)으로 엮은 김재용은, 이 작품이 해방 직후 민족 현실의 총체적 상에 접근하고 있다는 점에서, 「효풍」을 염상섭의 대표작 중 하나로 높이 평가한 바 있다.[60] 1948년 1월 1일부터 연재되기 시작한 이 작품의 시간적 배경이, 연재 시작 일주일 전 크리스마스 이브날(1947.12.24)을 기점으로 한 그 해 겨울이라는 사실은, 그만큼 이 작품이 당대적 기록의 의미를 갖고 있음을 보여주는 것이기도 하다. 연재 시작 바로 전, 『자유신문』에 실린 「효풍」의 '작자의 말'은 그 당시 현실을 바라보는 작가의 심경과 이 작품을 쓰는 작가의 의도, 그리고 앞으로의 작품 전개 방향을 짐작 할 수 있게 한다. 다음은 「효풍」의 '작자의 말' 전문이다.

> 새벽 바람은 매웁고 어지럽습니다. 그러나 그것이 곧 해방 조선의 현실인 듯 싶습니다. 독립을 앞에 놓고 日高三丈이 되도록 노닥거리고만 앉았는 것이 안타깝지 않은 바 아니로되 이렇듯이 매웁고도 쓰라리고 혼란과 분잡이 끝간 데를 모르는 것은 아무 준비없이 큰 길을 떠나는 차림 차리에 면할 수 없는 일이요, 한 때 너저분히 늘어놓고 서두는 무질서한 꼴은 그날살이의 새 질서를 정돈하는 준비거니 생각하면 오늘날 우리 앞에 전개된 현실상 (現實相)에 공연히 눈만 찌푸리고 앉었다든지 외면을 한다든지 한때의 흥분에 비분강개하여

으로 바뀌면서 신문의 논조와 경향이 차츰 변모하게 된다. 이 때문에 미군정청의 정판사 위조지폐 사건 발표(1946.5)와 남로당 비합법화 선언(1947.8)을 전후하여 『조선인민보』, 『해방일보』, 『건국』, 『노력인민』 등의 좌익지들이 모두 폐간되었거나 지하로 잠복하여 간헐적으로 발행되었음에도 불구하고, 해방기 전 기간에 걸쳐 지속적으로 발행될 수 있었던 것으로 보인다. 미군정청이 발행한 『조사월보』에서는 이 신문의 논조나 경향을 중립으로 보고 있으며, 6·25 한국전쟁 이후 社主 정인익이 납북됨으로써 1952년 5월 폐간되었다. 「해방공간신문자료집성을 내면서」(『해방공간신문자료집성』, 선인문화사, 1996)와 『브리태니커 세계 대백과사전』 18(한국브리태니커 회사, 1993, 517면) 참조.

60) 김재용, 앞의 책, 365면.

정력을 낭비하고 일을 거슬어 놓아서는 안될 것입니다. 새벽 바람은 모질고 어지럽되 개동의 여명(黎明)은 희망의 빛이요 간밤(前夜)의 피로와 악몽(惡夢)을 씻어줄 새 힘의 줄기외다. 여기에 쓰는 이 생활기록이 아무리 기구하고 혼란하고 무질서하고 참담하더라도 그것은 당장 오늘 낮이 되면 바람이 자고 정상(正常)한 제살이 제자국에 들어앉을 새질서를 찾아가는 고민이고 노력에 지나지 않음을 잊지 말고 읽어주시기 바랍니다.[61]

작품의 제목 '효풍'(曉風, 새벽 바람)은 혼란스럽고 무질서한 당대의 사회 현실과 앞으로 다가올 미래에 대한 기대를 함께 포괄하는 상징적 의미를 갖는다. 여기에서 작가는 끝 간 데모를 혼란과 분잡이 거듭되는 무질서한 현실에 대한 참담한 심정을 피력하는 한편, 그럼에도 불구하고 그것에 대한 외면이나 흥분만이 아닌, 거짓 없는 생활 기록을 통한 새 질서의 희망을 포기하지 않겠다는 강한 의욕을 보여주고 있다. 이는 이 작품에 대한 작가의 기본적 자세를 보여주고 있다는 점에서 주목할 만한데, 그것은 공연한 불평과 불만, 또는 흥분으로 인한 사실의 과장과 축소를 철저하게 경계하겠다는 현실 직시의 자세를 강조하고 있다. 이 작품이 당대 사회 현실에 대한 작가 나름의 세계 이해와 인식을 적극적으로 보여주고자 한 것임을 이러한 '작자의 말'에서 짐작할 수 있다. 다시 말해, 「효풍」의 '작자의 말'은, 그가 해방 초기 작품들에서 보여주었던 '현실주의적 민족 통합 열망'에 대한 작가의 의지를 보여주고 있다. 다만, 「효풍」에서는 「첫걸음」에서 준식을 인도했던 강고한 민족주의자 홍규와 같은 당위적 전형이 표면적으로 사라지고 있는 반면, 준식과 같은 현실적 전형이 훨씬 다양화되어 나타나고 있다. 또한 이 작품에서부터 비로소 만주와 북한, 그리고 귀환 과정에서의 자기 체험이 아닌, 남한 사회 내에서의 현실을 작품의 배경으로 삼고 있다. 이 때문에 「효풍」은 이 시기 당대 사회 현실을 바라보는 작가의 세계 이해의 태도를

61) 염상섭, 「작자의 말」, 『자유신문』, 1947.12.28,31.(반복 게재)

더욱 직접적으로 살펴볼 수 있다.

총 32장으로 이루어진 「효풍」의 가장 중요한 특징은 남녀 간 애욕의 갈등을 다룬 애정 소설적 측면과 당대 사회 현실에 대한 젊은이들의 이념적 갈등을 다룬 사회 소설적 측면이 겹쳐진 이중적 성격에서 찾을 수 있다. 혜란과 병직을 중심으로 전개되는 이 작품에서 훨씬 더 많은 비중을 차지하는 인물은 병직과의 애정 문제로 고민하는 혜란이지만, 이 작품을 당대의 문제적인 의미를 띠는 작품으로 만들고 있는 것은 오히려 욕망과 이념 사이에서 고민하고 방황하는 병직이다. 혜란을 사랑하면서도 화순의 유혹을 병직이 뿌리치지 못하는 이유는 혼란과 분잡을 거듭하는 남한 현실의 문제점에 대한 사회적 관심 때문이다 다음은 병직의 그러한 문제의식이 직접적으로 표출되고 있는 '제8장 스왈로 회담'의 한 장면이다.

> "중석(重石)은, 홍삼(紅蔘)은 얼마나 실어내 가는지 모르시는 모양이로군? 홍삼은 일제 시대에는 미쓰이(三井)에게 내맡겼던 것이죠? 이번에는 어떤 '미국 미쓰이'가 옵니까?" 화순이는 이 청년이 무역 관계의 일이면 잘 안다는 말에 기가 나서 콕콕 쏘는 것이다. "그런 거야 난 모릅니다. 내야 숫자하고 노니까. 허허허." 베커는 혜란이 같은 여자 입에 이런 어자도 조선에 있는가? 하고 속으로 놀랍기도 한 것이다. "미스 최의 말이 실상은 조선 사람의 말입니다." 옆에 덤덤히 앉았던 병직이가 비로소 한 마디 거든다. "아, 당신두? …… 조선 사람이 모두 A신문사 같은 의사—미스 최와 같은 의견을 가졌다는 말씀요?" 베커는 놀라는 심정이다. "미스터 베커 안심하시오. 당신은 내가 미스 최처럼 또는 조선 사람 전체가 이북으로 가고 싶어하는 것은 아니요, 하지만 일제 시대에는 좌우익의 구별이 없이 함께 단결하였던 것을 당신들은 생각하여 봐야 할 것이요. 지금 미스 최가 말한 그런 점에 가서는 좌우가 없이 일치하거든요."[62]

자신의 이권만을 노리는 정상 모리배들과 결탁함으로써 남한 사회를

62) 염상섭, 『효풍』, 실천문학사, 1998, 112~113면.

경제적 착취의 대상으로 삼고 있다는 점에서 과거의 일본이나 현재의 미국이나 다를 것이 없다는 것이 미국에 대한 화순의 비판이다. 이에 대하여 베커는 그러한 화순의 비판을 그녀가 좌익 계열의 신문사 기자이기 때문인 것으로만 이해하고자 한다. 그러나 병직은 미국에 대한 비판과 비난 여론을 모두 좌익의 선동 탓으로만 여기는 베커의 태도가 오히려 남한 사회를 더욱 혼란스럽게 만드는 원인이 되고 있다고 비판하고 있다. 좌익 진영에 적극적으로 가담하여 활동하고자 하는 화순의 의견에 전적으로 동의하는 것은 아니지만, 무조건적 반공을 내세우는 맹목적 태도에는 분명하게 반대한다는 것이 병직의 입장이다. 이는 '좌익 이론을 덮어 놓고 부인하고 배격하는 것만으로 능사라 할 것은 아니다'[63]라고 한 이 시기 작가의 목소리가 그대로 투영되어 있는 것이기도 한데, 이후 작품 결말에 혜란의 아버지 관식 앞에서 병직이 삼팔선 공부를 하겠다고 다짐하는 것은 사회 현실적 문제에 대한 작가의 입장을 직접적으로 반영한 것으로 볼 수 있다. 그러나 병직의 그러한 정치적 이념에 대한 관심과 주장이 작품을 통해 일관되고 명확하게 드러나고 있지는 않다. 작품 전체적으로 보여지고 있는 병직의 태도는 오히려 우유부단함과 애매모호함을 특징으로 한다. '화순처럼 이북으로 가고 싶은 것은 아니다'라고 한 자신의 발언과 달리, 이후 뚜렷한 이유 없이 화순에게 이끌려 월북을 감행하는가 하면, 미국인과의 교섭을 통해 자신의 개인적 이권을 채우기에 급급한 아버지 박종렬에 의해 월북에 실패한 뒤에는 아무런 주저나 갈등 없이 혜란과의 결혼을 결정한다 혜란을 선택할 것이냐, 화순을 선택할 것이냐는 병직의 고민과 갈등은 개인적 욕망과 사회적 윤리 사이의 선택에 관한 문제였다가 갑작스럽게 결말에 이르러서는 아무런 설명 없이 해결되어 버리는 모습을 띠고 있다. 이 때, 개인적 욕망이라는 상징적 선택의 의미를 띠고 있던 혜란이 갑

63) 염상섭, 「조선문학 재건에 대한 제의」(『백민』, 1948.5), 『염상섭전집』 12, 민음사, 1987, 170면.

자기 현실적 당위라는 상징적 선택의 의미로 변경되어 버린다. 이에 따라 화순 역시 처음에는 사회적 윤리의 상징적 선택의 의미를 띠고 있다가 좌익 이념의 거부라는 상징적 선택의 의미로 변경되어 버린다. 여기에서 혜란과 화순은 자신의 정체성을 기반으로 스스로 움직이는 능동적 주체가 아닌 철저하게 병직에 의해서만 선택받는 수동적 대상물로 전락하고 만다. 다시 말해 혜란이냐 화순이냐라는 병직의 선택이 그들과의 관계를 통한 구체적인 내용을 갖지 못하고, '개인적 욕망'과 '사회적 윤리', 그리고 '좌파 이념' 사이의 추상적이고 상징적인 선택 이상의 의미를 갖지 못하고 있다고 할 수 있다. 병직을 중심으로 한 이들 인물들의 관계를 도식화하면 다음과 같다.

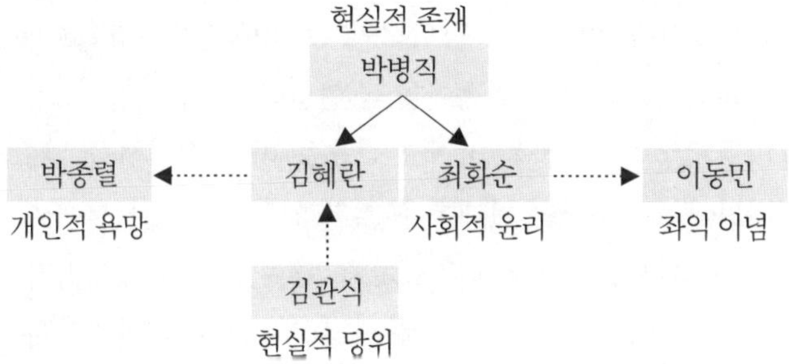

병직의 이념적 고민과 갈등이 작중 인물들과의 직접적 대결과 관계를 통해 구체적으로 전개되지 못하고 있다는 것은 당대의 이념적 갈등을 다루고자 한 이 작품의 밀도와 무게감을 현저하게 떨어뜨리는 이유가 되고 있다. 이는 「첫걸음」에서 가장 문제적 성격을 띠고 있는 '준식'의 인물시각 서술이 부재함으로써 문제적 인물의 구체적인 고뇌와 갈등의 실체가 작품 속에 보이지 않아 소설적 핍진감을 떨어뜨리고 있는 것과 유사하다. 홍규에 의해 일방적으로 인도되고 있는 「첫걸음」의 준식과 달리, 「효풍」의 병직은 자기 나름의 삶의 방향성과 정체성을 어느 정도 가지고 있다는 점에서 차이는 있지만, 병직이라는 인물의 형상화 역시 작품 전개에 따른 내적 논리와 필연적 관계에 의해 발전되지 못하고 평면적이고 우연적인 장면에 의한 인물 제시에 그치고 있다. 베커와의 단 한 번의 우연한 만남으로 그치고 마는 '제8장 스왈로 회담'의 장면도 그렇지만 혜란의 아버지 관식 앞에서 삼팔선 공부라는 자신의 앞으로의 포부를 밝히는 것으로 끝나는 작품의 결말(제32장 '백년손') 장면은, 그것이 매우 중요한 문제적 성격을 띠고 있음에도 불구하고, 작품 내적으로 구조화되지 못한 채 설교의 수준에 그치고 있다는 인상을 지우기 힘들다. 여기에서 혜란의 아버지 관식과 병직의 관계는 「첫걸음」에서 당위의 전형인 홍규와 현실의 전형인 준식의 관계가 변형되어 나타난 것으로 볼 수 있다. 「효풍」의 병직은, 부분적으로 좌우합작을 지지하는 작가의 정치적 입장이 투영되어 있는 인물이긴 하지만, 작품을 내적으로 지배하는 규범적이고 당위적인 존재의 전형이라기보다는 작가 염상섭이 파악한 이 시기 젊은이들의 현실적 존재의 전형으로서의 성격이 오히려 강하다. 자신을 버리고 화순을 따라 삼팔선을 넘고자 하는 병직에 대하여 '두 사람의 관계를 투기하거나 책망하기 전에 이 시대의 젊은 사람은 병직이가 아니기로 그렇게 되는 수밖에 없으리라'[64]고 생각하는 혜란의 푸념은 이 시기 월북 심리나 충동이 혼란스러운 남한 현실에 대한 염증과 반발감으로 인한 일종의 도피적 성격을 띤 당시 젊은이들의 일반적인 심리 현상이었음을 암시하고 있다. 이에 반해 혜란의 아버지 김관식은 「첫걸음」의 홍규와 같은 당위적 존재로서의 성격이 강하다. 일제 시대 미국 유학까지 간 지식인으로서 현실의 부정적인 세태에 일절 타협하지 않고 대학 시간 강사를 하면서 술을 벗 삼아 살아가는 김관식은 이 작품 속에서 당대 사회 현실에 대한 가장 비판적인 시각을 가진 인물이다. 작품이 전개되는 주된 무대라고 할 수 있는 경요각이라든지, 취송정, 스왈로 댄스홀, 다방골 누님집 등이, 마치 당대

64) 염상섭, 『효풍』, 실천문학사, 1998, 227면.

사회를 축약해 놓은 듯이, 온갖 인간들이 벌이는 욕망과 이념의 각축장이라고 한다면, 김관식의 서재는 그러한 타락한 세상을 바라보는 하나의 창 역할을 하고 있다. 작품 속 인물들의 모든 대립과 갈등이 완전하게 해소되고 있는 마지막 결말(제32장 '백년손') 역시 김관식의 서재에서 이루어지고 있다. 병직이 관식 앞에서 무릎을 꿇는 것으로 끝나는 작품 결말은, 준식이 홍규 앞에서 눈물을 흘리는 것으로 끝나는 「첫걸음」의 결말 처리 방식의 변형된 형태라고 할 수 있다. 이런 점에서 「효풍」의 김관식은, 「첫걸음」의 홍규와 같이 전체적으로 작품을 이끌어 나가는 주동적 인물은 아니지만, 이 작품의 당위적 인물의 전형이라고 할 수 있다. 다만, 당위적 인물 홍규가 작품의 주동적 인물이자 초점 인물이기도 한 「첫걸음」이 작품 전체적으로 현실과 당위의 통합적 합일의 일관된 전개 과정을 보여주고 있는 반면, 「효풍」은 당위적 인물 김관식이 작품 후면으로 감추어지고, 개인적 욕망과 이념 사이에서 방황하는, 현실의 전형적 인물이 작품 전면에 등장함으로써, 「첫걸음」에서의 민족주의적이고 계몽주의적인 성격은 훨씬 약화되어 나타나고 있다. 특히, 병직에게는 선택적 전형으로서의 대상적 의미만을 가졌던 혜란이 오히려 이 작품의 주동적 인물로 설정되면서, 혜란은 병직이 생각하듯 단순하게 개인적 욕망 또는 현실적 당위라는 선택적 상징으로서의 의미만에 머무르지 않고 있다. 이로 인하여 개인적 욕망과 이념 사이의 문제는 이 작품에서 한층 복합적이고 중층적인 성격을 띠게 된다.

병직이 총32장 중에서 20장에 등장하는 반면, 혜란은 제9장과 제26장을 제외한 모든 장에 등장하고 있다. 각 장에서 차지하고 있는 비중 역시 혜란이 병직에 비해 압도적이라고 할 수 있다. 혜란이 가장 고민하고 갈등하는 것은 병직과의 애정 문제이다. 자신과 화순 사이에서 애매한 태도를 보이면서 동요하는 병직으로 인하여 심리적 고통을 겪는가 하면, 베커의 극진한 구애로 인하여 그녀 역시 병직과 베커 사이에서 심리적 갈등을 느낀다. 따라서 작품 표면적으로 볼 때, 「효풍」은 혜란을 중심으로 한 남녀 간 애욕의 고통과 갈등을 다루고 있는 애정 소설의 삼각관계 형식을 취하고 있다고 할 수 있다. 다음은 혜란을 중심으로 한 작중 인물들의 관계를 도식화한 것이다.

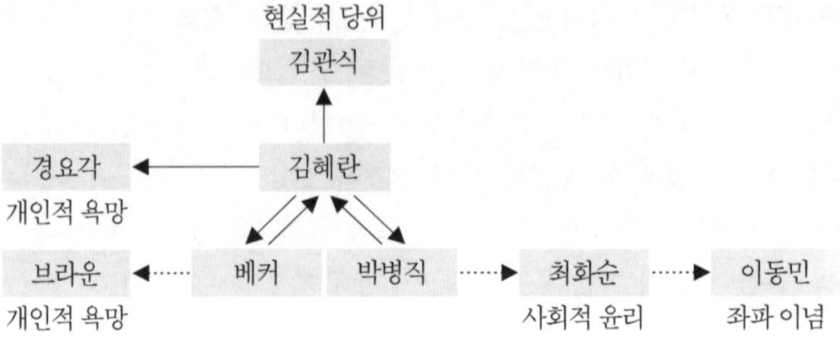

빨갱이라는 이유로 학교에서 내쫓긴 전직 영어 교사인 혜란은, 브라운 부인의 소개로 '경요각' 점원으로 취직하게 되는데, 미국인 교제에 자신을 이용하여 돈을 벌려고 하는 주인 이진석의 유혹에 끊임없이 시달린다. 하와이에서 20년 가까이 살다가 해방을 맞아 귀국한 이진석은 표면적으로는 골동품 가게 '경요각'을 운영하면서도 내심으로는 미국과의 무역을 통해 사업을 더욱 확장하고자 하는 인물이다. 김관식의 서재가 타락한 현실을 바라보는 하나의 창과 같은 상징적 성격을 갖고 있다면, '경요각'은 혼탁한 당대 사회 현실을 축약해 놓은 공간이기도 하면서 다른 한편으로는 당대의 혼탁한 현실로 나가는 하나의 통로로서의 상징적 의미를 갖는다. 경요각에 진열된 백자동병풍이니 남사당패 인형 등 과거의 유물이 이진석에 의해 미국과의 무역업을 위한 도구적 상품으로 전락하고 있다는 점에서는 그곳이 당대 현실의 상징적 공간이라고 할 수 있는 반면, 혜란의 입장에서 보았을 때 경요각은 아버지의 서재가 있는 집으로부터 온갖 욕망과 이념의 각축장이라고 할 수 있는 취송정과 다방골 누님집으로 나아가는 중간 지대로서의 성격을 띠고 있기 때문이다. 혜란이 자신을 미국인 교재에 이용하여 돈을 벌고자 하는 이진석에 대해서 비판적 시각을 견지하면서도, 밖으로 나도는 딸을 못마땅하게 생각하는 아버지의 뜻을 굳이 거스르고 경요각에 계속 나가는 것은 그곳에서의 생활이 집 또는 학교에서의 결박과 굴레에서 벗어나게 해주는 세상과의 통로 역할을 하고 있기 때문이다. 그런데 흥미로운 사실은, 아버지의 집이냐 이진석의 경요각이냐를 두고 심리적 갈등을 겪는 혜란의 선택적 상황이, 혜란과 화순을 사이에 둔 병직의 그것과 아주 흡사한 측면을 갖고 있다는 점이다. 이러한 혜란의 선택적 상황은, 베커의 극진한 구애로 인하여 작품 후반부에 이르면 베커와 병직 사이에서의 선택적 상황으로 이어지고 있다. 아버지 김관식의 기품을 이어받은 혜란이 어떠한 선택을 할 것인가는 자명해 보인다. 그런데 병직의 고민과 갈등이 인물들과의 관계를 통한 구체적인 내용을 갖지 못하고 상징적 선택 이상의 의미를 갖지 못하는 반면, 혜란의 고민과 갈등은 작중 인물들과의 관계를 통해 보다 구체적이고 생동감 있게 그려지고 있다. 여기에서 혜란은 아버지 김관식의 뜻을 무조건적으로 받든다거나 병직의 선택만을 기다리는 대상적 존재에 그치고 있지 않고 자기 나름의 삶의 태도와 입장을 가진 능동적 주체로서의 모습을 보여주고 있다. 아버지 김관식이나 애인 박병직과는 다른 혜란의 삶에 대한 태도는 무엇보다도, 개인의 욕망 또는 사회적 이념에 대해 무조건적으로 부정하거나 긍정하는 일면적 시선을 고집한다기보다는 그러한 현실에 대하여 비판적인 시각을 견지하되 객관적인 관찰의 시선을 유지하고자 한다는 점이다. 이 때문에 병직을 사이에 두고 화순에게 느끼는 질투의 감정이라든지, 베커를 거부하면서도 일면 그에게 호의를 느끼는 자신의 감정을 정직하게 직시할 수 있는가 하면, 화순을 따라 월북을 감행한 병직에 대하여서는 '이 시대의 젊은 사람으로서 그렇게 되는 수밖에 없으리라고 이해하고 관대히 보려는' 태도까지 취할 수 있었던 것으로 볼 수 있다. 무조건적 부정 또는 긍정이 아닌 좀 더 냉정하게 혼탁한 현실을 직시하고자 하는 혜란의 태도는 '오늘날 우리 앞에 전개된 현실상(現實相)에 공연히 눈만 찌푸리고 앉었다든지 외면을 한다든지 한 때의 흥분에 비분강개하여 정력을 낭비하고 일을 거슬어 놓아서는 안 될 것'이라고 한 「효풍」의 '작자의 말'을 연상하게 한다. 이러한 '작자의 말'에 주목한다면, 당대 현실에 대하여 작가가 취하고자 하는 삶의 태도 혹은 관점에 가장 부합하는 인물은 혜란의 아버지 김관식이나 애인 박병직이 아니라 오히려 혜란으로 볼 수 있다. 김관식이나 박병직은 '우리 앞에 전개된 현실상에 공연히 눈만 찌푸리고 앉아 외면'을 하거나(김관식) '한때의 흥분에 비분강개하여 정력을 낭비하고 일을 거스르는' 인물(박병직), 즉 '작자의 말'에서 작가가 경계했던 인물의 전형에 가깝고, 이 작품 속에서 이들을 전체적으로 조망할 수 있는 시선을 가진 인물은 오히려 혜란이라고 할 수 있기 때문이다.

3) 일상적 욕망의 전면화

「효풍」 이후 염상섭 소설은 급격하게 그 경향이 바뀌게 된다. 죽음을 앞둔 노인의 심리를 다룬 「임종」이나 금욕(金慾)으로 인한 우정의 파탄을 다룬 「두 파산」, 기현 모의 애정 심리를 다룬 일대의 「유업」 등은 사회적 이념이나 윤리를 둘러싼 문제를 작품 표면적으로 배제하고 개인의 일상적 욕망의 문제를 전면화시키고 있다. 이러한 변화의 이유를 작가의 정치적 좌절에서 설명하고자 한 김재용의 논의는, 작가의 전기적 사실에 대한 고찰과 관련하여, 새롭고 설득력있는 실증을 보이고 있지만, 작품 분석에서는 표면적 내용 분석에 머무르고 있는 것은 아닌가 하는 반성을 하게 된다. 그것이 더욱 문제적인 것은, 해방 이후 「효풍」까지의 작품과 1949년 이후 작품 사이의 내적인 연속성을 밝힐 수 있는 가능성이 그의 논리에서 봉쇄되고 있다는 점이다. 그의 논리에 의하면 염상섭은 정치적 현실의 변화에 따라 전혀 다른 두 가지 계열의 작품을 쓴, 「효풍」의 조정원과 같은 일두양이주의자(一頭兩耳主義者)의자가 되고 마는데, 이는 염상섭 문학의 본질적 특성이, 예리한 민족의식과는 많은 거리가 있음을, 오히려 증명하는 셈이 되고 만다. 다시 말해, 염상섭 문학을 정치적 이념 또는 현실적 당위에 대한 어떠한 판단도 유보하고 가치중립성의 태도로 맞선 소극적인 보수주의자의 그것으로 이해하려는 태도를 비판하고자 한 논자의 애초 의도와는 상반된 결과를 초래하고 있다. 해방 후 처음으로 발표한 염상섭의 자기 체험적 소설 「첫걸음」과 이 시기 그의 유일한 장편소설 「효풍」에 대한 분석을 통해 확인할 수 있었던 것은 이 시기 염상섭 소설이 현실의 효율성 논리에 무기력하게 순응하고 있다고만은 볼 수 없다는 점이다. 해방기 염상섭이 가장 중요하게 생각했던 것은 지금의 현실을 규정하는 전형적 상황과 문제가 무엇인가를 포착하고자 하는 세계 이해의 문제였다. 하지만 그를 통해 어떠한 가치와 당위적인 목소리도 내세우지 않은 순전한 관찰과 기록의 의미에만 머무르고자 하지 않았다 「첫걸음」의 홍규와 준식은, 염상섭이 파악한, 당시의 시대적 당위와 현실의 전형이다. '홍규가 준식을 인도한다'는 문장의 확대에 토대한 구성 유형을 보여주고 있는 이 작품은 민족적 통합이라는 당시의 시대적 당위에 대한 열망을 강하게 드러내고 있다. 거기에서 '준식'이 이 작품의 문제적 인물로 설정되어 있는 것은 현실적 삶의 실제 조건을 무시하고는 어떠한 당위적 명제도 의미가 있을 수 없다는 작가의 현실주의적 세계 이해의 태도를 반영한 것이다. 「엉덩이에 남은 발자국」, 「삼팔선」, 「모략」, 「그 초기」, 「혼란」 등 이 시기 염상섭의 자기 체험적 소설은 모두 그러한 현실주의적 관점에 근거한 민족적 화합과 통합의 열망을 드러내고 있다. 한편, 염상섭의 「효풍」에서 작가가 드러내고자 한 핵심적인 문제는 욕망과 이념 사이의 선택적 상황에 관한 것이었다. 「효풍」의 혜란과 병직은, 모두 당대 현실의 선택적 상황에 처한 전형적 인물들이다. 혜란과 화순 사이에서 병직이

고민하고 갈등하는 것은 개인적 욕망과 사회적 윤리, 혹은 이념 사이의 선택에 관한 문제였다. 혜란의 아버지 관식 앞에서 병직이 삼팔선 공부를 하겠다고 다짐하는 것으로 끝나는 이 작품의 결말은 욕망과 이념이라는 선택적 상황에 처한 병직이 결국 이념적 윤리를 선택하고 있다는 상징적 의미를 가지고 있다. 하지만 병직의 그러한 이념적 고민과 갈등이 작중 인물들과의 직접적인 대결과 관계를 통해 보다 구체적으로 전개되지 못하고 있다는 것은 당대의 이념적 갈등을 다루고자 한 이 작품의 밀도와 무게감을 현저하게 떨어뜨리는 이유가 되고 있다. 혜란이냐 화순이냐라는 병직의 선택은 그들과의 관계를 통한 구체적인 내용을 담지 못한 채 선언적고 상징적인 선택 이상의 의미를 갖지 못하고 있다. 이에 반해 아버지의 집이냐 이진석의 경요각이냐 또는 병직이냐 베커냐는 선택적 상황에서 갈등하고 고민하는 혜란의 모습은 작중 인물들과의 관계를 통해 훨씬 다채롭고 전개되고 있다. 이는 무엇보다도 욕망의 문제를 대하는 작가의 태도가, 그것에 대하여 무조건적으로 부정하거나 긍정하는 일면적 시선을 고집하지 않고 있기 때문으로 볼 수 있다. 병직을 사이에 두고 벌이는 혜란과 화순의 애욕의 갈등 속에서 그들이 윤리적 인물의 전형 또는 이념적 인물의 전형이라는 식의 규정은 아무런 의미가 없게 된다. 이런 점에서, 이 작품의 뼈대를 이루는 것은 욕망과 이념 사이의 선택적 상황에서 이념(관념)적 윤리로의 지향이라고 할 수 있지만, 작품의 몸과 살을 이루는 것은 오히려 어떠한 이념 또는 윤리도 압도해버릴 수 있는 욕망의 문제라고 할 수 있다. 가령, 좌익 신문 여기자로서 과학적 연애를 외치고 이동민과 함께, 북한으로 넘어가는, 이 작품의 이념적 인물의 전형이라고 할 수 있는 화순이, 혜란에게 강한 질투감을 느끼고 병직에게 매달려 집착하는 모습은 더 이상 그녀를 이념적 인물의 전형이라고 보기 어렵게 한다. 여기에는 이념적 허위성에 대한 작가의 비판적 시각과 함께 어떠한 이념도 압도할 수 있는 욕망의 강렬도에 대한 작가의 이해가 반영된 것으로 볼 수 있다. 욕망이란 기본적으로 자기중심적인 부정성을 벗어나기 어렵지만, 그것이 개인의 일상적 삶과 현실을 구성하는 핵심적인 문제 중 하나임에 틀림없다는 것은 욕망에 대한 작가의 기본적 태도라고 할 수 있다. 개인적 욕망의 전형이라고 할 수 있는 이진석이라든지 강수만, 베커, 박종렬까지 그들의 삶의 태도와 방향을 지배하고 있는 것은 바로 그러한 욕망의 움직임이다. 사회적 윤리나 당위 또는 이념보다는 자신의 개인적 이익을 추구하고자 한 욕망에 의해 철저하게 지배받는 이들의 모습은 소설 속에서 혜란과 병직, 화순, 김관식 등에 의해 비판을 받고 있기는 하지만, 그렇다고 해서 그것이 일방적 부정성으로 평면화되어 있거나 희화화되지 않고 있다. 이 작품에서 작가가 부정적으로 취급하는 것은 오히려 욕망에 관련된 것이라기보다는 이념에 관련된 것이라고 할 수 있는데, 기본적으로 어떤 당위적인 윤리를 강조하게 되는 이념이 현실을 재단하는 일종의 잣대로 고착화되면 현실의 구체적 사실들을 무시하고 배제하는 억압과 폭력으로 전환되기 쉽기 때문이다. 화순이 외치고 있는 '과학적 연애'라든지 혜란이 학교를 물러나게 된 '빨갱이 논란'은 그 대표적인 예에 해당한다. 이렇게 보았을 때, 사회적 윤리 혹은 이념보다는 일상적 욕망의 문제를 전면화 시키고 있는 「효풍」 이후 염상섭 소설의 변화는 정치적 좌절로 인한 확고한 현실 인식 또는 역사의식에서의 전면적 후퇴라기보다는 '있는 그대로의 사실'을 직시하지 못하고, 엄청난 폭력성을 띠고 자기 마음대로 현실을 왜곡하는 당시의 이념적 현실에 대한 작가의 비판적 인식이 더욱 강화된 것[65]으로 볼 수 있다. 이는 또한 '문학은 어디까지든지 자유무애한 입장에 놓여야 할 것이요, 모든 것을 포괄하고 결코 편향하여서는 아니된다'[66]고 하며 현실의 구체적 경험 또는

65) 이와 관련하여, 기존의 염상섭문학 연구에 대한 비판적 문제의식 속에서 염상섭 후기 단편소설의 의의와 한계를 검토한 바 있는 이남호의 「소설 기술의 방법과 철학－염상섭론」(『문학의 위족』, 민음사, 1990)은 중요한 참조가 되었다.

66) 염상섭, 「민족문학이란 용어에 관련하여」(1947.12.13 탈고, 『호남문화』 1호, 1948.5), 『해방 3년의 비평문학』(신형기 편), 세계, 1988, 419면.

실제 사실에 근거해서만 어떠한 가치나 이념도 의미를 가질 수 있다는 것이 그의 문학론과도 긴밀한 연관성을 갖는 것이라고 볼 수 있을 것이다.

지금까지 살펴본 내용을 요약하면 다음과 같다. 해방 이후 처음으로 발표된 「첫걸음」을 비롯한 그의 자기 체험적 소설과 장편소설 「효풍」은 작가가 지향하고 있던 현실적 당위와 정치적 입장을 강하게 담고 있다. 「첫걸음」의 홍규와 준식은, 염상섭이 파악한, 당시의 역사적 당위와 현실의 전형이다. '홍규가 준식을 인도한다'는 문장의 확대에 토대한 구성 유형을 보여주고 있는 이 작품은 민족적 통합이라는 당시의 역사적 당위에 대한 강한 열망을 드러내고 있다. 하지만 일제 시대에 일본인으로 살다가 해방이 되어 조선인으로 살아야 할 것인지, 일본인으로 살아야 할 것인지 기로에 서 있는 '준식'이 작품의 문제적 인물로 설정되어 있는 것은 해방 직후 사회 현실의 전형적 상황을 드러내고자 한 것이며, 더 나아가 현실적 삶의 실제 조건을 무시하고는 어떠한 당위적 명제도 의미가 있을 수 없다는 작가의 현실주의적 세계 이해의 태도를 반영한 것이다. 염상섭의 「효풍」은 당위적 인물이 작품 후면으로 감추어지고, 개인적 욕망과 이념 사이에서 방황하는, 현실의 전형적 인물이 작품 전면에 등장함으로써, 「첫걸음」에서의 민족주의적이고 계몽주의적인 성격은 훨씬 약화되어 나타나고 있다. 특히, 병직에게는 선택적 전형으로서의 대상적 의미만을 가졌던 혜란이 오히려 이 작품의 주동적 인물로 설정되면서, 혜란은 병직이 생각하듯 단순하게 개인적 욕망과 현실적 당위 사이의 선택적 상징으로서의 의미에만 머무르지 않고 있다. 이로 인하여 개인적 욕망과 이념 사이의 문제는 이 작품에서 한층 복합적이고 중층적인 성격을 띠고 있다. 이 작품의 주동적 인물 혜란이나 병직은 모두 당대 현실의 선택적 상황에 처한 문제적 인물들이다. 이런 점에서 혜란과 화순 사이에서 고민하는 병직과 베커와 병직 사이에서 고민하는 혜란은 작가 염상섭이 파악한 이 시기 현실적 존재의 전형이라고 할 수 있다. 이 작품의 뼈대를 이루고 있는 것은 개인적 욕망과 이념 사이의 선택적 상황에서 문제적 인물들이 현실적 당위 또는 사회적 윤리로의 지향을 보이는 것이라고 할 수 있지만, 작품의 구체적인 전개 과정은 오히려 버림받은 욕망의 문제가 이념의 문제를 압도하는 수준에까지 이르고 있다. 개인적 욕망의 전형이라고 할 수 있는 이진석이라든지 강수만, 베커, 박종렬까지 그들의 삶의 태도와 방향을 지배하고 있는 것은 바로 그러한 욕망의 문제이다. 사회적 윤리나 당위 또는 이념보다는 자신의 개인적 이익을 추구하고자 한 욕망에 의해 철저하게 지배받는 이들의 모습은 소설 속에서, 혜란과 병직, 화순, 김관식 등에 의해 비판을 받고 있기는 하지만, 그렇다고 해서 그것이 일방적 부정성으로 평면화되어 있거나 희화화되지 않고 있다. 이렇게 보았을 때, 「효풍」 이후 염상섭 소설의 변화는 정치적 좌절로 인한 확고한 현실 인식 또는 역사의식에서의 전면적 후퇴라기보다는 '있는 그대로의 사실'을 직시하지 못하고, 엄청난 폭력성을 띠고 임의대로 현실을 왜곡하는 당시의 이념적 현실에 대한 작가의 비판적 인식이 더욱 강화된 것으로 볼 수 있을 것이다.

제4장 현실 비판적 언술과 김남천·이기영 소설

해방 후 가장 먼저 조직된 조선문학건설본부(1945.8.16)가 특정한 계급적 기반보다는 범계급적 연대를 내세운 반면, 조선문학건설본부의 탈계급적 입장을 비판하면서 조직된 조선프롤레타리아문학동맹(1946.9.17)은 노동자·농민의 해방을 위한 계급 투쟁을 선언하면서 선명한 계급성을 강하게 드러냈다.[1)] 이들 두 단체가 통합되어 결성된 조선문학가동맹(1946.12.13)은 두 단체의 성격을 절충했다기보다는 조선문학건설본부의 강령과 규약을 그대로 이어받았으며, 노선 투쟁과 세력 다툼에 밀려난 조선프롤레타리아문학동맹 계열의 일부 작가들[2)]이 북조선예술총연맹

1) 조선문학건설본부의 상위 기구인 조선문화건설중앙협의회(1946.8.18)는 문화 활동의 기본적 일반 방책 다섯 가지를 제시하였는데, 그 네 번째가 '문화전선에서의 인민적 협동의 완성을 기하여 강력한 문화의 통일전선을 조직한다'는 것이었다. 한편, 조선프롤레타리아 문학동맹의 첫 번째와 두 번째 강령은 '프롤레타리아 문학건설을 기한다'는 것과 '파시즘문학, 부르주아 문학, 사회개량주의 문학 등 일체 반동적 문학을 배격한다'는 것으로 보다 선명한 계급성을 천명하고 있다. 김영민, 『한국 현대문학비평사』, 소명출판, 2000, 13~15면 참조.

2) 이 무렵 송영·박세영·윤기정·이동규·안막·신고송 등은 월북하여 한설야·이

(1946.3.25)에 흡수되었음은 잘 알려진 바와 같다. 조선문학건설본부의 창설을 주도하였고 조선문화건설중앙협의회 의장이었던 임화의 「현하의 정세와 문화운동의 당면 임무」(『문화전선』 창간호, 1945.11)는 조선문학가동맹 노선의 기본적 출발점을 명확하게 보여주고 있는 대표적인 글이다. 임화는 여기에서, 민족의 완전한 해방과 토지개혁과 관련하여, 봉건적 잔재의 소탕이란 과거 식민지 시대의 기본 과제가 그대로 남아 있다는 점에서 이 시기의 역사적 단계를 '부르주아 민주주의 혁명의 단계'로 규정하고 해방 직후 조선문화건설중앙협의회가 내걸었던 '문화의 해방', '문화의 건설', '문화전선의 통일'이라는 세 가지가 표어가 여전히 유효함을 주장하고 있다. 이와 함께 그렇다면 그러한 문화 혁명의 담당자가 누가 될 수 있는가라는 문제를 제기하면서 그것은 가장 혁명적 계급인 노동자 계급을 위시한 농민과 중간층의 진보적 시민으로 형성된 통일 전선에 있음을 강조하고 있는데, 부르주아 민주주의 혁명이라는 역사적 단계에서 문화 건설의 기초가 자본가가 아닌 노동자, 농민, 진보적 시민 등의 인민에 있는 이유는 '일본의 수중에서 성육한 일부 무력한 부르주아지나 반동적 지주가 일본 제국주의 문화지배의 영향과 봉건 문화의 잔재에 대하여 투쟁적일 수 없을 뿐만 아니라, 부패기 시민문화의 침탈에 대하여 어떤 의미로서이고 특권적인 층은 그것과의 타협에서 오히려 쾌적을 느끼기 때문'[3]이라고 역설하고 있다. 특히 문화부문에서의 봉건적 잔재와 관련해서 이 경향이 흔히 애국적인 형태를 표방한 국수주의로 나타나고 있으나, 실상 그것은 일본이 조선을 지배하는 유력한 발판이었으며 그러한 봉건적 잔재는 제국주의의 식민적 지배 가운데서 기생하지 아니하면 존립이 불가능하다는 점에서, 국수와

기영 등과 접촉하여 북조선예술총연맹 조직(1946.3.25)에 참여한다. 권영민, 『해방 직후의 민족문학운동 연구』, 서울대 출판부, 1986, 31면 참조.

3) 임화, 「현하의 정세와 문화운동의 당면임무」(『문화전선』 1호, 1945.11), 『해방 3년의 비평문학』(신형기 편), 세계, 1988, 33면.

배외는 외모일 뿐이며 그 본질은 외세 의존 즉 사대주의로 일관하고 있다고 강하게 비판하고 있다. 근대라는 이 시기의 역사적 단계 규정과 인민으로 표방된 그것의 담당 주체 설정, 그리고 봉건적 잔재청산의 실천적 당위성 등에 대한 논의를 통한 이 글의 결론은 '요컨대 문화 활동의 기초와 목적을 한가지로 인민[4]에 둘 것, 이것이 현재 우리의 문화통일전선 운동의 기준이요, 노선이 되어야 한다. 문화에 있어서 모든 반인민적인 것과의 투쟁, 이것이 문화통일전선 운동의 투쟁 목표가 되지 아니하면 아니된다'라고 끝맺고 있다. 문화통일전선의 깃발 아래 일체의 친일적 잔재와 봉건적 잔재를 제거하는 실천적 투쟁을 통해 이 시기 건설되어야 할 문학은 '완전히 근대적인 의미의 민족 문학 이외에 있을 수 없다'[5]는 것이 임화의 주장이자 조선문학가동맹의 기본 노선이었다고 할 수 있다.

이에 반해 창립 당시부터 프롤레타리아 문학 건설을 기치로 내세웠던 조선프롤레타리아문학동맹 계열의 작가들은 조선문학건설본부의 주도자들이 주체적인 조직 활동을 거부한 채 무원칙한 타협주의로 일관함으로써 기회주의적인 중간파로서의 자신들의 본성을 드러내고 있다고 강하게 비판하였다. 한효의 「예술운동의 전망」(『예술운동』 창간호, 1945.12), 「조선문학운동의 현단계」(『인민』 2권1호, 1946.1), 권환의 「현정세와 예술운

---

4) 임화의 「문학의 인민적 기초」, 『중앙신문』, 1945.12.8~14)는 '인민'이라는 용어에 대한 정리된 입장을 보여주고 있는데, 그에 의하면, '민중'이 만민평등설과 더불어 사용된 19세기적 개념이라면, '노동자 농민 기타 중간층이나 지식계급 등을 포괄하면서도, 피착취의 사회계급을 토대로 하는 일종의 농후한 사회계급적 요소가 많은' 개념인 '인민'은 현 사회의 모순 해결을 위해 새롭게 태어난 개념이다. 당파성(Partinost), 계급성(Klassnost)과 함께 사회주의 리얼리즘 예술의 기본 원칙 중 하나인 인민성(Narodnost)은 인민 대중의 행복을 위한 사회 건설을 목표로 하는 만큼, 이는 이 시기 예술의 대중화 운동(인민이 사용하는 언어, 인민이 좋아하는 생활감정, 인민의 마음에 맞는 선율 등)과 밀접한 연관성을 갖는 것이라고 볼 수 있을 것이다. 김윤식, 『북한문학사론』, 새미, 1996 참조.

5) 임화, 「조선 민족문학 건설의 기본과제에 관한 일반 보고」(전국조선문학자 대회, 1946.2.8~9), 『건설기의 조선문학』, 조선문학가동맹 중앙집행위원회 서기국, 1946.6, 41면.

동」(『예술운동』 창간호, 1945.12), 윤기정의 「예술운동의 신전개」(『예술운동』 창간호, 1945.12) 등은 조선프롤레타리아문학동맹의 입장을 잘 보여주고 있는 글들이다. 특히 조선프롤레타리아문학동맹의 기관지 『예술운동』 창간호에 실린, 한효의 「예술운동의 전망—당면 과제와 기본 방침」(1945.10.17 탈고)은 그 대표적인 글이라고 할 수 있다. 여기에서 그는 무엇보다도 먼저 예술 운동의 당면 과제 수립을 위한 기본 방침을 내세우고 있는데, 그것은 '예술은 그 자신이 한 개의 이데올로기적 형태이기 때문에 결코 허식과 정책적인 가장을 허용치 않는다'[6]는 것이다. 이는 정치적 수단 또는 일시적 방편으로 계급성과 당파성[7]을 포기하고 있는 임화와 조선문학건설본부의 노선을 겨냥하고 있는 것으로, 계급성과 당파성을 초월한 어떠한 예술도 존재할 수 없으며, 계급성과 당파성의 확고한 견지 없이 예술 운동의 질적인 발전 역시 있을 수 없다는, 사회주의 리얼리즘 예술의 원칙론을 강조하고 있는 셈이다. 또한 그것은 이 시기의 역사적 단계 규정과 관련하여 민족문학 수립의 '건설기'로서의 성격보다는 이를 둘러싼 일체의 타협과 가식 또는 은폐적 기도와의 전면적 '투쟁기'로서의 성격을 더욱 강조한 것이라고 볼 수 있다. 조선문화건설중앙협의회(1945.8.18)와 조선문학가동맹의 서기장(1946.11.8)이었던 김남천은 「1945년 8·15」(『자유신문』, 1945.10.15~1946.6.27)을 발표하였고, 조선프롤레타리아문학동맹(1945.9.17)과 북조선문학예술총동맹[8](1946.10.14) 위원장이

6) 한효, 「예술 운동의 전망」, 『예술운동』 1호, 1945.11.

7) 당파성은 마르크스-레닌주의 세계관의 기본 원리에 해당한다고 할 수 있는데, 그것은 '단순히 노동자 계급의 세계관이라는 의미에서가 아니라 모든 억압·착취의 질서에 대한 노동자 계급의 변혁적 세계관이라는 의미이다. 철학의 당파성은 역사상 모든 계급 사회의 보편적인 것이며 그 속에 치열한 계급투쟁을 내포하고 있는 것으로, 부르주아 철학이 부르주아 계급의 계급적 이익을 옹호·유지하는 당파성을 갖는 데 반해 마르크스주의 철학은 노동자 계급의 당파성을 갖는 것이다.'(도서출판 친구 편집부 편, 「편자 서문」, 『철학사전』, 도서출판 친구, 1987)

8) 북조선예술총연맹(1946.3.25 조직)은 1946년 7월 17일 조직 개편 규약을 일부 개정한 뒤 1946년 10월 13~14일 전체 대회를 열어 북조선 문학예술총동맹으로 명칭을 변경하였다. 김윤식, 『해방공간의 문학사론』, 서울대 출판부, 1989, 41면 참조.

었던 이기영은 「땅」(개간편 : 1948.5, 수확편 : 1949.10)을 발표한 바 있다. 이들 작품은 각각, 문맹 계열과 북문예총 계열 작가들의 작품 세계를 대표하는 것으로서의 의미와 성격을 갖는다고 볼 수 있을 것이다. 이에 이 장에서는 이 시기 역사적 단계 규정에 기반하여 봉건적 잔재 청산이라는 현실 변혁 의지를 작품 창작을 통해 구체화하고자 했던 김남천의 「1945년 8 · 15」와 이기영의 「땅」에 대하여 살펴보고자 한다.

1. 과학적 분석 정신과 계몽의 서사 – 김남천의 「1945년 8 · 15」

김남천의 「1945년 8 · 15」는 『자유신문』(1945.10.15~1946.6.28, 165회 미완)에 연재된 해방기 최초의 장편소설이다. 이 작품은 비록 미완으로 끝나고 말았지만, 해방 직후 문단을 선도했던 대표적인 작가에 의해 쓰여진 것[9]이라는 점에서 우선 주목할 만하다. 여기에서 눈에 띄는 특징은, 이 작품이 당대의 현재적 사건을 다루고 있다는 점과 이전 작품과의 연작 소설적 성격을 가지고 있다는 점이다. 해방 직후 당대의 사회 · 역사적 상황을 배경으로 하고 있는 이 작품은 과거 「사랑의 수족관」(『조선일보』, 1939.8.1~1940.3.3), 「낭비」(『인문평론』, 1940.2~1941.2; 11회 미완), 「경영」(『문장』, 1940.10), 「맥」(『춘추』, 1941.2) 등의 소설 형식 또는 인물 유형과 유사한 양상을 보여주고 있다. 특히 「사랑의 수족관」의 주인공인 이경희, 김광호

9) 해방 이후 김남천(1911~?, 평남 성천 生)이 발표한 소설은 모두 다음과 같다. 「8 · 15」, 『자유신문』, 1945.10.15~1946.6.27(165회 미완); 「목화」, 『한성시보』 2,3호, 1945.10; 「정거장」, 『아동문학』 1호, 1945.12(『3 · 1 운동』, 아문각, 1947); 「동맥」, 『신문예』 2,3호, 1946.7,10, 『신조선』 1 · 2 · 4 · 5호, 1947.2~6(『대하』의 속편, 미완); 「원뢰」, 『인민평론』 2호, 1946.7; 희곡 「3 · 1 운동」, 『신천지』, 1946.3~5(『3 · 1 운동』, 아문각, 1947); 「동방의 애인」, 『일간 예술통신』, 1946.11.5(34회)~12.14(55회 미완); 「꿀」, 『문학예술』, 1951.4.

의 경우, 그들의 외모와 성격이 수정되거나 변경되지 않은 채, 이 작품에서도 그대로 재등장하고 있는데, 이런 점에서, 새로운 인물군이 추가되어 있기는 하지만, 이 두 작품은 연작 소설로 간주해도 무방할 정도다. 해방된 지 두 달 만에 김남천이 누구보다도 빨리 장편을 연재할 수 있었던 데에는 과거 작품의 인물군과 소설 형식을 차용했기 때문에 가능했던 것으로 볼 수 있을 것이다. 본 논문이 이 작품에 주목하고자 하는 이유는, 이 작품의 의미론적 구조와 특징이 김남천 개인의 작가적 특이성으로 끝나지 않고, 해방기 카프 계열 작가의 대표적인 서사의 한 형태로서의 성격과 의미를 가지고 있으며, 이에 대한 검토를 통해 당시 리얼리즘문학론과의 연관 관계라든지 이 시기 소설의 문학사적 위상에 대하여 재검토할 수 있는 중요한 계기를 제공할 수 있다는 판단 때문이다.

1) 「1945년 8 · 15」와 진보적 리얼리즘

김남천의 「1945년 8 · 15」에 대한 최초의 본격적 논의를 보여주고 있는 것은 이덕화의 『김남천 연구』(청하, 1991)와 신형기의 『해방기 소설 연구』(태학사, 1992)이다. 이덕화의 『김남천 연구』는 이 작품이 다양한 계층의 인물 형상화를 통해 해방 직후의 계층적 이해가 어떻게 엇갈리고 있는지를 보여주고 있지만 작가의 소시민적 세계관과 민족적 열등의식으로 인해 근본적 한계를 드러내고 있다고 평가하고 있다. 작가의 소시민성과 민족적 열등의식이 노동자에 대한 과도한 집착과 정열, 그리고 계급에 기초한 인민공화국에 대한 낙관적 전망으로 나타나게 되었는데, 그러한 전망은 자신이 몸담고 있는 현실을 부정한 관념적 유토피아에 불과하다[10]는 것이 이덕화의 기본적 관점이다. 이에 반해 신형기의 『해방기 소설 연구』는 해방의 막연한 감격을 표현한 몇몇 단편들만이 겨우 씌어지고 있던 상황에서 김남천이 장편을 계획하고 집필하였던 것은 역사적 방향성에 대한 확신과 작가적 성실성 때문이었던 것[11]으로 간주하고, 이를 1930년대 후반 작가의 비평론 및 작품들과 맥이 닿아 있는 것으로 설명하고 있다. 신형기의 해방기 소설 연구는 일차적으로 작품에 대한 충실한 독법을 보여주고 있을 뿐만 아니라, 해방 전 비평론 및 작품과의 관련성, 해방이 미친 영향, 그리고 작가의 윤리적 신념이 갖는 의미 등에 대한 문제들을 제기·탐색하고 있다는 점에서 이와 관련한 선구적인 업적이라고 할 수 있다.

해체주의자들의 탈근대적 주체 개념에 근거하여 김남천 문학 전반의 전개 과정을 탐색한 김외곤의 「김남천 문학에 나타난 주체 개념의 변모 과정 연구」(서울대 박사논문, 1995)는 주로 1930년대 후반 김남천 문학에 나타나고 있는 '주체의 해체적 양상'과 '맑스주의 문학 이론에 대한 비판적 성격'을 규명하고자 한 논문[12]이다. 김남천의 「1945년 8·15」와 관련해서 그는, 이 작품이 문학 이념의 재절대화 양상을 보이면서 자기 동일성 혹은 절대적 타자성의 세계로 나아갔다고 파악하고 있다. 이러한 관점에 기반한 그의 마지막 결론은 '절대적 타자 혹은 관념을 작가가 마치 자신의 의식인 양 간주한 탓에 결과적으로 소박하고 추상적인

10) 이덕화, 『김남천 연구』, 청하, 1991, 258~260면.

11) 신형기, 『해방기 소설 연구』, 태학사, 1992, 13~18면.

12) 김외곤에 의하면, 1930년대 초반까지 김남천은 카프의 주도권을 장악하면서 프롤레타리아 이념을 절대화시키는 방향으로 나아갔지만, 임화와의 '물논쟁' 이후 카프가 해산되는 시점에 이르자 김남천은 맑스주의 문학이념에 입각한 주체 개념을 해체하는 데 전력하였다고 한다. 즉, 1930년 후반 김남천 문학(고발문학론→모랄·풍속론→관찰문학론)을 일관하는 핵심은 어떠한 사상이나 세계관도 거부했다는 것, 다시 말해 어떠한 형태로든 자기 동일성의 재생산 혹은 절대적인 타자성에 대한 믿음을 거부했다는 것(다양한 타자의 등장, 생활세계의 우위)이다. 그런데 해방이 되자, 새롭게 주체를 형성하지 않으면 안 되는 상황에 처하게 되었고 이에 따라 새로운 사유구조를 모색하려는 김남천의 노력은 다시 원점으로 돌아가 맑스주의적 문학 이념을 재절대화하게 되었다는 것이 이 논문의 주된 요지이다. 김외곤, 「김남천 문학에 나타난 주체 개념의 변모 과정 연구」, 서울대 박사논문, 1995.

현실 인식에 그치고 있으며 그 소설적 형상화에 있어서도 실패를 보여 주고 있다'[13]라는 부정적 평가를 내리고 있다. 김외곤의 시각에 비판적 입장을 보이면서 1930년대 후반 김남천 문학의 리얼리즘적 특징을 규명하고자 한 대표적인 글은 채호석의 『한국 근대문학과 계몽의 서사』(소명출판, 1999)이다. 채호석은 1930년대 후반 '김남천에게서 물론 주체의 분열이 보이고 그 과정에서 근대적 이성 주체에 대한 부정과 비판이 보이기는 하지만, 김남천의 경우, 이러한 분열에 맞서 근대적 주체의 자기동일성을 회복하고자 노력했다고 보는 편이 현상에 적합할 것'[14]이라고 강조하고 있다. 채호석 역시 1930년대 후반 김남천 문학에 새롭게 등장하는 타자성 문제에 주목하고 있지만, 그에 의하면, 이 시기 김남천 문학은 '타자의 발견의 과정이면서 또한 이 타자의 위협 앞에서 자기 동일성을 확보하고자 하는 노력이었고, 따라서 김남천에게서 탈근대적 사유보다는 오히려 근대적 사유의 전형적인 모습을 발견할 수 있다'(43면)는 것이다. 이러한 관점에 기반하여 그는, 김남천 문학에 나타나는 주체 개념과 리얼리즘론의 변화 과정, 그리고 그것이 실제 작품과 어떠한 연관 관계를 맺고 있는지를 탐색하고 있다. 하지만 그의 논의는 1930년대 후반 김남천 문학에 한정됨으로써 해방기 문학론과 「1945년 8·15」에 대한 논의로까지 이어지고 있지는 않고 있다. 다만, 마지막 결론 부분에, '해방 이전과 해방 이후의 김남천 비평에서 내용상의 차이는 그리 크지 않다는 점, 그럼에도 불구하고 그리 크지 않은 차이가 현실 속에서 갖는 효과란 전혀 다른 것이었다'(225면)라는 간단한 언급을 부기해 놓음으로써 앞으로의 연구[15]가 해명해야 할 과제로

13) 위의 논문, 137면.

14) 채호석, 『한국 근대문학과 계몽의 서사』, 소명출판, 1999, 35~36면.

15) 1930년대 김남천 문학론과 관련하여 또 하나의 주목할 만한 연구는, 1930년대 후반기 리얼리즘론의 전개 과정과 이 시기 김남천 소설과 한설야 소설에 대한 분석을 시도한 이상갑의 『한국 근대문학과 전향문학』(깊은샘, 1995)이다. 이상갑의 주된 문제의식은 1930년 후반 문학적 상황을 전향 문제로 일괄적으로 처리하는 것은 문제가 있다

남겨두고 있다.

해방기 리얼리즘문학론은, 채호석의 글에서도 간단히 암시되어 있지만, 1930년대 후반 리얼리즘론과 내용상 큰 차이를 가지고 있다고 보기는 힘들다는 것이 본 논문의 기본적 시각이다. 해방기 문단을 주도했던 것은 조선문학건설본부(1945.8.16)와 조선문학가동맹(1946.2.8~9)이었고 그들이 새로운 창작방법론으로 내세운 것은 진보적 리얼리즘이었으며, 이러한 창작방법론을 주도적으로 제창한 논자가 김남천이었음은 주지하는 바와 같다. 이른바, '혁명적 로맨티시즘을 내적 계기로 하는 진보적 리얼리즘'을 명시하고 있는 대표적인 글은 김남천의 「새로운 창작방법에 관하여」(『중앙일보』, 46.2.13~16)이다. 그런데, 그 내용을 꼼꼼히 살펴보면, 그 대부분(80~90%, 총 7페이지 중 6페이지)[16]이 해방 이전 자신의 창작방법론을 중심으로 한 리얼리즘론을 정리・요약하고 있는 것임을 쉽게 확인할 수 있다. 이 글의 본론은 크게 세 부분으로 나눌 수 있는데, 본론에 들어가기에 앞서, 과거 창작방법론을 둘러싼 논쟁을 '할 일 없는 논자의 공소한 의논거리 혹은 조소거리'로 치부해버리는 태도에 대한 강한 유감을 표명하고 있다. 또한 이 글 본론의 첫 번째 부분(3~4페이지)은, 과거 창작법론의 기여와 공훈을 ① 작가의 사회적 실천이 사물 관찰과 그 표

는 것인데, 그에 의하면, '1930년대 후반 문학(전향문학)은 식민지라는 한국적 특수성 때문에 전향 문제 속에 비전향의 본질적 계기가 내포되어 있다는 것'(33면)이다. 이러한 관점에 토대하여 그는, '일제강점기에 전개된 계급문학은 민족 현실보다 보편적인 계급 문제에 더 관심을 두었으며, 이는 왜곡된 민족현실을 극복하고자 하는 역편향으로서의 성격이 강한 것이었음'(158면)을 강조하고 있다. 1930년대 전반과 후반 프로 문학의 연속성에 주목하고 있는 이상갑의 연구는, 이들 사이 차이와 변화의 계기성에 더욱 주목하고자한 채호석의 논의와 차이를 갖고 있지만, 현상적 사실(평론과 작품)에 대한 충실한 독법을 통해 카프 해소파와 비해소파의 대립을 중심으로 이 시기 문학을 파악하고자 한 기존 논의에 새로운 문제를 제기하고 있다는 점에서 유사하다고 할 수 있다. 하지만 이상갑의 연구 역시 1930년대 후반 문학론과 작품으로 연구 대상을 한정하고 있어, 이 글에서 그것과 해방기 문학과의 연관성에 대한 탐색은 보여주지 못하고 있다.

16) 김남천, 「새로운 창작방법에 관하여」(『중앙일보』, 1946.2.13~16), 『김남천전집』 1, 박이정, 2000, 755~761면.

현에 있어 결정적인 의의를 가지는 것을 명확히 한 점, ② 세계관과 창작방법 사이의 복잡한 제 관계의 문제 해명에 공로를 끼친 점, ③ 표현과 인식을 통일된 예술의 특수한 창작방법의 문제로서 이해함에 이른 점 등 세 가지로 정리하고 있다. 물론 이러한 그의 논의에 대하여 일제 시대 카프 계열 문인들의 창작방법론을 둘러싼 자기 합리화의 일환이라는 비판도 가능할 것이다. 하지만 여기에서 우선적으로 확인할 수 있는 사실은, 그가, 1930년 후반 창작방법론 논쟁과의 단절 혹은 초월을 지향한다기보다는, 과거 문학론의 성과로부터의 연속성과 그것의 계승적 발전 가능성을 중시하고 있다는 점이다. 이 글의 두 번째 부분(2~3페이지)의 내용은, 그럼에도 불구하고, 창작방법의 개념이 여전히 혼란한 상태에 놓여 있는 현상에 비추어 그 개념을 명확히 규정하고자 한다는 것이다. 그 주된 내용을 이루고 있는 것은 '창작방법의 기본적 방향에는 객관적 현실을 우위에 두는 리얼리즘과 주관적 관념을 우위에 두는 아이디얼리즘 두 개만이 있다'는 사실의 강조이다. 그런데 이것은 김남천 문학론에서 새삼스럽다거나 갑작스러운 것이 아니라, 1930년대 후반 고발문학론을 제창할 당시 발표했던 자신의 글(「창작방법의 신국면－고발의 문학에 대한 재론」, 『조선일보』, 37.7.10~15)을 그대로 요약·반복하고 있는 것이다. 이렇듯 그가, 1930년대 후반의 창작방법론을 그가 재차 요약·반복하고 있는 것은, 근대의 합리적 이성에 기반한 리얼리즘문학에 대한 그의 강한 믿음이 자리 잡고 있기 때문이라고 볼 수 있다. 묘사 정신 또는 산문 정신에 대한 강조로 이어지고 있는 그것은 그를 대표적인 근대주의자 혹은 합리주의자로 간주할 수 있게 하는 중요한 근거가 되고 있다. 「새로운 창작방법에 관하여」의 마지막 부분에 와서야, 그는 비로소 해방기의 역사적 과제를 강조하고 있는데, 이 부분의 내용 역시 객관적 현실의 변화에 따라 나타나게 되는 표현상의 변화로 간주될 수 있는 성질의 것이지, 1930년대 후반의 리얼리즘론과의 현저한 질적 차이를 갖는다고 보기는 어렵다. 민족의 거대한 꿈과 영웅적인 정신을 의미하는 혁명적 로

맨티시즘을 커다란 계기로 하여야 한다는 것이 마지막에 부기되어 있다는 점이 과거 논의와는 일정 정도 차이를 보이는 부분이라고 할 수 있는데, 일제 잔재, 봉건적 잔재, 국수주의 등 현실의 부정적 요소들에 대한 극복을 위한 내적 계기성을 강조하기 위한 혁명적 로맨티시즘을 단지 작가의 주관적 신념을 강조하기 위한 것으로 이해하는 것은 그의 리얼리즘적 창작방법론에 대한 의도적 곡해에 불과하다는 혐의가 짙다. 물론 본 논문의 이러한 시각은 1930년대 후반 리얼리즘론과의 차이와 변화의 지점, 그리고 개별적 논의들 사이의 섬세한 편차를 충분히 고려하지 못한 것일 수 있다. 하지만 해방기 리얼리즘론 또는 이 시기 김남천의 창작방법론과 관련하여, '새로운'이라는 수식어에 집착하여 과거 문학론과의 단절 혹은 초월을 예시하는 것으로 간주하는 것은 실제적 사실을 왜곡하게 될 위험성이 다분하다는 점에서 더욱 문제적이라고 판단된다.

이러한 문제의식의 연장선 위에서, 김남천의 「1945년 8·15」는, 해방을 전후한 김남천 개인의 문학적 변모 양상뿐만 아니라, 1930년대 후반 리얼리즘론과 해방기 리얼리즘론 사이의 연속성과 차이, 그리고 문건·문맹의 진보적 리얼리즘과의 관련 양상 등에 대한 폭넓은 이해의 지점을 마련해 줄 수 있는 중요한 작품이라고 할 수 있다. 하지만 이에 대한 논의는 아직까지 만족할 만한 성과를 보여주었다고 하기는 힘들다.[17] 여기에는 좌파 계열 작가와 작품에 대한 해금이 이루어졌지만 여전히 분단 상황이 지속되고 있는 현실적 조건 외에도, 해방기 소설과 문학에 대한 의식적·무의식적 폄하의 태도와 이 작품의 단행본 발간이 이루어지지 않음으로 인한 자료 접근의 어려움 등이 원인이 되었다고 할 수

17) 앞에서 검토한 연구 외에 김남천의 「1945년 8·15」에 대한 논의로는 하응백의 「김남천 문학 연구—문학과 정치의 상관관계를 중심으로」(경희대 박사논문, 1993)와 김한식의 「김남천 장편소설 『1945년 8·15』 연구」(『현대소설과 일상성』, 월인, 2002) 등이 있다.

있을 것이다. 그런데, 기존의 김남천 문학 연구에 대한 비판적 시각을 바탕으로 해방기 「1945년 8·15」를 재검토하고자 하는 본 논문의 문제의식과 관련하여, 매우 흥미로운 연구 시각과 성과를 보여준 것은 한 외국인 연구자의 글이다. 와다 도모미의 「김남천의 취재원에 관한 일고찰」(『관악어문연구』 23집, 1998.12)은, 당대 독자와의 관련성 속에서 이 작품이 가지고 있는 의미를 새롭게 재해석하고 있다. 기존 논의와는 전혀 다른 방법론적 접근을 시도하고 있는 이 글은 우선, 여러 가지 실증적 자료를 제시함으로써 이들 작품이 일제 시대 대표적 재벌 중 한 명이었던 박흥식을 모델로 한 소설임을 밝히고 있으며, 어떤 인물이 다른 작품에 재등장하고 있는 김남천 소설의 특징적인 현상이 발자크의 '인물 재현 방법(직접 암시 allusion directe)'을 부분적으로 수용한 결과임을 강조하고 있다. 다시 말해, 해방이라는 큰 사건을 통과하면서도 지속된, 어떤 일가에 대한 작가의 집착에 더욱 주목하고자 한 이 글은, 「사랑의 수족관」과 「1945년 8·15」, 「동방의 애인」[18] 세 작품이 당대의 실제적 인물 박흥식과 그의 가족을 연상시키는 일가를 둘러싼 하나의 큰 이야기를 구성하는 연작 소설로 간주하고, 이들의 중심적 이야기 축이 대재벌 총사장 이신국과 그의 보호 밑에 있는 여성 주인공과의 관계에 있다는 점에 유의하면서 작품을 재해석하고 있다. 와다 도모미에 의하면, 「맥」 연작의 주인공인 이관형, 최무경, 이시형을 비롯하여 이들 연작 소설에 등장하는 여성 주인공의 공통성은 모두 아버지로부터의 이탈을 꿈꾸고 그것의 실패를 반복하고 있다는 점이다. 특히 이경희의 경우, 아버지가 정한 약혼자 송현도로부터 벗어나기 위해 김광호를 선택했는데, 그렇지만 김광호와의 결혼이 그녀에게 가져다 준 것은 아버지와 남편이라는 이중으로 된 억압이었고, 이 때 그녀가 선택할 수 있는 유일한 출구는

18) 「사랑의 수족관」(『조선일보』, 1939.8.1~1940.3.3, 163회), 「1945년 8·15」(『자유신문』, 1945.10.15~1946.6.28, 165회 미완), 「동방의 애인」(『일간 예술통신』, 1946.11.5(34회)~12.14, 55회 미완)

박무경과의 간통의 길밖에 없게 되었다는 것이다. 이런 점에서 김남천의 「1945년 8·15」는 '김지원·박문경의 이야기 축을 내세워 가출의 완성을 제시하고 있지만, 또 하나의 이야기 축인 이경희를 통해, 비록 그것이 실패할 운명에 처해 있지만, 대자본가나 대지주의 집에서 태어난 자식들이 핏줄이라는 운명을 벗어나 몰락을 면하고 상승할 수 있는 돌파구를 모색하고자 한다'[19]는 것이 와다 도모미의 견해이다. 그의 새로운 독법은, 김남천의 「1945년 8·15」연구에서, 과거 일제 시대 문학론과의 단절론적 시각에 기반하여, 혹은 선악의 이분법적인 인물 유형 분석을 중심으로, 이 작품을 이해하고자 했던 기존의 논의에 새로운 반성의 지점을 마련해 준다는 점에서 주목할 만한 것이라고 할 수 있다. 이러한 새로운 해석은 한편으로는 동시대적 독자상을 상정하고 그 안에서의 실증적 자료를 중시한 그의 연구 접근 방식의 새로움에서 기인한 것이기도 하지만 또 다른 한편으로는 국내 연구자와는 달리 국외자적 시선을 견지할 수 있었던 그의 특수한 위치에서 연유한 것으로 볼 수도 있을 것이다. 다만 작품의 소재와 주제에 천착하고자 한 그의 방법론적 시각의 제한 때문에, 그의 연구가 김남천 문학론과의 관련성 속에서 이 작품이 차지하고 있는 의미와 의의라든지 그것의 형식적인 특성 등에 대한 부분까지는 좀 더 심도 있게 나아가지는 못하고 있다. 또한 「1945년 8·15」의 서사를 이끌어가는 또 다른 중요한 축이라고 할 수 있는 '김지원—박문경—박무경'에 대한 논의는 아예 생략됨으로써 「1945년 8·15」의 전체적인 의미 구조에 대한 분석으로는 미흡하다는 느낌을 주고 있다. 이에 다음 장에서는, 이 작품에 대한 논의에 들어가기 앞서, 해방기 진보적 리얼리즘론과의 관련성을 중심으로 김남천 문학론에 대하여 우선적으로 검토해 보고자 한다.

19) 와다 도모미, 「김남천의 취재원에 관한 일고찰」, 『관악어문연구』 23호, 1998.12, 239면.

2) 고발 정신과 묘사 정신

김남천의 「1945년 8・15」(『자유신문』, 1945.10.15~1946.6.28, 165회 미완)를 연재하겠다는 예고 기사와 이에 대한 「작가의 말」이 실린 것은 『자유신문』(사주 정인익, 사장 하경덕, 편집인 정진석) 창간호(1945.10.5) 2면이다. 『자유신문』은 박종화의 「청춘승리」(1947.6~12.27, 수선사, 1949)와 염상섭의 「효풍」(1948.1.1~11.3, 200회)이 연재된 신문이기도 한데, 창간 초기인 이 무렵은 좌익 계열에 동조하여 신탁통치를 찬성하는 논조의 기사를 주로 실었으며, 이로 인하여 우익 청년 단체로부터 여러 차례 습격을 받기도 했다. 그럼, 먼저 여기에 실린 「작가의 말」을 살펴보자.

> 南쪽 北쪽이 갈리고 政黨이 四・五十개나 생기고 네가 올타 내가 올타 떠들어대고 도무지 어찌된 일인지 머리가 뒤숭숭하다고 사람들은 곳잘 말한다. 더구나 젊은 學生이나 靑年들에게서 이런 말을 더 자조 듯게 된다. 混亂－그러나 이 複雜하고 뒤숭숭한 現象의 泡沫밑에 굿세게 흘러내리고 잇는 歷史의 커다란 進行에 對해서 우리는 고요히 귀를 기우릴 必要가 잇지 않을까. 젊은이들이여! 어듸로 가려는가? 靑年의 불타는 情熱과 冷徹한 眞理를 안고 그대들은 어듸로 向하려는가? 이 小說은 이 물음에 對한 말하자면 하나의 대답이다. 混亂가운데서 가장 眞實한 그러나 가장 困難한 길을 것고 잇는 젊은이들의 이야기다. 이 小說을 꾸미면서 나 自身또 한번 二十代의 靑年이 되고 십다.[20]

이러한 「작가의 말」에 대하여, 신형기는 역사의 방향성에 대한 작가의 확신과 현실에 대한 엄정한 통찰이라는 작가적 성실성을 보여주는 것으로 해석한 바 있다. 이와 관련하여 위 「작가의 말」에서 주목되는 부분은 '이 소설을 꾸미면서 나 자신 또 한 번 20대의 청년이 되고 십다'는 마지막 부분이다. 여기에서 그가 돌아가고 싶다는 '20대의 청년 시절'은 어느 시기를 의미하는 것일까. 김남천이 태어난 해는 1911년[21]

---

20) 김남천, 「작가의 말」, 『자유신문』, 1945.10.5.

이다. 그렇다면 작가 개인적으로 20대란, 일차적으로, 1930년대 전 기간에 걸친 시기를 의미한다고 할 수 있다. 1930년대 초반(20대 초반)과 1930년대 후반(20대 후반)의 김남천 개인의 문학적 변모 양상이라든지 더 나아가 카프 해산을 전후한 시기의 문학사적 흐름 또는 카프 계열 작가들의 전향 문제 등에 대한 논의는 본 논문에서 다루고자 하는 범위를 벗어나는 복잡한 문제를 포함하고 있지만, 그럼에도 불구하고 여기에서 간과할 수 없는 것은, 1930년대 후반 리얼리즘문학이 1930년대 초반에 강조되었던, 문학의 사회적 실천이라든지 사회주의 사상을 전면적으로 포기하고 있다고는 말할 수 없다는 사실이다. 특히 김남천의 경우, 이와 관련하여 비교적 일관된 문학적 태도와 입장을 보여주었던, 1930년대 리얼리즘문학을 대표하는 비평가이자 작가라고 할 수 있다.

1930년대 후반 리얼리즘문학론을 선도한 그의 대표적인 초기 평론인 「고발의 정신과 작가」(『조선일보』, 1937.5.30~6.5)를 살펴보면, 여기에서 그가 지속적으로 강조하는 바가, 과거와 현재 사이의 어떤 급격한 단절과 초월적인 비약이 아니라, 합리적이고 논리적인 이성을 바탕으로 한 혼란스러운 현실 속에서의 문학적 실천과 구체적이고 실제적인 역사의 방향성을 탐색하고자 하는 끊임없는 모색의 과정임을 알 수 있다. 고발문학론의 대표적인 글이기도 한 「고발의 정신과 작가」 서두는 '얻은 것은 이데올로기요, 잃은 것은 예술이다'라는 전향 선언으로 유명한 박영희의 사상적 경향의 변천 과정과 그것의 사회적 근거를 따져보는 것으로 시작하고 있다. 김남천은, 집단성 밑에 종속되었던 작가와 비평가들이 자신의 출신 계급에 따라 일개 독립된 자기로 귀환된 현실의 객관적 조건의 변화를 인정하되, 과거 카프 계열 작가들의 집단성에의 종속 경향이, '백철 씨 등에 의하여 오해되는 바와 같이, 자신이 해결하여야 할 문제를 헛되이 남에게 의탁한 것이 아니라, 그들이 소시민적 나약성으

21) '1911년 3월 6일 평안남도 성천군 성천면 하부리에서 출생한 김남천의 본명은 김효식이다.'(김재남, 『김남천 문학론』, 태학사, 1991, 14면)

로 인한 자기 자신의 자멸을 인식하고 이 자멸로부터 구출되는 길을 집단성에의 종속 속에서 발견한 것에 지나지 않았음'[22]을 강조하고 있다. 또한 '지식인 소시민이 자신의 문제를 완전히 해결하여 자멸을 방지하는 길은 옛날이나 지금이나 이 집단성 가운데에서 자신을 살리는 방법 이외에는 있을 수 없다'(221면)고 단언하고 있다. 더 나아가 그는, 카프 해산 이후 '집단성으로부터 해방되어 새로이 획득하였다는 자유라는 것이 결국 문단에의 종속 또는 저널리즘과 출판 자본에의 자기 종속에 지나지 않음'을 지적하고, '통일된 방향의 포기와 개인적 경향의 난조 상태가 작가와 시인의 예술적 독창성과 무연(無緣)한 것'(222면)임을 환기하고, 카프 해산 이후 문학의 개인화 혹은 신성화를 주장하는 일련의 논의들을 신랄하게 비판하고 있다.[23] 다만, 사회주의 리얼리즘론을 둘러싼 과거 카프 시절 창작방법론 논쟁에 대해서도, 그것이 조선의 구체적인 문학적 현실에 대한 면밀한 분석 과정을 누락했던 문제점과 한계를 비판하고, 기계적인 공식성에 의거하여 신경향파 직후의 사실주의로 돌아갈 것을 강조하는 논의들은 '금일의 문학을 끌고 갈만한 구체성을 띤 것이 결코 될 수 없다'(227면)라고 비판하고 있다. 이는 무엇보다도 현실의 객관적인 조건과 상황이 건강이니 퇴폐니 등의 소박하고 명랑한 어구로 해결될 수 있는 천진한 낙관의 상태에 있지 않기 때문이라는 것이 그의 주장이다. 카프 해산 이후 카프 계열 작가들의 작품들이 뚜렷한 성과를 보여주지 못하고, 오히려 과거의 문학적 수준보다도 후퇴하는 듯한 양상[24]을 보이는 가장 중대한 원인으로 그가 지적하고 있는 것은

22) 김남천, 「고발의 정신과 작가—신창작 이론의 구체화를 위하여」(『조선일보』, 1937.5.30~6.5), 『김남천전집』 1, 박이정, 2000, 221면.

23) 김남천, 앞의 책, 222~225면. 결론적으로 김남천은, "집단성의 속박으로부터 자유를 탈환하여 인간으로 돌아가지 않으면 안된다는 것이 결국 소시민의 이탈과정을 자기 표현한 것에 지나지 못하는 것과 같이 정치로부터 문학을 분리하여 문학에의 귀환을 외친 것도 작가에게는 결코 행복된 결과를 가져다 주지는 못하였을 뿐만 아니라 그것은 그들의 문학의 비속한 리얼리즘으로 추락시킴에 유용하였을 뿐이다"(225면)라고 말하고 있다.

'사상성의 저하와 공식주의적 태도'(229면)이다. 그리고 여기까지가, 이 글의 결론이자 이 시기 새로운 창작방법론으로 내세운, 고발문학론 제창의 배경과 근거를 제시하고 있는, 서론 격에 해당하는 부분(총12페이지 중 10페이지)인데, 이 부분을 통해 우리가 확인할 수 있는 것은, 1930년 후반 김남천의 고발문학론을, 악화일로로 치닫고 있는 주변 현실(세계)과 이에 맞서고 있는 이성(자아) 사이의 괴리 또는 대립 양상에 대한 현실 인식과 문학적 자각이 더욱 첨예화된 것으로 볼 수는 있을지언정, 현실과 문학에 대한 1930년대 초반 자신의 이념과 사상적 입장으로부터 전향한 것으로 단순하게 도식화시킬 수 없다는 점이다.

「창작방법의 신국면-고발의 문학에 대한 재론」(『조선일보』, 1937.7.10~15)은 「고발의 정신과 작가」를 보충·보완하고 있는 글인데, 이것은 고발문학론·모랄론·풍속론·로만개조론·관찰문학론 등 1930년 후반의 문학론으로부터 해방기의 진보적 리얼리즘론에 이르기까지, 김남천의 리얼리즘문학론에서, '세계관과 창작 방법' 사이의 관계성에 대한 자신의 원칙적 입장을 제시하고 있다는 점에서 중요한 글이다. 여기에서 그는 자신의 고발문학론 제의를 두고, 작가와 비평가의 불화 대립으로 이해하고자 하는 과거 카프 계열 작가들의 일부 반응에 대하여 '어떠한 때에 대립이나 항쟁이라는 것이 형성될 수 있는가 하는 우리 이론의 초보적 지식도 갖추지 못한', 한갓 '추잡한 문단 풍속화'에 불과하다고 일축하면서, '진정한 대립이 있다면 리얼리즘에 가담하는 평가·작가와 아이디얼리즘에 속하는 평가·작가와의 그것이 있을 따름이다'[25]라는 언급으로

---

24) 이러한 김남천의 논의는 주로 『고향』의 문학적 성과를 염두에 두고 있는 것인데, 다시 말해, 임화와의 '물논쟁'(1933) 이후, 그의 고발문학론은 '원심적인 것과 구심적인 것의 갈등 속에서의 자기격파와 가면박탈의 정신'을 긍정적으로 평가한 바 있는 자신의 '이기영론'(「지식계급 전형의 창조와 『고향』 주인공에 대한 감상」, 『조선중앙일보』, 1935.6.29)의 연장선 위에 있다고 할 수 있다.

25) 김남천, 「창작방법의 신국면-고발의 문학에 대한 재론」(『조선일보』, 1937.7.10~15), 『김남천전집』 1, 박이정, 2000, 235면.

부터 논의를 시작하고 있다. 그는 카프 해산 이후 당시의 문학적 침체의 원인으로, '객관적 정세의 돌변과 그것에 대한 준비의 태무, 신창작이론의 왜곡된 수입과 오해 등'(236면)의 외적 조건의 문제를 지적하고 있기도 하지만, 이 글에서 그가 주목하고자 한 것은 '작가들의 창작 태도'와 관련된 내적 조건의 문제이다. 그는, 작가들의 창작 태도를 세계관과 분리하여, 그 두 가지 기본 방향으로 '리얼리즘'과 '아이디얼리즘'을 상정하고, 전자가 객관적 현실에 주관을 종속시키려는 문학적 태도라면, 후자는 주관적 관념에 의하여 객관적 현실을 재단하려는 문학적 태도라고 구분하고 있다. 그런데 여기에서 또한 그는, 세계관으로부터 인위적으로 분리한 창작 태도의 원칙, 즉 창작 방법이란 순수한 추상으로서 사유된 것일 따름이며, 이들 창작 방법은 실제적으로는 다시 세계관과 관련되어 있을 수밖에 없고, 이에 따라 리얼리즘 혹은 아이디얼리즘의 창작 방법은 '세계관의 제약 밑에서 각각의 특수한 구체적 경향을 만들게 됨'(239면)을 적시하고 있다. 가령, 어떤 작가가 리얼리즘의 창작 방법을 취한다고 하더라도 그것이 생물학적 세계관과 결합하면 자연주의적 경향을 띠게 되고, 불가지론과 결합하면 즉물주의적 경향을 띠게 된다는 것이다. 이 때 자신의 '고발문학론은 현대 유물론과 관련된 이 땅의 리얼리즘문학'(239면)이라는 사실을 밝히고 있다.

이와 관련하여, 한국 문학비평에 나타난 묘사론을 통시적으로 고찰하고자 한 조계숙은, 임화와의 '물논쟁' 이후 1930년대 김남천 문학론이, '무엇을 어떻게 왜' 등의 종합적인 관점에서의 묘사론을 구축하기 위하여, 전형적 인물과 전형적 상황의 묘사론을 제시하고, 나아가 총체적 현실 묘사론을 모색한 것[26]으로 평가하고 있다. 한 좌담회에서의 김남천의 발언[27]과 이 시기 그의 평론 등 실제적 사실에 대한 충실한 독법을

---

26) 조계숙, 「한국 문학비평에 나타난 묘사론 연구」, 고려대 박사논문, 2002, 91면.

27) '리얼이라고 하지 않고 고발이라는 신술어를 쓴 동기는 어떻습니까'라는 최재서의 질문에 김남천은 '리얼을 좀 더 심화하기 위해서 고발이란 말을 썼습니다'라고 대답하

통해 조계숙은, 김남천의 고발문학론에 대하여 '세계관의 문제를 소홀히 하고 단순히 묘사 기법의 문제로 격하시킨 것'으로 간주한 기존 논의에 문제를 제기하고, 김남천의 고발문학론은 '카프 해산 이후에 다시 고안된 강력한 리얼리즘으로서 의미가 있다'[28]라고 지적하고 있다. 1930년대 후반 자신의 문학론을 전개하면서 김남천이 가장 고민한 것은 이론적 논의와 실제적 창작과의 관계였으며, 이 때문에 그의 문학론의 기저를 이루고 있는 것은 실제 작품론적 성격을 강하게 가지고 있다. 다시 말해, 그의 문학론은 당시의 작품 경향이 가진 문제점과 한계를 직시하고, 이를 돌파하고 극복하는 방법의 일환으로서 논의가 전개되고 있다고 할 수 있다. 그의 고발문학론이 대타 의식적 대립항으로 상정하고 있는 것은 관념론적인 심리소설 또는 개인주의적인 사소설의 경향이며, 모랄론·풍속론·로만개조론은 일상적 쇄말사에 그치고 마는 세태소설 또는 상업주의적인 통속소설의 경향을 자신의 대타 의식적 대립항으로 상정하고 있다.[29] 이들은 기본적으로, '리얼리즘이란 무엇인가'라는 물음에 대한 답변으로서의 성격을 가지고 있다는 점에서, 그것이 각각 대립되거나 서로 모순되는 것이라기보다는 이전의 논의를 더욱 보완하고 강화하고 있는 측면이 강하다. 이들 문학론을 대표하는 글들이 발표된 기간을 살펴보면, 1937년 중반부터 1940년까지 3년여에 걸쳐 집중되어 있다. 특히, 로만개조론의 단초를 보이고 있는 「조선적 장편소설의 일고

고 있다. 김남천 외, 「명일의 조선의 문학」(『동아일보』, 1938.1.1~3), 『김남천전집』 2, 박이정, 2000, 400면.

28) 조계숙, 앞의 책, 93면.

29) 이런 점에서, 1930년대 후반 김남천 소설을 '관념성' 또는 '통속성' 등의 주제어로 이해하고자 하는 논의는, 무엇보다도 관념성, 통속성에 대하여 비판적 시각을 견지하고 있었던 이 시기 김남천 문학론과의 관계성을 해명하지 못한다면 충분한 설득력을 갖기 어렵다고 할 수 있다. 비평과 창작에서 누구보다도, 자의식적 성격이 강했던 김남천은, 1939년 『조광』에 실린 「내 작품을 해부함」 특집란에, "주장하는 것과 떠나서 내가 작품을 제작한 적은 거의 한 번도 없었고 또 나의 주장이나 고백을 가지고 설명하지 못할 작품을 써 본 적도 퍽 드물다"(김남천, 「양도류의 도량」(『조광』, 1939.7), 『김남천전집』 1, 박이정, 2000, 511면)라고 언급한 바 있다.

찰」(『동아일보』, 1937.10.19~23)은 고발문학론을 한창 전개하고 있던 시점에 쓰여지고 있다.[30] 다시 말해 이들 문학론은 따로 따로 분리되어 있는 것이라기보다는, 동시다발적으로 이루어졌다고 볼 수 있다는 것이다. 앞에서 살펴본 「창작방법의 신국면」(『조선일보』, 1937.7.10~15)은 그러한 리얼리즘문학론에 대한 자신의 원론적 입장을 제시한 것인데, 그 전반부의 주된 내용을 이루고 있는 것이, 유물론적 세계관과 리얼리즘적 창작 방법의 결합이라는 자기 원칙의 확인이었다. 그리고 바로 여기에서의 논의가, 해방기 문건-문맹 계열의 창작방법론으로 흔히 일컬어지고 있는 '진보적 리얼리즘'에 대한 논의를 대표하는 그의 「새로운 창작방법에 관하여」(『중앙일보』, 1946.2.13~16)의 본론 부분에 다시 그대로 반복 · 요약되고 있음은 앞 장에서 살펴본 바와 같다. 이와 같은 사실로 미루어 볼 때, 「1945년 8 · 15」에 대한 「작가의 말」에서 '나 자신 또한번 20대의 청년이 되고 십다'라고 한 마지막 부분은, 그것이 과거 카프 시절의 공식주의적 문학으로의 회귀를 주장하고 희망하는 것이라기보다는, 1930년대 전 기간에 걸친 시기에 김남천의 가장 큰 화두이기도 하였던 리얼리즘 문제를 둘러싼 자신의 원론적 입장에 대한 믿음과 재확인으로서의 의미를 갖는다고 보는 것이 더욱 타당하다고 판단된다.

「창작방법의 신국면」 후반부는 진보적 작가란 원칙적으로는, '세계관과 창작방법의 모순으로부터 완전히 탈각하여야 할 역사적 지위에 있음'에도 불구하고, '소시민적 지식인으로서의 고유한 한계로 인하여 허

---

30) 이와 관련하여 이 기간(1937.6~1938.10) 동안 발표된, 1930년대 후반 김남천 문학론을 대표하는 중요한 글들은 다음과 같다. 「고발의 정신과 작가」, 『조선일보』, 1937.6.1~5; 「창작방법의 신국면」, 『조선일보』, 1937.7.10~15; 「조선적 장편소설의 일고찰」, 『동아일보』, 1937.10.19~23; 「유다적인 것과 문학」, 『조선일보』, 1937.12.14~18; 「자기분열의 초극」, 『조선일보』, 1938.1.26~2.2; 「도덕의 문학적 파악」, 『조선일보』, 1938.3.8~12; 「일신상의 진리와 모랄」, 『조선일보』, 1938.4.17~24; 「세태 · 풍속 묘사 기타」, 『비판』, 1938.5; 「조선문학의 성격」, 『동아일보』, 1938.6.1; 「장편소설에 대한 나의 이상」, 『청색지』, 1938.8; 「현대 조선소설의 이념」, 『조선일보』, 1938.9.10~18; 「세태와 풍속」, 『동아일보』, 1938.10.14~25.

다한 일탈과 모순을 가질 수밖에 없는데,' 그렇다면 그러한 일탈과 모순의 극복은 어떻게 가능할 것인가[31]라는 물음에 대한 답변으로서의 성격을 가지고 있다. 이러한 문제 의식은 자신을 비롯한 과거 카프 계열의 작가들이 조직 우위론적 문학론을 내세웠던 궁극적 이유[32]이기도 한데, 문제는 카프 해산을 전후한 객관적 정세의 돌변과 그것에 대한 준비의 태무 등으로 인하여 과거의 조직 우위론적 문학론을 견지할 수 없는 현실적 상황에 처해 있다는 데에 있다. 이 때문에 몇 가지 계급 이론의 공식으로 된 추상화된 주관에 의한 작품 창작과 문학 비평은 오히려 실제의 현실을 임의대로 재단하고 왜곡하게 될 심각한 위험성에 놓여 있다는 것이 그의 주된 문제의식이다. 그에 의하면, 주관적 관념에 의하여 객관적 현실을 종속시키고자 하는 문학적 태도는, 무엇보다도 현실과 객관성을 우위에 두는 리얼리즘과는 정면으로 배치되는 아이디얼리즘의 산물일 따름이다. 이러한 맥락에서 그는 '유물변증법이 공식으로 사용될 때엔 그의 대립물로 진화되고 만다. 문학은 시대의 거울이 되는 대신에 주관의 전성기(轉聲機)가 되어 버린 것이다'라고 경고하고, '이러한 모든 것의 진정한 극복으로부터 고발의 문학은 출발한다'(242면)고 강조하고 있다. 이는 그의 고발문학론이 자신의 대타의식적 대립항으로 상정하고 있는 것이 개인주의와 관념주의, 그리고 공식주의 등에 있을지언정 결코 리얼리즘 혹은 유물변증법 자체일 수 없음을 확인시켜 주고 있다. 김남천의 문학론은, 객관적 현실의 외적 조건으로 인한 창작방법과 세계관의 모순을 극복하기 위한 하나의 방안으로 제창하고 있으며, 이 때 중요하게 부각되는 것이 바로 현실 세계에 대한 작품의 '묘사 문

31) 김남천, 「창작방법의 신국면」(『조선일보』, 1937.7.10~15), 『김남천전집』 1, 박이정, 2000, 240면.

32) 이 글(「창작방법의 신국면」)의 전편에 해당하는 「고발의 정신과 작가」(『조선일보』, 1937.5.30~6.5)에서 김남천은, 과거 카프 계열 작가 비평가들의 집단성에의 종속 경향이 지식인의 소시민적 유약성을 인식하고 이 자멸로부터 구출되는 길을 집단성에의 종속 속에서 찾고자 한 것이었음을 강조하고 있다.

제'이다. 이와 관련하여 이 글에서는 '시대적 운무의 모사 반영을 통하여 그의 준엄한 고발에 도달할 것이다'(242면)라는 명제로 표출되고 있다. 그런데 여기에서 문제는, 그렇다면 '그것이 과거의 풍자소설 또는 폭로 소설 등과 구별될 수 있는 것인가, 구별된다면 어떠한 질적 차이를 갖는가'라는 의문이 제기될 수밖에 없는데, 이에 대하여 김남천은 '종래에 자연주의적 영향 밑에 제창되었던 폭로소설 같은 것은 사실에 있어서 다분히 아이디얼리스트적 태도에 의하여 만들어졌음'에 반해 '고발 문학은 자기 폭로와 가면 박탈의 이론이 발전되었다는 점에서 구별해야 한다'(243면)라고 언급한 뒤, 이에 덧붙여, 고발 문학과 '낭만'의 관계에 대하여, '낭만적 요소란 본래 리얼리즘의 한 개의 고유한 성격인데, 리얼리즘을 단순한 물질주의나 사진으로 생각해 온 그릇된 관념이 이러한 개념을 남용케 한 것'(244면)이라는 논의로 이 글을 마무리하고 있다. 즉, 고발문학이 풍자소설 또는 폭로소설 등과 구별될 수 있는 핵심적인 차이를 드러내기 위하여 그는 다시 리얼리즘 본래의 문제로 돌아가고 있다. 자연주의적 경향이나 단순한 물질주의 혹은 세태 묘사 등과 구별되는 리얼리즘문학의 고유성은, 무엇보다도 그 자체 내에 낭만적 요소를 중요한 내적 계기로 담고 있다는 점이며, 자신의 고발 문학은 '이 땅에 있어서의 구체화된 리얼리즘문학'에 다름 아니라는 것이 그의 결론이다.[33] 그리고 바로 그러한 리얼리즘 원칙론은, 해방기 문건 문맹 계열의 새로운 창작방법론으로 일컬어지는, '혁명적 로맨티시즘을 자체 내의 커다란 계기로 하는 진보적 리얼리즘'[34]이라는 명제로 이어지고 있다.

고발문학론 이후 김남천의 주된 관심은 자연주의적 경향의 폭로 소설 또는 세태 소설의 한계와 문제점을 어떻게 극복할 수 있느냐의 문제

33) 이 글(「창작방법의 신국면」)의 마지막 문장은 다음과 같다. "고발의 문학은 신창작이론 위에 선 이 시대, 이 땅에 있어서의 구체화된 리얼리즘문학이다. 다시금 또 한번 부르고 우리는 붓을 놓자. '리얼리즘문학은 전진하자!'고"(김남천, 앞의 책, 244면)

34) 김남천, 「새로운 창작방법에 관하여」(『중앙신문』, 1946.2.13~16), 『김남천전집』 1, 박이정, 2000, 758면.

였으며, 모랄론·풍속론을 거쳐 로만개조론으로 이어지고 있는 그것[35]은 자신의 리얼리즘 원칙론을 보완하고 강화하는 것으로서의 성격을 가지고 있다. '자본주의 사회의 전형적인 표현 형식'[36]으로서의 장편소설은 그러한 문제의식 속에서 이 무렵 새롭게 주목받은 소설 장르였다. 김남천에 의하면, '객관 세계나 주체가 갈기갈기 분열되어 육체와 두뇌가 승려의 시체처럼 혼잡하니 깔려 있는 혼란스러운 시대적 상황'과 '사상(事象)을 단순화시키고 간결하게 과장함이 피할 수 없는 단편 소설의 형식상 제약 조건'을 감안할 때, '리얼리즘의 정신을 기식(氣息)이라도 보존하려는 희망을 장편소설에 부치게 된다'[37]는 것이다. 이 때, 고발문학론을 제창할 당시와의 차이점은, 이전에는 사소설적 경향과의 차이와 대립이 주로 강조되었던 반면, 이 시기에 오면 세태 소설적 경향과의 차이와 대립이 논의의 중심을 차지하게 된다는 점이다. 당대 사회현실의 복잡한 문제들을 다양하게 담아내기 마련인 장편소설로의 관심 전환이 자연스럽게 논의의 중심을 이동시켰다고 볼 수 있을 것이다. 물론 그는 체험적인 문학과 관찰적인 문학을 구분하고 자신의 고발문학론에 대한 비판과 반성의 지점으로부터 로만개조론과 관찰문학론을 제창하고 있다는 점을 수차례 밝히고 있다. 하지만 그들 사이의 내용상 변화는 고발문학론 당시 리얼리즘에 대한 자신의 원칙적 입장과 태도의 전환에 의한 것이라기보다는 리얼리즘문학의 전진 혹은 발전의 가능성이 그러한 영역을 통해서 새롭게 발견될 수 있으리라는 그의 희망과 믿음 때문이라고 할 수 있다. 이 시기 자신의 문학론의 '변화'에 대한 김남천 자신의 분석(「체험적인 것과 관찰적인 것」, 『인문평론』, 1940.5)은 이

35) 장편소설론은, 이 시기(1938~1940) 임화를 포함한 당시 리얼리즘론자들의 가장 중요한 문학적 이슈 중 하나였다.

36) 김남천, 「조선적 장편소설의 일고찰」(『동아일보』, 1937.10.19~23), 『김남천전집』 1, 박이정, 2000, 279면.

37) 김남천, 「장편소설에 대한 나의 이상」(『청색지』 2호, 1938.8), 『김남천전집』 1, 박이정, 2000, 388면.

를 잘 보여주고 있다. 자신의 문학적 행정에 대하여 조소적으로 바라보는 것에 대하여 그는, '그것은 확실한 변모다. 그러나 요는 변모 자체에 있는 것이 아니라, 여하히 변모하였으며, 또 변모할 것이냐에 달려 있다'라는 문제를 제기하고, 과거 자신의 고발문학론은 자기를 현실적인 것으로서 인식하자는 필요에 응하여, 아이디얼리즘적 태도를 버리고 리얼리즘 본래의 정신으로 돌아가자는 것이었으며, 그 안에 안고 있는 문제점과 한계를 극복하고 또 다시 전진하기 위하여, 리얼리즘 본래의 정신에 기반하여, '자기고발－모랄론－도덕론－풍속론－장편소설개조론－관찰문학론에 이르는 문학적 행정을 겪게 되었음'[38]을 밝히고 있다.

한편, 당시 세태 소설에 대한 논의와 관련하여 임화와 자신의 관점 차이를 부각시키면서 김남천은, '사실을 사실 이상으로, 세태를 세태 이상으로, 현상을 현상 이상으로 파악함으로써 풍속은 비로소 문학적 관념이 된다'[39]라는 명제를 통해, 세태 소설에 대한 임화의 비관적 전망이나 결론을 비판한 바 있다. 여기에서 그는, '전형적 정세의 묘출'과 '디테일의 진실성의 묘사'가 의미하는 바를 강조하고 세태와 풍속을 구분하는데, 자신의 풍속론이 세태 묘사나 사실 묘사, 일상 생활의 묘사 등이 대상하는 바와 갖고 있는 질적인 차이란, 후자가 표면적이고 현상적인 것에 그치고 있는 반면, 전자는 본래적 리얼리즘 정신의 문학적 표현 방법이라는 것이다. 다만, 묘사의 확립을 갖고 있지 못한 우리의 문학적 상황에서, 생활 현상의 면밀한 관찰 대신에 기성의 개념으로 현실을 재단하는 것은 주관적 관념 우위의 아이디얼리즘으로 전락할 수

38) 김남천, 「체험적인 것과 관찰적인 것(발자크 연구노트 4)－속 관찰문학론」(『인문평론』, 1940.5), 『김남천전집』 1, 박이정, 2000, 608~610면. 체험적인 문학으로부터 관찰적인 문학으로의 변화와 관련하여 이 글은 '체험과 관찰을 대립되는 개념으로 보기보다는, 체험의 양기된 것으로 관찰을 상정하는 것이 오히려 정당할는지도 알 수 없다'라고 마무리하고 있다.

39) 김남천, 「세태와 풍속－장편소설 개조론에 기함」(『동아일보』, 1938.10.14~25), 『김남천전집』 1, 박이정, 2000, 421면.

있다는 점에서 더욱 문제가 될 수 있다는 점을 지적하고 있다. 즉 '세태소설'과 관련된 그의 비판은 양면적이라고 할 수 있는데, 하나는 세태성 또는 일상성에 대한 비관적 전망이나 결론이고, 다른 하나는 아이디얼리즘으로 인한 묘사의 결여이다. 그리고 그러한 양자의 한계와 문제점을, '인물로 된 이데',[40] '풍속', '가족사연대기' 등의 개념을 통해 극복할 수 있다고 그는 믿었다. 이 때 그에게 중요하게 부각되었던 것이 '소설성' 문제였다. 그에 의하면, 소설성이란 '과학적 합리적 정신에 의한 개(個)와 사회의 모순의 문학적 표상'[41]을 의미했다. 이는 작가의 사상-현실에의 지적 관심과 분석이 인물과 상황 그리고 작품의 세부에 침투하여 문학적 형상성에 이르러야 함을 강조한 것으로, 진정한 소설성의 회복을 통해서만이 리얼리즘문학의 전진과 성취는 가능하다는 것이 이에 대한 그의 주장이다. 여기에서 인물의 성격과 환경, 디테일 등은 작품의 '육체'에 해당하며, 사회 현실에 대한 작가의 지적 관심과 과학적 분석 능력은 작품의 '두뇌'에 해당한다[42]고 할 수 있는데, 진정한 '소설성'이란 과학적 합리성과 묘사 정신을 통한 객관 세계의 반영에 다름 아니며, 리얼리즘소설은 결코 육체와 두뇌가 분리된 '승려의 시체'와 같을 수는 없다는 것이 그의 믿음이었다. 이광수의 「사랑」을 지배하고 있는 '작가의 주관적 관념성'과 이로 인한 '소설성'의 상실을 비판하면서 그는, 묘사 정신, 산문 정신의 표현이라고 할 수 있는 소설성 문제

40) 이데와 사건의 누적보다도 '인물로 된 이데'(발자크)를 주창하고, 양심적 인간 타입만이 높은 예술성을 보장하지 않음을 강조하고 있는 글은 「현대소설의 이념」(『조선일보』, 1938.9.10~18)이다. 이러한 관심의 연장선 위에 있는 「발자크 연구 노트」는 1939년 10월부터 1940년 5월까지 4회에 걸쳐 『인문평론』에 발표되었다. 그 부제는 다음과 같다. 「고리오옹과 부성애 기타(1)」(『인문평론』, 1939.10), 「성격과 편집광의 문제(2)」(『인문평론』, 1939.12), 「관찰문학소론(3)」(『인문평론』, 1940.4), 「체험적인 것과 관찰적인 것(4)」(『인문평론』, 1940.5)

41) 김남천, 「현대 조선소설의 이념-로만 개조에 대한 일 작가의 각서」(『조선일보』, 1938.9.10~18), 『김남천전집』 1, 박이정, 2000, 403면.

42) '육체와 두뇌가 승려의 시체처럼 혼잡하다'라는 표현은 당대의 혼란스러운 시대 상황에 대하여 김남천이 즐겨 썼던 비유 중 하나이다.

와 관련하여 정작 중요한 것은, 그 안에 분석 정신을 지니고 있어야 한다는 점이며 그러한 합리적 과학 정신을 통해 비로소 작가 자신의 '주관적 관념이나 사상적 방수제를 넘어서 널리 사회의 본질 속으로 꿰뚫고 들어갈 수 있음'[43]을 강조하고 있다.

이런 점에서 김남천의 풍속론과 로만개조론은, 혼란스러운 시대의 현상적 특징으로 나타나고 있는 세태 묘사와 심리 내성으로의 문학적 분열 양상을 극복하기 위한 일환으로 제시된 것이라고 할 수 있다. 그의 「소설의 당면 과제」(『조선일보』, 1939.6.23~25)는 문학과 과학을 구별짓는 궁극의 것이 묘사라는 점을 지적하고 있는데, 여기에서 중요한 것은 그가 이들을 결코 대립되거나 분리된 것으로 파악하지 않고 있다는 점이다. 이에 대하여 그는 '과학의 개념과 상대되는 것이 문학에 있어서는 형상 내지 표상이라고 할 수 있는데, 그러한 형상화, 표상화의 과정을 넘어서는 도정이 다름 아닌 묘사의 과정이라는 것이 필자의 지론의 골자이며, 그러한 문학의 묘사 정신은 과학에 있어서는 분석의 정신에 해당한다'[44]고 강조하고 있다. 사실, 김남천의 비평문에서 가장 많이 등장하는 용어 중 하나가 '과학'과 '전진'이라는 단어이다. 그는, '과학성과 논리성'은 현대 비평의 최대의 성격이며, 과학성과 유리된 비평의 시화(詩化)는 '신용할 수 없는 망상의 체계'[45]에 불과한 것으로 거침없

---

43) 김남천, 「소설성과 관념의 알력-춘원의 전작소설」(『조선일보』, 1938.11.13), 『김남천전집』 1, 박이정, 2000, 430면.

44) 김남천, 「소설의 당면 과제」(『조선일보』, 1939.6.23~25), 『김남천전집』 1, 박이정, 2000, 507면.

45) 김남천, 「이 해에 마지막 쓰는 결산 논문」(『동아일보』, 1938.12.28), 『김남천전집』 1, 박이정, 2000, 448면. 여기에서 그는 '과학의 문학에의 침투는 가능하고 필요하지만, 문학적 표상의 과학에의 침윤은 잘못하면 과학의 속화나 논리적 파악의 애매를 습득함에 그칠 것을 주의하여야 할 것이다'라고 경고하고, 논리적 개념과 범주를 중도에서 파기하고 시적 표상에 몸을 맡긴 문학주의적 철학자들(니체, 베르그송, 세스토프, 키에르케고르)들을 비판하고 있다. 이는 '작가 또는 작품'(문학)에 대한 신성화와 신비화의 주장에 반대하고 '과학성', '논리성' 등의 합리적 이성을 절대적으로 옹호하는 그의 믿음과 신념의 정도를 드러내고 있다는 점에서 주목할 만하다. 이러한 연장선 속에서 작

이 말하고 있다. 이것은 작가와 비평가의 대립 혹은 작품과 비평의 분리를 가짜 대립으로 간주하고, 그가 작품 활동과 비평 활동을 거의 동시적이고 대등한 비중을 가지고 수행한 근본적인 이유이기도 하다. 작가 또는 작품에 대한 신비주의적 태도는 과학적 합리성에 바탕한 리얼리스트임을 자처한 그로서는 도저히 받아들이기 어려운, 한갓 잡담적 수준의 사이비 문학론에 불과했다. 그가 진짜 대립이라고 파악한 '리얼리즘'과 '아이디얼리즘'이라는 구분법의 밑바탕에는, 과학적 합리성에 대한 그의 절대적 신뢰가 담겨져 있다. 이러한 사실에 비추어 볼 때, "고발문학론과 관찰문학론이 체험문학과 관찰문학으로서 서로 대립되고 있는 것이기는 하지만, 어떤 점에서는 '현실에 대한 철저한 묘사'라는 이름의 리얼리즘에 서 있다고 할 수 있을 것이다"[46]라고 한 채호석의 지적은 매우 적절하다고 판단된다. '현실에 대한 철저한 묘사', 즉 과학적 합리성에 바탕한 '묘사 정신'은 김남천 문학론의 하나의 일관된 원칙이라고 할 수 있기 때문이다. 다만, '주체의 규준'이 부재하고(고발문학론), '주체를 배제한다'(관찰문학론)는 점을 김남천 문학론의 한계로 지적하고 있는 채호석의 시각은, 일정 부분 동의하기 어려운 점이 있다. 이 시기 김남천 문학론은, 그 안에 주체의 규준이 존재하지 않거나 주체를 배제하고 있다기보다는, 어떤 점에서는, 오히려, 객관 현실의 악화에 따른 주체와 객체의 모순과 분열, 그리고 이로 인한 아이디얼리즘의 침범을 심각하게 우려하고, 리얼리즘 본래의 정신으로 돌아가 이를 통해 객관 현실의 난관을 뚫고 나아가고자 한, 정신적 고투의 일환으로 볼 수 있는 가능성이 더욱 많다고 판단되기 때문이다.

가와 비평가의 대립, 작품과 비평의 분리에 대한 반대 입장을 표명하고 있는 글은, 다음과 같다. 「창작방법의 신국면」(『조선일보』, 1937.7.10~15), 「최근 평단에서 느낀 바 몇 가지」(『조선일보』, 1937.9.11~16), 「자작안내」(『사해공론』, 1938.7), 「작가의 정조」(『조선일보』, 1939.1.26~2.2), 「절게 · 막서리 · 기타」(『조선문학』, 1939.4), 「작품의 제작과정」(『조광』, 1939.6), 「양도류의 도량」(『조광』, 1939.7).

46) 채호석, 『한국 근대문학과 계몽의 서사』, 소명출판, 1999, 109면.

이러한 사실과 판단으로부터, 다시 「1945년 8·15」에 대한 「작가의 말」을 살펴보면, 거기에서 '복잡하고 뒤숭숭한 현상의 포말 밑에 군세게 흘러내리고 있는 역사의 커다란 행진에 대해서 우리는 조용히 귀를 기우릴 필요가 있지 않을까'라는 수사적 표현이나 '청년의 불타는 정열과 냉철한 진리'[47)]에 대한 촉구는 객관 세계에 대한 '과학적 분석 정신' 즉 '묘사 정신'을 강조하는 것 이상의 의미를 가진 것으로 보기는 어렵다. 물론 '역사의 커다란 진행이 무엇인가'라는 물음에 대한 하나의 대답이 되고자 한다는 작가의 희망을, 1930년대 후반 문학론, 특히 관찰문학론과의 차이를 보이는 것이라고 주장할 수도 있겠지만, 이 역시 객관 현실의 변화에 따른 표현의 차이로 간주될 수 있을지언정, 그것이 리얼리즘에 대한 자신의 원칙적 입장으로부터의 전환을 예시하는 것이라고는 보기는 어렵다고 판단된다. 1930년대 그의 모든 비평 활동과 작품 활동은, 리얼리즘 문제에 대한 자각적 의식 속에서, 각각 그 나름의 답안을 제시하고 있는 것으로 볼 수 있기 때문이다.

3) 전형적 정세와 인물로 된 이데

그렇다면, 실제 작품에서는, 그의 리얼리즘적 창작방법론의 원칙론이 (과학적 묘사 정신) 어떻게 반영 혹은 굴절되어 나타나고 있을까. 「1945년 8·15」는 이에 대한 해명의 단초를 제공하는 중요한 작품이라고 할 수 있다. 그럼 먼저, 이 작품에 등장하는 작중 인물들의 관계도를 중심으로 살펴 보도록 하자.

47) 김남천, 「작가의 말」, 『자유신문』, 1945.10.5.

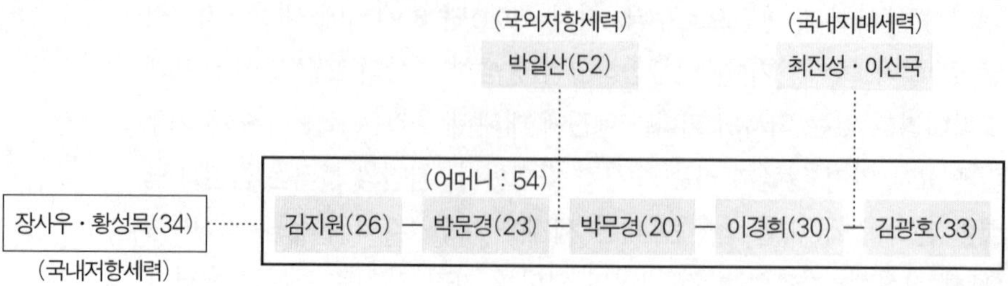

여기에서 굵은 사각형 바깥에 있는 인물들은, 이 작품의 전체적 배경(환경)으로서의 역할을 하고 있다. 장사우 · 황성묵은 일제 시대 노동운동을 하다가 '공산주의 사건'으로 체포되어 감옥 살이를 한 인물이다. '학병 반대 격문 사건'으로 투옥된 김지원이 이들의 옆방에 복역한 것으로 설정됨으로써 작품 속에 등장하고 있다. 이들은 일제의 억압과 폭력에 맞서 싸운 과거 '국내 저항 세력'을 대표한다고 할 수 있다. 해방을 맞아 정치범의 석방이 이루어진 뒤에 이들은 해방 후에는 공장 노동자들을 조직하고 지도하게 되는데, 이들을 중심으로 한 노동 조직은 이 작품의 서사적 의미망을 근거 짓는 중심적 배경으로서의 역할을 하고 있다. 이들 중 특히 황성묵은 감옥 생활의 인연을 바탕으로 김지원(경성제대 의대생, 소시민적 지식인)과 연결됨으로써, 앞으로의 진로에 대하여 고민하는 그를 조직 속에 끌어 들이는 매개적 역할을 하기도 한다. 이는 현실 속의 사회적 실천에서 무엇보다도 '조직'과 '전위'의 역할을 강조한 김남천의 '조직 우위론적' 입장[48]이 드러난 것이라고 할 수 있다. 하지만 이를 두고 1930년대 초반의 카프 시절 볼셰비키즘문학론으로 회귀한 것이라고 일방적으로 말할 수는 없을 것이다. 1930년대 후반 고발문학론을 대표하는 평론 중 하나인 「고발의 정신과 작가」(『조선일보』,

48) 해방기 문학은, 문건 · 프로동맹 · 문맹 · 전문협 · 청문협 · 북문예총 등 문단의 조직 활동을 중심으로, 문학적 실천이 우선적으로 이루어졌음은 주지하는 바와 같다. 권영민, 『해방 직후의 민족문학운동연구』, 서울대 출판부, 1986 참조.

1937.5.30~6.5)는 1930년대 초반 자신의 조직 우위론적 입장이, 소시민적 지식인으로서의 자의성과 우유부단성을 인식하고 이러한 자멸로부터 벗어나기 위하여 조직우위론을 내세우게 된 것이었으며, '지식인 소시민이 자신의 문제를 완전히 해결하여 자멸을 방지하는 길은 옛날이나 지금이나 이 집단성 가운데에서 자신을 살리는 방법 이외에는 있을 수 없다'[49]라고 단언한 바 있다. 다만, 카프 해산(1935) 이후 객관 현실의 조건과 상황은 악화 일로로 치닫고 되었고, 그러한 환경 속에서 볼세비키즘문학론만을 고집하는 것은 오히려 추상적 공식과 관념에 의한 현실 왜곡이 될 수 있다는 그의 문제의식이 고발문학론을 비롯한 1930년 후반 문학론의 실제적 변화를 이끌었던 것이다. 하지만 해방을 맞은 객관 현실의 조건과 상황은, 1930년대 후반과는 전혀 다른 환경 속에 놓이게 되었음은 부언할 필요가 없을 것이다. 이러한 변화된 현실적 상황 속에서 다시 '조직'과 '전위'의 역할이 강조됨은, 1930년대 후반 김남천 문학론으로 미루어 볼 때, 오히려 자연스러운 것으로 볼 수 있다. 그런데 이때, 이 작품에서 또 하나 주목해야 할 사실은, 조직 우위론적 입장을 가지고 있는 장사우·황성묵·오시형 등의 인물을 작품의 중심적 인물로 설정하지 않고 있다는 사실이다. 이는, 이들을 중심적 인물로 했을 경우 나타날 수 있는 작가적 주관화의 위험성을 무엇보다도 경계한 것으로 볼 수 있다. 즉, 작가가 지지하고 옹호하고 인물들을 작품의 배경적 역할을 하는 것으로만 남겨 놓은 것은 이 작품의 주된 의도가 작가 자신의 사상 혹은 이념을 작품에 드러내 놓고 분석해 보고자 한 데 있는 것이 아니라, 자기 자신의 사상, 이념으로부터 일정한 거리를 두고, 변화된 시대 환경 속에서의 다양한 인물들의 고민과 갈등을 분석 묘사하는 우회적 방법을 통해 당대 사회 현실을 객관화하고자 한 것이라고 보는 것이 더욱 타당하다. 다시 말해, 이 문제와 관련하여, 이 작품을 굳이

49) 김남천, 「고발의 정신과 작가—신창작 이론의 구체화를 위하여」(『조선일보』, 1937.5.30~6.5), 『김남천전집』 1, 박이정, 2000, 221면.

1930년대 그의 문학론과 관계 짓는다면, 그것은 1930년대 초반 볼세비키즘문학론이라든지 주관 세계에 대한 과학적 분석 정신, 즉 '고발 정신'의 연장선 위에 있는 것이라기보다는 객관 세계에 대한 과학적 분석 정신, 즉 '묘사 정신'을 강조한 1930년 후반 관찰문학론의 연장선 위에 있다고 할 수 있을 것이다. 「1945년 8·15」에 등장하는 여러 인물 중, 문건과 문맹의 조직 활동의 최일선에서 동분서주했던 작가 자신을 지시하는 듯한 인물(가령, 문인)이 전혀 존재하지 않고 있음은 이를 뒷받침하고 있다.

박일산은 국내에서 독립 운동을 하다가 해외로 망명을 간 인물로서 과거 '국외 저항 세력'을 대표하고 있다. 장사우·황성묵 등과는 또 다른 지점에서 당시의 역사적 환경을 형성했던 배경으로서의 역할을 하고 있다. 이 작품이 씌어질 무렵(1945.10) 가장 큰 정치·사회적 이슈 중 하나는 해외 독립 운동가들의 환국 문제[50]였다. 박일산은 이 작품의 서사를 이끌어 가는 중심적 인물인 박문경의 아버지로 설정되어 있다. 그러나 1946년 6월 28일을 마지막으로 165회 미완작이 된 이 작품의 서사는 그의 환국이라든지 그 이후의 국내 활동을 전혀 다루지 못하고 있다. 다시 말해 이 작품의 집필 시기는 1946년 6월까지 이어지고 있지만 미완작인 이 작품의 시·공간적 배경은, 해방이 되어 십 수일이 지나서 동래 고녀에서 교편을 잡고 있던 박문경이 상경하는 순간(1945년 8월 말)부터 중경 임시정부 요인을 비롯하여 해외에서 활동한 지도자들이 국내에 귀국하기 전까지(1945년 10월 초)[51]로 제한되어 있다. 그러한 시·공

---

50) 중경 임시정부 요인을 비롯한 해외 독립운동가들의 환국은 모두 개인의 자격으로 이루어졌는데, 이승만은 1945년 10월 16일, 김구(주석)·김규식(부주석)·이시영·김상덕·유동열·엄항섭 등은 11월 23일, 홍진(원장)·김원봉·장건상 등은 12월 2일 국내에 도착하였다. 송남헌, 『해방 3년사』, 까치, 1990, 228~243면 참조.

51) 이 작품은, 1945년 9월 26일자 박문경의 일기(제12장 일성록)를 마지막(『자유신문』, 1946.6.28)으로, 더 이상 발표되지 않았다. 또 제11장 「성채」는, 노동운동 전반에 대한 회의(서울 회합)에 참석한 황성묵의 보고와 설명으로 채워져 있는데, 서울 회합에서 결정된 내용 중 하나는 조선노동조합 전국평의회(전평) 준비회를 결성하기 위하여

간적 배경의 제한으로 인하여 박일산은 실제 작품 속에서는 한 번도 등장하지 않고 있는데, 이 때문에 미완작인 이 작품만 놓고 본다면, 해방 직후 사회적 혼란상에 대한 이들 해외 독립운동가들의 입장, 또는 이들에 대한 이 작가의 시각이 어떠한지는, 작품 속에서 명확하게 드러나지 않고 있다. 다만, 박일산의 딸, 박문경의 고민을 통해 해외에서 활동한 독립운동가에 대한 이 작품의 기본적 태도를 짐작할 수 있을 뿐인데, 빼앗긴 나라를 되찾기 위해 해외로까지 망명 나가 고생하신 아버지를 어떻게 받아들여야 할 것인가는 문제는 박문경이 가지고 있는 중요한 고민과 갈등이자 이 작품의 서사 진행에 있어 중요한 내적 계기 중 하나이다. 갑오년(1894) 생인 박일산은 평양 대성학교를 나와 독립운동을 하고, 기미독립선언(1919.3.1) 때에는 학생 대시위 행렬을 지휘하다가 3년 징역을 살기도 한 인물이다. 감옥에서 나온 뒤에는 평양에 거주하면서 모종의 폭탄 사건을 주도하다 발각되어 일제의 검거망을 피하여 해외로 망명(1925)[52]을 갔다. 그가 해외로 망명간 것이 1925년이라는 사실은, 그 해는 국내에서는 최초로 공산당(1925.4.17)이 결성되고 카프(1925.8)가 조직된 시기이기도 하다는 점에서, '국내저항세력과 국외저항세력의 분기'라는 상징적 의미를 갖는다고 볼 수도 있을 것이다. 이 작품은 전반적으로 박문경의 인물시각서술에 의해서 진행되고 있는데, 작품 초반부는 아버지 박일산에 대한 존경과 그리움의 감정이 애인 김지원에 대한 상념과 함께 주로 서술되고 있다. 임정 지지 문제를 중심으로 정치적 분화를 보여주었던 해방 직후 좌·우익의 대립이 더욱 극화된 결정적 계기는 신탁통치 찬·반 문제(1945.12)[53]였다. 임화와 함께 문건에서 문맹으로 이어지는 문단 조직을 주도했던 김남천이 박헌영의 남로당 노

1945년 10월 26일 대표자 회의를 소집하기로 하였다는 것이다(『자유신문』, 1946.5.10). 이러한 사실로 미루어볼 때, 이 작품의 시간적 배경은 8월 말에서 10월 초까지 한 달여 정도의 기간이라고 할 수 있다.

52) 김남천, 「1945년 8·15 18회—제2장 주장없는 집(4)」, 『자유신문』, 1945.11.1.

53) 김학준, 「분단의 배경과 고정화 과정」, 『해방전후사의 인식』 1, 한길사, 1989 참조.

선에 서 있었으며, 신탁 통치에 극단적인 반대 입장을 표명했던 임정 혹은 임정 지지 세력과는 전혀 다른 정치적 견해를 가지고 있었음은 주지하는 바와 같다. 하지만 그럼에도 불구하고 이 작품의 실제적 시·공간의 제한으로 인하여 아버지 박일산을 비롯한 임정 문제와 관련한 박문경의 고민과 갈등은 작품의 마지막에 이르기까지 완전히 해소되지 못하고 지속적으로 이어지고 있다. 이렇듯 해방 직후 가장 중요한 이슈 중 하나였던 임정 세력에 대한 지지 여부를 작가의 사상 혹은 이념에 의하여 함부로 규정하지 않고, 이와 관련을 맺고 있는 주요 작중 인물의 내면적 고민과 갈등을 통해 형상화하고 있다는 사실은, '유물변증법이 공식으로 사용될 때엔 그의 대립물로 진화되고 만다. 문학은 시대의 거울이 되는 대신에 주관의 전성기(轉聲機)가 되어 버린다'[54]라고 경계하면서 과학적 분석 정신에 기반한 리얼리즘문학을 견지한 작가의 일관된 믿음이 반영된 것으로 볼 수 있을 것이다.

마지막으로, 최진성·이신국은 지주와 재벌로서 과거 '국내 지배 세력'을 대표한다고 할 수 있다. 최진성은 장안에 집을 많이 가지고 있는 것으로 소문난 지주인데, 한때 박일산과 의형제를 맺고 함께 감옥 살이를 한 적도 있었으나 이후 전향하여 일제의 정책에 협력하였고 경찰의 감시를 의식하여 과거 동지의 유족들에 대한 원조 요청을 거절한 바 있다. 해방 후에는 건국준비위원회의 활동에 대하여 비판적 태도를 보이며, 건준에 대립되는 단체를 만들어 해외 망명 동지 환영 사업에 열중하고 있다. 이러한 사업의 연장선 위에서 문경의 어머니에게도 생활 원조금을 전달하고자 하고, 이에 대하여 문경의 어머니가 금품을 완곡하게 거절하는 장면을 통하여 작품 속에 그의 실제 모습을 일부 엿볼 수 있다. 하지만 그 장면에서도 최진성의 인물 시각 서술은 전혀 나타나지 않고 있다는 점에서, 그를 작품 속에 성격화된 인물로 보기는 어렵다.

---

54) 김남천, 「창작방법의 신국면」(『조선일보』, 1937.7.10~15), 『김남천전집』 1, 박이정, 2000, 242면.

최진성 역시 해방 직후 역사적 환경을 이루었던 하나의 배경적 역할만 하고 있다고 할 수 있다. 과거, '그 놈이 동지여, 무슨 동지, 홍동지!'[55] 라고 한 한철수 영감의 말을 기억하고 있는 박문경의 시선에 의해서 서술되고 있는 최진성이 이 작품에서 처음부터 긍정적으로 취급되지 않고 있음은 물론이다. 하지만 여기에서, '최진성이 긍정적이냐 부정적이냐'라는 문제보다 더욱 중요한 것은, 처음에는 단지 과거의 변절로 인한 인간적 불신감과 반발감에서만 이해되었던 것이, 사회·정치적 현실에 점차적으로 눈을 뜨게 되면서, 그녀가 그들 세력의 불순한 의도와 속셈을 깨닫게 된다는 것, 즉, 작품이 진행됨에 따라 작중 인물의 인식이 더욱 발전되고 확장되는 과정을 보여주고 있다는 점이다. 이신국은 대흥 콘체른을 군수 산업으로 전환함으로써 일제의 정책에 적극적으로 호응했던 인물로서, 최진성과 함께 과거 '국내 지배 세력'을 대표한다고 할 수 있다. 동시대의 독자상을 염두에 두면서 「사랑의 수족관」, 「동방의 애인」과의 연작소설적 성격을 강조한, 와다 도모미의 「김남천의 취재원에 관한 일고찰」은, '이신국'이 당시의 실존 인물 박흥식을 모델로 한 것임을 실증적으로 밝히고자 하였다. 그의 조사에 의하면, '1930년대 후반 평안남도 중석 광산 중에 조선인이 가담할 수 있는 가장 큰 광업회사는 동양탁식주식회사였으며, 또 당시 평안남도에서 행해진 철도 공사 중에서 조선인이 가담할 수 있는 사립철도회사는 평안철도 회사밖에 없었는데, 화신 백화점을 창립한 박흥식은 동양척식회사 감사였으며 평안철도 사장이었다.'[56] 그런데 「사랑의 수족관」에서 그 배경적 역할을 하고 있기도 한 대흥 콘체른의 사장 이신국은 평안도에서 중석광을 채취하고 있는 '대흥광업 양덕 광무소'의 소유자이며, 대흥 광업과 자매회사 관계를 맺고 철도공사를 하는 '니시다구미(西田組)'의 감사역[57]으

55) 김남천, 「1945년 8·15 29회—제2장 주장없는 집(15)」, 『자유신문』, 1945.11.12.

56) 와다 도모미, 「김남천의 취재원에 관한 일고찰」, 『관악어문연구』 23호, 1998.12. 221~222면.

로 작품에 등장하고 있다. 이러한 사실로 미루어 볼 때, '동시대의 독자들은 화신백화점을 창립한 박흥식과 그의 대흥 상사를 쉽게 연상할 수 있었을 것이다'[58]는 와다 도모미의 주장은 설득력을 얻고 있다. 그는 또한, 해방 직후 화신 그룹의 노사 대립이 신문에서도 자세히 보도되었다는 실증적 자료를 제시함[59]으로써, 「1945년 8・15」에서의 방직 공장 파업 사태 역시, 「사랑의 수족관」과 마찬가지로, 실제 인물 박흥식과 실제 사건을 모델로 한 것임을 짐작할 수 있게 한다고 설명하고 있다. 이러한 사실로 미루어 볼 때, 이신국 일가를 중심으로 한 주요 인물들(이신국, 이경희, 김광호)의 모습은, 별다른 굴절 없이, 시간의 흐름에 따라, 「1945년 8・15」에서도 그대로 이어지고 있다고 볼 수 있으며, 이는 이 작품을 쓰게 된 작가의 의도가 「사랑의 수족관」으로부터 6년이 경과된 시점에서의 현재적 사건을 다룸으로써 당시의 사회・역사적 현실에 대한 분석과 탐색을 시도하고자 했음을 보여주고 있다. 다만, 「1945년 8・15」에 와서 이신국은, 실제 작품 속에서 나타나지 않고 이 작품의 배경적 역할을 하는 것에 머무르고 있는데, 이 때문에 그 역시 작중 인물로서의 의미를 갖는다기보다는 당시의 '전형적 정세'를 대표하는 의미와 역할을 갖는다고 보는 것이 더욱 적절할 것이다. 이들을 통해 이 작품은 과거 '국내 저항 세력'과 '국외 저항 세력', 그리고 '국내 지배 세력'의 존재와 이들의 대립이 해방 직후 사회적・정치적 현실의 전형적 정세였음을 보여주고 있으며, 이는 당시(1945년도 후반)의 실제 역사적 사실과도 크게 어긋나지 않는다고 할 수 있다.

이 작품 안에서의 인물다운 인물, 즉 인물의 성격화가 이루어지고 있는

---

57) 「사랑의 수족관」은 전작 장편소설 『대하』(인문사, 1939.1) 발표 이후, 1939년 8월 1일부터 1940년 3월 3일까지 163회에 걸쳐 『조선일보』에 연재되었다. 여기에서 주요 작중인물은 이경희와 김광호인데, 이경희는 이신국의 딸이며, 김광호는 니시다구미에 근무하는 토목기사이다.

58) 와다 도모미, 「김남천의 취재원에 관한 일고찰」, 『관악어문연구』 23호, 1998.12, 221면.

59) 위의 글, 226면.

인물은, 굵은 사각형 안에 있는 김지원 · 박문경 · 박무경 · 이경희이다.

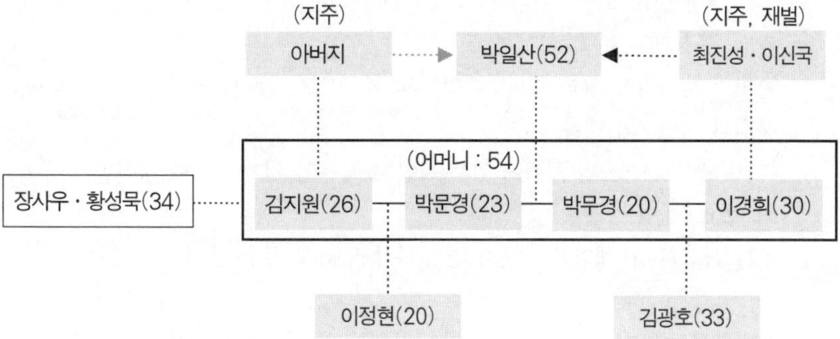

이들 중에서도 이 작품의 서사 진행에서 가장 중심적 역할을 하고 있을 뿐만 아니라 현실 인식에 있어서 역동적인 변화 과정을 보여주고 있는 인물은 박문경이라고 할 수 있다. 비록 미완에 그치고 말았지만 총 12장으로 이루어진 이 작품의 소제목 목차와 주요 사건 개요는 다음과 같다.

1. 서울(14) : 해방 후, 애인 김지원이 서방을 기대하며 상경하는 문경. 이경희와의 우연한 만남.
2. 주장 없는 집(15) : 최진성의 생활원조 제의를 거절한 어머니와 문경의 대화. 한철수 영감의 말.
3. 鼓手(13) : 무경이 두고 간 서류 뭉치(삐라 등속)를 읽는 문경. 이경희(명수대) 집에 가는 무경.
4. 무엇을 할 것인가(15) : 옥중에서 걸린 장질부사로 병원 요양 중인 지원. 이창현 어머니의 위문.
5. 北緯三十八度(15) : 지원을 찾아간 문경. 원산에서 온 지원 동생(형원).
6. 戰列엽헤서(14) : 황성묵과 지원의 만남. 이정현과 문경의 만남, 종로 시위 행렬 참가.
7. 永遠한 批判者(13) : 경희와 무경의 수작 장면, 김광호와 이경희의 대화.

8. 여름밤의 꿈(18) : 경희와 무경의 애욕과 탈선, 이경철(오빠) 부인의 파티 초대.

9. 旗빨 밋흐로(13) : '아버지' 문제로 고민하는 문경, 지원의 퇴원. 정현과의 만남. 무경과의 논쟁.

10. 一步退却二步前進(16) : 파업 사태와 진로에 대한 지원과 문경의 대화. 문경과 어머니의 대화.

11. 城砦((15) : 오성주 집에 있는 지원, 노동운동 전체 회의에 참석한 황성묵의 보고・설명.

12. 日省錄(4) : 제약공장 분회 결성(화학 노조)을 돕는 문경의 일기.

여기에서 제4장 '무엇을 할 것인가'와 제8장 '여름밤의 꿈', 제11장 '성채', 세 장을 제외하면, 나머지 장의 내용은 모두 박문경을 중심으로 이루어졌다는 점을 쉽게 확인할 수 있다. 그녀의 현실 인식은 작중 인물과의 대립과 갈등을 겪으면서 점차적으로 발전되고 있는데, 그녀를 중심으로 세 가지 정도의 인물 관계(박문경－이경희, 박문경－박무경, 박문경－김지원)를 생각해볼 수 있을 것이다. 먼저, 이신국의 딸 이경희와 박문경과의 관계를 살펴 보자. 이경희에 대한 박문경의 처음의 태도는 부정적이라기보다는 오히려 호의적이라고 할 수 있을 정도다. 서울로 상경한 문경은 경성역에서 이경희를 우연히 만나게 되어 그녀의 차를 타고 집에까지 가게 된다. 차 안에서 나누는 그들의 대화는 이신국 일가에 대한 문경의 호의적 태도와 친근감을 잘 보여주고 있다. 그녀 자신, 과거 이신국의 대흥 산업에 근무했던 경험이 있을 뿐만 아니라, 동생 박문경은 이신국의 서자 경선(16)을 가르치고 있다. 이런 점에서, 이경희를 비롯한 이신국 일가에 대하여 그녀가 부정적인 태도를 취할 이유는 전혀 없다고 할 수 있다. 하지만 작품이 전개됨에 따라, 과거의 개인적 인간 관계에만 얽매여 있는 자신의 현실 인식 수준이 정치적 무관심과 역사의식의 미비함을 폭로하는 것에 불과하다는 인식의 변화를 보여주고 있는데, 이러한 문경의 인식 변화과정[60]은 이 작품이 갖고 있는 가장 중요한 주제 중 하나이다. 이는 앞에서 간단히 살펴본 최진성에 대한 문경의 인식 변화 과정 또한 마찬가지인데, 최지성의 경우, '그 놈이 동지여, 무슨 동지, 홍동지!'라는 한철수 영감의 말을 기억하고 있는 박문경으로선 처음부터 그를 호의적으로 바라볼 수는 없었다. 과거 사상적 동지였던 유족의 도움 요청을 자기 일신상의 안위를 위하여 완강하게 거절해버린 매정한 변절자로 기억하고 있었을 뿐이었다. 하지만 점차적으로 사회·정치적 현실에 관심을 보이면서 그녀가 깨닫게 되는 것은, 그것이 단지 개인적이고 감정적 것에 불과한 것이었고, 사실 더욱 중요한 것은 그들 지주 세력과 자본가 세력과의 결탁, 그리고 해외 독립운동자 유족에 대한 생활 원조 사업 등을 통한 국외지배세력과의 연대를 시도하는 그들의 정치적 활동 밑바탕에 깔려 있는 불순한 의도를 인식해야 한다는 것이다. 그들 세력이 가진 불순한 의도와 속셈에 대한 고발과 폭로는, 작품 초반부에서는 문경의 역사의식의 미비함으로 인하여 전혀 나타나지 못하고 있다가, 여러 가지 계기적 사건을 거친 뒤, 그녀 자신의 진로를 결정한 마지막 후반부에 이르러서야 직접적으로 서술되어 나타나고 있다. 아버지 박일산과 중경 임시정부, 인민 공화국, 공산당 등 복잡한 주변 현실에 대한 자신의 생각을 어머니에게 밝히고 있는 부분은 다음과 같다. "아버지 생각이 꼭 공산당과 가트신지 그건 저두 몰으겟서요. 그러나 그건 그다지 큰 문제가 아닐 것 갓해요. 그건 경륜의 문제일 뿐이지 커다란 점에선 일치헐 줄 미더요. 또 일치 안허면 안될 줄 알아요. 일본을 몰아내고 지게 맨들기 위해 싸운 분들이 일치허지 안코 일본을 이롭게 맹근 놈과 저토록 싸운 분들이 한 패가 된다면 그건 둘 중 어느 쪽엔가 불순헌 데가 잇는 겁니다."[61] 이는 과거 개인적

60) 그러한 자신의 인식 변화에 대한 문경의 내면 서술은 다음과 같다. "이신국이네 일족 그보다도 그 교양과 취미와 지성적 풍모로 하여 어떤 놉흔 친근미를 막연히 느껴오든 김광호와 이경희에 대해서도 준렬하고 냉혹한 비판과 감시의 눈을 가지지 안흘 수는 업게 되엇다."(「1945년 8·15 138회」, 『자유신문』, 1946.4.14)

61) 「1945년 8·15 146회—제10장 일보퇴각 이보전진(16)」, 『자유신문』, 1946.4.25.

인 인간 관계에 바탕한 주관적이고 감정적인 현실 인식으로부터 자기 주변의 사회적 현실과 역사적 환경에 대한 보다 객관적인 현실 인식으로의 태도 전환을 보여주고 있는 것이며, 이러한 그녀의 현실 인식 태도의 변화와 그 과정은 동생 박무경이나 애인 김지원과의 관계와 관련해서도 마찬가지이다.

국내에서 줄곧 독립운동을 하다가 21년 전(1925) 일제의 검거망을 피해 해외로 망명을 간 아버지(박일산, 52)를 둔 박문경(23)의 가족 관계는, 간호사 일을 하면서 홀로 두 자식을 키운 어머니(54)와 세상에 태어나 한 번도 아버지 얼굴을 보지 못한 동생 무경(20)으로 이루어져 있다. 해방 이후 동래 여고에서의 직장 생활을 정리하고 서울로 상경한 문경이, 최진성의 생활 원조 제의를 거절한 어머니와 처음 만나는 대화 장면(제2장 '주장없는 집')은 부모님에 대한 무한한 존경과 대학 예과에 다니는 동생 무경에 대한 사랑, 즉, 자기 가족에 대한 그녀의 깊은 애정과 감사를 충분히 느낄 수 있게 한다. 그런데 동생 무경과의 갈등과 대립, 그리고 아버지 박일산과 임정 문제에 대한 문경의 내적 고민이 발생하기 시작한 것은, 김지원・이정현과 함께 종로 시위 행렬에 참여하던 중, 그곳에서 무경의 질책을 듣고서부터(제6장 '전열 엽헤서')이다. 인공을 지지하는 시위에 참여한 문경에게 하는 무경의 질책의 요지는 "인민공화국 대신 명부에 아부지 이름이 잇습듸까"[62]라는 그의 물음에 집약되어 있다. 이 장면에서 주목되는 것은, 동생 무경의 물음 혹은 거기에 기반한 무경의 현실 인식이 올바른 것인가 아닌가라는 것보다, 그러한 무경의 물음을 전후한 문경의 태도 변화이다. 데모대에 참여하고 있다는 이유로 자신을 비난하는 동생에게 얼굴에 노기를 띠고 강하게 힐책하던 문경은 "인민공화국 대신 명부에 아부지 이름이 잇습듸까"라는 동생의 한 마디 힐난에, '왜' 하는 모기 소리와 함께, 더 이상 묻지도 못한 채 빗물과 흙투

62) 김남천, 「1945년 8・15 86회－제6장 전열 엽헤서(14)」, 『자유신문』, 1946.1.17.

성이에 젖은 자신의 옷주제에 갑자기 부끄러움을 느끼게 되는데, 그러한 변화의 과정을 이 장면은 생생하게 포착하고 있다. 여기에서는, 그녀의 부끄러움이 단지 엉망 진창이 된 자신의 옷주제에 대한 것이라기보다는 지원과의 개인적 연애 감정에 들떠서 '아버지, 공산당, 인민공화국' 등 자기 주변의 실제적 현실에 대하여 전혀 자각하지 못하고 있었던 자신의 무지에 대한 것임이 희미하게 암시한 채 끝나버리고 있다. 이와 관련한 그녀의 고민과 갈등이 다시 작품 속에 나타나고 있는 것은 제7장(영원한 비판자)과 제8장(여름밤의 꿈)이 지난 뒤, 제9장(旗빨 밋흐로)에서이다. 이러한 사실은 작중 인물의 고민과 갈등에 대한 외부 시선의 개입 혹은 작가 주석적 서술을 최대한 배제하고자 한 작가의 의지를 보여주는 것이다 '사건이나 이데를 쌓아 올리는 데 어딘가 무익(無益)이 있는 것 같다. 인물로 된 이데는 보다 높은 예술이다'라는 발자크의 명제는 김남천이 1930년대 후반 리얼리즘문학론을 제창하는 동안 하나의 화두 역할을 했던 것이다. '인물로 된 이데'라는 명제는 문학에 나타나게 되는 전체주의적 경향 혹은 아이디얼리즘의 침범을 극복하고자 한 것이었고,[63] 그러한 그의 고민과 반성이 담긴 그의 문학론이 '아버지' 문제를 고민하는 문경의 인물 형상화 방식에서도 그대로 반영되고 있음을 보여주고 있다. 이 문제에 대한 문경의 생각이 어느 정도 정리된 것은, 나름대로의 내적 고민과 관련 서적 탐색, 동생 무경과의 논쟁 과정(제9장 旗빨 밋흐로)을 거친 뒤이다. '난 아버지가 소속해 게시는 임시정부를 지지합니다. 그러므로 그 반대로 생겨난 인민공화국과 공산당은 반대요, 임시정부를 절대 지지하는 국내 세력을 또한 지지헙니다'라는 동생 무경의 삼단 논법에 대하여, 문경은 '네 형식상 일관한 삼단론법이나 논리학에는 아무런 학문적인 것도 이론적인 것도 업고 단지 단 하나 부자지간이라는 혈통 관게만이 잇슬 뿐이다'[64]라고 비판하고 있다.

---

63) 김남천, 「현대 조선소설의 이념」(『조선일보』, 1938.9.10~9.18), 『김남천전집』 1, 박이정, 2000, 397면.

동생 무경의 삼단 논법이 학문적인 것도 이론적인 것도 아니며, 그런 식의 가족주의에 바탕한 과거의 봉건적인 윤리로는 복잡한 사회 현실 문제를 결코 극복할 수 없다는 것이 문경의 주장이다. 이러한 문경의 발언은, 합리적 이성과 과학적 분석 정신에 의해서만 복잡한 현실 문제를 해결할 수 있는 가능성을 모색할 수 있다는 작가의 사상과 가장 근사해지는 지점이라고 할 수 있을 것이다.

그런데 여기에서 역시 우리가 더욱 주목해야 하는 부분은 그것이 '이데로 된 인물'을 보여주고자 한 작가적 의도의 소산이라기보다는 '인물로 된 이데' 즉 그 인물이 처해 있는 환경의 구체성 속에서 고민과 갈등, 그리고 그를 통한 발견의 과정을 보여주고자 한 결과로 볼 수 있는 여지가 더욱 많다는 사실이다. 동생 무경, 아버지 박일산, 그리고 임시정부 문제 등에 대한 그녀의 고민과 갈등은 완전히 해소되지 못하고 작품의 마지막까지 지속되고 있다. 아버지 박일산은 이 작품의 마지막 연재 분(1946.6.28, 165회)까지 귀국하지 않고 있으며, 굳건한 생활력과 함께 냉정한 이지를 쉽사리 잃는 법이 없는 문경의 어머니[65]는, 아버지가 오시기도 전에 이들 오누이가 서로 옳다, 그르다 다투는 것을 못내 언짢아하고 있다. 이러한 상황 속에서 오랜 세월 빼앗긴 나라를 되찾기 위해 고생하신 아버지에 대해서 품고 있는 문경의 존경심과 그리움, 그리고 신뢰감은 기본적으로 크게 흔들리고 있지 않다. 다만, 개인적인 인간관계 혹은 혈연적인 가족 관계를 중심으로 한 감정적이고 주관적인 감정에 얽매인 현실 인식은 결코 바람직한 것이 아니라는 그녀의 비판적 인식은 점차적으로 증대되고 있으며, 그것은 작품 전반부 문경의 모습과는 분명한 변화와 차이를 갖고 있는 것이다. 이는 애인 김지원에 대

64) 김남천, 「1945년 8・15 129회－제9장 깃발 밋흐로(12)」, 『자유신문』, 1946.3.24.

65) "나루선 아버지 돌아오시기두 전에 그런게 다 어쩐지 마음에 흡족허진 안코나. 이제 아버지가 돌아오서서 너이들 중의 누굴 글타구 허시구 누굴을 올타구 허실진 몰라두, 오시기 전에 우리 세 사람의 생각이나 일치해야 그 분에 대한 대접두 아니겟니."(김남천, 「1945년 8・15 146회－제10장 일보퇴각 이보전진(16)」, 『자유신문』, 1946.4.25)

한 그녀의 태도 변화 또한 마찬가지인데, 작품 전반부에서는 그것이 지극히 개인적이고 주관적인 연애 감정에 의해 들떠있는 것으로만 서술되고 있다가, 작품 후반부에 갈수록 그러한 자신에 대한 비판과 반성을 통해 동지적 유대감으로 변모되고 확산되는 양상을 보여주고 있다. 한편, 개인적이고 주관적인 인식 태도로부터 과학적이고 합리적인 인식 태도로의 전환과 함께 그녀의 인물 형상화 방식에 새롭게 도입되고 있는 것은 그녀의 내면 심리를 고백하는 일기체 형식(제12장 일성록)이다. 제약공장 분회 결성을 돕기 위해 현장에 뛰어 든 문경의 내면을 고백하고 있는 이 작품의 마지막 장 '일성록'은 실제 현장 속에서 그녀가 느끼는 감정을 더욱 직접적으로 드러내 놓고 있는데, 이는 변화된 문경의 모습이 작가의 사상에 점점 더 가까워짐에 따라, 자칫 작가적 주관화의 침범을 받을 수 있는 위험성을 경계하기 위한, 즉, 작가가 지지하는 인물을 더욱 객관화시켜 보고자 한 작가의 의도가 반영된 것으로 볼 수 있을 것이다. 제12장 '일성록'(4회)을 끝으로 연재가 중단된 이 작품의 마지막 회(165회, 『자유신문』, 1946.6.28)는 여직공 모임에 나간 문경이 느꼈던 실망감과 이에 대한 자기비판으로 채워져 있다. 여공들의 저속한 취미와 자기 비하적 태도, 그리고 그들의 불성실성에 대한 그녀의 불쾌감과 그들과 교사 출신인 자신과의 거리감, 그리고 소시민적 근성에 붙잡혀 있는 자기비판적 인식 등을 있는 그대로 드러내 놓고 있다. 이러한 문경의 인식 태도가 어떠한 변화를 겪게 될지는 미완으로 끝난 이 작품만을 통해서는 확정할 수 없을 것이다. 다만, 여기에서 우리가 분명히 확인할 수 있는 것은 주요 작중 인물 문경의 인물 형상화 방식의 가장 중요한 특징이 감춤의 형식이 아닌 드러냄의 형식을 취하고 있다는 사실이다. 이 작품의 마지막 문장은 다음과 같다. "다시 나는 이런 결론을 어덧다. 모든 것은 내 잘못이다. 내가 노동자 게급 여직공의 생활과 의식 정도 그런 것에 대해서 아무런 준비도 업시 소시민적 근성을 그대로 가지고 그들 가운데 나선 것이 잘못이엇다. 아 어떠케 이 어려운 난관을 돌파할 것인가."[66] 다시 말해, 이 작품의 주인공 박문경은, 그녀의 고민과 갈등이 작가의 사상에 의해 함부로 규정되거나 일방적으로 해소되지 않고, 그녀 주변의 작중 인물, 환경의 구체성 속에서 드러남으로써, 그 현실감과 생동감을 잃지 않고 있다. 이경희, 동생 무경, 애인 지원 등의 작중 인물과의 관계를 통해 이루어지고 있는 그녀의 성격화는 그러한 매개를 통해 다시 전형적 정세와도 긴밀하게 연계됨으로써 해방 직후의 사회역사적 상황과 배경을 드러내는 역할을 하고 있는 것이기도 하다. 이러한 드러냄의 형식은 문학의 신비화·신성화를 거부하고 거기에 저항하여 과학적 분석 정신을 옹호한 작가의 일관된 신념이 이 작품에도 그대로 반영되고 있는 것이라고 말할 수 있으며, 감춤의 형식이 아니라 드러냄의 형식을 통해 객관 현실의 난관을 돌파하여 한 걸음 한 걸음 나아가고자 하는 것, 즉 리얼리즘 정신에 바탕한 계몽의 서사는 김남천 문학 전반이 가지고 있는 가장 특징적인 현상으로 볼 수 있을 것이다.

이 작품에서 또 다른 흥미와 재미를 제공하고 있는 것은 박무경-이경희-김광호의 인물 관계에 의해서 진행되는 이야기 축이다. 이 작품이 1939년 『조선일보』에 연재된 「사랑의 수족관」과의 연작 소설적 성격을 가지고 있음은 앞에서 언급한 바와 같다. 「사랑의 수족관」의 주인공 이경희와 김광호의 모습은, 별다른 굴절 없이, 시간의 흐름에 따라, 「1945년 8·15」에서도 그대로 이어지고 있는데, 두 작품 모두에서 주요 작중 인물인 이경희의 나이를 살펴 보면, 「사랑의 수족관」에서는 24살이고 「1945년 8·15」에서는 30살이다. 「사랑의 수족관」과 「1945년 8·15」 두 작품의 시간적 배경이 되고 있는 해는, 각각 작품 연재 시작 당시의 1939년과 1945년[67]이고, 1939년으로부터 6년이 지난 1945년은 24살의 이경희

66) 김남천, 「1945년 8·15 165회-제12장 일성록(4)」, 『자유신문』, 1946.6.28.

67) 와다 도모미는 「사랑의 수족관」과 「1945년 8·15」의 공통된 특징으로, 소설 속의 시간과 현실 속의 시간이 평행하게 흘러가고 있다는 점을 구체적 실증을 통해 제시하고

가 정확히 30살이 된 해이다. 「사랑의 수족관」의 중심적 서사는 아버지의 재산과 자신의 교양을 바탕으로 사회 봉사 사업을 벌이고자 하였던 이경희와 그러한 종류의 자선 사업에 처음부터 부정적인 입장을 가지고 있으면서도 한편으론 그녀의 진심과 그것의 가능성에 대하여 이해하고자 한 김광호의 만남과 결혼 이야기이다. 그들이 결혼한 뒤 6년이 지난 시점을 다루고 있는 「1945년 8·15」에서 이들의 성격과 상황은, 앞에서의 이신국과 마찬가지로, 별다른 수정이나 변경을 거치지 않고 그대로 재등장하고 있다. 물론 박무경과의 불륜 사건이 개입하면서 이경희의 상황이 바뀌게 되지만, 그 사건 이전의 이경희는 '이런 때일사록 가난한 이를 위하여 무에던가 사업을 해야만 될 것이라고 막연히 생각'하지만 구체적인 설계가 없어 고민하는 '교양과 이지를 가진 중년 부인'[68]으로 서술되고 있다. 냉철하고 합리적인 이성을 바탕으로 한 판단력과 차분함을 소유한 김광호 역시 두 작품 모두에서 동일한 성격을 유지하고 있다. 김광호는, 이경희의 여성운동에 대한 의욕이나, 이신국이 최진성과 함께 꾸미는 정치적 활동에 대해서, 비판적인 시각을 견지하고 있다. 하지만 그것에 대하여 저항하는 실천적 의지를 소유한 행동적 인물이라고 할 수는 없다. 이는 「사랑의 수족관」에서도 마찬가지이다. 그런데, 여기에서의 김광호의 모습이 작가 지시적인가 아닌가라는 문제는 쉽게 말할 수 없을 것이다. 이와 관련하여 김남천은 '이 작품에는 주인공이 양심적이다. 그러므로 작품도 양심적 작품이다. 그러니까 작가도 양심적 작가이다'라는 식의 비평적 태도를 '엉터리 삼단 논법'에 불과한 것[69]으로 일축한 바 있다. 김광호는 김지원, 박문경과 함께 「1945년 8·15」에 등장하는 양심적 인물 유형이다. 하지만, 김지원·박문경과는 다른, 김광호의 한

있다. 와다 도모미, 「김남천의 취재원에 관한 일고찰」, 『관악어문연구』 23호, 1998.12, 228면.

68) 김남천, 「1945년 8·15 89,91회—제7장 영원한 비판자(3),(5)」, 『자유신문』, 1946.1.21, 23.

69) 김남천, 「현대 조선소설의 이념—로만 개조에 대한 일 작가의 각서」(『동아일보』, 1938.9.10~38.9.18), 『김남천전집』 1, 400면.

계는 그가 소시민적 지식인으로서의 개인적 양심에 철저하게 갇혀 있다는 데에 있다. 즉 이들에게 중요한 것은, 김광호, 김지원, 박문경 중 누가 긍정적이냐 부정적이냐 혹은 누가 작가 지시적이냐 아니냐의 문제가 아니라, 소시민적 지식인으로서의 나약성과 자의성을 어떻게 하면 극복하고 돌파할 수 있느냐의 문제라고 할 수 있다. '지식인 소시민이 자신의 문제를 완전히 해결하여 자멸을 방지하는 길은 옛날이나 지금이나 이 집단성 가운데에서 자신을 살리는 방법 이외에는 없다'[70]는 것은 작가 김남천의 일관된 입장이었다. 다시 말해, 김광호, 김지원, 박문경 등의 인물을 통해 작가가 말하고자 하는 바는 그들 인물 자체의 긍정성 혹은 부정성에 대한 것이라기보다는 그들이 가진 양심과 지성의 올바른 방향성을 탐색하는 데 있다고 보는 것이 더욱 타당하다고 판단된다.

이들 인물의 성격화가 이루어지고 있는 장은 제7장 '영원한 비판자'와 제8장 '여름밤의 꿈'이다. 여기에서 발생하는 사건과 장면은 크게 세 가지로 나눌 수 있는데, 경희와 무경의 수작 장면과 경희와 광호의 대화 장면, 그리고 경희와 무경의 탈선 장면이 그것이다. 이러한 사건과 장면, 그리고 인물의 삼각 구도 속에서 심각한 내적 고민과 갈등을 겪고 있는 인물은 이경희이다. 박무경, 김광호의 경우, 외적 상황의 변화에 따라 그들의 성격적 정체성이 혼란을 겪고 있거나 변화할 징후는 이 작품 안에서는 엿볼 수 없다. 물론, 김광호의 경우, 장인 이신국과의 정치적 견해 차이로 인한 심리적 고민과 갈등이 그의 고백적 서술을 통해 작품 밖으로 표출되고 있고, 그것이 사회・역사적 상황과 연계되고 있지만, 그것이 양심적이고 비판적인 지식인으로서의 김광호의 정체성을 흔들고 있다고 보기는 어렵다. 박무경의 경우 역시, 학도대나 청년단 등의 활동을 통해 당시의 사회・역사적 상황 속에서의 자신의 정치적 입장과 견해를 표출하고 있지만, 그러한 외적 환경이 자신의 내적 고민과

---

70) 김남천, 「고발의 정신과 작가―신창작 이론의 구체화를 위하여」(『조선일보』, 1937.5.30~6.5), 『김남천전집』 1, 221면.

갈등의 과정으로까지 연결된다거나, 그의 정치적 견해 혹은 성격이 다른 지점으로의 이동 혹은 변화를 일으킬 징후를 작품 안에서 찾아보기는 힘들다. 사건과 환경의 진전에 따라 인물의 성격이 변하느냐 아니냐 혹은 그것이 관습적인 것이냐 아니냐에 따라 인물 유형을 구분한 E. M. 포스터와 E. 뮈어의 구분법[71]에 의하면, 박무경과 김광호의 경우 입체적인 인물(round character) 혹은 동적인 인물(dramatic character) 유형이라기보다는 평면적(flat character)이고 정적인 인물(static character) 유형에 가깝다고 할 수 있을 것이다.

이에 반해 '교양과 이지를 가진 중년 부인'으로 등장하고 있는 이경희는 10살 연하의 박무경과의 불륜 사건을 거치게 되면서 심각한 내적 고민과 갈등을 겪게 되고 그것은 자기 정체성의 혼란으로까지 이어질 징후를 보이고 있다. 이경희의 내적 고민과 갈등의 계기로 작용하는 외적 상황은 사회 · 역사적인 것이라기보다는 주로 개인적인 영역에 한정되어 있다. 이 작품의 제7장과 제8장은 자기 안에 감추어져 있던 내밀한 욕망에 대한 발견과 이에 대한 윤리적 자책과 죄의식이 중첩되면서 그녀의 내면적 고민과 갈등이 매우 세밀하게 묘사되고 있다. 하지만 그렇다고 해서 그것이 그녀를 둘러싸고 있는 일상, 관습 혹은 제도가 지니고 있는 억압과 거짓에 대한 저항과 반항으로서의 성격과 의미를 갖는다고 보기는 어려울 것이다. 젊은 무경과의 격렬한 애정의 유희가 끝난 뒤, 그녀의 내면에는 도덕과 질서, 윤리 등으로부터의 이탈 욕망 못지않게 그러한 자신에 대한 강한 윤리적 자책감과 죄의식에 휩싸이고 있다. 그녀의 올케(이경철의 부인)와의 전화 통화(미군 장교 파티 초대)를 끝

71) 이들의 인물 유형 구분법(성격론)과 관련하여, 송하춘은 뮈어의 구분법(정적 인물과 극적 인물)과 E.M. 포스터의 희극적인 개념과 비극적인 개념을 함께 주목함으로써, 인간이 자신의 문제나 또는 환경에 대하여 단순한 반응을 나타내느냐 복잡한 반응을 나타내느냐에 따라 단순형과 복잡형이라는 두 인물(성격) 유형을 구분하고, 그로부터 1920년대 소설에 나타난 성격 유형과 서술 양식의 의미와 특징에 대하여 검토한 바 있다. 송하춘, 『1920년대 한국소설 연구』, 고려대 출판부, 1985.

으로 이경희의 모습은 미완의 이 작품에서는 더 이상 나타나지 않고 있는데, 올케로부터 전화가 오기 전, 이와 관련한 그녀의 내면을 묘사하고 있는 마지막 부분은 다음과 같다. "아무리 상념이 날개를 피고 환상과 애상에 저저 보랴 하여도 생리와 신경이 허락지 안는 것이다. 드디어 그는 자기 자신조차 아연히 놀래고 부끄러울 만큼 육신의 열락을 히구하고 잇는 심성의 타락 압헤 서 있는 자신을 발견하는 것이다. (아 어떠케 해야만 조흘 것인가) (나는 어떤 악마의 꾀임을 바더 애욕의 유황불 속에 허덕이고 잇는 것이나 아닌가)"[72] 이런 점에 주목한다면, 이경희의 긍정성 혹은 부정성을 굳이 따지자면, 그녀는 부정적 인물 유형에 포함시킬 수 있다기보다는, 앞에서의 김광호와 마찬가지로, 양심적 인물 유형에 속한다고 볼 수 있을 것이다. 이와 관련하여, 김남천 소설에 나타나고 있는 가출 모티프에 주목하여, 이 작품에서 이경희의 불륜은 아버지와 남편이라는 이중으로 된 억압과 지배로부터의 탈출[73]로서의 성격과 의미를 갖고 있다고 본 와다 도모미의 시각은 지나치게 과장된 면이 있다고 판단된다. 무경과의 불륜 사건을 전후한 이경희의 심리적 갈등과 방황 안에는 억압과 지배로부터의 이탈 욕망과 도덕과 양심에 따른 자책감이라는 이중적 측면이 동시적으로 드러나고 있다. 여기에서 중요한 것 역시, 그것이 타락한 것인가, 아닌가라는 윤리적 가치 판단이 아니라, 그러한 장면 묘사의 특징적 현상이 감춤의 형식이 아닌 드러냄의 형식[74]을 취하고 있다는 사실이다. 여기에서의 드러냄은, 작가의 사상과는 오히려 대립적인 지점에 위치해 있는 인물 이경희의 인물 시각 서술을 통하여 이루어지고 있다고 할 수 있는데, 이 역시 '이데로 된 인물'이 아닌 '인물로 된 이데'를 중시한 작가의 리얼리즘 정신이 반영되고 있는 것으로

---

72) 김남천, 『1945년 8·15 116회－제8장 여름밤의 꿈(17)』, 1946.3.3.
73) 와다 도모미, 「김남천의 취재원에 관한 일고찰」, 『관악어문연구』 23호, 1998, 232면.
74) 욕망과 양심의 이중 작용으로 인한 이경희의 심리적 갈등과 방황은 그녀 자신의 인물시각 서술을 통해 표현되고 있다.

볼 수 있을 것이다. 다만, 이경희가 관계 맺고 있는 인물 혹은 처해 있는 환경의 제약으로 인하여, 그녀가 지닌 교양과 이지가 당시의 복잡한 사회 · 역사적 문제들과 연계된다거나, 그녀의 현실 의식 또는 역사 인식이 올바른 방향으로 전환될 수 있는 가능성은 그만큼 봉쇄되어 있다고 할 수 있다.

이런 점에서 이경희를 비롯하여 이 작품 속에서 성격화된 인물들, 박문경, 김지원, 김광호 등의 공통된 특징은, 그들이 기본적으로 양심적 인간 유형에 속해 있다는 점이며, 다만, 그들이 관계 맺고 있는 인물 혹은 환경에 따라, 서로 다른 지점에 서 있게 됨을 보여주고 있다. 이는 이 작품이 작가의 이데를 작중 인물에게 직접적으로 투사함으로써 작가의 목소리를 직접적으로 전달하는 '주관의 전성기(轉聲機)'로서의 의미와 성격을 갖고 있다기보다는 작중 인물이 처해 있는 환경의 구체성 속에 침투하여 그 인물의 심리적 갈등과 방황을 거짓 없이 드러냄을 시도하고 있다는 것, 즉, 객관성 우위의 리얼리즘적 창작방법론에 기반하여 당대 역사의 올바른 방향성에 대한 소설적 형상화로서의 의미와 성격을 갖고 있다고 말할 수 있는 이유이기도 하다.

이상 김남천 문학론과의 관련성을 중심으로 「1945년 8 · 15」의 의미론적 구조와 특징을 살펴본 지금까지의 논의를 요약하면 다음과 같다. 이 작품에 등장하는 인물군 중, 장사우 · 황성묵, 박일산, 최진성 · 이신국 등은 작품 속에서의 성격화된 인물이라기보다는 전체적 배경으로서의 역할을 하고 있다. 이들은 각각 과거 '국내 저항 세력'과 '국외 저항 세력', 그리고 '국내 지배 세력'을 대표함으로써, 그들 세력의 존재가 해방 직후 사회 · 역사적 현실의 전형적 정세를 이루었음을 이 작품은 보여주고 있다. 하지만, 이 작품의 주된 목적이 그들 세력들 사이의 대립과 갈등을 다루고자 한 데 있는 것이 아니라, 그러한 사회 · 역사적 현실 속에 처해 있는 젊은이들의 방황과 고민을 드러냄으로써 올바른 역사적 방향성을 탐색하는 데 있었던 탓에 이들 인물의 성격화는 이루어지지 않고 있다. 이 작품 속에서 성격화된 인물은 박문경 · 김지원 · 이경희 · 김광호 등이라고 할 수 있는데, 이들의 공통된 특징은, 그들이 모두 양심적 인간 유형에 포함될 수 있다는 점이다. 하지만 그들은 각자가 관계 맺고 있는 구체적 환경 속에서, 서로 다른 지점에 서 있게 된다. 이는 이 작품이 작가의 이데를 작중 인물에게 직접적으로 투사함으로써 작가의 목소리를 직접적으로 전달하고자 한 것이라기보다는 작중 인물이 처해 있는 환경의 구체성 속에 침투하여 그 인물의 내적 고민과 갈등을 드러내고자 한 작가의 의도가 반영된 것으로 볼 수 있다. 이러한 사실로 미루어 볼 때, 해방기 김남천의 「1945년 8 · 15」는 1930년대 후반 리얼리즘문학론과의 단절 혹은 초월을 예시하고 있는 것이라기보다는 과거 문학론과의 긴밀한 연관성 속에서, 또 그것의 성과에 토대하여, 씌어진 것이라고 보는 것이 더욱 타당하다고 판단된다.

2. 무기로서의 웃음과 해방의 서사–이기영의 「땅」

갑작스럽게 맞은 해방과 미 · 소에 의한 분단 점령, 그리고 국가수립을 둘러싸고 벌어진 정치 · 사회적 혼란 속에서 이 시기 시급히 해결되어야 할 역사적 과업으로 전면에 부각된 것은 토지개혁 문제였다. 당시의 어떤 정치 세력도 토지개혁의 필요성과 당위성에 대하여 정면으로 반대하지는 않았던 만큼 이에 대한 입장은 자신들의 정파를 결집하게 하였을 뿐만 아니라 다른 정파와 대립하게 하였던 중요한 동력이자 토대가 되었다. 남한의 경우 복잡하게 전개된 정치적 이해 관계와 지주들의 완강한 저항, 미군정의 정책적 혼선 등으로 인하여 그것이 자꾸만 보류되고 지연됨으로써 사회적 혼란과 대립을 가중시킨 중요한 요인이 되었던 반면, 북한의 경우 무상몰수·무상분배와 경자유전의 원칙을 핵심으로 한 '북조선토지개혁법'이 해방된 지 반 년만에 전격적으로 실행됨(1946.3.5)으로써 남한과의 체제 경쟁에서 비교 우위를 점유하게 된 결정적 계기로 작용하였다. 그러한 정치·사회적 배경을 토대로 하고 있는 이기영의 「땅」[75]은 해방 후 북한에서 이루어진 토지개혁(1946.3.5)을 배경으로 하고 있는 작품으로, 그 안에 북한 체제에 대한 강한 자신감과 우월감을 담고 있는 것이 사실이다. 이기영[76]은 해방 이후 조소문화협회(1945.11.11) 중앙위원장을 지내고, 북조선예술총연맹의 결성(1946.3.25)을 주도했던 만큼, 이 작품이 당시 북한 사회의 문예 정책[77]과 밀접한

75) 「땅」은 '개간편'(1948년 발표)과 '수확편'(1949년 발표)으로 이루어진 작품이다. 이기영은 이를 3부작으로 확대하고자 이 부분을 「땅」 제1부로 하고, 6·25 시기를 다룬 '조국해방전쟁편'을 「땅」 제2부로 발표(1958)하였다. 이렇듯 작품을 연장하기 위하여 이왕의 내용을 일부 수정하여 1960년 「땅」 제1부 정정판을 내었는데, 작가에 의하면, 원래 초판에는 고병상(부정적 주인공)의 운명이 결말난 것으로 씌어졌지만 그를 좀 더 끌고 나가야겠다는 생각에 '고병상과 그의 손자 쾌동이가 현물세 창고에 불을 지르려다 발각되어 도망친 것으로 개작하였고 그 외에도 몇 곳의 첨삭한 부분이 더러 있다'고 한다(이상경, 「토지개혁이라는 역사적 전변에 나타난 인간 변모의 형상화」, 『땅』 下, 풀빛, 1992 참조). 이에 반해 1973년 다시 한 번 발행된 「땅」 제1부(문예출판사)는 그 개작의 폭이 대대적이었던 것으로 보인다. 원래의 초판본은 구할 수 없어서, 본 논문에서 분석 대상으로 삼은 텍스트는 1960년 일부 개작되어 발표된 「땅」 제1부 정정판을 수록해 놓은 『이기영 선집』 5·6(풀빛, 1992)이다. 이러한 사실로 인하여 발생하게 되는 텍스트 해석상의 문제점은 앞으로의 연구에서 반드시 보완되어야 할 것이다.

76) 이기영(1895.5.29~1984.8.9, 충남 아산 生)이 해방기에 발표한 작품은 모두 다음과 같다. 희곡 「닭싸움」, 『우리문학』 2호, 1946.3; 희곡 「해방」, 『신문학』, 1946.4; 「개벽」, 『문화전선』 1호, 1946.7; 「형관」, 『문화전선』 2,3호, 1946.8,9; 『땅』(「개간편」), 『민주조선』, 1948년 봄(「수확편」은 1949); 「전변」, 『농막선생』, 조소문화협회중앙본부, 1950; 「농막선생」, 『농막선생』, 조소문화협회중앙본부, 1950.

77) 이기영의 「땅」이 발표(『민주전선』, 1948년 봄 연재)되기 전, 1947년 초 북한 문단에서는 '고상한 리얼리즘론'이라는 창작방법론이 대두되고 있었다. 토지개혁법령(1946.3.5), 노동법령(1946.6.24), 남녀평등법령(1946.7.30), 중요산업국유화법령(1946.8.10), 인민회의 대의원 선거(1946.11.3), 건국사상총동원운동(1946.12.3) 등 政體수립과 관련된 일련의 개혁 프로그램들이 진행되는 가운데, 1947년 3월 28일 북조선노동당 중앙위원회 제29차 상무위원회의 결정 「북조선에 있어서의 민주주의 민족문화 건설에 관하여」가 채택되었다. 여기에 '고상한 사실주의라는 용어가 처음 등장하는데 그 핵심은 영웅적

관련을 맺고 있는 것 역시 사실이다. 이에 따라 이기영의 「땅」에 대한 기존 논의는 주로 작품 외적 사실과의 관련성 속에서 작품의 의미를 밝혀내는 데 주력했다고 할 수 있다.

염상섭 · 한설야 · 이기영 문학의 비교, 북한 토지개혁의 의미, 『두만강』과의 차이, 작가의 체험적 사실과의 상관성 속에서 이기영의 「땅」이 가진 의미와 성과를 탐색하고자 한 김윤식의 「토지개혁과 개벽사상—이기영의 『땅』」은 그 대표적인 예라고 할 수 있다. 그는, '이상과 현실이 일치했던 해방공간은 모든 것이 가능했던 하나의 원점과 같은 시기로서, 잠재적 농민상(소작농의 경험을 가진 머슴)을 지닌 곽바위야말로 그러한 특징(원점으로서의 가능성, 이상과 현실의 일치성)을 온 몸으로 보여줄 수 있는 가장 문제적 인물이며, 이 작품의 지배적 특성인 이른바 '무갈등 이론'은 작가 이기영의 창작 방법의 변화에 멈추는 것이 아니라, 혁명적 낙관주의 일반이 갖는 과제였다'[78]라고 강조하고 있다. 이 시기 다른 유형의 소설들(채만식 · 허준 · 염상섭 · 김남천 소설)과 비교해 볼 때, 이러한 지적은 타당한 것이라고 판단된다. 하지만 문제는, 그의 논의가 작품 외적 사실들에 대해서는 풍부한 근거와 실례를 제시하고 있음에 반해, 작품에 대한 언급은 소략하여 선언적 수준에 그치고 있는데, 그 안에 일부 동의하기 어려운 부분이 있다는 점이다. 그에 의하면, '이 작품의 주요 등장 인물들의 성격 발전이나 행위엔 자발성과 자율성이란 전혀 없고, 모든 것이 상부의 지령과 면당 위원장 강균의 일방적 지도와 조종에 의해서 움직이는 꼭두각시에 불과한 것'[79]으로 설명되고 있다. 이러한 관점에 기반하여 이기영의 농민소설에 대한 논의로 확장하고 있는 김승환의 「해방공간의 농민소설 연구」는 '「고향」이 생동한 인물들의

투쟁을 그려 독자 대중들이 고상한 품성을 형성하도록 교양한다'는 것이었다. 이상경, 『이기영』, 풀빛, 1994, 345~348면 참조.

78) 김윤식, 「토지개혁과 개벽사상」, 『한국 현대현실주의소설 연구』, 문학과지성사, 1990, 228~230면.

79) 위의 책, 230, 233면.

개성적 형상으로부터 집단적 형상을 묘파해 내어 역사 발전의 방향성을 담보한 데 비하여, 「땅」은 역사 전망을 터무니 없이 과장하고 있어 역사 발전의 정체 현상을 보인다'[80]라고 결론짓고 있다. 북한의 문예정책의 변화 과정과 해방 이후 이기영의 문학 활동, 그리고 「땅」의 개작 과정 등에 대하여 꼼꼼한 실증과 함께 작품에 대한 세밀한 분석을 보여준 이상경의 「해방과 토지개혁」은, 이기영의 「땅」이 가진 성과와 한계를 어느 하나로 단일하게 규정하기보다는 동시적으로 포괄하고자[81] 하면서도 결론적으로는 그것이 '시각의 과장(exaggeration of perspective)', '도해로서의 문학(literature as illustration)'으로부터 크게 벗어나지 못한 것으로 파악하고 있다. 이들의 논의는, 이기영의 「땅」에 관한 연구에서 선구적인 의의와 성과를 가지고 있음에도 불구하고, 그것이 해방기의 사회 역사적 현실을 충분히 고려하지 못하고 있는 것은 아닌가 하는 반성을 하게 된다. 이 장에서는 이러한 문제의식에 기반하여 이기영의 「땅」의 의미론적 구조와 특징에 주목하고자 한다.

---

80) 김승환, 「해방공간의 농민소설 연구」, 서울대 박사논문, 1990, 117면.

81) 「땅」의 주인공 격에 해당하는 곽바위와 순옥에 대하여 이상경은 '봉건적 인습을 극복하려는 인물들(순옥, 금숙, 순이 어머니)은 성공적으로 형상된 반면, 지주 소작 관계의 청산이라는 역사적 변화의 핵심에 닿아 있는 인물들(곽바위, 강균, 고병상)의 형상은 현실에 기반하기보다는 다분히 도식적이며 전형성을 지니지 못했다는 비판을 면할 수 없다'(이상경, 「해방과 토지개혁－혁명적 낭만주의의 시대」, 『이기영』, 풀빛, 1994, 332~334면)는 입장을 취하고 있다. 이와 관련하여, 김재홍은 '곽바위의 경우에는 그의 창조적인 노력 때문에 강균과의 관계가 훨씬 상호교호적으로 이루어져나가는 반면 전순옥의 경우에는 다소 일방적 성격을 면치 못하고 있다'(김재홍, 「북한의 토지개혁과 그 소설적 형상화」, 『실천문학』 17호, 실천문학사, 1990년 봄호, 208면)는 대립적인 시각을 보이고 있다. 하지만 김재홍 역시, 이기영의 「땅」이 북한 농촌의 총체성을 형상화하는 데에는 미흡하다고 결론내리고 있는데, 그 가장 큰 이유로 그는, 당시 농촌 사회에서 중요한 계급으로 존재하였던 중농과 부농의 모습이 부재하다는 점을 들고 있다.

1) 한(恨)과 신명의 동시성

이기영의 「땅」을 추동하고 통어하는 힘으로 작용하고 있는 것은 '恨'과 '신명'의 동시성이다. 오랜 세월 동안 마음속에 맺혀진 억울하고도 원통한 사정을 '恨'이라고 한다면, 신명은 일순간의 흥겹고도 즐거운 놀이라고 할 수 있다. 그렇듯 이질적이고 상충되는 듯이 보이는 '恨'과 '신명'이 동시적으로 결합되어 있는 양상은 이기영의 「땅」이 가지고 있는 가장 특징적인 현상 중 하나이다. 이 때, 그 심층적인 내면을 형성하는 데 있어, 우선적 계기는 후자('신명')보다는 전자('恨')에 있다고 할 수 있을 것이다. 토지개혁법령(1946.3.5)이 발표되기 바로 전의 시점에서 출발하고 있는 이 작품의 맨 처음은 다음과 같이 시작한다.

> 곽바위는 어제도 밤새도록 주인집 벼를 물방아로 찧었다. 벌써 이레 째 찧는 방아는 오늘에야 겨우 끝이 났다. "제기랄, 이 놈의 노릇을 언제까지 해야 한담……. 언제나 고공살이를 면하구 남과 같이 살아볼까?"[82]

빈농 출신으로 홀어머니 밑에서 어렵게 농사를 짓다가 일본인 관리를 폭행한 죄로 6년 동안 감옥살이를 하던 중에 어머니와 아내, 누이 동생을 모두 잃고 만 곽바위는 홀로 외톨이가 되어 거처 없이 떠돌며 10년 넘게 머슴살이를 하고 있는 인물이다. 일본의 패전으로 인하여 갑작스럽게 8・15해방을 맞이했지만, 그렇다고 해서 그것이 주인에게 종속된 한갓 종에 불과한 곽바위의 삶에 변화를 일으킬 가능성은 없어 보인다. 언제까지나 '남의 종노릇으로서의 삶'을 벗어나지 못한다면, 해방이 수만 번 되풀이된다 한들 그의 가슴 속 깊이 맺혀진 억울함과 원통함이 해소될 리 역시 만무하다. 그의 恨을 푸는 길은 현재의 노예 상태로부터 벗어나 가족을 이루어 남과 같이 사는 것이며 그에게는 그것만이 진

82) 이기영, 『땅』 上, 풀빛, 1992, 13면.

정한 해방일 수 있다. 그와 같은 해방에 대한 염원은 단지 머슴들에게만 해당되는 것은 아니었다. 머슴들만이 아니라 당시 농민의 대다수를 차지했던 소작농들[83] 역시 마찬가지의 염원을 가졌다고 할 수 있는데, 머슴으로 전락하기 전 빈농 시절 곽바위의 모습은 과거 봉건적 토지 소유 구조 속에서 소작농들이 지주들의 착취와 횡포에 악전고투할 수밖에 없었던 상황을 잘 보여주고 있다. 곽바위는 고향에서. 경답(京畓, 서울 사는 지주 소유의 논—필자 주)을 벌고 있는 박 서기가 중간 소작으로 내놓은 논 다섯 마지기를 겨우 얻어 소작한 바 있는데, 그 논의 도지(賭地, 소작료)는 원도지 다섯 섬에 두 섬이 덧붙여져 모두 일곱 섬이었다. 당시 한 마지기에 보통 두 섬 정도가 수확되었다[84]고 하니, 다섯 마지기에 열 섬이 난다고 하면, 소작농의 차지는 석 섬밖에 안된다. 그럼에도 불구하고 소작을 얻어 농사를 짓지 않을 수 없는 이유는 그렇게 밑지는 농사를 지어야 빚이라도 얻어 쓸 수 있기 때문이었다고 하니, 소작농들은 결국 빚더미에 앉기 위해 농사를 짓고 있는 셈이다. 비싼 도지 때문에 남이 돌아도 안 보는 박 서기의 논을 곽바위가 소작을 하기로 결심한 이유는 어떤 악지를 쓰더라도 그 땅에서 삼 배출을 내보자는 욕심

83) 한 통계에 의하면, 1945년 말 현재, 자작농은 13.8%(284,509호수)에 불과하였고, 자작 겸 소작농과 소작농, 화전민(피고용자 포함)이 각각 34.6%(716,080), 48.9%(1,009,604), 2.7%(55,284)를 차지하였으며, 남한의 경우 총 경지 면적(232만정보) 중 63.4%(147만정보)가 소작지였던 것으로 집계되어 있다(조선은행조사부, 『조선경제연보』(1948년판), 1948, 1~29면). 북한의 경우 '1943년 현재 총 농가호수의 4%에 지나지 않는 46,134호의 지주들이 총 경작 면적의 58.2%를 차지하고 있었는데, 소작료는 보통 수확물의 50% 내지 60% 이상이었으며, 어떤 군에서는 80% 내지 90%에 달한 사실도 있었다'고 한다(김주환, 「해방 후 북한의 인민민주주의 혁명과 사회주의 혁명」, 『해방전후사의 인식』 5, 한길사, 1989, 284~5면). 이는 일제 시대와 해방 직후 농지소유와 경영의 지배적 구조가 지주와 소작농이라는 봉건적 착취 관계로 이루어졌음을 말해주고 있다.

84) 한 섬은 54kg 벼 두 가마니이다. 한 마지기(200평)에 두 섬이 나는 논을 양섬배미라고 하는데, 삼 배출이라고 하면, 한 마지기에 석 섬이 나온 것을 말한다. 당시에는 아무리 실농군(實農軍)이라고 하더라도 삼 배출을 바라보기가 어려웠지만, 요즘은 농사기술(종자, 비료, 지하수 등)이 발달하여, 한 마지기에 4섬에서 5섬까지 수확된다(임대료는 한 섬 정도)고 한다.

때문이었다. 이십 리나 되는 읍내까지 가 인분을 져서 나르고, 남들이 두세 벌 매는 논을 네 벌까지 손질을 하고, 금비(金肥)를 뿌리는 등, 곽바위는 손톱 발톱이 닳도록 온 정성을 '땅'에 쏟아 부어 기어이 삼 배출을 해 내었다. 하지만 '모를 심을 때 얻어 먹은 장리쌀이며 종자 대금, 비료 대금을 벼금새로 쳐서 물고 나니'[85] 그에게 남은 것은 총 열다섯 섬 중 석 섬이 못되었다. 그런데 다음 해부터는 오히려 도지가 한 섬 더 올려져, 해마다 그만큼의 소출을 내었지만 여전히 빚만이 더 늘어 가는 현실은 그로서는 불가항력적이고 절망적이라고 할 수밖에 없다. 고율의 소작료와 누적된 빚 때문에, 무남독녀 순옥을 지주의 첩으로 빼앗기고 응혈병이 들어 세상을 떠난 순옥의 아버지 전 영감의 사정이나, 찌그러진 오막살이 속에서 굶기를 부잣집 밥 먹듯이(苟命徒生) 하며 어린 자식을 아홉 살 적부터 꼴머슴으로 내몰 수밖에 없었던 박첨지의 사정 역시 불가항력적인 현실로 인한 아득한 절망감과 한(恨)을 담고 있기는 마찬가지이다. 노래 한 마디에 오십원 과태료를 물게 된 가낭뱅이 소작농 박첨지의 흥타령이나 그들의 어린 자식들이 오락 삼아 불렀던 동요(비는 오는데 / 꼴짐은 무겁고 / 날은 저물고 // 뒤는 마려운데 / 길은 빠지고 / 허리띤 옭맺히고 // 이 일을 어쩔까나? / 나두 모르지 / 나온다 나온다 ……)가 결코 유쾌하고 명랑한 웃음의 노래일 수 없는 이유 역시 여기에 있다. 부모와 아내, 누이를 죽게 만들고 아들을 머슴으로 내몰고 딸을 첩으로 팔 수밖에 없었던 이들 소작농들에게 '땅'은 자신들로서는 불가항력적인 현실 앞에 마주치게 되는 아득한 절망감과 원통한 '한(恨)'의 덩어리일 따름이었다.

8·15해방이 된 뒤, 남한과 북한의 정권 기관에서 앞 다투어 소작료 제한 조치를 내리고 이에 대한 투쟁을 결의한 것[86]은 새로운 政體수립

85) 이기영, 『땅』 上, 풀빛, 1992, 38면.

86) 남한의 미군정은 군정의 실시와 더불어 소작료의 최고 한도를 3·1제로 제한한 '최고 소작료 결정의 건'을 '국가비상사태포고'(1945.10.5)로서 공포하였다(신병식, 「토지개혁을 통해 본 미군정의 국가성격」, 『역사비평』, 역사문제연구소, 1988년 여름, 186면 참조). 북한에서는 서북 5도 당대회(1945.10.10~13)에서 3·7제 투쟁을 결의하였는데,

기에 그러한 '땅' 문제를 해결하지 않고서는 어떤 것도 가능하지 않다는 공통된 인식 때문이었다. 하지만 소작료 제한 혹은 투쟁만으로 지주와 소작농 사이의 불평등한 관계와 이로 인한 수탈과 착취의 문제를 해결할 수 없음은 물론이다. 비상시국을 선포하고 소작료의 최고 한도를 3·1제로 제한한 획기적인 조치를 취했음에도 불구하고 이를 뒷받침 하는 농지개혁이 자꾸만 지연되고 무산됨에 따라, 지주들의 저항 혹은 횡포, 그리고 소작농들의 채무 상태가 악화 일로로 치닫게 된 미군정기 남한의 사정[87)]은 이를 반증하는 실례로서의 역할을 하고 있다. 최고 소작료 제한 조치(1945.10.5)를 취한 뒤 구상된 토지개혁법[88)]이 유보되면서 1947년 무렵 남한에서의 토지개혁 논의는 유상몰수·유상분배(임시정부수립대책협의

이 때의 3·7제 투쟁은 토지개혁(1946.3.5)으로 나아가는 예비적 역할을 하였다고 할 수 있다. 해방 후 북한에서의 정권 기관은 건국준비위원회(1945.8.15~소련군 진주 이전), 인민정치위원회(1945.8월 말 이후), 북조선5도행정국(1945.11.19~), 북조선임시인민위원회(1946.2.9~), 북조선인민위원회(1947.2~), 조선민주주의인민공화국(1948.9.9~)의 순서로 발전했는데, 북한의 토지개혁을 주도한 것은 '북조선 임시인민위원회'(위원장 김일성, 부위원장 김두봉)였다(김주환, 앞의 글, 274, 283면 참조). 참고로, 1942년 현재, 직업별 인구 통계에 의하면, 농민은 총 인구(26,361,404명)의 66.2%(17,447,636명)를 차지한 것으로 조사되어 있다(조선은행조사부, 『조선경제연보』(1948년판), 1948, 1~27면).

87) 남한에 대한 미군정의 농지개혁 입장(찬성, 반대)이 어떠했는가와 관련해서 사학계에서 몇 가지 논란이 있지만, 결과적으로 그것이 실패로 귀결되었다는 데에는 이론(異論)의 여지가 없는 듯하다. 농지개혁의 지연과 보류는 수많은 사회적 병폐와 문제를 야기하였다고 할 수 있는데, 특히 지주들의 소작지 강매 혹은 방매 현상은 그 대표적인 예이다. 지주들은 소작권 변경을 위협으로 소작인들에게 토지를 강매하거나, 아니면 제3자에게 그것을 방매함으로써 이 무렵 토지 가격은 오히려 상승(1~2만원→4~5만원)하였다고 한다. 이에 따라, 1949년 현재의 한 통계를 보면, 총 농가호수는 1945년 말에 비해 40만 호 이상 증가하였고(2,065,477호수→2,473,833호수), 소작농은 반감한 반면(1948.9%→21.3%) 자작농은 세 배 가까이 급증한(1913.8%→37.4%) 것으로 나타나고 있다. 이러한 사정은 토지개혁의 의미와 의의를 무력화시킬 수 있는 위험성이 다분했다. 유인호, 「해방 후 농지 개혁의 전개과정과 성격」, 『해방전후사의 인식』 1, 한길사, 1989, 417~422면 참조.

88) 미국무성은 1946년 1월 미군정의 대한경제사절단장으로 번스를 파견하였는데, 그는 과거 일본인 소유의 토지에 대한 분배를 규정한 법안을 작성하여 미군정에 제출(1946.2)하였다. 하지만 미군정(군정장관 : 러치 소장)은 몇 번의 여론 조사를 실시한 뒤, 여론의 반대를 이유로 번스 안을 받아들이지 않았다고 한다. 신병식, 「토지개혁을 통해 본 미군정의 국가성격」, 『역사비평』, 역사문제연구소, 1988년 여름, 191~192면.

회 안), 유상몰수 · 무상분배(시국대책협의회 안), 무상몰수 · 무상분배(민주주의민족전선 안)라는 세 가지 방안[89]으로 나뉘어졌다. 이에 미군정은 유상몰수 · 유상분배 원칙을 핵심으로 하는 토지개혁법안을 작성하여 남조선과도입법의원에 상정(1947.12.23)하였다. 하지만 입의 의원들의 반대와 불참으로 인하여 심의가 자꾸만 보류되고 유회됨으로써 미군정기 동안 남한에서는 토지개혁 법안이 끝내 어느 한 가지도 실행되지 못하고 말았다. 이에 반해 북조선임시인민위원회(1946.2.9)가 17개조의 북조선토지개혁법을 제정 공포한 것은 1946년 3월 5일이며 토지분배사업을 완료한 것은 동년 3월 말일이다. 그것의 구체적 내용은 일제와 친일파 소유의 토지, 부재지주의 토지, 자작을 하더라도 5정보(약15000평) 이상의 토지를 무상으로 몰수하여 실제 농사를 짓는 농민에게 경작 능력의 정도에 따라 무상으로 분배함으로써 과거의 봉건적 소작제를 철폐하고 농민에 의한 자주적인 농업경영의 길을 열어놓는다는 것[90]이었다. 1946년 한 해 동안, 북한에서 노동법령(1946.6.24)과, 남녀평등법령(1946.7.30), 중요산업국유화법령(1946.8.10), 인민회의 대의원 선거(1946.11.3), 건국사상총동원운동(1946.12.3) 등 정체(政體)수립과 관련된 일련의 개혁 프로그램들이 일사불란하게 진행될 수 있었던 데에는, 지주적 토지 소유를 철폐하고 농민적 토지 소유를 확립한 토지개혁(1946.3)의 성공이 결정적 역할을 하였고, 그것이 성공할 수 있었던 이유는 가난한 농민들의 기대와 열망을 그 안에 충분히 담아냈기 때문이었다고 할 수 있다.[91]

89) 유인호, 「해방 후 농지개혁의 전개과정과 성격」, 『해방전후사의 인식』 1, 한길사, 1989, 425~434면 참조.

90) 위의 글, 408~410면 참조.

91) 토지개혁법령에 의해 북한(임시인민위원회)은 총 경지면적 198만 정보 중 100만여 정보의 토지를 무상으로 몰수하여, 98만여 정보를 724,522호수의 농가에 무상으로 분배하였다. 이로 인하여, 평균 0.2정보(300평)에 머물러 있던 빈농들의 토지소유 면적은 토지개혁 이후 평균 2정보(6,000평) 이상이 되었다고 한다. 이 결과, 토지개혁을 주도한 북한 임시인민위원회는 고농과 빈농들로부터 전폭적인 지지를 얻을 수 있게 되었다. 김주환, 앞의 글, 296~297면 참조.

이런 점에서 북한의 토지개혁법 (1946.3.5)이 발표된 뒤 곳곳에서 수만 명의 농민들이 '기뻐 날뛰면서 산천이 울리도록 만세를 부르는 환호성이 구경꾼들까지 가슴을 뛰게 하는 장엄한 장면을 이루었다'라든지 토지 분여를 받은 '논 자리에 쫓아가서 마치 초례청에 들어선 각시가 큰절을 하듯이 두 손을 펴서 이마에 붙이고는 동서남북 사방에다 정성껏 절을 하고 돌아왔다'[92]는 소설 속의 장면을 단순히 상부의 지령과 면당 위원장 강균의 일방적 지도와 조종에 의한 것이라고 볼 수는 없을 것이다. 이들 장면을 가능하게 했던 원동력은 가난한 농민들의 가슴 속에 맺혀져 있던 한(恨)이었고, 토지개혁법이라는 외적 계기는 그것을 흥겹고 즐거운 신명으로 전환시켜 주었던 것으로 볼 수 있다. 「땅」의 서사는 바로 이 지점에서부터 시작된다는 점에 유념할 필요가 있다. 곽바위와 순옥 아버지, 박첨지 등 가난한 농민들의 한(恨)과 토지개혁에 대한 군중들의 열광과 환희(제1장과 제2장)는 이 작품의 프롤로그 격에 해당한다. 이후의 서사 전개에 있어, 이러한 '恨'과 '신명'의 동시성은 이 작품의 중심적 사건(개간 사업, 두레 조직)[93]을 지배하는 중요한 작동 원리가 되고 있다. 토지분배를 받은 박첨지의 집에서는 온 집안 식구들이 '새로 얻은 논자리를 어떻게 해야만 소출을 많이 낼까' 하는 농사 공론을 벌이다가, 절로 흥에 겨워져 소리판을 펼치는데, 지나가던 곽바위도 여기에 끼어들어 덩실 덩실 춤을 추니, 어느새 노래와 춤과 장단 세 가락이 어우러지는 신명나는 장면이 연출된다. 하지만 또한 그러한 흥취와 신명이 끝나고 곽바위의 마음속에는 다시, '억울한 6년의 징역, 어머니와 누이 동생의 죽음, 아내의 개가, 십여 년 홀아비 머슴꾼 생활' 등이 주마등처럼 스쳐 지나간다. 다음은 이 장면에 대한 작가 주석적 서술이다.

---

92) 이기영, 『땅』 上, 풀빛, 1992, 44면, 60면.

93) 봇돌(봇도랑, 논에 물을 대는 도랑)을 내어 마을 앞 벌판을 논으로 만든 '개간 사업'과 마을 사람들과의 공동 작업을 위하여 만들어진 '두레 조직'은 이 작품의 가장 중심적인 사건이라고 할 수 있다.

> 토지개혁을 무슨 흥부전에다 대일 건 아니나, 하여튼지 놀부와 같은 지주들이 흥부와 같은 농민들을 못살게 군 것만은 사실이다. 그런데 해방(토지개혁—필자 주)의 덕으로 앞뒤가 꼭 막혔던 그들에게 금시에 살길이 티었으니 이 아니 희한하냐? 오히려 그것은 흥부의 박 속에서 나오는 재물보다도 더 큰 삼천리 강산이 모두 다 내 것이 된 셈이다. 인제는 인민의 노력이 건국 사업에 열성적으로 움직이면 그 속에서 무진장의 보화가 쏟아져 나올 것이다. 어째 다만 돈과 쌀이나 비단뿐이겠느냐! 여기에 토지를 받은 농민들은 어쩔 줄을 모르고 즐겁게 뛰놀았고 박첨지네도 저녁에 콩끄리를 먹은 것이 시작하였건만 너무도 좋아서 집안끼리 소리판을 벌인 것이다. 그러나 곽바위는 옛날의 고향을 추억하고 남 모르는 비통한 회포를 자아내었다.[94]

이 때문에 토지개혁 이후의 '신명'은 '마냥 즐거운 신명'이 아닌, 그들 가난한 농민의 '한이 맺혀진 신명'이었고, 이 때 비로소 '땅'을 둘러싼 농민들의 '한'은 '원한과 분노의 한'이 아닌, '신명 어린 한'으로 전환될 수 있었다. 이러한 '한'과 '신명'의 동시성은 해방과 전쟁을 거쳐 북한이라는 나라의 정체를 수립하고 유지하는 데 있어서도 결코 빼놓을 수 없는 핵심적인 동인(動因)이었다고 할 수 있다. 이기영의 「땅」이 북한사 혹은 북한 문학사에서 매우 중요하게 취급되는 이유[95] 역시 이러한 지점에서 찾을 수 있을 것이다. 이러한 서사적 특징은 비슷한 시기에 발표된 이태준의 「농토」(삼성문화사, 1948)와 구별되는 점이기도 하다. '토지개혁'이라는 유사한 소재를 다루고 있음에도 불구하고 이태준

94) 이기영, 앞의 책, 80면.

95) 노동당 중앙위원회 제29차 상무위원회 결정, 「북조선에 있어서의 민주주의 민족문화 건설에 관하여」에 다음과 같은 글이 있다. "이기영의 「땅」은 새로운 것과 낡은 것의 상극 투쟁을 통해 새로운 것이 조국 역사의 새로운 페이지를 찬연히 장식하고 있다는 사실에 대하여 정열적으로 노래하였다. 새로운 것에 대한 작가의 이러한 고조된 정열은 마침내 이 작품에 있어서 곽바위와 같은 인간들을 보여줌에 이르렀다. 민주주의적으로 개변되어진 우리 북반부의 새로운 현실에 있어 가장 기본적인 특질의 하나는 노력에 대한 새로운 사상으로서 훈련되어진 새로운 인간의 대량 출현이거니와 곽바위는 정히 이러한 인간으로 창조되어졌다."(이상경, 『이기영』, 풀빛, 1994, 349면에 재인용된 부분 요약)

의 「농토」는 토지개혁에 이르기까지의 여러 가지 복잡한 사정과 맥락을 작품을 통해 의미화하고자 했기 때문에 전반적으로 논리적이고 해설적인 성격이 강한 반면, 이기영의 「땅」은 '한'과 '신명'의 동시적 시선으로부터 작품이 출발하고 전개됨에 따라 그 안에 명랑한 웃음을 유발하는 해학적인 장면들을 풍부하게 담아내고 있다. 이기영의 「땅」을 추동하고 통어하는 힘으로 작동하고 있는 '恨'과 '신명'의 동시성 혹은 명랑성이 해학으로 표출되고 있다는 사실은, 이 작품에서 또 하나의 주목할 만한 특징에 해당한다. 다음 장에서는 이에 대해 살펴보도록 하자.

2) 해학의 명랑성과 전복의 힘

다음은, 벌말 마을의 토지 분배를 하던 날, 다른 위원들과 함께 토지사정위원으로 참석하여 주인집 고병상의 밭 한 자리 분여를 받고 주인집으로 돌아온 머슴 곽바위가 주인 고병상과 주고 받는 대화 장면이다.

> 주인의 기색이 좋지 않게 묻는 데는 곽바위도 거북한 생각이 들어갔다. 그 속을 짐작한 고병상은 더욱 노기를 띤 목소리로 두 눈을 부라리며, "왜 선뜻 말을 못해! 자네가 내 땅을 분배받았다니 그게 정말인가?" "예, 받았습니다. 여러 위원들의 말이 다른 집 토지보다는 농사를 지어주던 집의 토지 한 자리를 받는 것이 옳다구들 해서요." 곽바위는 사실대로 설명해 들리었다. "아니 무엇이 어째? ……어째서 하필 내 땅을 차지해야 옳다는 건 어데서 나온 법률인가?" 고병상은 더욱 기가 나서 대드는데, "건 이렇습니다. 제야 어데 소작을 부치는 게 있습니까. 댁에서 여적 머슴을 살았으니까 댁의 전장을 갈라 부치는 게 옳단 말입지요." "설사 그렇다손 치더라도 자네가 사폐를 보아줄 생각이 있었다면 그 밭을 안 받았으면 될 것 아냐? 자네두 보다시피 내 집 형편이 딱하게 되지 않았는가. 그러니 폐일언하고 그 밭은 나를 도루 주게! 자네는 위원이니까 그 밭이 아니라두 어떻게 달리 구처가 되겠지." 고병상은 처음 서둘 때와

는 딴판으로 별안간 수그러지며 싹싹하게 빌붙는 태도로 나온다. "달리 구처가 어떻게 됩니까. 머슴꾼은 주인집 땅으로만 분배를 받게 된다는데요." "아따 아무 땅이거나 상관있는가. 다- 그럭저럭 하면 되는 수가 있지 않아? …… 하룻밤을 자도 만리성을 쌓는다구 자네와 나 사이에 몇 해 동안 주객지의를 생각하더라도 자네가 그만 사폐는 보아줄 수 있지 않는가. 좀 어렵지만 자네의 농량은 대어줄테니까, 그렇게 내 집에서 농사를 같이 짓세나 그려. 그 전에도 같이 살았는데 못살 게 뭬 있는가, 허허허 ……" 하고 고병상은 곽바위의 눈치를 보며 간활한 웃음을 웃는다.96)

북한 토지개혁의 실무를 담당한 농촌위원회는, 「북조선토지개혁에 관한 법령」 제15조에 의하여, 리(동)를 단위로 하여 고용농, 토지 없는 소작인, 토지 적은 소작인을 중심으로 5~9명을 선발하여 조직되었다. 이는 그들이야말로 실제 농사꾼이었을 뿐만 아니라 토지개혁을 통해서 얻을 것이 가장 많고 따라서 가장 적극적일 수 있기 때문이었다고97) 할 수 있는데, 이에 따라 머슴 곽바위는 토지사정위원에 포함되었고, 지주 고병상은 거기에서 제외될 수밖에 없었다. 토지개혁법령에 의하면, 지주이지만 자작도 겸하고 있는 경우, 소작을 주지 않고 자신이 경작했던 땅(5정보 한도)을 제외하고, 다른 사람에게 소작을 주었던 것은 모두 땅 없는 농민들에게 점수제로 분배되었다. 이로 인하여 머슴 곽바위도 주인 고병상의 밭 한 자리를 분여받게 되었다. 이 소식을 들은 주인 고병상은 "머슴꾼이 주인집 땅을 뺏어 부친다. 세상에 이런 변두 있는가. 이놈이 들어오거든 다리를 분질러 놓아야!"98)라고 화를 끓이며, 곽바위가 집으로 돌아오기만을 기다렸다. 하지만 노기 띤 주인 고병상의 호령과 추궁에 대한 머슴 곽바위의 태도는 천연덕스럽고 능청맞을 따름이다.

96) 이기영, 앞의 책, 65~66면.
97) 김주환, 「해방 후 북한의 인민민주주의혁명과 사회주의혁명」, 『해방전후사의 인식』 5, 한길사, 294면; 「북조선토지개혁에 관한 법령」, 『북한관계사료집』 V, 국사편찬위원회, 1987, 230~7면 참조.
98) 이기영, 앞의 책, 64면.

사람들의 공론(公論)이 그렇고 나라의 법이 그렇다는데, 전들 어떡하겠느냐는 머슴 곽바위의 능청스러운 대답에 속을 태우며 안달하는 것은 주인 고병상이다. 이에 '세상에 이런 변두 있나'라는 격분 어린 한탄과 '머슴의 다리를 분질러 놓고야 말겠다'라는 주인으로서의 다짐은 감쪽같이 자취를 감추고, 머슴 곽바위의 눈치를 보며 싹싹하게 빌붙는 주인 고병상의 모습은 고소(苦笑)를 자아내게 한다. 여기에서 서술자의 우호적 시선이 안달하는 주인 고병상이 아닌 능청스러운 머슴 곽바위의 입장에 서 있음은 물론이다. 이 때문에 이들의 대화적 상황과 분위기를 주도하는 것은 인물들 사이의 팽팽한 대립과 긴장이 아니라 천연덕스러운 능청과 여유 그리고 이로 인한 웃음인데, 이는 무엇보다도 일상적 관계의 역전과 전복으로부터 말미암은 것이다. 주인에게 종속되어 주인을 위하여 노동을 하고 그 대가로 생명을 부지해야 하는 머슴에게 자신의 딱한 형편을 실토(實吐)하고 사폐(事弊)를 보아줄 것을 부탁하는 순간, 주인은 더 이상 주인이라고 할 수 없을 것이다. 하루 아침에 자기 소유의 땅을 잃게 된 주인의 기막힌 형편이 딱한 것은 분명한 사실이겠지만, 그렇다고 해서 주인이 주인이기를 포기하게 된 상황 속에서 머슴이 머슴이기를 고집할 이치 또 없다. 자신의 딱한 사정을 돌봐줄 수 없다면 집을 나가라는 고병상의 호령에, 곽바위가 아무런 주저나 갈등 없이 당당히 주인의 집을 떠날 수 있었던 것도 이 때문이다. 주인이 주인으로서의 위장을 벗어 던짐에 따라 드러나게 되는 것은 한갓 이기적인 인간의 비굴함과 사악함이다. 처음 서둘 때와는 딴판으로 주인과 머슴으로서의 옛 정(主客之義)에 호소하며 지어보이는 비굴한 웃음이 졸지에 빼앗기게 된 밭 한 자리를 되찾아 보려는 간활한 웃음 이상의 의미를 가지고 있지 않음이 인물들 간의 대화와 서술자의 시선을 통해 폭로되고 있다. 그러한 대화적 상황 속에서 주인 고병상의 과장된 언행과 몸짓은 독자로 하여금 실소(失笑)를 머금게 하는데, 이 때의 웃음은 풍자적인 것보다는 해학적인 것에 가깝다.

희극적 소설의 하위 범주인 '풍자'와 '해학'과 '반어'의 구조적 차이를 해명하고자 한 김인환의 「희극적 소설의 구조원리」는 '화해의 구조인 해학적 작품은 이해를 바탕으로 하고, 갈등의 구조인 풍자적 작품은 비판을 바탕으로 하고, 긴장의 구조인 반어적 작품은 반성을 바탕으로 한다'[99]라고 이들을 구분한 바 있다. 이는 주로 서술 태도와 플롯을 중심으로 구분한 것인데, 그러한 서술 태도의 차이에 따라 서술 대상의 성격 역시 달라진다고 할 수 있다. 해학과 풍자, 반어의 대상은 각각 '이해'와 '비판', '반성'의 대상으로서의 성격을 갖는다. 반성적 거리 감각에 기반한 '반어'의 경우 주로 자아와 세계의 분열적 상황 자체가 서술 대상이 됨으로써 작품의 내면성이 강화되는 경향이 있는 반면, '해학'과 '풍자'는 부정적 인물과 현실이 서술 대상이 됨으로써, 유머와 익살, 과장 등 희화적 양상이 두드러지게 된다. 그런데 여기에서, 부정적 대상과 저항 정신의 대립과 갈등을 특징으로 하는 '풍자'의 경우, 외부의 부정적 대상에 대하여 내부의 저항 정신이 승리하는 것으로 귀결되기 마련이다. 이 때, 외부의 부정적 대상은 작품 안에서는 늘상 패배하고 말지만, 작품 바깥의 실제 현실 속에서는 여전히 완강한 사실로서 존재하고 있음을 전제하고 있다. 이런 점에서 풍자의 주된 목적은 견고하고 완강한 외부 현실의 부정성에 틈을 내고 균열을 내고자 하는 데 있다고 할 수 있을 것이다. 이에 반해 '해학'의 부정적 대상은 작품 내부에서든지 작품 바깥에서든지 왜소함과 나약함을 특징으로 한다. 이로 인하여 '해학'은 나약한 인간에 대한 동정과 연민의 감정을 유발하는 측면이 강하다고 할 수 있다. 다시 말해, '해학의 대상'이 가진 부정성은 표면적으로는 작품 내부와 외부에서 비판되고 있음에도 불구하고 종국적으로는 이해와 용서의 구조 속에 용해되어 버리는 경향이 있다. '용서와 타협의 세계에 참여하는 구조를 가진 해학이 자칫 가능한 환상으

99) 김인환, 「희극적 소설의 구조 원리」, 고려대 박사논문, 1981, 199면.

로 빠질 수 있다'[100]라든지 '현대의 유머 소설이 종국적으로 밋밋할 정도로 단조롭고 또 속물적으로 보인다'[101]라는 비판은 '해학' 일반이 가질 수 있는 그러한 한계와 위험성을 경계한 것으로 볼 수 있다. 하지만, '풍자'의 경우 외부 대상과 저항 정신 사이의 선명한 대립 구도와 자신의 도덕적 우월성을 바탕으로 하고 있는 만큼 작품 내부에서는 풍자의 저항 정신이 언제나 승리하기 마련이지만, 작품 바깥의 실제 현실 속에서 그것은 늘상 패배할 수밖에 없는 운명을 가지고 있다.[102] 자족적 가치 체계 안에 가두어 놓고 있는 '풍자'의 저항 정신은 실제 현실에서의 구체적 실천으로 이어질 수 있는 가능성이 그만큼 봉쇄되는 경향[103]이 있다. 이와 달리 현실과의 경계를 허물고 정신적 해방을 특징으로 하는 '해학'은 기존의 질서와 규범, 도덕 등의 권위적 질서와 가치 체계를 의문시하고 그것에 도전함으로써 현실 속에서의 구체적 실천의 힘으로 작용될 수 있는 가능성이 한층 높다고 할 수 있다. 이런 점에서, '해학 일반' 혹은 '풍자 일반'의 규정적이고 보편적인 원리와 성격이 무엇인가라는 것보다, 더욱 중요한 것은 그것의 개별 텍스트들이 어떠한 상황적 맥락과 서사적 배치 속에 놓여 있으며, 그러한 맥락과 배치 속에서 그들이 갖고 있는 구체적이고 실제적인 기능과 효과가 무엇이냐에 있다고 할 수 있을 것이다.

그렇다면 앞 인용문의 대화적 상황 속에서 고병상의 과장된 몸짓과 언행이 유발하는 웃음의 기능과 효과는 어디에 있다고 할 수 있을까.

---

100) 김인환, 앞의 책, 59~61면.

101) 게오르그 루카치, 반성완 역, 『소설의 이론』, 심설당, 1985, 138면.

102) 김동석, 「김유정 소설의 구조 원리 연구」, 고려대 석사논문, 2000, 11면.

103) 이상섭은, 풍자의 대상인 도덕적 · 지적 열등생들이 작품 속에서는 패배하고 말지만, 작품 바깥의 실제 현실 속에서 그들은 그러한 공격과 위협에 의해 별다른 위험을 느끼지 않는다는 점에서 풍자는 언제나 실패작인 셈이라고 한 바 있다. "현실에 대한 도덕적 비판을 통하여 사회악을 제거시키겠다는 풍자의 목적은 실제로 실현되지는 않았으니, 그런 의미에서 풍자는 언제나 실패작인 셈이다."(이상섭, 『문학비평용어사전』, 민음사, 1976, 281면)

일상적 관계의 역전과 전복으로 인하여 스스로 주인임을 포기할 수밖에 없게 된 현실은 고병상으로서는 불가항력적인 것처럼 보인다. 그러한 현실 속에서 그가 취할 수 있는 삶의 방식은 그러한 현실의 부정성을 끊임없이 폭로하면서 이에 저항하는 것과 불가항력적인 현실에 그대로 순응하고 적응하는 것, 두 가지 형태가 있을 수 있을 것이다. 고병상이 선택한 삶의 방식이 전자에 있음은 물론이다. 하지만 그것이 현실의 부정성에 대한 치열한 저항 정신이 될 수 없는 이유는 「땅」의 서사에 참여하는 의미 형성 인자(因子, 작가・서술자・인물・현실・독자 등)들이 그의 사악한 이기심과 시대착오적인 현실 인식에 대부분 동의하지 않기 때문이다. '풍자'의 저항 정신이 성립하고 성공하기 위한 중요한 요건 중 하나는 작가・서술자・인물・현실・독자 등 서사의 의미 형성 인자들의 동참과 공감이다. 이는 대표적 풍자 작가로 알려진 채만식 소설을 생각해 볼 때 분명해진다. 해방기에 발표된 채만식의 「맹순사」(『백민』 3호, 1946.3)의 중요한 구성적 특징은, 부정적 인물 맹순사가 부정적 현실을 비판하는 데 있다고 할 수 있는데, 그것이 현실의 부정성을 비판하는 치열한 저항 정신으로 기능할 수 있는 이유는 그것을 둘러싼 의미 형성 인자들의 동참과 공감을 지속적으로 획득하고 있기 때문이다. 이에 반해 이기적 욕망에 사로 잡혀 있는 고병상의 과장된 언행과 몸짓은 이 작품의 '서사적 상황' 혹은 '의미 형성'의 배치 속에서 철저하게 고립된 지점에 놓임으로써 현실의 부정성을 끊임없이 비판하고 위협하는 저항 정신으로 기능한다기보다는 어릿광대와 같은 한갓 조롱거리에 불과한 것으로 결국 현실의 자장 속에서 흡수되고 용해되어 버리고 말 처지에 놓여 있다. 하지만 또한, 이로 인하여 유발되는 웃음이 이 작품의 서사적 배치 속에서 주인과 머슴의 '관계 전복 또는 해체의 힘'에 의한 산물이라는 성격을 갖고 있으며, 그것이 이 시기의 사회역사적 맥락 속에서 현실적 실천과 매개됨으로써, 그 의미를 단순히 과장되고 희화화된 현실 순응의 한 양태에 불과한 것이라고 말할 수 없게 한다. 여기에서 중요한 것은 고병상의 과장되고 희화화된 몸짓과 언행이 아니라, 이를 통해 유발되는 웃음이 가지고 있는 기능과 효과이다. 이 때의 웃음은 한편으로는 서사의 흐름에 경쾌한 리듬과 생동감을 부여하고 있으며, 또 다른 한편으로는 일상적 관계의 전복을 가시화 하고자 하는 혁명적 성격을 가지고 있다. 이 때문에 '고병상'의 과장된 몸짓과 언행으로 인하여 유발되는 웃음은, 「땅」의 서사가 가지고 있는 힘과 매력을 논하고자 할 때, 빼놓을 수 없는 핵심적인 자리를 차지하고 있다. 그 중에서도 가장 압권은 벌말 마을에 살고 있는 부농의 대표 격이라고 할 수 있는 고병상과 주태로 양씨가 농촌위원회에 제출한 진정서(陳情書) 사건이다. 다음은 그 진정서의 전문이다.

〈陳情書〉

本人 等이 陳情 事段은 無他也라 今般 北朝鮮 土地法令에 依하여 貴會에서도 本人 等의 所有證明이 確實한 本洞 所在의 土地를 但只 小作을 給與하였다는 事實로 當該 土地 全部를 沒收하여 一般 貧農民은 勿論이고 甚至於 雇農軍(머슴꾼)에 至하도록 無償 分配하신 措置는 地主의 權利를 無視하고 小作人의 立場만 偏重하신 點이 不無하므로 不得已 寃掘한 事情을 謹白하옵는 바,(서론-필자 註)

古來所謂 '富貴在天'이라면 此亦 人力莫拒일 뿐 不啻라 至於天地萬物이 無非陰陽兩極所致之造化이온즉 富貴所在에 必有貧賤이라, 貧賤無處에 焉有富貴리오. 然則 推一事可知로 萬般事物이 混同一色이리니 千不當萬不當也로다. 故로 朱子曰 物之不齊는 物之理라 하였고 萬事分已定인데 浮生이 空自忙이라 하온 것이 豈不千古之格言乎아.(본론)

然이나 또한 時代의 變遷은 聖人도 追從이라 하였은즉 萬一土地改革이 北朝鮮 民主發展上 不可避의 情勢라 하올진대, 一般 貧農民을 救濟하랴는 貴會의 嘉尙한 慈善事業을 위해서 本人 等도 應分의 協力을 自進하는 意味로 各自 沒收土地中의 半分은 喜捨할 生覺이 有하오니 餘存半分式은 本人 等

에게 卽時還給하시되 但 其半分 喜捨土地의 選擇權은 本人 等 土地所有者에게 一任해주시기를 바라오며 如此事由로 此段陳情候也.(결론)

丙戌年 三月 *日 右陳情人 朱泰魯 印

同 高秉相 印[104]

가짜 주인으로서의 정체를 스스로 폭로하고 인정함으로써 곽바위(머슴×)에게 망신만 당한 꼴이 된 고병상(주인×)이 절치부심(切齒腐心) 끝에 생각해 낸 것은, 주태로와 함께, 상부 관청에 직접 그들의 억울한 사정을 밝히고 탄원해 보자는 것이었다. 극존칭의 한자 문어체로 이루어진 위 진정서의 형식적인 특징은 진정을 하게 된 요지(서론)와, 진정의 근거와 이유(본론), 그리고 앞으로의 시정 방향(결론) 등의 완결된 구성을 통해 자신들의 의도와 목적을 분명하게 제시하고 있는, 모범적인 공문서의 양식을 갖추고 있다. 그들이 진정을 하게 된 요지는 지주의 권리를 전적으로 무시한 토지개혁법령(1946.3.5)을 도저히 받아들이기 어렵다는 것이다. 이는 북한의 토지개혁 시행 직후 남한의 일부 정치권에서 보인 공식 반응과 상통하고 있다는 점에서 흥미로운데, 한민당은 1946년 3월 16일 선전부장 함상훈의 이름으로 "북조선의 토지개혁령은 민주국가에서는 있을 수 없는 것이다. …… 토지를 전부 몰수하여 소작인에게 분여한다니, 지주가 모두 역적이 아닌 이상 어찌 이러한 무모한 일이 있으리오"[105]라고 북한의 토지개혁에 대해 맹렬히 비난한 바 있다. 이 때문에, 고·주 양씨의 서명으로 제출된 위 '진정서'는 단지 그들의 개인적 저항과 반발에 한정된 것이 아니라, 남한을 포함하여 당시 토지개혁 시행에 강력히 반발하였던 저항 세력의 입장을 대표하는 성격을 가지고 있다. 격정적이고 흥분된 감정과 분노를 여과 없이 표출하고 있는 후자에 비해, 전자는 훨씬 더 위엄있고 절제된 형식으로 표현되어 있지만,

104) 이기영, 앞의 책, 71면.

105) 서중석, 「일제시대·미군정기의 좌우대립과 토지문제」, 『한국사연구』 67, 한국사연구회, 1989.12, 131면.

지주 토지의 무상 몰수를 반대한다는 점에서는 동일하다. 북한의 토지 개혁법령이 근본적으로 잘못된 것임을 밝혀내고자 한 본론 부분은 '가난은 인력으로 막을 수 없다(富貴在天 人力莫拒)'라는 속언(俗言)으로부터 '음양조화설(兩極所致造化—주역)', '사물의 이치(物之不齊—유교)', '쓸데없이 분주함(空自忙)'을 논한 옛 성현들의 말씀을 어지럽게 펼쳐놓고 있지만, 이를 자기 식으로 해석함으로써 그것이 말하고자 하는 바는 공정한 분배란 가능하지 않다는 것이다. 몰수한 토지 중 절반은 즉시 지주에게 되돌려 주고, 나머지 절반의 선택권 역시 지주에게 일임(一任)하라는 마지막 결론은 지주의 권리와 이익을 절대로 포기할 수 없다는 그들의 입장을 잘 보여주고 있다.

이 때문에 결과적으로 위 진정서는 고, 주 양씨의 본래 의도와는 달리, 진지하고 위엄 있는 문체와 권위적인 형식을 빌어 표현되고 있는 의미와 내용이 시대착오적인 인물의 이기심과 사악함, 무지에 불과하다는 사실을 폭로하는 역할을 하고 있다. 이는, 진지한 문체와 형식을 모방해서 거기에 저급한 주제를 적용시키는 전형적인 패러디[106]의 전형적인 양태를 보여주고 있다. 이러한 패러디에 의한 비판과 공격의 칼날은, 한편으로는 어리석은 인간의 무지와 이기심을 향하고 있고, 다른 한편으로는 진지하고 권위적인 문체와 형식을 향하고 있다. 그것이 노리는 것은 사악한 가치와 허위적 권위에 대한 해체와 전복이다. 이러한 패러디의 형식과 자장 속에서 '토지를 전부 몰수하여 소작인에게 분여

106) 위 '진정서'가 보여주고 있는 패러디 양상은 박지원의 「양반전」에서 '양반 증서'가 보여주고 있는 패러디 양상('공문서'라는 진지한 형식과 문체에 '양반들의 이기심과 허위의식'이라는 저급한 내용을 담음으로써 양반들의 횡포를 폭로하는 한편 공문서의 허위적 권위를 조롱하고 있음)과 매우 유사하다는 점은 주목할 만하다. 이는 이기영의 「땅」에서 나타나고 있는 '무기로서의 웃음'의 성격이 '전통적인 해학'의 연속성 안에서 이해되고 파악될 수 있음을 시사하고 있기 때문이다. "패러디는 특정한 작품의 진지한 소재와 태도, 또는 특정 작가의 고유한 문체를 모방해서, 그것을 저급하거나 매우 걸맞지 않은 주제에 적용시키는 것을 말한다."(M. H. Abrams, 권택영 · 최동호 역, 『문학비평용어사전』, 새문사, 1985, 292면)

한다니, 지주가 모두 역적이 아닌 이상 어찌 이러한 무모한 일이 있으리오'라는 정치적 반발이라든지, 자신들의 주장을 관철시키기 위해 제시하고 있는 옛 성현들의 신성하고 위엄있는 담론은 철저하게 무력화될 수밖에 없다. 즉, 격정적이고 흥분된 감정과 분노를 표출한 당시의 정치적 반발이나 귀감이 될 만한 옛 성현들의 말씀 자체가 가지고 있는 권위와 위엄은 패러디의 형식을 통해 또 다시 조롱되고 있는 것이다. 그것의 전략과 목적은 이성적이고 합리적인 논쟁을 통한 상호 이해와 합의에 도달하는 데 있는 것이 아니라, 조롱과 희화의 방식을 통한 기존 가치와 권위의 혁명적인 해체와 전복에 있다고 할 수 있다.

'진정서 형식을 이용한 패러디'의 기능과 효과는 진정서 사건을 둘러싼 서사의 흐름 속에서 더욱 분명해진다. 사촌 고한상이 밤새도록 머리를 쥐어짜내어 작성한 진정서를 보고, "참 잘 썼다. 우리 집안에서 그래두 문장이 나지, 주가네야 어림두 없지 ……"[107]라고 희색이 만면하여 무릎을 치는 고병상의 모습은 읽는 이로 하여금 고소(苦笑)를 머금지 않을 수 없게 한다.[108] 그들의 진정과 탄원은 허사가 되고 마는데, 마을의 개간 사업을 방해하는 술책을 꾸미기 위해 다시 주태로를 찾아 간 고병상은, 진정서 서명란에 찍힌 창씨한 도장(고산 병상)과 끝부분의 차단진정후야(此段陳情候也)[109] 때문에 '왜말 진정서'를 썼다고 사람들에게 웃음거리만 되었다는 이야기를 듣게 된다. 이에, 풀이 죽어 "그럼, 도루 찾아다 다시 쓰래야겠군. 난 그 진정서는 잘 쓴 줄로만 알았는데요"라든지 "옳거니 인제 보니까 왜토를 잘못 달았구려, 허 그거 원 …… 나두

---

107) 이기영, 앞의 책, 71면.

108) 고병상(高秉相)과 주태로(朱泰魯)라는 작명 역시 이들 인물의 아둔함과 어리석음을 조롱하고 있다. '병상'은 '병자의 상태'를, '泰魯'는 '크게 우둔함'을 떠올리게 한다. 또한, 이들을 함께 지칭하는 '고, 주' 양씨는 술을 너무 많이 마셔서 정신을 차리지 못한 상태를 뜻하는 '고주망태'를 연상시킨다.

109) 쏘로나리(候也 : ~ 해 주시기 바랍니다)는 일제 시대 공문서 끝부분에 관습적으로 붙여 쓴 일본식 한자 종결어미이다.

그 때 후야(候也)라는 글귀가 좀 미심했었지만 그 전부터 늘 그렇게 써 왔기에 무심히 지나쳤지요. 아따 그럼 상관 있소. 토 하나 잘못 단 것쯤 ……긴상 리상 하는 말과 마찬가지겠지요"[110]라는 고병상의 천진한 무지가 유발하는 웃음의 기능과 효과는 단순히 실제적 인물에 대한 과장 혹은 왜곡에 의한 희화적 소극(笑劇)의 수준에 머무르고 있지 않다. 그렇듯 시치미를 뗀 서술이 궁극적으로 의도하는 바는 시대착오적인 인물의 어리석음에 대한 폭로와 함께 친일적 잔재와 격식 혹은 관습이 가진 허위적(虛威的) 권위와 위엄을 전복하는 데 있기 때문이다. 이런 점에서 지주 고병상의 희화화와 관련하여, '과거 식민지 자본주의 하에서 지배계급으로 군림했던 지주 치고는 너무 보잘 것 없는 인물로 형상됨으로써 실상 그와 맞서 있는 곽바위의 영웅화에 기여하는 역할만을 할 뿐, 식민지 자본주의의 청산이 얼마나 어려운 과제인지, 그 과정에서 생기는 장애물과 사람들의 동요가 현실 속에서는 얼마나 일상적으로 발생할 수 있는 것인지 하는 문제를 드러내 보이지 못한다'[111]라는 이상경의 비판은 일면적인 지적에 그친 것으로 보인다. 그는, '영웅적 인물 곽바위의 비현실성', '매개적 인물 강균의 비전형성'과 함께, 지주 고병상이 「고향」의 지주 안승학과 같은 나름대로의 합리성이 전혀 없다는 점, 즉 한갓 '어리석은 욕심꾸러기, 심술꾸러기'로만 묘사된 사실을 이 작품의 문제점과 한계로 비판하고 있다. 하지만 어떤 작품도 실제 현실 속의 인물을 있는 그대로 재현해낼 수는 없을 것이다. 또한 '있는 그대로의 재현' 혹은 '그럴 듯한 모방'만이 문학적 의미와 의의를 갖는다고 말할 수도 없다. 중요한 것은 작중 인물이 실제 현실 속에서의 리얼리티를 가지고 있느냐 아니냐가 아니라, 개별 텍스트의 서사적 흐름과 배치, 그리고 시대 상황적 맥락 속에서 그것이 어떠한 의미 형성 인자로 기능하고 작용하느냐에 있을 수 있다. 이는, 작중 인물 연구에 있어 더

110) 이기영, 앞의 책, 194~195면.
111) 이상경, 「해방과 토지개혁—혁명적 낭만주의의 시대」, 『이기영』, 풀빛, 1994, 341면.

욱 유념해야 할 사실은 '인물 자체의 유형'에 대한 분석에 있다기보다는 '인물의 묘사와 서술이 발휘하는 기능과 효과'에 대한 분석에 있음을 의미하는 것이기도 하다. 고병상의 과장된 몸짓과 행동 자체에 대한 것보다, 그것을 통해 유발되는 웃음이 관계의 전복, 가치의 전복, 권위의 전복, 관습의 전복 등 '무기로서의 웃음'의 기능과 효과를 가지고 있다는 사실에 유의하고자 한 앞에서의 논의는 기본적으로 이러한 관점에 기반한 것이다. 작품 속의 작중 인물들은 실제 현실 속에 존재하는 생물학적 인격체가 아니라 작품이 가질 수 있는 의미를 생성하고 변경하는 일종의 기능소(機能素)로 간주되어야 한다. 그렇게 보았을 때, 작중 인물들 간의 관계와 서사적 흐름, 그리고 상황적 맥락 속에서 그것이 가지고 있는 의미에 대한 좀 더 다양한 이해의 가능성이 마련될 수 있다고 판단되기 때문이다.

3) 삽화적 사건의 병치

이기영의 「땅」의 또 하나의 중요한 특징은 여러 가지의 삽화들이 작품 속에 다양하게 병치되어 있다는 사실이다. 「땅」에서의 삽화들은 과거 일제 시대에 있었던 사건들에서부터, 토지개혁 이후의 현재적 사건들, 그리고 구전으로 내려오는 옛날 이야기에 이르기까지 다채롭게 펼쳐지고 있는데, 이는 이야기꾼으로서의 작가적 능력을 유감없이 보여주고 있는 것이기도 하다. 이러한 삽화들은, 이 작품의 중심적 사건(의존 화소, bound motifs)과 직접적 관계가 없는 하나의 에피소드(자유 화소, free motifs)에 그치지 않고, 작품의 전개 과정에 있어 서사적 재미와 활력을 부여하는 동시에, 이 작품이 가지고 있는 중요한 의미의 계열을 보완하고 보충하는 역할을 하고 있다.

과거 일제 시대의 삽화적 사건들은, '체험 혹은 소문의 사실적 세계'

에 속해 있는 것으로, 여기에는 과거 관공리와 지주들의 횡포 때문에 생존 자체를 위협받았던 가난한 농민들의 한(恨)과 비애가 담겨져 있다. 배급을 타러 나갔다가 빈 손으로 집에 돌아가는 길에 고목나무에 목을 매어 죽은 '고서방 이야기'는 그 대표적인 것이다. 화전 뙈기를 부치며 품팔이로 연명했던 고서방은, 유일한 재산이었던 돼지를 팔아 면 서기에게 소 갈비 한 짝을 선사하고서야 배급 통장을 가까스로 받을 수 있었다. 하지만 실제 배급을 하던 배급소에서 퇴짜를 맞고 만다. 배급소에서는 배급을 타러 온 사람들에 대하여 또 다시 친불친(親不親)을 가리어, 자기들 마음대로 배급 유무를 결정해 버렸던 것이다.[112] 쌀을 구해 오마는 장담은 일순간 허사가 되고 이에, 배를 곯며 배급 타 오기만을 고대하는 아내와 자식들을 볼 면목이 없어 목을 매달아 죽었다는 것이 '고서방 이야기'[113]이다. 이러한 '고서방 이야기'는, 토지분여를 받은 날 박첨지의 집에서 벌어진 흥겨운 노래와 춤 사위 뒤에 곧바로 병치되어 있는데, 이는 토지개혁으로 인한 빈농들의 신명 어린 열광이 단순히 남의 땅을 거저 얻게 되었다는 의미에서의 '순간적인 기쁨과 환영'이 아

112) 이 때문에 허탈을 친 사람들이 "아이구 배급소 나리님 제발 좀 살려줍시오. 벌써 사흘째 굶었는데 또 열흘을 어떻게 기다리라십니까? 그저 적선하는 셈 치구 이번 한 번만 주십시오"라고 통곡하고 애원하는 소리로 가득찼던 배급소 풍경에 대하여 '농민들은 이렇게 자기네가 지어 논 곡식을 공출로 다 뺏기고 나서 그 푸진 배급을 도로 타다 먹기에도 갖은 모욕과 학대를 받아가며, 한 달에 사오 일씩 품을 메운다. 이것은 정말 배 주고 뱃 속 빌어먹는 셈도 못되는 참으로 기막힌 사정이다'라는 작가주석서술이 이어지고 있다(이기영, 앞의 책, 82면). 이러한 배급소의 비애는, '지주에게 소작료며 장리쌀이며 빚을 죄다 물고 나면 빗자루만 들고 돌아섰다'는 소작농들의 타작 마당 비애를 연상시키는 것이기도 한다.

113) 이와 관련하여 작가는 '고 서방 이야기'가 자신이 농촌(강원도 화양군)에서 겪은 체험적 사실을 반영한 것이라고 밝히고 있다. "배급계를 담당한 면 서기 놈은 제멋대로 ○을 보아가며 배급표를 내어 주며, 배급소로 쌀을 타러 가면 '쌀이 떨어졌소'하고 문을 닫아버리기가 일쑤였다. (…중략…) 여북하면 배급을 타러 나왔다가 빈 손으로 집에 돌아가는 길에 목을 매어 죽는 사람들까지 생겼으랴. 「땅」에 고 서방이 목매고 죽은 이야기는 이런 사실을 반영한 것이었다."(이기영, 「땅에 대한 사랑」, 1963.3. 이상경의 『이기영』, 풀빛, 1994, 315면에서 재인용)

니라 거기에는 그들의 원통한 한(恨)과 비애가 서려 있음을 드러내고자 한 것이라고 할 수 있다. 또한 그 안에, 노래 한 마디에 50원이 된 '박첨지의 소리 사연'과 하루 장에 도미 한 마리가 세 작인의 손을 거쳐 어물 장사 손으로 돌아간 '송참봉 일화'가 덧붙여짐으로써, 그러한 배급소의 비애가 일제 시대 관공리와 지주들의 횡포 혹은 착취와 직결되는 것이었음을 강하게 시사하고 있다. 식량 배급을 타러 나갔다가 허탕을 치고 집에 돌아오는 길에 흥타령을 불렀다는 이유로 주재소에 끌려가서 무릎 꿇임을 당한 채 매를 맞고 벌금 50원을 물고 나서야 풀려났다는 것이 '박첨지의 소리 사연'이고, 자신의 눈 밖에 나지 않기 위해 한 작인이 선사한 생선을 수전노였던 송참봉이 장에 내다 팔게 하였는데, 그 생선을 다른 작인이 다시 사서 선사하고 또 그것을 되팔고 해서, 결국 어물 장사 손으로 돌아가게 되었다는 것이 '송참봉의 일화'이다. 배급소 관리를 맡았던 송참봉의 작은 아들 역시 '장사 속에 들어서는 이악하기가 그 부친만 못하지 않았고,'[114] 이 때문에 자신에게 아무런 잇속이 없는 고서방과 박첨지에게 순순하게 배급을 내주지 않았던 것이다. 이외에도, 과거 일제 시대의 삽화적 사건에 해당하는 것은 데릴사위를 헛들어가서 죽도록 그 집 농사만 지어준 셈이 된 '고도치 이야기', 빨갱이와 관련된 것으로 의심되는 주본(朱本)으로 창씨하였다고 주재소에 붙들려 혼이 난 '주태원 이야기', '아들을 징용 보내겠다는 구장 고한상의 위협에 논 한 필을 내주게 된 신서방 이야기', '고·주 양씨 문중의 세력 다툼' 등이 있다. 이들의 공통된 특징은 과거의 사실적 체험에 바탕한 것으로 주로 관존민비(官尊民卑)사상의 폐해를 비판하고 있는 측면이 강하다는 점을 들 수 있을 것이다.

토지개혁 이후의 삽화적 사건으로 주목할 만한 것은 순옥에 대한 음해성 소문을 둘러싸고 벌어진 '개구장 마누라와 봉단 어머니의 무릎맞

114) 이기영, 앞의 책, 89면.

춤[115] 사건'이다. '순옥의 행실이 부정하다'라는 소문은 그녀와 곽바위 사이를 갈라놓음으로써 순옥을 송가의 첩으로 보내고자 한 개구장 마누라의 계책이었다. 하지만 순옥이가, 집에 찾아 온 개구장 마누라를 봉단 어머니와 대질시키는 바람에, 헛소문의 진원지가 개구장 마누라임이 밝혀지고 만다.

> "그 말이야 여기 앉은 이 양반이 했지 누가 했어?"하고 턱으로 개구장 마누라를 가리킨다. "뭐? 내가 무슨 말을 했어! 내가 언제 무슨 말을 했어?" 그 말을 듣자, 개구장 마누라는 푸르르 성을 내며 봉단 어머니에게 종주먹을 대고 들이덤빈다. "접때 우물가에서 안 그랬어? 곽바위인가 그 궐자두 미쳤지, 하필 지주의 첩이 그렇게두 좋던가…… 차라리 과부 장가를 들지…… 첩은 죽어서두 옳은 귀신이 못된다구 안 그랬어 그래?" 봉단 어머니는 마주 대거리를 하며 달려 붙는다. "아이구 그거 참 사람 잡겠네. 내가 언제 그랬어? (…중략…)" 이와 같이 쫑알대는 개구장 마누라는 또 한번 눈을 끔쩍하며 조바심을 친다. 봉단 어머니는 개구장 마누라의 종종대는 꼴을 한동안 뻔히 쳐다보다가 어이없는 웃음을 지으며, "여봐! 금방 죽는 한이 있더라두 한 말은 했다구 그래! 어데 나 혼자만 들었기에. 그래두 뻔뻔스럽게 안했다구만 하면 되는거야? 주책없이 왜 눈은 끔쩍이는거야"하니까, 그 말 끝에 "네 년 앞엔 눈두 못 끔쩍이겠구나…… 누구보구 주책이 없다는 거야? 제야말로 늙은 게 밀진구나 하시 발시! 원 참 나중에는 별꼴을 다 보는군 그래" 하고 개구장 마누라는 됩다 기승을 부린다. 그는 아무리 봉단 어머니한테 눈짓을 해야 제 편을 들어주지 않을 것 같으므로, 그제는 시악을 써서 한번 억눌러 보려는 작정을 하였다. 그러나 지금 봉단 어머니는 전과 같이 만만치가 않았다. "아니 이 년아, 네 주둥이로 그런 소리를 안했단 말이냐? 그 년 앙큼하기는 정말 사람 궂히겠네. 이 년아 그럼 지금 당장 삼좌 대면을 하러 가자! 순길 엄마도 같이 들었으니까."[116]

무릎맞춤 끝에 개구장 마누라와 봉단 어머니는 서로 머리 끄덩이를

115) 두 사람의 말이 어긋날 때, 제삼자나 말전주한 사람 앞에서 전에 한 말을 되풀이시킴으로써 옳고 그름이나 맞고 안맞음을 판단하는 일.

116) 이기영, 앞의 책, 152~153면.

맞잡고 휘두르며 한바탕 육박전을 벌이게 되고 이로 인하여 개구장 마누라의 계획은 모두 틀어지고 동네 사람들한테 망신만 당하게 되는데, 여기에서 우선 특징적인 것은 군더더기 없는 서술과 생생한 대화체 문장으로 인한 빠른 호흡과 생동감이다. 조바심을 내는 개구장 마누라의 모습과 실소를 하며 이에 맞서는 봉단 어머니의 모습, 그리고 이들 사이에 흐르는 팽팽한 긴장감과 신경전이 눈에 잡힐 듯이 떠오른다. 이러한 장면은 이야기꾼으로서의 작가적 능력을 유감없이 보여주고 있다.[117] 하지만 이는 단순히 서사적 재미와 흥미를 유발하는 일발적인 에피소드에 그치고 있지 않다. 여기에서 정작 문제가 되고 있는 것은 '죽어서도 옳은 귀신이 될 수 없다'라는 '지주의 첩살이'에 대한 것이다. 첩이라는 낙인이 찍힌 다음에는 일평생 그림자와 같이 첩이란 대명사가 붙어 다녔고, 이 때문에 '부정한 년'이란 누명을 쓴대야 변명할 여지가 없는 하찮은 존재에 불과했던 것이다. 개구장 마누라와 봉단 어머니의 싸움이 끝난 뒤, 다시금 생각하니 '도리어 자기의 망신만 더 시킨 것 같고', '첩이란 과연 인간 사회에서 가장 더럽고 천한 존재라는 것을 뼈가 저리도록 새삼스레 느낀', 순옥이 물에 빠져 죽을 것을 결심한 것도 이 때문이다. 이와 관련하여 "소작농이 토지개혁으로 지주의 억압에서 풀려나고 제 땅을 가지게 되었어도 여성이고 첩이었다는 굴레로 인하여 여전히 행복할 수 없는 상황을 제시, 봉건적인 가부장제 이데올로기의 뿌리깊음을 보여주는 진지한 작업이다. (…중략…) 순옥 자신에게 내면화된 정조 관념, 막 싹트기 시작한 곽바위에 대한 애정, 새 세상이 왔는데 새롭게 살 수 없는 억울함, 이런 것이 순옥을 자살로 몰고 간 것이다"[118]라고 한 이상경의 지적은 적절하고도 타당한 것으로 판단된다.

---

117) 이와 유사한 장면적 성격을 가진 것으로 '진정서 사건'이 허사가 된 뒤, 고병상과 주태로 사이에 벌어진 말다툼이 서로의 근본을 따지는 고성대질 싸움판으로 확대된 대목을 들 수 있다(이기영, 앞의 책, 193~199면).

118) 이상경, 「해방과 토지개혁—혁명적 낭만주의 시대」, 『이기영』, 풀빛, 1994, 332~333면.

이외에도 봉건적 잔재로서의 조혼과 강제 결혼 문제가 단순한 풍속이 아니라 그 근저에는 경제적 관계가 놓여 있고 그것이 관습으로 굳어졌다는 점, 이로 인한 폐해와 문제점에 대한 극복 과정이 새로운 여성상 유금숙과 순이의 모습 등을 통해 성공적으로 형상화되고 있다는 그의 지적은 본 논문 역시 공감하는 바이다. 이러한 논의를 통해 다시 확인할 수 있는 것은 앞에서의 삽화적 사건이 단순한 재미 혹은 일발적 에피소드에 그치지 않고 이 작품이 가진 중요한 의미의 계열을 보완하고 보충하는 적극적인 기능과 역할(주로 男尊女卑 사상의 폐해 비판)을 하고 있다는 사실이다.

옛날 이야기에 포함될 수 있는 대표적 삽화(주체성)는 강균의 아버지 강사과가 들려주는 '숯굽는 총각 이야기'이다. 옛날 어느 재상이 딸 삼 형제를 두었는데, '너희는 뉘 덕으로 사는지 아느냐'라는 재상의 질문에 큰 딸은 '저는 나라님 덕으로 삽니다', 둘째 딸은 '저는 부모님 덕으로 삽니다', 막내 딸은 '저는 제 덕으로 삽니다'라고 각각 대답했다. 이에 재상은, 강원도 산골로 하인을 보내 땔나무꾼 총각 한 놈을 붙들어 와서, 막내 딸을 그 총각과 함께 집에서 내쫓았다. 졸지에 재상집 딸을 아내로 맞은 땔나무꾼 총각은 그녀의 도움을 받아 글공부를 하게 되고, 마침내 과거에 장원급제를 하였다는 것이 '숯굽는 총각 이야기'이다. 이 삽화가 말하고자 하는 바는 '나라와 부모 덕으로 산다'는 명제를 부정하는 데 있다기보다는 자기 삶의 주체성을 망각한 '타자 의존적인 삶의 태도와 기존의 관습적인 사고 방식'을 비판하는 데에 있다. 막내 사위를 장원으로 뽑은 뒤 재상의 깨달음("그렇지! 첫째는 나라님 덕, 둘째는 부모님 덕, 셋째는 제 덕으로 사는 건데 내가 미처 생각을 잘못하고 그때 그랬구나.")[119]은 이를 잘 보여주고 있다. 이것은 한편으로는 주자학에 의존하여 당쟁과 화로 점철했던 과거 지배 계급의 사대사상(事大思想)에 대한 비판[120]

119) 이기영, 앞의 책, 188면.

120) "이와 같이 전감이 소소한데도 소위 나라를 다스린다는 양반체껏들은 그저 한문과

으로 확대됨으로써 새로운 정체수립이라는 사회역사적 상황 속에서 주체적인 역할의 중요성을 강조하는 비유적 역할을 하고 있다. 또 다른 한편으로 이는, 순옥이 강균에 의해 목숨을 건진 뒤의 서사적 배치 속에 놓여짐으로써, 봉건 시대의 관습적 도덕에 의한 억압과 폭력성에 대한 저항적 비유로 기능하고 있다. '지주의 첩'이라는 모욕적 사실과 자괴감으로 인하여 자살을 시도한 순옥은 바로 봉건적인 제도와 관습, 도덕에 의한 억울한 희생자가 될 뻔했기 때문이다. 이는 '숯굽는 총각 삽화'가, 앞에서의 두 가지 계열(토지개혁 이전과 이후)의 삽화적 사건이 가졌던 중요한 의미의 계열(官尊民卑, 男尊女卑 사상 비판)을 비유적으로 포섭하고 있음을 의미한다. 더구나 '숯굽는 총각'은 이 작품의 핵심적인 인물인 곽바위, 순옥의 변화되는 모습을 상징하는 것이기도 하다는 점에서 '숯굽는 총각 삽화'가 이 작품에서 차지하는 의미는 적지 않다고 할 수 있다. 이상 과거 일제 시대의 삽화적 사건과 토지개혁 이후의 삽화적 사건, 그리고 '숯굽는 총각 이야기' 등의 삽화는 이 작품의 중심적 사건을 압도할 정도의 커다란 비중을 차지하는 동시에 그것들이 중심 사건 또는 해학적 서술과도 긴밀한 상호작용의 그물망을 형성하면서 '봉건적 제도 · 관습 · 도덕 등으로부터의 해방'이라는 의미의 계열로 수렴되고 있다.

지금까지 살펴본 내용을 요약하면 다음과 같다. 이기영의 「땅」의 서사를 추동하고 통어하는 힘으로 작용하고 있는 것은 '한'과 '신명'이다. 여기에서의 신명은 '마냥 즐거운 신명'이 아닌 '가난한 농민들의 한이 맺혀진 신명'이고, 이 때의 한은 '원한과 분노의 한'이 아닌 '신명 어린 한'이다. 이러한 '恨'과 '신명'의 동시성은 이 작품의 중심적 사건을 지

당쟁만 숭상하다가 기어코 망했지 뭐야! 범한테 물려가도 정신을 차리랬다고 제 정신이 있어야만 옳은 일도 할 수 있느니. 제 정신 없는 놈이 제 나라를 사랑할 줄이나 안다든가 …… 허허허 …….”(이기영, 앞의 책, 219면)

배하는 중요한 작동 원리로 작용하고 있다. 이는 해방과 전쟁을 거쳐 북한이라는 나라의 정체를 수립하고 유지하는 데 있어서도 결코 빼놓을 수 없는 핵심적인 동인(動因)이었다고 할 수 있다. 이기영의 「땅」이 북한사 혹은 북한 문학사에서 매우 중요하게 취급되는 이유 역시 이러한 지점에서 찾을 수 있을 것이다. '한'과 '신명'의 동시성으로부터 작품이 출발하고 전개됨에 따라, 이기영의 「땅」은 그 안에 명랑한 웃음을 유발하는 해학적인 장면들을 풍부하게 담아 내고 있다. 특히 지주 고병상의 과장된 몸짓과 언행은 독자로 하여금 실소를 머금게 하는데, 여기에서 중요한 것은 지주 고병상의 과장되고 희화화된 몸짓과 언행이 아니라, 이를 통해 유발되는 웃음이 가지고 있는 기능과 효과이다. 그것은 한편으로는 서사의 흐름에 경쾌한 리듬과 생동감을 부여하고 있으며, 또 다른 한편으로는 일상적 관계의 전복을 가시화하고자 하는 혁명적 성격을 가지고 있다. 다시 말해 여기에서의 웃음은 실제 인물의 과장과 왜곡에 따른 희화적 소극의 수준에 머무르지 않고, 기존의 일상적 관계, 가치, 권위, 관습 등을 해체하고 전복하는 '무기로서의 웃음'의 성격을 가지고 있다. 고, 주 양씨의 '진정서(陳情書) 탄원'을 둘러싸고 벌어지는 해프닝과 웃음은 그 대표적인 것이라고 할 수 있다. 이기영의 「땅」이 갖고 있는 또 하나의 중요한 특징은 여러 가지의 삽화적 사건 혹은 삽화가 작품 속에 다양하게 병치되어 있다는 점이다. 「땅」에서의 삽화들은 과거 일제 시대에 있었던 이야기에서부터, 토지개혁 이후의 현재적 사건들, 그리고 구전으로 내려오는 옛날 이야기에 이르기까지 다채롭게 펼쳐지고 있는데, 이는 이야기꾼으로서의 작가적 능력을 유감없이 보여주고 있는 것이기도 하다. 이들은 작품 전개에 있어 서사적 재미와 활력, 그리고 풍부한 이야기성을 제공하는 동시에, 중심적 사건 또는 해학적 서술과도 긴밀한 상호작용의 그물망을 형성하면서 '봉건적 제도, 관습, 도덕 등으로부터의 해방'이라는 의미의 계열로 수렴되고 있다. 이런 점에서 이 작품의 주된 의미론적 구조와 특징은 해방기라는 사회역사적 상황 속에서 '봉건적 잔재 청산(官尊民卑, 男尊女卑, 事大思想 등)을 통한 현실 변혁의 실천 의지'를 담고 있는 것이라고 할 수 있다.

제5장 결론

해방기는 국가 수립이라는 역사적 과제 앞에서, 좌·우익 이념 대립을 중심으로 첨예한 정치 투쟁의 소용돌이에 휩쓸렸던 시기이다. 이에 따라 이 시기 작가 혹은 작품들은 그러한 영향력 아래 놓여 있을 수밖에 없었다. 이런 점에 주목한 기존의 해방기 소설 연구는, 이 시기 소설의 가장 두드러진 특징이 이데올로기적 언술로서의 성격에 있다는 점을 강조해 왔다. 기존 연구의 대표적인 주제어는 '해방공간', '추상적 무시간성' 등의 용어였으며, 그것이 이 시기 소설을 이해하는 데에 선구적인 기능과 역할을 해 왔음은 주지하는 바와 같다. 하지만, 이들 개념어에 의한 지나친 구분과 경계가, 시간의 힘에 맞서 싸웠던 이 시기 언어들이 남겨 놓은 고통과 상처의 흔적을 애써 무시하고 있는 것은 아닌가 하는 반성을 하게 된다. 이에 본 논문은 어떤 '선재적 의미 또는 언어'의 확정성을 가정하거나 증명하고자 한다기보다는 오히려 그들 '선재적 의미 또는 언어'의 미확정 영역에 더욱 주목하고자 하였다. 이는 후자에 비해 전자의 방식이 실제 언어 또는 개별 작품을 넘어서서 존재하는 어떤 실재를 절대화하고 신비화함으로써 사실을 은폐하고 왜곡하게 될 위험성이 훨씬 많다고 판단되었기 때문이다. 문학 작품의 생명은, 원리로 환원되지 않는 의미의 잉여 영역을 항상 담고 있다는 사실, 그리고 그러한 잉여의 영역이 그것을 문학 작품답게 만드는 근거와 이유로 작용된다는 사실에 있을 수 있다.

해방기 소설의 비판적 언술 양상에 대하여 살펴보고자 한 본 논문은 이 시기 문학 단체의 조직 과정 또는 그 안에서의 비평론 중심의 접근 방식보다는 이 시기 문학 작품의 의미론적 구조와 특징에 주목하였다. 본 논문이 유념하고자 했던 바는 해방기 소설은 이 시기 대표적인 언어 형식이었다는 사실이다. 서론에서 서구의 텍스트 사회학적 관점에 특별히 주목한 것은 그들의 방법론을 직접적으로 활용하기 위해서라기보다는 '문학 텍스트는 오로지 언어적 구조들을 경유해서만 사회적 현실과 관계 맺을 수 있다'는 그들의 기본 공리에 공감했기 때문이다. 좌·우익 이념 대립을 둘러싸고 첨예한 정치 투쟁의 소용돌이에 휩쓸렸던 해방기 역시 그 안에 상충된 이질적인 서사 원리들이 내재하였고, 그러한 이질적 서사 원리에 기반한 문학 언어들이 다양하게 분포하고 있다고 할 수 있다. 이들 세 가지 계열의 언술에 해당하는, 본 논문에서 다룬 대상 작품들은 그들 각각이 모두 해방기라는 당대 역사적 담론의 장 안에서 씌어진 것임은 물론이다. 이들 작품들은 하나의 동일한 서사 원리에 의해 지배되고 있다기보다는 이질적인 서사 원리를 기반으로 하고 있을 뿐만 아니라 동일한 언술에 해당하는 작품들이라고 하더라도 그 안에서 또한 상반되고 대비되는 의미론적 구조와 특징을 보여주고 있다. 이들은 각각의 경험과 조건에 토대하여, 또 그것을 넘어서서 존재하는, 어떤 지점을 탐색하고자 한 힘든 고투의 과정을 보여주고 있다는 점에서, 기본적으로 비판적 언술로서의 성격을 가지고 있다. 물론 그것들이 그 안에서의 새로운 의미 생성의 긴장력을 상실하게 되면 언제든지 이데올로기적 언술로 고착화될 수 있는 가능성을 자체 내에 포함하고 있다는 점 또한 우리는 간과해서는 안 될 것이다. 해방기 사회 언어학적 상황을 세 가지 계열의 비판적 언술로 세분화하고 거기에 대응하는 이 시기 소설의 의미론적 구조와 특징을 살펴본 지금까지의 논의를 도표화하면 다음과 같다.

<table>
<tr><th>역사적
과제</th><th colspan="3">해방기 사회 언어학적 상황과 문학의 서사적 대응 양상</th></tr>
<tr><td rowspan="6">민족국가담론</td><td rowspan="2">자기비판적 언술
: 민족국가수립의 전제
(친일 잔재 청산)
자기 이해와
개인적 실천
(개별적 명제)</td><td>채만식 소설
(전형적 서사 원리)
가치 우위의 서사</td><td>〈가치 내부의 원환과 지속〉
* 배제와 포섭의 양면성
* 자기비판의 원환
* 가치의 모순과 역설</td></tr>
<tr><td>허준 소설
(대비적 서사 원리)
사실 우위의 서사</td><td>〈자기 내부의 존재와 연장〉
* 머무름과 응시
* 시선의 차이와 긴장
* 자기 존재의 연장</td></tr>
<tr><td rowspan="2">이념 비판적 언술
: 자주적 민족국가
(외세 의존
배격－반외세)
인간과 세계
일반의 이해
(보편적 명제)</td><td>김동리 소설
(전형적 서사 원리)
가치 우위의 서사</td><td>〈근대의 희화화와 운명의 서사〉
* 계기적 우연성과 운명적 삶
* 근대의 희화화와 위계적 운명
* 원심적 시선과 운명의 윤리</td></tr>
<tr><td>염상섭 소설
(대비적 서사 원리)
사실 우위의 서사</td><td>〈민족 의식과 생활 우위의 서사〉
* 포괄적 시선에 의한 통합
* 이념과 욕망의 중층성
* 일상적 욕망의 전면화</td></tr>
<tr><td rowspan="2">현실 비판적 언술
: 근대적 민족국가
(봉건 잔재
청산－반봉건)
역사적 구체성과
변혁 의지
(특수한 명제)</td><td>김남천 소설
(전형적 서사 원리)
사실 우위의 서사</td><td>〈과학적 분석 정신과 계몽의 서사〉
* 「1945년 8 · 15」와 진보적 리얼리즘
* 고발 정신과 묘사 정신
* 전형적 정세와 인물로 된 이데</td></tr>
<tr><td>이기영 소설
(대비적 서사 원리)
가치 우위의 서사</td><td>〈무기로서의 웃음과 해방의 서사〉
* 한과 신명의 동시성
* 해학의 명랑성과 전복의 힘
* 삽화적 사건의 병치</td></tr>
</table>

채만식 · 허준 · 김동리 · 염상섭 · 김남천 · 이기영의 해방기 소설을 대상으로 본론에서 살펴본 바에 의하면, 이 작품들이 보여준 성과들을

종합하여, 이들이 '당대 현실에 대한 올바른 역사 의식의 부재를 보여주고 있다'라든지 '정치적 이념에 의해 현실의 구체적 개별성을 무매개적으로 추상화하고 있다'라고 단일하게 규정·평가할 수는 없을 것이다. 그렇다고 해서 그것들이 당대 사회 현실을, 별다른 문학적 변용이나 굴절 없이, 있는 그대로 담아내고 있는 소박한 반영론의 수준에 머무르고 있다고 말할 수도 없다. 이들 작품들은 이 시기 사회·역사적 상황 속에서 시간의 힘(역사)에 맞서 싸웠던 힘든 고통과 상처의 흔적들을, 정치 언어가 아닌, 문학 언어로 남겨놓고 있다. 정치 언어와 문학 언어의 차이는 좌익·우익·중간파 등 정치적 이념을 담고 있느냐 아니냐에 의해 결정되는 것이 아니라 '어떤 원리로도 환원되지 않는 의미의 잉여 영역'을 담고 있느냐 아니냐에 의해 결정된다고 할 수 있다. 본 논문이 분석 대상으로 삼은 작품들은 해방기 소설 전체의 극히 일부에 불과하고, 이들 작품에 대한 본 논문의 분석과 해석 역시 그들이 담고 있는 의미의 잉여 영역을 모두 드러냈다고 할 수는 없을 것이다. 문학 언어로서의 해방기 소설은 새로운 의미 생성을 가능하도록 하는 의미의 잉여 영역을 그 자체 안에 포함하고 있으며, 이 시기 소설 연구의 올바른 방향은 바로 이들 잉여 영역으로의 침투를 통한 의미 생성의 놀이에 참여할 수 있느냐 아니냐에 있다.

이런 점에서 본다면, 해방기 사회·언어학적 상황을 자기비판적 언술과 이념 비판적 언술, 현실 비판적 언술로 구분한 본 논문의 방법론적 가설은 잠정적인 것에 불과하다고 할 수 있다. 다시 말해 이들은 논의의 편의를 위한 하나의 참조점으로서의 성격을 갖고 있다고 보는 것이 더욱 타당할 것이다. 다만, 이들을 서로 대비되고 상충되는 이질적인 원리로 상정할 수 있었던 이유는 개인적 실천과 자기 이해를 중시하는 자기비판적 언술이 개별적 명제(the individual proposition)에 가까워지는 경향이 있고, 인간과 세계 일반에 대한 이해를 중시하는 이념 비판적 언술은 보편적 명제(the universal proposition)에 가까워지는 경향이 있고, 역사적 구체성과 변혁 의지를 중시하는 현실 비판적 언술은 특수한 명제(the particular proposition)에 가까워지는 경향이 있기 때문이다. 하지만 그렇다고 해서 이들 세가지 계열의 언술들이 상호 간의 긴장 관계를 상실한 채, 스스로 고립되어 있다거나 혹은 단일하게 통합되는 양상을 보여주고 있다고 할 수는 없다. 특히 자기비판적 언술의 경우, 이념 비판적 언술과 현실 비판적 언술의 내적 구성 요소로 작용할 수 있는 가능성이 높다. 자기비판적 언술은 한편으로는 이념 비판적 언술과 현실 비판적 언술의 자장 속에서 그대로 흡수되어 버릴 위험성이 있기도 하지만 또 다른 한편으로는 그들 언술의 완강한 틀에 균열을 일으킬 수 있는 저항적 성격을 포함하고 있기도 하다. 이념 비판적 언술과 현실 비판적 언술의 경우 또한, 그들이 적절한 긴장 관계를 유지하지만 한다면 단일한 언술에 의해 지배되는 사회에 비해 더욱 합리적이고 생산적인 담론을 형성할 수 있는 가능성 역시 배제할 수는 없을 것이다. 이런 점에서 문제는 결국, 이들 비판적 언술 자체에 있다기보다는, 그들 각각이 한편으로는 사회 현실의 실제적인 개별 조건과 환경들을 고려하지 않고 또다른 한편으로는 자신과는 다른 어떤 의미화의 형태도 완강히 배제함으로써, 이데올로기적 언술의 테두리 속에 스스로를 가두어 버리는 데에 있다고 할 수 있다.

해방기 소설의 의미론적 구조와 특징에 대한 지금까지의 검토를 통한 본 논문의 잠정적 결론은 두 가지 정도로 요약할 수 있다. 하나는 해방기 소설은 이 시기 문학을 대표하는, '정치 언어'가 아닌 '문학 언어'라는 사실이고, 다른 하나는 그것이, 역사적 계기성과 문학적 연속성을 가지고 있는, '부재하는 문학'이 아닌 '실제하는 문학'이라는 사실이다. 자신들의 문학적 신념을 따라 극명하게 양분되는 양상을 보였던 이 시기 소설은, 오늘날의 관점에서 보면, 수준 미달의 작품으로 이해될 수도 있을 것이다. 그러나, 그럼에도 불구하고, 본 논문이 이 시기 소설을 주목하고자 했던 또 다른 이유는, 그것이 역사 밖 어딘가의 추상적 존재로서가 아니라, 지금 여기의 구체적 현실로서 실제하고 있고, 그 실제의 작용력이 우리들 현재 삶의 방식에 여전히 영향을 미치고 있다는 판단 때문이다. 이런 점에서 본 논문은 해방기 사회 언어학적 상황 속에서의 문학의 서사적 대응 방식에 대한 검토를 통해 문학과 역사 그리고 우리의 현재적 삶 사이의 관계에 대한 새로운 반성의 계기가 될 수 있기를 희망한다.

참고 문헌

1차 자료

거름 편집부 편, 『한국현대문학자료총서』 1~17, 거름, 1987.
권영민 편, 『한국의 현대소설(1945~1969)』 1, 민음사, 1985.
권영민·이주형·정호웅 편, 『한국근대단편소설대계』·『한국근대장편소설대계』, 태학사, 1988.
__________, 『한국해금문학전집』, 삼성출판사, 1988.
__________, 『월북작가 대표문학』, 서음출판사, 1989.
__________, 『한국소설문학대계』, 동아출판사, 1995.
김근수 편, 『한국학자료총서(한국 잡지개관 및 호별목차집)』 제5집, 영신아카데미 한국학연구소.
김남천, 「1945년 8·15」, 『자유신문』, 1945.10.15~1946.6.28
______, 『삼일운동』, 아문각, 1947.
______, 『김남천전집』 1,2, 정호웅·손정수 편, 박이정, 2000.
김동리 외, 『해방문학선집』, 종로서관, 1948.
김동리, 「해방」, 『동아일보』, 1949.9.1~1950.2.16.
______, 『김동리전집』 2,7,8, 민음사, 1995.
김승환·신범순 편, 『해방공간의 문학(소설)』 1,2, 돌베개, 1988.
김희민 편, 『해방 3년의 소설문학』, 세계, 1987.
송기한·김외곤 편, 『해방공간의 비평문학』 1,2,3, 태학사, 1991.
신형기 편, 『해방 3년의 비평문학』, 세계, 1988.
염상섭, 「효풍」, 『자유신문』, 1948.1.1~11.3, 『효풍』(김재용 편), 실천문학사, 1998.
______, 『염상섭전집』 10,12, 민음사, 1987.
이기영, 『땅』 上·下, 이기영 선집 5,6, 풀빛, 1992.
이정식·한홍구 편, 『한국 현대사자료총서(1945~1948)』, 돌베개, 1986.
채만식, 『채만식전집』 5, 창작사, 1987. 『채만식전집』 8,9,10, 창작과비평사, 1989.
허 준, 「잔등」, 『대조』 1~2호, 1946.1.~7.
______, 『잔등』, 을유문화사, 1946.9.

국내 논저

강만길, 『고쳐 쓴 한국현대사』, 창작과비평사, 1979.
강진호, 『한국 근대문학 작가연구』, 깊은샘, 1996.
권영민, 『한국 현대문학사(1945~1990)』, 민음사, 1993.
______, 『해방 직후의 민족문학운동 연구』, 서울대 출판부, 1986.
______, 『한국 현대문학사연표』 1, 서울대 출판부, 1987.
김경원, 「해방 직후 진보적 리얼리즘소설 연구」, 서울대 석사논문, 1990.
김동석, 「김유정 소설의 구조원리 연구」, 고려대 석사논문, 2000.
김동춘, 『전쟁과 사회』, 돌베개, 2000.
김민정, 「1930년대 후반 모더니즘소설 연구」, 서울대 석사논문, 1994.
김병태 외, 『한국경제의 전개과정』, 돌베개, 1981.
김상선, 『민촌 이기영 문학연구』, 국학자료원, 1999.
김상환, 「니체, 프로이트, 맑스 이후」, 창작과비평사, 2002.
김성렬, 「광복 직후 좌우 대립기의 문학 연구」, 고려대 박사논문, 1989.
김승환, 「해방공간의 농민소설 연구」, 서울대 박사논문, 1990.
______, 『해방공간의 현실주의 문학 연구』, 일지사, 1991.
김영민, 『한국 현대문학비평사』, 소명출판, 2000.
김외곤, 「김남천 문학에 나타난 주체 개념의 변모과정 연구」, 서울대 박사논문, 1995.
______, 『한국 근대리얼리즘문학 비판』, 태학사, 1995.
김윤식 외, 『해방공간의 문학운동과 문학의 현실인식』, 한울, 1989.
김윤식 편, 『채만식』, 문학과지성사, 1984.
김윤식, 『한국 현대문학사』, 서울대 출판부, 1976.
______, 『한국 근대작가론고』, 일지사, 1985.
______, 『염상섭 연구』, 서울대 출판부, 1987.
______, 『해방공간의 문학사론』, 서울대 출판부, 1989.
______, 『한국 현대 현실주의 소설 연구』, 문학과지성사, 1990.
______, 『김동리와 그의 시대』, 민음사, 1995.
______, 『북한문학사론』, 새미, 1996.
______, 『해방공간 문단의 내면풍경』, 민음사, 1996.
______, 『사반과의 대화』, 민음사, 1997.
김윤식 · 정호웅 편, 『한국 근대리얼리즘 작가 연구』, 문학과지성사, 1988.
김인환, 「희극적 소설의 구조 원리」, 고려대 박사논문, 1981.
______, 『상상력과 원근법』, 창작과비평사, 1993.
______, 『비평의 원리』, 나남, 1994.

______, 『언어학과 문학』, 고려대 출판부, 1999.
______, 『기억의 계단』, 민음사, 2001.
김재남, 『김남천 문학론』, 세종대 박사논문, 1991.
김재용, 『협력과 저항』, 소명출판, 2004.
김종균, 『염상섭 연구』, 고려대 출판부, 1974.
김천혜, 『소설구조의 이론』, 창작과비평사, 1990.
김치수, 『문학사회학을 위하여』, 문학과지성사, 1979.
김한식, 「1930년대 후반 장편소설의 일상적 수용과 표현에 관한 연구」, 고려대 박사논문, 2000.
______, 『현대소설과 일상성』, 월인, 2002.
김 현, 『문학사회학』, 민음사, 1983.
김현종, 『해방기의 북한소설 연구』, 충남대 박사논문, 1997.
도서출판 친구 편집부 편, 『철학사전』, 친구, 1987.
문학과사상연구회 편, 『염상섭 문학의 재인식』, 깊은샘, 1998.
__________________, 『채만식 문학의 재인식』, 소명출판, 1999.
문학사와 비평 연구회 편, 『염상섭 문학의 재조명』, 새미, 1998.
박세길, 『다시 쓰는 한국현대사』 1, 돌베개, 1988.
박유희, 「1950년대 소설의 반어적 기법 연구」, 고려대 박사논문, 2002.
박종홍, 『현대소설의 시각』, 국학자료원, 2002.
방민호, 『채만식과 조선적 근대문학의 구상』, 소명출판, 2001.
백낙청 · 염무웅 편, 『한국문학의 현단계』 Ⅳ, 창작과비평사, 1985.
백 철, 『문학 자서전』, 박영사, 1975.
사회과학원 연구소, 『조선문학사』, 과학 백과사정출판사, 1978.
서경석, 『한국 근대리얼리즘문학사 연구』, 태학사, 1998
서중석, 『한국 현대민족운동 연구』, 역사비평사, 1991.
송건호 외, 『해방 전후사의 인식』, 한길사, 1989.
송기섭, 「해방기 리얼리즘소설 연구」, 충남대 박사논문, 1994.
______, 『해방기 소설의 반영의식 연구』, 국학자료원, 1998.
송남헌, 『해방 3년사』, 까치, 1985.
송하춘, 『1920년대 한국소설 연구』, 고려대 출판부, 1985.
______, 『발견으로서의 소설 기법』, 현대문학, 1993.
______, 『채만식』, 건국대 출판부, 1994.
송하춘 · 이남호 편, 『1950년대의 소설가들』, 나남, 1994.
송희복, 「해방기 문학비평 연구」, 동국대 박사논문, 1992.
신덕룡, 해방 직후 리얼리즘소설 연구」, 경희대 박사논문, 1989.
______, 『진보적 리얼리즘소설 연구』, 시인사, 1989.
신상성, 『김남천 연구』, 경운출판사, 1990.

신형기, 「해방 직후의 문학운동 연구」, 연세대 박사논문, 1987.
_____, 『해방 직후의 문학운동론』, 화다, 1988.
_____, 『해방기 소설 연구』, 태학사, 1992.
신형기 · 오성호, 『북한문학사』, 평민사, 2000.
신희교, 「일제 말기 소설 연구」, 고려대 박사논문, 1992.
안 경, 『허준 소설 연구』, 숙명여대 석사논문, 1993.
안한상, 「해방기 소설의 현실인식과 형상화 연구」, 서울시립대 박사논문, 1995.
_____, 『해방기 소설의 현실인식과 구조 연구』, 국학자료원, 1995.
안함광, 『조선문학사』, 태동, 1989.
역사문제연구소 편, 『해방 3년사 연구 입문』, 까치, 1989.
오 현 편, 『백릉 채만식 생애와 문학』, 신아출판사, 2000.
오현봉, 「한국 현대소설의 사회학적 연구」, 경희대 박사논문, 1986.
오형엽, 「1930년대 시론의 구조적 연구」, 고려대 박사논문, 1998.
_____, 『한국 근대시와 시론의 구조적 연구』, 태학사, 1999.
우한용, 「채만식 소설의 담론 특성 연구」, 서울대 박사논문 1991.
_____, 『채만식 소설 담론의 시학』, 개문사, 1992.
유종호 편, 『염상섭』, 서강대 출판부, 1998.
윤효녕 외 3, 『주체 개념의 비판』, 서울대 출판부, 1999.
이 찬, 「김동리 문학 연구」, 고려대 석사논문, 1999.
이남호, 『문학의 위족』, 민음사, 1990.
이덕화, 「김남천 연구」, 연세대 박사논문, 1991, 청하, 1991.
이도연, 「채만식 소설의 세계 인식과 미적 구조」, 고려대 박사논문, 2004.
이동하, 「한국문학의 전통지향적 보수주의 연구」, 서울대 박사논문, 1989.
_____, 『김동리』, 건국대 출판부, 1996.
이병순, 「해방기 소설의 이념지향성 연구」, 숙명여대 박사논문, 1996.
_____, 『해방기 소설 연구』, 국학자료원, 1997.
이상갑 편, 『김남천』, 새미, 1995.
이상갑, 「1930년대 후반기 창작방법론 연구」, 고려대 박사논문, 1994.
_____, 『한국 근대문학과 전향문학』, 깊은샘, 1995.
이상경, 「이기영 소설의 변모과정 연구」, 서울대 박사논문, 1992.
_____, 『이기영—시대와 문학』, 풀빛, 1994.
이상섭, 『문학비평 용어사전』, 민음사, 1976.
이영미, 『해방기 농민소설의 분석적 연구』, 한양대 박사논문, 2000.
이우용, 『해방 직후 소설의 인간상 연구』, 건국대 박사논문, 1991.
_____, 『미군정기 민족문화의 논리』, 태학사, 1992.
이재선, 『한국문학의 지평』, 새문사, 1981.

______, 『현대 한국소설사(1945~1990)』, 민음사, 1991.
이 찬, 「20세기 후반 한국 현대시론 연구」, 고려대 박사논문, 2004.
임종국, 『친일문학론』, 평화출판사, 1966.
임지현, 『민족주의는 반역이다』, 소나무, 1999.
임헌영, 『분단시대의 문학』, 태학사, 1992.
전상인, 『고개숙인 수정주의』, 전통과 현대, 2001.
전윤경, 『해방기 희곡 연구』, 숙명여대 박사논문, 2000.
전홍남, 「해방기 소설의 정신사적 연구」, 전북대 박사논문, 1995.
______, 『해방기 소설의 시대정신』, 국학자료원, 1999.
정진석, 『언론과 한국 현대사』, 커뮤니케이션 북스, 2001.
정한숙, 『해방문단사』, 고려대 출판부, 1980.
정혜경, 「1960년대 소설의 서술구조 연구」, 고려대 박사논문, 2001.
정호웅, 「해방공간의 자기비판소설 연구」, 서울대 박사논문, 1993.
정홍섭, 「채만식 문학의 풍자 양식 연구」, 서울대 박사논문, 2003.
조계숙, 「한국 문학비평에 나타난 묘사론 연구」, 고려대 박사논문, 2002.
조동일, 『한국소설의 이론』, 지식산업사, 1977.
조성국, 「해방기 시문학의 양상 연구」, 서강대 박사논문, 1998.
조연현 외, 『동리 문학이 한국문학에 미친 영향』, 중앙대 예술대학 문예창작학과, 1979.
조회경, 『김동리 소설 연구』, 국학자료원, 1999.
진정석, 「김동리 문학 연구」, 서울대 석사논문, 1993.
채호석, 『김남천 문학 연구』, 서울대 박사논문, 1999.
______, 『한국 근대문학과 계몽의 서사』, 소명출판, 1999
최원식, 『민족문학의 논리』, 창작과비평사, 1982.
하응백, 「김남천 문학 연구」, 경희대 박사논문, 1993.
하정일, 「해방기 민족문학론 연구」, 연세대 박사논문, 1992.
______, 『민족문학의 이념과 방법』, 태학사, 1993.
한국문인협회 편, 『해방문학 20년』, 정음사, 1971.
한국소설학회, 『현대소설 시점의 시학』, 새문사, 1996.
한국현대문학연구회, 『한국의 전후문학』, 태학사, 1991.
현재원, 『해방기 연극운동 연구』, 성균관대 박사논문, 2000.
홍성호, 『문학사회학, 골드만과 그 이후』, 창작과비평사, 1995.
홍혜준, 『허준 문학 연구』, 서울대 석사논문, 1998.
황정산, 『문학의 이해』, 한국문화사, 2000.

외국 논저

E. H. 카, 김택현 역, 『역사란 무엇인가』, 까치, 1997.
T. W. 아도르노, 홍승용 역, 『미학 이론』, 창작과비평사, 1984.
게오르그 루카치, 반성완 역, 『소설의 이론』, 심설당, 1985.
골드만 외, 김치수 · 조현실 역, 『문학사회학이 방법』, 현암사, 1985.
다이안 멕도넬, 임상훈 역, 『담론이란 무엇인가』, 한울, 1992.
라만 셀던 외 2명, 정정호 외 3명 역, 『현대문학이론 개관』, 한신문화사, 1998.
레온 에델, 김윤식 역, 『작가론의 방법』, 삼영사, 1983.
루시앙 골드만, 조경숙 역, 『소설사회학을 대하여』, 청하, 1982.
루이 엘름슬레우, 김용숙 · 김혜련 역, 『랑가쥬 이론 서설』, 동문선, 2000.
르네 웰렉 · 오스틴 워렌, 김병철 역, 『문학의 이론』, 을유문화사, 1982.
마르크 블로흐, 정남기 역, 『역사를 위한 변명』, 한길사, 1979.
마르틴 하이데거, 이기상 역, 『존재와 시간』, 까치, 1998.
브루스 커밍스, 김자동 역, 『한국전쟁의 기원』, 일월서각, 1986.
슬라보예 지젝, 이수련 역, 『이데올로기라는 숭고한 대상』, 인간사랑, 2002.
시모어 채트먼, 김경수 역, 『영화와 소설의 서사구조』, 민음사, 1990.
아리스토텔레스, 김재홍 역, 『시학』, 고려대 출판부, 1998.
알 웹스터, 라종혁 역, 『문학이론연구 입문』, 동인, 1999.
엘리자베스 클레망 외 3명, 이정우 역, 『철학사전』, 동녘, 1996.
올리비에 르불, 홍재성 · 권오룡 역, 『언어와 이데올로기』, 역사비평사, 1994.
조셉 칠더스 · 게리 헨치, 황종연 역, 『현대문학 · 문학비평 용어사전』, 문학동네, 1999.
존 폴라메나쯔, 진덕규 역, 『이데올로기란 무엇인가』, 까치, 1982.
질 들뢰즈, 이정우 역, 『의미의 논리』, 한길사, 1999.
츠베탕 토도로프, 신동욱 역, 『산문의 시학』, 문예출판사, 1992.
테리 이글턴, 김명환 · 정남영 · 장남수 역, 『문학이론 입문』, 창작과비평사, 1986.
테리 이글턴, 여홍상 역, 『이데올로기 개론』, 한신문화사, 1994.
페르디낭 드 소쉬르, 최승언 역, 『일반 언어학 강의』, 민음사, 1990.
페터 지마, 정수철 역, 『문학의 사회비평론』, 태학사, 1996.
________, 서영상 · 김창주 역, 『소설과 이데올로기』, 문예출판사, 1996.
________, 허창운 · 김태환 역, 『이데올로기와 이론』, 창작과비평사, 1996.
________, 허창운 · 김태환 역, 『텍스트 사회학이란 무엇인가』, 아르케, 2001.

부록 : 해방기 작품 목록

이 시기 작품 목록은 일차적으로 『한국 현대 문학사 연표』 1(권영민 편, 서울대 출판부, 1987, 총 618편)을 토대로 하여 이를 수정 · 보충하였다.(작가 191명, 작품 795편) 이외에도 이 시기 작품 목록을 작성하는데 주로 참고한 책은 다음과 같다.

권영민 편, 『한국의 현대소설(1945~1969)』, 민음사, 1985.
권영민, 『해방 직후의 민족문학운동 연구』, 서울대 출판부, 1986.
권영민 편, 『한국 현대문학사연표』 1, 서울대 출판부, 1987.
김희민 편, 『해방 3년의 소설문학』, 세계, 1987.
김승환 · 신범순 편, 『해방공간의 문학』 1,2(소설), 돌베개, 1988.
거름 편집부, 『한국현대문학자료총서』 1~17, 거름, 1987.
권영민 · 이주형 · 정호웅 편, 『한국근대단편소설대계』 · 『한국 근대장편소설대계』, 태학사, 1988.
김근수 편, 『한국학자료총서』 제5집(한국잡지개관 및 호별 목차집), 영신아카데미 한국학 연구소.

해방기 작품 목록(1945.8~1950.6)

강노경, 「鍾匠」, 『백민』 16호, 1948.10; 「세월」, 『백민』 20호, 1950.2.

강신재, 「분노」, 『민성』, 1949.7; 「얼굴」, 『문예』 2호, 1949.9; 「정순이」, 『문예』 4호, 1949.11; 「눈이 나린 날」, 『문예』 6호, 1950.1; 「성근네」, 『신천지』 42호, 1950.1; 「眞郡의 결혼식」, 『혜성』 2호, 1950.3; 「안개」, 『문예』 10호, 1950.6.

강학중, 「창을 열고」, 『문예』 6호, 1950.1; 「골목길에서」, 『백민』 19호, 1949.5; 「등잔불」, 『문예』 3호 1949.10; 「춘추」, 『영문』 8호, 1949.11.

강형구, 「동맥」, 『민주주의』 5호, 1946.10; 「연락원」, 『문학』 3.1기념임시증간호, 1947.2; 「목석」, 『협동』 4호, 1947.3; 「탈피—비료이야기」, 『우리문학』 3호, 1947.3; 「정월대보름」, 『신세대』 23호, 1948.5; 「조춘」, 『문학』 8호, 1948.7; 「만춘」, 『문장』 27호, 1948.10; 「환원기」, 『신천지』 33호, 1949.2.

곽하신, 「옛성터」, 『여성문화』, 1945.12; 「연적」, 『예술부락』, 1946.3; 「여직공」, 『예술신문』, 1946.8~; 「정거장 광장」, 『신천지』, 1947.7; 「편지」, 『신천지』 36호, 1949.5; 「떡장수」, 『백민』 20호, 1950.2; 「매소부」, 『서울신문』, 1950.4.28~.

계용묵, 「별을 헨다」, 『동아일보』, 1946.12; 「금단」, 『민주일보』, 1946.12.1~; 「인간적」, 『백민』 7호, 1947.3; 「바람은 그냥 불고」, 『백민』 9호, 1947.6 · 7; 「짐」, 『대조』 2권 3호, 1947.8; 「일만 오천원」, 『백민』 11호, 1947.10~11; 「물매미」, 『문예』 9호, 1950.4; 「幻弄」, 『문학』 23호, 1950.6.

구경서, 「곡」, 『백맥』 1호, 1946.1.

김경모, 「해녀」, 『신천지』 36호, 1949.5.

김광언, 「운명」, 『선봉』 1호, 1945.11.

김광주, 「춘우」, 『민중일보』, 1947.4.13; 「정조」, 『백민』 11호, 1947.11; 「연애 제백장」, 『백민』 19호, 1949.6; 「바다는 말이 없다」, 『연합신문』, 1949.6.2~22; 「청계천변」, 『문예』 1호, 1949.8; 「有夫之婦」, 『신경향』 1호, 1949.12; 「종점소묘」, 『문예』 6호, 1950.1; 「惡夜」, 『백민』 20호, 1950.2; 「남편은 무능했다」, 『신천지』 46호, 1950.5.

김광현, 「은인」, 『민주주의』 3호, 1946.8.

김남천, 「1945년 8·15」, 『자유신문』, 1945.10.15~1946.6.27(165회 미완); 「목화」, 『한성시보』 2,3호, 1945.10; 「정거장」, 『아동문학』 1호, 1945.12; 『3·1 운동』, 아문각, 1947; 「동맥」, 『신문예』 2,3호, 1946.7·10, 『신조선』 1,2,4,5호, 1947.2~6(미완); 「원뢰」, 『인민평론』 2호, 1946.7; 희곡 「3·1 운동」, 『신천지』, 1946.3~5; 『3·1 운동』, 아문각, 1947; 「동방의 애인」, 일간 『예술통신』, 1946.11.5(34회)~12.14(55회, 미완); *「꿀」, 『문학예술』, 1951.4.

김동리, 「윤회설」, 『서울신문』, 1946.6.6~26; 「지연기」, 『동아일보』, 1946.12.1~19; 「미수」, 『백민』, 1946.12; 「혈거부족」, 『백민』 7호, 1947.3; 「달」, 『문화』 1호, 1947.4; 「이맛살」, 『문화』, 1947.10; 「상철이」, 『백민』 11호, 1947.10.11; 「역마」, 『백민』 12호, 1948.1; 「어머니와 그 아들들」, 『삼천리』, 1948.8; 「개를 위하여」, 『백민』, 1948.10; 「심정」, 『학풍』 4호, 1949.3; 「유서방」, 『대조』, 1949.3.4; 「형제」, 『백민』 18호, 1949.3,4; 「급류」, 『조선교육』 16~18호, 1949.4~6 & 『혜성』 1호~, 1950.2~; 「검군」, 『연합신문』, 1949.5.15~28; 『해방』(장편), 『동아일보』, 1949.9.1~1950.2.15; 「인간동의」, 『문예』 10호, 1950.5.

김동성, 「행복의 위치」, 『부인』 2호, 1946.6.

김동원, 「치덕이 이야기」, 『조선주보』 9호, 1946.2.

김동인, 「정열」, 『대조』 1호~, 1946.1~; 「송첨지」, 『백민』 2호, 1946.1; 「정열」, 『대조』 1,2호, 1946.1~7; 「석방」, 『민성』 3호, 1946.2; 「학생수첩」, 『태양』, 1946.3; 「논개의 환생」, 『부인』 1~4호, 1946.4~; 「糞土」, 『신천지』 4~9호, 1946.5.10; 「반역자」, 『백민』 5집, 1946.10; 「망국인기」, 『백민』 7호, 1947.3; 「속 망국인기」, 『백민』 13호, 1948.3; 「주춧돌」, 『평화신문』, 1948.7.6~11; 「김덕수」, 『대조』 3권, 1948.8; 「昔干老의 처」, 『신천지』 28호, 1948.8; 「환가」, 『서울신문』, 1948.8.9~12.

김래성, 「민족의 책임」, 『생활문화』 2호, 1946.2; 「사상범의 수기」, 『개벽』 74호, 1946.4; 「夏蟬」, 『중성』, 1946.9; 「인생안내」, 『백민』 6호, 1946.12; 「여인애사」, 『백민』 8호, 1947.5; 「결혼전야」, 『부인』 18~19호, 1949.1,2,3; 「벌처기 1」, 『新苑』 1호, 1949.4.

김만선, 「절룸바리 돌쇠」, 『조선주보』 10호, 1946.2; 「압록강」, 『신천지』 5호, 1946.4;

『압록강』, 동지사, 1948; 「한글강습회」, 『대조』 2호, 1946.7; 「해방의 노래」, 『백제』 2호, 1947.1; 「형제」, 『압록강』, 동지사, 1948; 「대설」, 『신천지』 33호, 1949.2; 「이혼」, 『신천지』 36호, 1949.5.

김말봉, 「성좌는 부른다」, 『연합신문』, 1949.1; 「낙엽과 함께」, 『신여원』 1호, 1949.3.

김명선, 「초료」, 『신천지』 31호, 1948.12.

김보성, 「명암」, 『영문』 8호, 1949.11.

김산운, 「나체」, 『예술문화』 5호, 1946.9.

김상인, 「甕鼠」, 『신천지』 36호, 1949.5.

김석호, 「혈통」, 『민주조선』 4호, 1948.3.

김성민, 「향가」, 『민주조선』 2~3호, 1947.12~1948.1.

김성한, 「무명로」, 『서울신문』, 1950.1; 「김가성론」, 『학풍』 11호, 1950.3; 「자유인」, 『문학』 22호, 1950.5.

김소엽, 「假花」, 『춘추』 속 1호, 1946.2; 「청춘」, 『대조』 2호, 1946.7; 「여운」, 『개벽』 80호, 1948.12; 「세월」, 『신세대』 30호, 1949.1.

김　송, 「만세」, 『백민』 1호, 1945.12; 「무기없는 민족」, 『백민』 2~3호, 1946.1, 1946.2; 「인경아 울어라」, 『백민』 4호, 1946.3. ⇒ 이상 세편을 엮어서 『무기없는 민족』, 백민문화사, 1946.10; 「슬픈 이야기」, 『백민』 4호, 1946.6; 「외투」, 『민성』, 1946.4; 「안개 속의 마을」, 『백민』 5호, 1946.10; 「고향이야기」, 『백민』 7호, 1947.3; 「시계」, 『민중일보』, 1947.4.170; 「波市의 女像」, 『백민』, 1947.9; 「머리카락」, 『문화』, 1947.10; 「폐인」, 『백민』 11호, 1947.10.11; 「정임이」, 『백민』 12호, 1948.1; 「병아리」, 『예술조선』 2호, 1948.1; 「남사당」, 『백민』 14호, 1948.4,5; 「살모사」, 『평화신문』, 1948.7; 「동경」, 『대조』 3권 3호, 1948.8; 「寒灘」, 『백민』 16호, 1948.10; 「餘聲」, 『대조』, 1949.3,4; 「흙이 그리워라」, 『해동공론』 49호, 1949.3; 「널다리」, 『민성』 34호, 1949.5; 「누각끝의 뽀지」, 『신원』 1호, 1949.4; 「紀行」, 『북한특보』, 1949.9; 「백제의 興亡史語」, 『신라』 1호, 1949.9; 「성천강」, 『문예』 5호, 1949.12; 「어두운 길에서」, 『민족문화』 2호, 1950.2; 「술」, 『신천지』 43호, 1950.2; 「총알과 단추」, 『별』 1호, 1950.3; 「달이 뜨면」, 『백민』 20호, 1950.2; 「달이지면」, 『문학』 22호, 1950.5; 「敵產型」, 『서울신문』, 1950.5.21.

김영석, 「혜란의 수기」, 『부인』, 1946.4; 「코」, 『태양』, 1946.4; 「께끼꾼」, 『민주주의』, 1946.6; 「금전문제」, 『협동』 1호, 1946.8; 「전차 운전수」, 『신문학』 3호, 1946.7; 「어떤 안해」, 『백제』 1호, 1946.10; 「가방」, 『신문예』, 1946.10; 「폭풍」, 『문학』 2호, 1946.12; 「격랑」, 『조선중앙일보』, 1948.2.17 연재(『격랑』, 조선작가동맹출판사, 56); 「지하로 뚫린 길」, 『협동』, 1946.1~(『지하로 뚫린 길』, 아문각, 1948).

김영수, 「남풍이 불면」, 『여학원』, 1946.4; 「밤」, 『서울신문』, 1946.5.17~6.4; 「혈맥」,

『대조』 2호, 1946.7; 「행렬」, 『백민』 7호, 1947.3; 「황혼」, 『개벽』 75호, 1947.8; 「청춘」(원제 : 어머니), 『영화시대』 8호, 1947.11; 「파도」, 『경향신문』, 1948.4~1949.12.

김용만, 「不忘錄」, 『무궁』 2호, 1946.2.

김윤성, 「명원이의 나」, 『백민』 17호, 1949.1; 「벌」, 『해동공론』 49호, 1949.2.

김일안, 「뺨」, 『신천지』 18호, 1947.8.

김정한, 「설날」, 『문학비평』, 1947.6.

김진수, 「코스모스」, 『백민』, 1948.10~1949.1.

김창현, 「소작인의 아침」, 『중앙주간』 3호, 1946.1.

김철수, 「초석」, 『무궁화』 1호~, 1945.12~.

김태련, 「미신」, 『민주공론』 1호, 1948.4

김학철, 「이렇게 싸웠다」, 『한성시보』 4호, 1945.10; 「지네」, 『주보건설』 3호, 1945.12; 「南江 渡口」, 『조선주보』 7호, 1946.1; 「龜裂」, 『신문학』 1호, 1946.4, 「상흔」, 『상아탑』 6호, 1946.5, 「밤에 잡은 부로」, 『신천지』 5호, 1946.6. 「달걀」, 『민성』 7호, 1946.6; 「담배ㅅ국」, 『문학』 1호, 1946.8.

김현구, 「산풍」, 『문학』 3.1기념임시중간호, 1947.2; 「어느 가족」, 『신천지』 26호, 1948.6; 「바람부는 거리」, 『신천지』 36호, 1949.5.

노 변, 「생장기」, 『예술문화』 2호, 1946.1.

노승하, 「보석시계」, 『신천지』 36호, 1949.5.

단 운, 「여군」, 『주보건설』 2호, 1945.11.

문영남, 「공양미 300석」, 『별』 1, 1950.3.

문철민, 「넝마와 파쇠로 만든 대가리를 갖인 사나이」, 『생활문화』 2호, 1946.2.

박계주, 「천사」, 『학생월보』, 1946.4~5; 「어머니」, 『신문학』 2호, 1946.6; 「개」, 『서울신문』, 1946.9.15; 「그도 사람이다」, 『조선일보』, 1947.1; 「귀향」, 『부인』, 1948.4; 「예술가 k씨」, 『백민』 14호, 1948.4,5; 「유민」, 『서울신문』, 1948.7.25~31; 「진리의 밤」, 『경향신문』, 1948.10~1949.4; 「애정무한」, 『부인』 18~23호, 1949.1~11; 「파고다의 소녀 1」, 『신여원』 1호, 1949.3; 「다방肉禮」, 『신천지』 23호, 1949.5,6; 「지옥의 시」, 『민성』 37~40호, 1949.8~11; 「조국」, 『백민』 20호, 1950.2.

박노갑, 「역사」, 『개벽』 복간호 통권 73호, 1946.1; 「환」, 『대조』 1호, 1946.1; 「鍾」, 『생활문화』 1호, 1946.1; 「갈매기」, 『문화』 2호, 1946.12; 「沙上」, 『신문학』 4호, 1946.11; 「40년」, 육문사, 1948.

박노부, 「고대영웅의 석상」, 『여성공론』 1호, 1946.1.

박상권, 「羞辱」, 『신천지』 36호, 1949.5.

박승극, 「떡」, 『문학』 2호, 1946.11; 「길」, 『문학평론』 3호, 1947.4; 「별도 성내다」, 『신조선』 5호, 1947.6.

박연희, 「쌀」, 『백민』 5호, 1946.10; 「도박」, 『백민』 6호, 1946.12; 「삼팔선」, 『백민』, 1948.3; 「고목」, 『백민』 15호, 1948.7,8; 「불륜」, 『해동공론』 49호, 1949.3; 「을지문덕」, 『신라』 1호, 1949.9; 「부인」, 『백민』 20호, 1950.2.

박영만, 「蜀花」, 『민성』 30호, 1949.1.

박영준, 「피난행」, 『예술』 1호, 1945.12; 「엿장수」, 『새동무』, 1945.12; 「환향」, 『우리문학』 2호, 1946.3; 「악수」, 『인민』, 1946.3; 「배신」, 『민성』, 1946.4; 「과정」, 『신문학』 1호, 1946.4; 「민족」, 『예술신문』, 1946.6; 「아내도 돌아오다」, 『신세대』, 1946.8; 「추석」, 『서울신문』, 1946.9.15; 「담배값」, 『서울신문』, 1946.9; 「두 딸」, 『부인』, 1946.10; 「잔재」, 『인민예술』, 1946.10; 「물쌈」, 『문학』 2호, 1946.11; 「고양이」, 『서울신문』, 1946.11.29; 「고향없는 사람」, 『백민』 7호, 1947.3; 「부로커」, 『우리문학』, 1947.3; 「창공」, 『문학비평』, 1947.6; 「새로운 애정」, 『민성』, 1947.10; 「색맹」, 『신경향』, 1947.10; 「풍운」, 『신천지』 20호, 1947.10; 「생활의 파편」, 『백민』 12호, 1948.1; 「강아지」, 『동아일보』, 1948.9; 「여과」, 『백민』 17호, 1949.1; 「약」, 『부인』, 1949.1; 「셋집 풍경」, 『개벽』 81호, 1949.3; 「교수와 여학생」, 『대조』 4권 1호, 1949.4; 「회심기」, 『학풍』 5호, 1949.4; 「진통」, 『새살림』, 1949.5.12; 「자살미수」, 『신천지』, 1949.5.6; 「倫落說」, 『문학』 23호, 1950.6; 「幽明」, 『신천지』 47호, 1950.6.

박 완, 『제3노예』, 청수사, 1949.

박용구, 「언덕 위에서」, 『예술부락』, 1946.1; 「모녀」, 『백민』 15호, 1948.7,8; 「Au Revoir」, 『신천지』 40호, 1949.10; 「풍경」, 『문예』 4호, 1949.11; 「1947년」, 『문예』 6호, 1950.1; 「유전」, 『민성』 45호, 1950.4,5; 「서라벌의 삽화」, 『문예』 10호, 1950.5; 「지동설」, 『문예』 10호, 1950.5.

박종화, 「민족」, 『중앙신문』, 1945.11~; 예문각, 1947; 「논개」, 『신세대』 3호, 1946.7; 「笑春風의 外交」, 『서울신문』, 1946.8; 「청춘승리」, 『자유신문』, 1947.6~12.27; 수선사, 1949; 「홍경래」, 『동아일보』, 1948.10.1~1949.8.24(273회).

박 준, 「합창」, 『민주주의』 6호, 1946.11.

박찬모, 「개구리」, 『신문예』 2호, 1946.7; 「冬至」, 『문학』 2호, 1946.11; 「어머니」, 『문학』 3.1기념임시증간호, 1947.2; 「꿈꾸는 마을－일주간의 기록」, 『신조선』, 1947.2.

박 철, 「눈」, 『신인』 1호, 1946.7; 「새벽」, 『신인문학』 1호, 1947.10.

박태원, 「약탈자」, 『조선주보』, 1945.10~1946.1; 「한양성」, 『여성문화』, 1945.12; 「춘보」, 『신문학』 3호, 1946.7; 「태평성대」, 『경향신문』, 1946.11~12; 「귀의 비극」, 『신천지』 28호, 1948.8; 「임진왜란」, 『서울신문』, 1949.1~12; 「군상」, 『조선일보』, 1949.6.15~1950.1.25; 191회.

박화성, 「봄안개」, 『민성』, 1946.6; 「헐어진 青年館」, 『예술문화』 4호, 1946.8; 「광풍속에서」, 『동아일보』, 1948.7.

박희경, 「여심사화」, 『민심』 1호, 1945.11.

방기환, 「뱀딸기」, 『문예』 8호, 1950.3.

방인근, 「애국자」, 『대동신문』, 1946.2.12~4.3; 「비약」, 『조선운수』, 1946.8; 「50년후의 조선」, 『건국공론』 27~34호, 1948.5~12.

백두성, 「빵」, 『생활문화』 2호, 1946.1; 「땅」, 『예술문화』, 1946.1.

서근배, 「濁浦」, 『문예』 10, 1950.6.

석경진, 「娑婆」, 『무궁화』 2호, 1946.2.

석인해, 「역사」, 『백민』 4~6호, 1946.6~12.

설정식, 「청춘」, 『한성일보』, 1946.5; 「프란시스 두 셋」, 『동아일보』, 1946.12.13~22; 「해방」, 『신세대』 21호~, 1948.1; 「한 화가의 최후」, 『문학』 7호, 1948.4.

소무팔, 「삼베옷」, 『무궁』, 1946.6.

素 水, 「未練」, 『건국공론』, 1946.6.

손소관, 「양심」, 『예술신문』, 1946.9~?.

손소희, 「貌에의 결별」, 『백민』 5호, 1946.10; 「도피」, 『신문학』 4호, 1946.11; 「三代의 曲」, 『민성』, 1946.11; 「가두에 서는 날」, 『부인』, 1947.1; 「승산」, 『여성신문』, 1947.4.30; 「그 전 날」, 『문학비평』, 1947.6; 「낙상」, 『서울신문』, 1947.12.2; 「제단」, 『신세대』 22호, 1948.2; 「梨羅記」, 『신천지』 25호, 1948.4; 「회심」, 『백민』 14호, 1948.5; 「현해탄」, 『백민』 16호, 1948.10; 「한계」, 『신여원』 1호, 1949.3; 「尺度」, 『신천지』, 1949.5.6; 「흉몽」, 『신천지』 37호, 1949.7; 「地流」, 『문예』 2호, 1949.9; 「길 위에서」, 『신천지』, 1949.11; 「고갯길」, 『문예』 6호, 1950.1; 「황사지대」, 『혜성』 1호~, 1950.2~; 「해바라기」, 『민성』 44호, 1950.3; 「투전」, 『문예』 9호, 1950.4.

손창섭, 「얄구진 비」, 『연합신문』, 1949.3.

송 영, 「고민」, 『예술』, 1945.12; 「운동회」, 『별나라』, 1946.1; 「푸른 잉크 붉은 마음」, 『우리문학』 2호, 1946.3; 「의자」, 『신문학』 1호, 1946.4; 「촌뜨기 색시」, 『중외정보』, 1946.9.

송종호, 「海礁」, 『신인』 6호, 1948.7; 「그물 소동」, 『신천지』 36호, 1949.5.

신백수, 「暦」, 『상아탑』, 7호, 1946.6.

신정언, 「곰의 지성」, 『서울주보』 1호, 1945.11; 「을지문덕」, 『백민』 1호~, 1945.12~.

심 송, 「哀生琴」, 『신천지』 5~15호, 1946.6~1947.5.

심응섭, 「벌이」, 『예술문화』 5호, 1946.9.

안동수, 「경희의 편지」, 『인민』, 1945.12; 「그 전날 밤」, 『우리문학』 1호, 1946.2; 「어린 생명」, 『예술신문』, 1946.6; 「산」, 『신문학』, 1946.8; 「산가」, 『신문학』 3호, 1946.7; 「아름다운 아침」, 『문학』 2호, 1946.12; 「괴로운 사람들」, 『백제』 2호, 1947.1; 「고개」, 『우리문학』, 1947.3.

안수길, 「旅愁」, 『백민』 19호, 1949.5; 「범속」, 『민성』 38호, 1949.9; 「밀회」, 『문예』 3

호, 1949.10; 「翠菊」, 『백민』 20호, 1950.2.

안회남, 「오욕의 거리」, 주보건설, 1945.11; 「탄갱」, 『민성』, 1945.12; 「별」, 『혁명』, 1946.1; 「철쇄 끊어지다」, 『개벽』 73~74호, 1946.1~4; 「그 뒤 이야기」, 『생활문화』 1호, 1946.1; 「말」, 『대조』 1호, 1946.1; 「섬」, 『신천지』 1호, 1946.2; 「딸」, 『신세대』 1호, 1946.3; 「쌀」, 『신세대』 1호, 1946.3; 「소」, 『조광』 123호, 1946.3; 「봄」, 『서울신문』, 1946.5.15~16; 「밤」, 『민고』 1호, 1946.5; 「불」, 『문학』 1호, 1946.8(『불』, 을유문화사, 1947); 「사선을 넘어서」, 『협동』 4호, 1947.3; 「폭풍의 역사」, 『문학평론』 3호, 1947.4; 「低徊」, 『신조』, 1947.4; 「낙타」, 『신천지』, 1947.7; 「농민의 비애」, 『문학』 7호, 1948.4.

양 훈, 「靑제비」, 『생활문화』 2호, 1946.2.

엄흥섭, 「새로운 아침」, 『여성문화』, 1945.12; 「청동화로」, 『예술』, 1946.2; 「귀환일기」, 『우리문학』 1호, 1946.2; 「빙야」, 『인민』 4호, 1946.4; 「소도적」, 『신세대』 2호, 1946.5; 「관리공장」, 『민성』, 1946.6; 「쫓겨온 사나이」, 『신문학』 3호, 1946.7; 「악수」, 학생월보, 1948.5; 「봄오기 전」, 『신세대』 23호, 1948.5; 「발전」, 『문학비평』, 1947.6 ⇒ 귀환일기 후편; 「C군과 나와 영옥」, 『백민』 20호, 1950.2; 「야생초」, 『연합신문』, 1950.2.

염인묵, 「작은 旅風」, 『신천지』 37호, 1949.7.

염상섭, 「첫걸음」,(1946.8.10 作), 『신문학』 4호, 1946.11; 『해방문학선집』에 '해방의 아들'로 개제; 「엉덩이에 남은 발자국」(1947.12.17 作), 『구국』 1호, 1948.1; 「삼팔선」, 『삼팔선』, 금룡도서주식회사, 1948.1; 「모략」, 『삼팔선』, 금룡도서주식회사, 1948.1; 「효풍」(1948.9.15 탈고), 『자유신문』, 1948.1.1~11.3(200회); 「그 초기」(1948.3.21 作), 『백민』 14호, 1948.5; 「바쁜 이바지」, 『한보』, 1948.6; 『해방문학선집』에 '양과자갑'으로 개제; 「재회」(1948.7.20 作), 『개벽』, 1948.8; 「영감가쾌와 돌쇠」(1948.8.2 作), 『학풍』 1호, 1948.10; 「허욕」(1948.10.23 作), 『대조』 3권 4호, 1948.12; 「도난난」(1948.11.20 作), 『신태양』 1호, 1948.12; 「혼란」(1948.12.9 作), 『민성』 31호, 1949.2; 「移徒」(1948.12.22 作), 4·6배판 5단조; 「화투」, 『신천지』 36호, 1949.5; 꽁트 「임종」, 『문예』 1호, 1949.8; 「두 파산」, 『신천지』 38호, 1949.8; 「가엾은 미끼」, 『서울신문』, 1949.9.30~10.5; 「일대의 유업」(1949.9.2 作), 『문예』 제1권 3호, 1949.10; 「난류」, 『조선일보』, 1950.2.10~6.25(122회 중단); 「굴레」, 『백민』 20호, 1950.2; 「채석장의 소년」, 『소학생』 76호, 1950.3; 「속 일대의 유업」(1950.2.3 作), 『신사조』 1호, 1950.5; 「입하의 節」, 『신천지』 46~47호, 1950.5~6(2회 중단).

오기영, 「사슬이 풀린 뒤」, 『한성시보』 4호, 1945.10; 『신천지』 2~5호, 1946.3~6.

오소백, 「삼팔선 조난기」, 『신천지』, 1947.4, 1947.6, 1947.7(3회 연재).

오영수, 「남이와 엿장수」, 『신천지』 39호, 1949.9.

오유섭, 「머루」, 『신천지』 45, 1950.4.

유도희, 「아침」, 『신천지』 36호, 1949.5.
유이섭, 「지주의 아들, 진실성」, 『신천지』 18호, 1947.8.
유기영, 「남편」, 『건국공론』, 1949.10.
유주현, 「번요의 거리」, 『백민』 16호, 1948.10; 「군상」, 『백민』 20호, 1950.2.
유 호, 「복례」, 『부인』, 1946.10; 「진눈ㅅ개비」, 『백민』 7호, 1947.3; 「먹」, 『백민』 11호, 1947.10.11; 「나를 기억하십니까」, 『백민』 15호, 1948.7,8.
윤금숙, 「얼굴」, 『민성』 39호, 1949.10; 「불행한 사람들」, 『백민』 20호, 1950.2.
윤백남, 「태풍」, 『동아일보』, 1950.2.17~. 「회천기」, 『자유신문』, 1949.4~9.
윤상서, 「도주」, 『신천지』 37호, 1949.7.
윤세중, 「십오일후」, 『예술운동』 1호, 1945.12; 「지도자」, 『협동』 1호, 1948.9; 「묘지」, 『신문학』 1호, 1946.4, 희곡 「복류」, 『문학비평』, 1947.6.
이규원, 「방」, 『신천지』 26호, 1948.6; 「해방공장」, 『우리문학』 10호, 1948.9; 「밀방아」, 『신세대』 30호, 1949.1.
이근영, 「추억」, 『예술』, 1945.12; 「장남」, 『인민평론』 1호, 1946.3; 「고구마」, 『신문학』 2호, 1946.6; 「안노인」, 『신세대』 23호, 1948.5; 「탁류 속을 가는 박교수」, 『신천지』 26호, 1948.6.
이금남, 「이향」, 『민심』 2호, 1946.2.
이기영, 희곡 「닭싸움」, 『우리문학』 2호, 1946.3; 희곡 「해방」, 『신문학』 1호, 1946.4; 「개벽」, 『문화전선』 1호, 1946.7; 「형관」, 『문화전선』 2,3호, 1946.8,9; 『땅』(「개간편」, 『민주조선』, 1948년 봄; 「수확편」, 1949년); 「전변」, 『농막선생』, 조소문화협회중앙본부, 1950; 「농막선생」, 『농막선생』, 조소문화협회중앙본부, 1950.
이동규, 「돌에 푸는 울분」, 『인민』 1호, 1945.12; 「오빠와 애인」, 『신건설』 2호, 1945.12; 「小春」, 『우리문학』 1호, 1946.2; 「두루쇠」, 『신문예』, 1946.7; 「눈」, 『신문학』 3호, 1946.8; 「좀」, 『문학비평』, 1947.6.
이동연, 「진달래」, 『경향신문』, 1947.1.
이무영, 희곡 「두루쇠」, 『신문예』 2호, 1946.7; 「굉장소전」, 『백민』 6호, 1946.12; 「수염」, 『신조』, 1947.4; 「一年記」, 『조선교육』 7~15호, 1947.12~1949.2; 「석전기」, 『현대공론』, 1948.12; 「山頂의 삽화」, 『문예』 4호, 1949.11; 「佛庵」, 『신천지』 42호, 1950.1; 「戀師峰」, 『민성』 43호, 1950.2; 「戰記」, 『백민』 20호, 1950.2; 「3여인」, 『문예』 8호, 1950.3; 「명암」, 『문학』 22호, 1950.5; 「그리운 사람들」, 『서울신문』, 1950.6.1.
이문기, 「슬픈 해후」, 『건국공론』, 1946.4.
이봉구, 「도정－작가의 수기」, 『신문예』 1호, 1945.12; 「장마」, 『서울신문』, 1946.6.30; 「모사－속 도정의 서사」, 「떠나는 날」, 『백민』 17호, 1949.1; 「續道程」, 『문예』 5호, 1949.12; 「명동의 에레지」, 『백민』 20호, 1950.2; 「放歌路－제3도

정」, 『문예』 10호, 1950.6.
이북명, 「노동일가」, 1947.
이상임, 「밤」, 『신세대』 22호, 1948.2.
이상필, 「路傍에서」, 『문예』 7호, 1950.2; 「삼봉이」, 『동국』 1호, 「美髮」, 『문예』 3호, 1949.10; 「심문섭씨」, 『문예』 5호, 1949.12.
이석징, 「한계」, 『문학』 8호, 1948.7; 「옳소」, 『신천지』 33호, 1949.2.
이석훈, 「고향찾는 사람들」, 『백민』 20호, 1950.2.
이선구, 「헌 구두」, 『백민』 15호, 1948.8; 「환」, 『백민』 20호, 1950.2.
이선희, 「창」, 『서울신문』, 1946.6.26~7.20.
이성표, 「鷺血記」, 『신천지』 23호, 1948.2; 「回程」, 『신천지』 30호, 1948.10; 「병정의 아버지」, 『신천지』 36호, 1949.5; 「모색」, 『백민』 20호, 1950.2.
이약슬, 「풍운만리」, 『문화통신』 7호, 1946.1.
이은휘, 「황영감」, 『신천지』 32호, 1949.1; 「잠꼬대」, 『신천지』 36호, 1949.5.
이종수, 「거리」, 『신천지』 26호, 1948.6.
이종실, 「고무신」, 『민성』 35호, 1949.6.
이주홍, 「가족」, 『여성공론』, 1946.1~4; 「명암」, 『인민』, 1946.1; 「거문고」, 『문학』 2호, 1946.12.
이춘기, 「맥추」, 『신인문학』 1호, 1947.4.10.
이태준, 「즐거운 기록」, 『한성시보』, 1945.10; 「너」, 『현대일보』, 1946.2; 「불사조」, 『현대일보』, 1946.3.18?(28)~7.19; 「해방전후」, 『문학』 1호, 1946.8(『첫전투』, 문화전선사, 1949); 「농토」, 『농토』, 삼성문화사, 1948; 『소년기행』, 백양당, 1947.
이풍구, 「보리와 대포」, 『신천지』, 1949.5.6.
임병철, 「벽」, 『한성시보』 3호, 1945.10.
임서하, 「봄」, 『민성』, 1946.4; 「주막」, 『문화』 1호, 1947.4; 「고행」, 『서울신문』, 1948.1.13; 「노년」, 『개벽』 78호, 1948.5; 「신생 제1장」, 『신천지』 26호, 1948.6; 「요람」, 『민성』 30호, 1948.1; 「交錯」, 『신천지』, 1949.5.6; 「苔紋」, 『부인』 23호, 1949.11; 「童子像」, 『민성』, 1949.12; 「소」, 『백민』 20호, 1950.2; 「미행」, 『문학』 23호, 1950.6.
임상순, 「생명은 언제나」, 『문예』 9호, 1950.4.
임옥인, 「잘 켜진 방」, 『민중일보』, 1947.4.6; 「떠나는 날」, 『문화』 2호, 1947.7; 「愁怨」, 『개벽』 75호, 1947.8; 「풍선기」, 『대조』 2권 3호, 1947.8; 「이슬과 같이」, 『백민』, 1947.9; 「약속」, 『백민』 11호, 1947.10,11; 「부업」, 『신세대』 22호, 1948.2; 「오빠」, 『백민』, 1948.10; 「氣流」, 『조선일보』, 1949.2,3; 「菊藥」, 『대조』, 1949.7; 「지평선」, 『부인』, 1949.7; 「無에의 호소」, 『문예』 2호, 1949.9; 「꽃과 오이와 딸기」, 『영문』 8호, 1949.11; 「明日」, 『민성』 40호, 1949.11; 「일주일간」, 『신천지』

42호, 1950.1; 「젊은 아내들」, 『부인경향』 1호, 1950.1; 「낙과」, 『백민』 20호, 1950.2.

일 향, 「학병의 안해」, 『민고』 1호, 1946.5.

장덕조, 「상해에서 온 여자」, 『서울신문』, 1947.2.4; 「창공」, 『문화』 2호, 1947.7; 「함성」, 『백민』 9호, 1947.6,7; 「배회」, 『연합신문』, 1949.1~2; 「猪突」, 『신천지』 39호, 1949.9; 「삼십년」, 『백민』 20호, 1950.2.

장용학, 「戱畵」, 『연합신문』, 1949.11.19; 「지동설」, 『문예』 10호, 1950.5.

장 섭, 「다른 태양」, 『여성공론』 2호, 1946.4.

전명선, 「방아쇠」, 『문학』 3.1기념임시증간호, 1947.2.

전영택, 「하늘을 바라보는 여인」, 『문예』 2호, 1949.9; 「소」, 『백민』 20호, 1950.2; 「새봄의 노래」, 『문예』 8호, 1950.3.

전재경, 「최후의 교실」, 『신천지』 7호, 1946.8.

전홍준, 「코」, 『부인』 1호, 1946.4; 「소낙비」, 『예술신문』, 1946.7; 「새벽」, 『문학』 7호, 1948.4; 「초점」, 『민주공론』 1호, 1948.4; 「준동」, 『개벽』 79호, 1948.8; 「큰대문집의 역사」, 『조광』, 1948.10; 「노정」, 『신천지』 34호, 1949.3; 「모두 불이 그리우면서도」, 『신천지』 36호, 1949.5.

정규창, 「꿈」, 『신천지』 36호, 1949.5.

정녕철, 「낙오자의 수기」, 『신천지』 37호, 1949.7.

정 막, 「흘러간 숙자」, 『건국공론』, 1949.9.

정민우, 「싹트는 새 힘」, 『여성공론』 1호, 1946.1; 「그들의 노래」, 『신천지』 26호, 1948.6.

정비석, 「만월」, 『한성시보』, 1945.10; 「是日」, 『생활문화』 1호, 1946.1; 「꽃순례」, 『여학원』, 1946.4; 「暮色」, 『민성』, 1946.6; 「파도」, 『신문학』 2호, 1946.6; 「귀향」, 『경향신문』, 1946.10~11; 「동녀기」, 『백민』, 1946.10; 「동정녀」, 『한성일보』, 1946.11.14; 「여인의 행복」, 『민주일보』, 1946.12.1; 「실패한 청춘」, 『백민』 6호, 1946.12; 「춘희」, 『한성일보』, 1947.1; 「운명」, 『백민』 7호, 1947.3; 「파계승」, 『조선일보』, 1947.3~; 「단편집」, 『대조』, 1947.5; 「향로」, 『대조』 2권 3호, 1947.8; 「연락선」, 『백민』 11호, 1947.10,11; 「눈물」, 『백민』 12호, 1948.1; 「수난자」, 『백민』 14호, 1948.4,5; 「아내의 항의문」, 『신천지』 26호, 1948.6; 「갈대와 가티」, 『서울신문』, 1948.8.1~7; 「소녀의 주검」, 『예술조선』 4호, 1948.8; 「소녀의 죽음」, 『예술조선』 4호, 1948.9; 「박꽃」, 『민성』 29호, 1948.11; 「암야행로」, 『조선일보』, 1948.11~; 「방조기」, 『해동공론』, 1948.12; 「경품권」, 『백민』 18호, 1949.3; 「그 여자의 반생」, 『신원』 1호, 1949.4; 「냉혈동물」, 『신천지』 40호, 1949.10; 「書翰」, 『학풍』 10호, 1949.10; 「昏明」, 『문예』 4호, 1949.11; 「연애노정」, 『신천지』 42호, 1950.1; 「청춘산맥」, 『경향신문』, 1950.1~; 「사향가」, 『백민』 20호, 1950.2.

정원섭, 「새날을 위하야」, 『신천지』 32호, 1949.1; 「우민」, 『신천지』 36호, 1949.5.
정인택, 「병아리」, 『신천지』 36호, 1946.5; 「황조가」, 『백민』 7호, 1947.3; 「향수」, 제특보, 1947.12.3~29; 「청포도」, 『자유신문』, 1950.4.
정지삼, 「東拔龍」, 『문예』 5호, 1949.12; 「요람기」, 『문예』 8호, 1950.3; 「애비」, 『문예』 10호, 1950.5.
정 철, 「용」, 『예술문화』 1호, 1945.12; 「白系露女」, 『예술문화』 2호, 1946.3; 「병든 인간」, 『예술문화』 4호, 1946.8.
정태용, 「장미 필 무렵」, 『예술부락』 1호, 1946.1.
정한숙, 「흉가」, 『예술조선』 3호, 1948.4.
조경희, 「양」, 『신천지』 33호, 1949.2; 「즐거운 일요일 오후」, 『신천지』 36호, 1949.5.
조규섭, 「서글픈 웃음」, 『영문』 8호, 1949.11.
조남규, 「猜疑」, 『백맥』 1호, 1946.1.
조진대, 「죽엄을 넘어서」, 『예술부락』 3호, 1946.3; 「유리창」, 『백민』 15호, 1948.7; 「밤거리에서」, 『영문』 8호, 1949.11; 「생리의 승화」, 『문예』 6호, 1950.1; 「냄이와 닭」, 『문예』 10호, 1950.6.
조청석, 「처녀애가」, 『별』 1호, 1950.3.
조춘효, 「춘뢰」, 『신인문학』 1호, 1947.10.
주요섭, 「입을 열어 말하라」, 『신문학』 4호, 1946.11; 「눈은 눈으로」, 『대조』 2권 3호, 1947.11; 「대학교수와 모리배」, 『서울신문』, 1948.9; 「혼혈」, 『대조』, 1949.7; 「이십오년」, 『학풍』 10호, 1950.2.
지봉문, 「때의 패배자」, 『문학』 2호, 1946.11; 「의형제」, 『백제』 2호, 1947.1; 「딸」, 『신천지』 36호, 1949.5.
지하련, 「도정-소시민」, 『문학』 1호, 1946.8; 「광나루」, 『조선교육』 7~15호, 1947.12~1949.5.
진우촌, 희곡 「두뇌수첩」, 『신문예』 1호, 1945.12; 「신념」, 『백민』, 1947.2.
채규철, 「밤길」, 『민성』, 1946.4; 「모상」, 『민성』 31호, 1949.2; 「저주」, 『신천지』 35호, 1949.4; 「꿀벌」, 『신천지』 36호, 1949.5.
채만식, 꽁트 「유감」, 『한성시보』, 1945.10; 「맹순사」(1945.12.19 作), 『백민』 3호, 1946.3; 「미스터방」(1946.2.16 作), 『대조』 2호, 1946.7; 「논이야기」(1946.4.18 作), 『협동』, 1946.10; 『해방문학선집』(1948.12)과 『잘난 사람들』(민중서관, 1948)에 수록; 「역로」(1946.4.24 作), 『신문학』 2호, 1946.6; 「민족의 죄인」(1946.5.19 作), 『백민』 16~17호, 1948.10~1949.1; 「허생전」, 『협동문고』, 1946.11.15; 「심봉사」, 『전북공론』, 5·6월, 11월호, 1947.4~10; 희곡 「도야지」(1948.6.22 탈고), 『문장』 27호, 1948.10; 「처자」(1948.7.26 作), 『주간서울』 34,35호; 「낙조」(1948.8.15 作), 『잘난 사람들』(민중서관, 1948); 동화 「이상한 선생님」, 『어린이 나라』, 1949.1; 「신민전후」(1948.12.5 作), 『학풍』 3호,

1949.1; 유고 「아시아의 운명」(1948년 말 作), 『야담』, 1955.10; 「심봉사」, 『협동』, 1949.3,5,9; 「옥랑사」(1948.1.18 탈고), 『희망』, 1955.5~1956.5; 유고 『옥랑사』, 성화사, 61.10.31.

천세봉, 「소낙비」, 『문학예술』 1호, 1948.4.

천세욱, 「懇恨」, 『중생』 1호, 1946.2.

최대영, 「거리에서」, 『무궁』 1호~, 1946.1~.

최독견, 「새벽」, 『서울신문』, 1949.12~1950.4; 「괴뢰」, 『백민』 20호, 1950.2.

최명익, 「담배 한 대」, 『조광』 124호, 1948.6.

최선근, 「허선생」, 『문예』 8호, 1950.3.

최영수, 「인색한 이야기」, 『민성』 29호, 1948.11; 「산곽」, 『부인』, 1949.8.

최영조, 「人間哀詩」, 『건국공론』, 1946.4.

최영하, 「눈」, 『건국공론』 1호, 1945.12.

최요안, 「돌담모퉁이의 삽화」, 『민성』 34호, 1949.5

_____, 「의사없는 마을」, 『백민』 20호, 1950.2

최의순, 「노랭이집」, 『신천지』 5호, 1946.6.

최인욱, 「개나리」, 『백민』 14호, 1948.4~5; 「동방기」, 『평화신문』, 1948.7~8; 「두 상인의 기록」, 『백민』 17호, 1949.1; 「初冬記」, 『신천지』 33호, 1949.2; 「麗人記」, 『민성』 35호, 1949.6; 「乞人一題－유리병 두개」, 『신천지』 36호, 1949.5; 「못난이」, 『문예』 3호, 1949.10; 「童子像」, 『문예』 7호, 1950.2; 「노두에 서서」, 『해동공론』, 1949호, 1949.3; 「낙엽초」, 『민족문화』 1호, 1949.9; 「설한기」, 『백민』 20호, 1950.2.

최정희, 「점례」, 『문화』 2호, 1947.7; 「풍류잡히는 마을」, 『백민』 10호, 1947.9; 「청량리역 근처」, 『백민』 11호, 1947.11; 「벼갯모」, 『대조』 2권 3호, 1947.11; 「우물치는 풍경」, 『신세대』 22~23호, 1948.2~5; 「수탉」, 『평화신문』, 1948.8; 「청탑이 서 있는 동리」, 『부인』 18~22호, 1949.1~8; 「비탈길」, 『문예』 1~2호, 1949.8~9; 「봄」, 『문예』 6호, 1950.1; 「봉황녀」, 『백민』 21호, 1950.3.

최태응, 「점」, 『예술부락』, 1946.3; 「사랑하는 사람들」, 『여성문화』, 1946.4; 「강변」, 『대조』 2호, 1946.7; 「새벽」, 『예술신문』, 1946.7; 「매소부」, 『서울신문』, 1946.8.25; 「사탕」, 『백민』 5호, 1946.10; 「사과」, 『백민』 7호, 1947.3; 「북녘사람들」, 『문화』 1호, 1947.4; 「단편집」, 『대조』 2권 3호, 1947.8; 「집」, 『백민』, 1947.9; 「산의 여인」, 『백민』 11호, 1947.11; 「미이라 가는 길」, 『구국』 1호, 1948.1; 「혈흔」, 『백민』 13호, 1948.3; 「월경자」, 『백민』 14호, 1948.4・5; 「고향」, 『신천지』 26호, 1948.6; 「병자연애」, 『평화신문』, 1948.7; 「유명의 경지에서」, 『백민』 16호, 1948.10; 「스핑크스의 미소」, 『대조』 28호, 1948.12; 「시체」, 『해동공론』 49호, 1949.3; 「돌」, 『민성』 31호, 1949.2; 「참새」, 『백민』 19호, 1949.5; 「극작가 k씨」, 『신천지』, 1949.5.6; 「슬픔과 고난의 영광」, 『문

예』 1호, 1949.8; 「아픔 속에서」, 『민족문화』 1호, 1949.9; 「정의 고갈」, 『영문』 8호, 1949.11; 「가을비」, 『신인』 4호, 1949.11; 「슬픈 승리자」, 『백민』 20호, 1950.2; 「구름」, 『서울신문』, 1950.4.16; 「현대의 고민」, 『문예』 9호, 1950.4; 「차창」, 『문학』 22호, 1950.5.

추 강, 「개의 전설」, 『생활문화』 2호, 1946.2.

최 현, 「쌀」, 『신천지』 36호, 1949.5.

具小路, 「숙희」, 『신천지』 5호, 1946.6; 「나의 형」, 『신천지』 8호, 1946.9; 「가다 오다 만난 소녀」, 『신천지』 35호, 1949.4.

한무숙, 「람프」, 『민성』, 1949.10; 「내일없는 사람들」, 『신천지』, 1949.11; 「鄭醫師」, 『문예』 10, 1950.6; 「觀相師 宋明雲」, 『문학』 23호, 1950.6.

한성준, 「풍운」, 『건국공론』, 1949.9.

함세덕, 희곡 「기미년 3월 1일」, 『백제』 1호, 1946.10.

허 림, 「참된 지도자」, 『한성시보』 4, 1945.10.

허윤석, 「수국의 생리」, 『백민』, 1948.3; 「문화사대계」, 『민성』 32호, 1949.3; 「옛마을」, 『문예』 1호, 1949.8; 「해녀」, 『문예』 7호, 1950.2; 「실낙원」, 『개벽』 78호, 1948.5; 「流氓」, 『민족문화』 1호, 1949.9.

허 곡, 「두 쪽의 거울」, 『여학원』 3호, 1946.4.

허 준, 「잔등」, 『대조』 1~2호, 1946.1~7; 「한식일기」, 『민성』, 1946.6; 「속 습작실에서」, 『조선춘추』 1호, 1947.12에 전반부 게재, 『문학』 8호, 1948.7에 모두 게제; 「임풍전씨의 일기」, 『협동』, 1947.6; 「평대저울」, 『개벽』 76호, 1948.1; 「역사」, 『문장』 27호, 1948.10.

홍 구, 「소성 어머니」, 『인민』 2호, 1946.1; 「앵무」, 『신건설』 1호, 1945.11; 「조고만 哀史」, 『여성공론』 2호, 1946.4; 「석류」, 『신문학』 2호, 1946.6; 「뒤골 방헌 사람들」, 『백제』 2호, 1947.1; 「꽃」, 『신조선』, 1947.2.

홍구범, 「봄이 오면」, 『백민』 8호, 1947.5; 「해방」, 『민중일보』, 1947.11.16; 「탄식」, 『백민』 11호, 1947.11; 「폭소」, 『구국』 1호, 1948.1; 「귀거래」, 『민성』 33호, 1949.3; 「창고 근처 사람들」, 『백민』 18호, 1949.3; 「서울길」, 『해동공론』 49호, 1949.3; 「농민」, 『문예』 1호, 1949.8; 「노리개」, 『신천지』 38호, 1949.8; 「쌀과 달」, 『민족문화』 1호, 1949.9; 「전설」, 『문예』 4호, 1949.11; 「9일장」, 『문예』 71호, 1950.2; 「어떤 父子」, 『백민』 20호, 1950.2; 「불그림자」, 『혜성』 2호, 1950.3.

황 건, 「깃발」, 『신천지』 5~6호, 1946.6~7; 「산곡」, 『문학예술』 1호, 1948.4; 『황건단편집』, 문화전선사, 1949.

황수원, 「난초 꽃 피는 날」, 『신라』 1호, 1949.9.

황순원, 「암콤」, 『백제』 2호, 1947.1 ⇒ 『별과 같이 살다』의 앞부분; 「술이야기」, 『신천지』 13~14호, 1947.2~4; 「아버지」, 『문학』 3.1기념임시중간호, 1947.2; 「황소들」, 『문학』, 1947.4; 「곰」, 『협동』 4호, 1947.3 ⇒ 『별과 같이 살다』의 앞부분; 「담배 한대 피울 동안」, 『신천지』 19호, 1947.9; 「목넘이 마을의 개」, 개벽 복간호(77호), 1948.3; 「검부러기」, 『신천지』 33호, 1949.2; 「솔개와 고양이와 매」, 『신천지』, 1949.5.6; 「산골아이」, 『민성』 36호, 1949.7; 「맹산할머니」, 『문예』 1호, 1949.8; 「황노인」, 『신천지』 39호, 1949.9; 「노새」, 『문예』 5호, 1949.12; 「기러기」, 『문예』 6호, 1950.1; 「이리도」, 『백민』 20호, 1950.2; 「모자」, 『신천지』 44호, 1950.3; 「독짓는 늙은이」, 『문예』 9호, 1950.4.

황용선, 「토끼」, 『신천지』 36호, 1949.5.

제2부
현대소설과 비판적 언술의 지형

제1장

역사적 리얼리티와 민족주의

안수길의 『북간도』론

1. 민족적 주체성과 만주국 이념

안수길의 『북간도』[1]는 1959년 제1부가 『사상계』에 연재되면서부터 사람들의 많은 관심이 모아졌고, 1967년 단행본이 간행되자 '민족문학의 하나의 초석이 되어줄 만한 거작'[2]이라는 호평이 이어졌다. 간도[3]는 근대로의 이행과정과 일제 식민지 시대를 관통하는 역사적 수난기에 있어, 우리 민족의 애환이 담겨있는 특수한 공간이다. 간도를 중심으로

1) 1959년부터 1,2,3부를 『사상계』에 발표(1959, 1961, 1963), 1967년 삼중당에서 전작(1~5부) 단행본 간행.

2) 김윤식 · 김현, 『한국문학사』, 민음사, 1974.

3) 행정구역상 연길 · 왕청 · 화룡 3현을 북간도(또는 동간도)라 하고, 안도 · 무송 · 장백의 3현을 서간도라고 한다. 그러나 국경문제가 북간도에서 주로 일어났기 때문에 간도라면 곧 북간도만을 의미하게 되었다. 김윤식, 「북간도의 실향민 안수길」, 『문학사상』, 1986.2, 393면.

벌어진 역사적 사건을 소설화한 안수길의 『북간도』는 그 주축이 되고 있는 작품 배경이 1900년을 전후로 봉건사회로부터 근대사회로 이행하는 한국 사회의 시대적 전환기(1870~1945)로서, 한국 근대사를 전체적으로 조망하고자 하는 작가의 일정한 역사적 관점 없이는 씌어질 수 없는 작품이다. 김우창은 『북간도』의 전반적인 주제의식을 '민족적 주체성 쟁취의 증언'으로 파악하고, 당시 크게 부각되었던 민족문학론과 관련하여 이 소설만큼 설득력 있게 전개하고 있는 경우도 찾아보기 힘들다[4]고 그 성과에 대하여 긍정적으로 평가한 바 있다. 그는, 안수길의 『북간도』가 외국 세력의 강압에 대한 두 가지 반응 양식인 "저항(이한복 일가)"과 "적응(최칠성 · 장치덕 일가)"의 전형을 통해 '적응에의 길'이 결코 우리의 생명이나 신변을 보장하는 것이 아니라는 것을 생생하게 예증하고 있다고 주장하고 있다. 그러나 한편 『북간도』가 지닌 한계점을 지적하는 것 역시 잊지 않고 있는데, 『북간도』의 가장 큰 결점은 무엇보다도 이 소설이 내포하고 있는 심각한 갈등의 가능성("저항"과 "적응" 사이의 대결과 갈등 양상)이 충분히 선명하게 제시되지는 못하고 있다는 것이다. 사실, 간도 개척 1세대라고 할 수 있는 이한복과 최칠성 사이의 대립 양상이 극단적으로 치닫고 있지는 않으며, 그들 손자 세대인 이창윤과 장현도 사이의 대결은 작품 속에서 실제적으로 거의 무화되고 있다. 이에 대해 김우창은, 갈등의 주동 세력에 대한 작가의 깊이 있는 성찰 부족, 혹은 정면 대결의 회피 때문이라는 비판적인 입장을 표명하고 있다. 김우창은 작가의 주체적 민족의식과 그 한계에 대해 구체적인 작품 분석을 통해 예리하게 보여주고 있다. 그러나 작중인물들을 "저항"과 "적응"이라는 이분법적인 틀로 한정함으로써, 각 인물들 혹은 세대 간의 통시적인 변모 양상과 그 원인을 지나치게 일면적으로 환원해버린 것은 아닌가라는 의구심을 남긴다. 이한복 일가와 장치덕 일가를 대립적인 인

4) 김우창, 「4대에 걸친 주체성 쟁취의 증언」, 『신동아』, 1968.3.

물 유형으로 볼 수 있는 것인가, 혹은 최칠성 일가와 장치덕 일가를 동일한 인물 유형으로 간주할 수 있는가라는 문제뿐만 아니라, 두 인물 유형 사이의 대결과 갈등 구도의 약화가 단지 작가의 깊이 있는 성찰 부족 혹은 정면 대결의 회피 때문이라고 치부해버릴 수 있는가 등등의 문제는 논란의 여지를 남기고 있다.

이와 관련하여 김영화와 김치수는, 『북간도』의 작중 인물들이 보여주는 현실 대처방식을 이한복 영감을 비롯한 "이상파", 최칠성 영감을 비롯한 "현실파", 그리고 청나라의 흑복변발 요구를 묵살하고 단발을 한 장치덕 영감과 같은 "소극적 반항파"라는 세 가지 유형으로 먼저 분류한 뒤, 시간이 지날수록 소극적 반항파는 점차적으로 현실에 타협하는 자세로 변모하게 된다(현도–친일세력화)[5]고 설명하고 있다. 『북간도』의 인물 유형을 이한복 일가와 장치덕 일가, 최칠성 일가로 보다 세분하고는 있지만 장치덕 일가가 시간이 지남에 따라 현실주의자로 변모하고 있으며 "적응에의 길"을 걷는 인물 유형들에 대해 작가가 비판적인 입장을 취하고 있다고 보고 있다는 점에서, 김영화와 김치수의 논의 역시 민족적 주체성의 쟁취(저항)라는 관점에서 『북간도』의 전체적인 구도를 "저항"과 "적응"의 대립과 갈등으로 파악한 김우창의 논의와 크게 다르다고 할 수는 없다. 『북간도』에 대한 논자들의 그러한 해석과 평가의 밑바탕에는 결국 '민족적 주체성'이라는 엄중한 잣대가 일관되게 작용하고 있는 셈이다. 이에 따라 민족적 주체성 쟁취를 향한 대결과 갈등 양상이 선명한 전반부에 비해서, 작중 인물들 사이의 그러한 대결과 갈등 구도가 현저하게 약화되고 있는 후반부는 작품의 가장 큰 약점으로 지적되고 있다. 실제적으로, 내적 필연성과 구체성이 결여된 채 역사적 사실 기록에 과도하게 의존하고 있는 『북간도』의 후반부는 확실히 작품 전반부에 비해서 많은 아쉬움을 남기고 있다. 그러나 작품

5) 김영화, 「북간도의 세계」, 『현대문학』, 1981.8, 257면; 김치수, 「소설 속의 간도체험」, 『현대문학』, 1982.3, 93면.

후반부에 작중 인물들 간의 대결과 갈등 양상이 선명하게 제시되지 못하고 있다든지 내적 필연성과 구체성이 현저하게 약화되고 있는 것이, 과연 민족적 주체성에 대한 작가의 의지와 성찰이 부족했기 때문인 것일까. 어떤 면에서, 작품 해석과 평가의 절대적 기준이 되고 있는 '민족적 주체성'이라는 엄중한 잣대가 객관적인 작품 분석의 장애물로 작동하고 있는 것은 아닐까. 이러한 의문들은 민족적 주체성을 비롯한 민족문학론 자체에 대한 근본적인 반성을 촉구하기도 한다.

안수길의 『북간도』를 민족적 주체성 쟁취의 증언으로 파악한 논자들과 비교해볼 때, 김윤식의 논의는 그들과는 전혀 다른 관점에서 전개되고 있어서, 『북간도』에 관한 논쟁을 촉발시키고 있다. 김윤식의 주장을 간단히 정리해보면 다음과 같다.

> 『북간도』는 세 가지 인물 유형(이한복 일가 · 최칠성 일가 · 장치덕 일가)을 보여줌으로써 '어떻게 사느냐'에 대한 해답을 찾고 있는 작품이다. 간도라는 특수한 공간 속에서 이한복 일가나 최칠성 일가는 모두 실패의 길을 노정하고 장치덕 일가만이 성공의 길을 걷고 있다. 간도 정착의 가장 합리적인 방법으로 제시되고 있는 장치적 일가의 사상은, 민족주의 노선도 아니고 친일노선도 아닌 제3의 '만주국 이념'의 노선으로서, 근대적 합리주의에 바탕을 둔 타협가능한 상대적 세계관이다. 이런 점에서 이한복 일가의 민족주의 사상은 작품의 표층구조에 불과하고, 『북간도』의 심층구조는 장치덕 일가의 장사꾼 사상이다. 이 때문에 『북간도』는 한갓 주관적인 통속물(작가의 의도)에서 벗어난 엄정한 객관성을 갖춘 작품(작품의 질서)이다.[6]

장치덕 일가로 대표되는 이른바 만주국 이념을 『북간도』의 심층구조로 파악하고자 한 것은 이한복 일가로 대표되는 민족주의 사상을 『북간도』의 중심 구조로 파악했던 기존의 논의와는 크게 상반된 것으로서 『북간도』에 대한 새로운 해석의 가능성을 열어놓고 있다. 김윤식의 주

---

6) 김윤식, 「북간도의 실향민 안수길」, 『문학사상』, 1986.2, 396~403면.

장은, 당시 하나의 당위적이고 절대적인 명제로 작용했던 민족주의 사상이 민족 수난의 과정을 거치면서 어떻게 좌절되고 절망되는지를 이한복 일가와 장치덕 일가의 대비를 통해 보여줌으로써 역설적으로 이데올로기(민족주의)의 환상성에 대한 폭로와 함께 그로 인한 객관적 역사적 리얼리티를 안수길의 『북간도』가 획득하고 있다는 것이다. 이것은 무엇보다도 안수길의 『북간도』가 성취하고 있는 객관적인 역사적 리얼리티를 높이 평가하고자 한 것으로, 절대적 이데올로기의 환상성으로부터 근대적 합리주의로 이행해 가는 엄연한 역사적 진실을 작품 심층적으로 보여주고 있다는 것이 김윤식의 관점이다.

그러나 이러한 주장에 대하여 한승옥은 '그것은 어디까지나 주체성을 도외시할 때나 가능한 논리로써, 식민사관의 뿌리가 바로 그러한 합리를 가장한 현실 타협으로부터 배태된 것이 아닌가?'[7]라고 강한 거부감을 드러낸 바 있다. 사실, 김윤식의 논의에만 따르자면, 점차적으로 현실에 타협하게 되는 장현도의 현실주의(적응)와 처음부터 현실에 타협한 최칠성의 현실주의(적응)가 구별되는 지점이 어디인지 알 수 없다. 단지 성공하고 실패했다는 것이 근대적 합리와 비합리를 가늠하는 기준이 될 수는 없을 것이다. 뿐만 아니라, 작품의 질서를 작가의 의도와는 별개의 독자적인 체계로 보아야 한다는 그의 전제 역시 지나치게 과장된 면이 있다. 『북간도』는 작가의 주된 시선(의도)이 이한복 일가 쪽에 절대적으로 경도되어 있을 뿐만 아니라, 작품 자체의 질서 역시 이한복 일가의 고난사를 중심으로 형성되어 있다. 그리고 그것(이한복 일가의 고난사)이 어떤 환상과 절망의 이중 구조로 이루어졌다고 보기에는 아무래도 무리가 따른다. 장치덕 일가의 사상이 작품의 심층 구조라는 김윤식의 주장은, 작가의 의도뿐만 아니라 작품 자체의 질서마저 연구자의 독단적인 주관에 따라 임의적으로 왜곡한 것으로 보인다. 그와 같은 해석

7) 한승옥, 「북간도 3부작 연구」, 『동서문학』, 1990.4, 239면.

으로는, 작품 전반부에서 보여주고 있는 자주적 생존권에 대한 강렬한 염원이라든지, 작품 후반부로 갈수록 증가하는 역사적 기록에 대한 작가의 주석적 논평(일본의 침략 행위에 대한 비판과 민족의 자주적 생존권에 대한 의지) 등 작품 자체가 가지고 있는 독자적인 체계를 설득력 있게 해명할 수 없기 때문이다. 그러나, 이한복 일가를 통해 제시되고 있는 민족주의 사상의 환상성에 대한 김윤식의 지적은, 『북간도』를 민족적 주체성 쟁취의 증언으로 파악했던 논자들이 간과했던 부분을 예리하게 통찰한 것이라고 생각된다. 이 글은, 『북간도』가 기본적으로 작가의 의도와 작품의 질서가 긴밀하게 조응하고 있다고 보고, 그것이 성취하고 있는 의의와 한계를 재검토하고자 한다.

2. 신화적 공간–비봉촌

『북간도』의 시대적 배경인 구한말로부터 일제 식민지 시대까지는 열강들의 각축전 속에서 500여년 지탱해오던 조선 왕조가 무너지고 마침내 외세에게 국권을 빼앗긴 암울한 시기이다. 이 시기 우리 민족의 사상적 큰 흐름은, 주지하다시피, 반봉건·반외세라고 할 수 있다. 불평등한 신분 계급을 근간으로 한 봉건적 유교 사회는 거침없이 밀려드는, 근대라는 새로운 시대적 흐름에 더 이상 대항할 힘을 갖지 못하였다. 반봉건적인 기치 아래 낡은 틀을 깨고 새로운 패러다임을 구축하자는 것이 개화파의 사상이었다. 그러나 그러한 사회적 혼란 속에서 무력을 앞세워 통상을 요구하는 열강들의 침입 또한 우리 민족의 생존권을 절대적으로 위협하는 것이었다. 그러한 국가 존망의 위기의식 속에서 철저하게 반외세적인 입장을 취한 것이 바로 민족주의 사상이다. 『북간도』의 긴 여정의 출발점은 바로 그러한 외세 침입이 본격화되기 시작할 무렵이다.

> 조선팔도가 척양으로 들끓게 되었던 시대의 분위기였다. 그리고 지금은 제너럴 셔먼호 사건이 원인이 되어 빚어내는 신미양요를 앞둔 1870년 초여름이었다. 고종, 경오년이었다. 세상의 이목이 척양에 집중되어 있으나 그렇다고 월강죄가 완화된 것은 아니었다. 의연히 두만강은 금단의 강물이었고 죽음의 흐름이었다[8)]

이것은 이 작품의 프롤로그에 해당하는 제1부 첫 장에 명시되는 것으로서, 전체 주제와 관련하여 매우 의미심장하다. 『북간도』의 전체적인 시대배경을 한마디로 우리 민족 근대사의 수난기라고 할 수 있다면, 그러한 민족 수난의 원인을 이 작품(혹은 작가)이 어디에서 찾고 있는지를 짐작해 볼 수 있기 때문이다. 반봉건・반외세의 목소리가 서로 상충되는 것이라고만은 말할 수 없지만, 그것이 심각한 대결과 갈등 양상을 띠기도 했던 시대적 상황 속에서, 작가는 일단 과거 봉건사회의 불합리와 부패(반봉건)보다는 이 땅을 둘러싸고 벌어지는 열강들의 각축전(반외세)에 보다 주목하고 있다. 이러한 경향은 당시 조정과 관료에 대한 주인공 이한복의 신뢰와 믿음을 통해서도 알 수 있다. 그렇지 않아도 척박한 함경도 오지에 큰 흉년이 들었고, 월강이 금지된 강 건너편은 개간되지 않은 기름진 옥토가 버려져 있었다. 그래서 아사(餓死) 직전의 백성들은 죽음을 무릅쓰고 그곳에 도둑 농사(사이섬 농사)를 지어왔는데, 이한복 역시 그렇게 도둑 농사를 짓다가 관가에 붙잡히게 되었다. 그러나 사려 깊은 신관 사또 이정래는 강 건너가 우리 땅이라는 이한복의 말을 듣고 태형 열 대만으로 쉽게 풀어준다. 그리고 이것은 오히려 사이섬 농사가 공공연하게 인정되는 계기가 되었다. 안수길의 『북간도』는, 백

---

8) 안수길, 『북간도』, 동아출판사, 1995, 20면.

성은 안중에도 없고 자기 뱃속만 채우기 급급했던 사악하고 탐욕스러운 사또 대신, 사리가 분명하고 백성들의 고통만을 염려하는 사또를 등장시키고 있다. 또한 북부 6진의 대흉작을 해결하기 위해 조정에서는 어윤중을 서북경력사로 임명하여 현지에 파견하였는데, 관찰사로 파견된 어윤중 또한 신관 사또 이정래와 마찬가지로 오직 백성들을 위하는 어진 인품의 소유자로 묘사되고 있다. 관찰사가 왔다 갔어도 별다른 구제 조치가 없을 때, 백성들 사이에선 불평과 험담이 터져 나왔으나, 이한복은 조정의 정책에 기대를 갖고 관찰사에 대한 어머니와 뒷방예의 비난을 일종의 철없는 소치로 생각한다.

> '흥, 괜히 길으 닦았네.' '그러기 말입꼬망.' '도와두 주잲구 관찰사구 무시기구 왔다 가문 소외앵 있음?' '지 배부른데 백세엥 배고픈 거 어떻게 알겠관디―' '굶어 팅팅 부슨 꼴으 실큰 부구 가라지.' 중구난방으로 불평들이었다. 이런 험구가 있는가 하면, '가난은 나라두 구제르 못 한다쨈꼬마―' 하고 그런대로 어윤중의 행차를 옹호하는 편도 있었다. '왠만한 마당에 비질이지, 6진으 휩쓰는 이 가뭄에 관찰산들 어쩌겠구꼬마……' '그렇잲구. 하늘이 비르 줘얍지 벨쉬없지비' 한복이도 온건파였다. 어머니와 뒷방예가 철없이 입에서 나오는 대로 관찰사에게 욕설을 퍼부었을 때, '그런 기 이앙이야.' 이런 말로 가족의 입을 다물게 했다. 그것은 어윤중보다도 부사 이정래를 믿었기 때문이랄까? 무엇보다도 경략사는 현지를 답사하러 온 것 뿐이고 그의 장계에 따라 무슨 정책이 베풀어질 것이라는 사실을 알고 있기 때문이었다.[9)]

이러한 사실에서뿐만 아니라 당시 우리 사회의 내부적인 모순과 문제점을 향한 작가의 비판적인 목소리는 작품 안에서 찾아보기 힘들다. 오직, 외세에 대척할 힘이 없는 나라에 대한 우국충정과 함께, 이른바 개화파들의 매국적인 행위에 대한 분노, 애국지사적인 행동(자결 · 테러 · 의병 등)에 대한 찬사가 작가 주석적 논평을 통하여 반복적으로 삽입되

9) 위의 책, 41면.

어 있다. 이것은 『북간도』가 보여주는 역사의식의 한계를 노출하는 것으로 볼 수 있다. 당시 우리 사회가 가진 문제는 외세의 침략만이 아니라 그러한 외세의 침략이 가능하게 된 여러 가지 사회 내부적인 불합리와 모순에 있었음을 간과할 수 없기 때문이다. 그러나 『북간도』는 오로지 외세 침략의 부당성을 역설하는 데 주력하고 있다. 물론 작품의 주도적 배경인 북간도라는 작품의 공간적 특성을 무시할 수는 없을 것이다. 열강들 사이의 각축전이 노골적으로 전면화된 상황에서 무엇보다도 외부의 적이 직접적인 위협의 존재로 간주될 수밖에 없었고, 그 때문에 자기 내부의 모순과 문제점을 향한 시선과 통찰은 외면되었던 것이다. 결론적으로, 내부적 단결이 요청될 수밖에 없는 상황을 작품의 시·공간적 배경으로 설정하고 있는, 안수길의 『북간도』는 처음부터 외세침략에 의한 우리의 자주권 훼손을 민족 수난의 결정적인 원인으로 간주하고 있는 작품이다.

민족의 생존권과 자주권이 직결되어 있다는 작품의 주제의식은 작품이 전개되면서 보다 분명해지는데, 이한복—이장손—이창윤—이정수로 이어지는 4대의 삶의 모습은 한마디로 자주적 생존을 향한 외부 세력과의 대결·투쟁 과정이라고 할 수 있다. 간도 개척 1세대라고 할 수 있는 이한복은 작품 속에서 가장 이상적인 전형으로 그려짐으로써 비봉촌[10] 주민들 사이에선 하나의 신화적이고 전설적 인물로 기억에 남아 있다. 변발흑복하라는 청국의 요구에 현실적으로 대응하자는 최칠성의 주장에 맞서, 이한복은 청국의 요구에 따르는 현실적인 타협은 결국 우리의 자주권을 포기하는 것이며, 우리의 자주권 포기는 궁극적으로 우리의 생존권의 상실을 의미한다고 강변한다. 생존 논리를 둘러싸고 최칠성이 적응 논리를 전개하고 있다면, 이한복은 저항 논리를 전개하고 있는 셈이다. 최칠성과의 대립과 갈등 속에서, 이한복은 어느 날 청국인들에 의

10) 비봉촌은 간도 이주민들이 새롭게 개척한 고장으로서, 간도 개척 1세대인 이한복, 장치덕이 처음 둥지를 튼 곳이다.

해 머리 깎인 손자 창윤의 모습에 분노하여 쓰러져 죽는다. 전체적으로 『북간도』에서 이한복의 죽음은 우리의 자주적 생존권을 결코 포기할 수 없다는 의지의 비극적 결말이고, 그것은 작품을 관통하는 심층적인 주제의식이다. 일종의 낭만적인 동경과 신화적인 색채마저 갖고 있는 간도 개척 1세대 이한복의 투쟁사는 바로 작가가 표방하고 있는 강렬한 민족주의 사상에 닿아 있다. 그리고 그러한 대립과 투쟁으로 어렵게 쟁취한 공간이 바로 비봉촌이다. 비봉촌은 작품 속에서 작가가 상정하고 있는 하나의 이상적인 원형 공간이라고 할 수 있는데, 그곳에서의 인물들과 사물들의 표정에는 강한 자신감과 자존심이 담겨져 있다. 비록 청국의 무리한 요구와 최칠성의 적응 논리가 거기에 갈등하고 대립하고 있지만, 이한복으로 상징되는 저항 논리는 강한 구심력을 가지고 비봉촌의 세계를 결집시키고 있다. 이런 점에서, 하나의 공동 지점을 절대적으로 긍정하고 있는 비봉촌의 세계는 선・악의 이분법이 작용하는 세계이고, 그러한 이분법적인 대립 구도 속에서 『북간도』의 전반부는 전체적으로 안정된 구도를 획득하고 있다.

따라서 이한복의 죽음은 개인적 삶의 종말을 의미하는 것이기도 하지만, 절대적인 세계의 총체적인 완결을 의미하는 것이기도 하다. 개인적 죽음을 통해 이한복이라는 한 인물의 삶과 그로 대표되는 비봉촌의 세계는 신화화되고 있다. 역사(현실, 환상)는 유한하지만 신화(이상, 본질)는 무한하다. 무한한 신화는 유한한 역사를 포섭함으로써, 그 세계의 공동된 목표와 내적 의지를 부여한다. 이로 인하여 신화는 그 사회의 지배 이데올로기와 밀접한 내적 연관성을 갖게 된다고 할 수 있다. 그러나 또한, 무한한 신화가 유한한 역사를 전적으로 포섭할 수만은 없다는 점에서, 신화는 유한하고 역사는 무한하다. 현실의 무한한 계기들은 늘 일정한 형식과 질서로부터 미끄러져 새로운 형식과 질서를 보여준다. 그리고 바로 그곳이 역사적 리얼리티가 생성되는 지점이다. 신화적 세계에서는 대립과 갈등(신화적 비극)이 존재할지언정, 역사적 변화와 생성은 부재하다. 변화와 생성의 소용돌이 속에서 끊임없는 투쟁과 절망의 비극(역사적 비극)은 역사적 차원에서 존재한다. 어떤 점에서, 비봉촌의 세계를 형성했던 내적 원동력(신화적 형식)이 역사적 차원에 이르러 일관되고 지속된 힘을 가질 수 없었다는 데에 우리 민족 근대사의 비극과 간도 개척사의 비극이 있다. 이한복을 중심으로 전개되었던 자주적 생존권에 대한 강렬한 주장과 요구는 점차적으로 왜소화되고 무력화되어 가는데, 이렇게 변질되는 계기는 무엇보다도 동아시아를 둘러싸고 전개되는 국제적인 역학관계의 복잡한 변화와 청일전쟁과 노일전쟁, 한일합방, 만주사변을 거치면서 본격화되어 가는 일본 제국주의의 침략으로 말미암은 것이다. 비봉촌이 역사와 신화가 분화되기 전의 신화적 공간과 유사하다면, 비봉촌 이후의 세계는 신화로부터 역사가 분화되기 시작하는 역사적 공간의 성격을 갖고 있다. 비봉촌(신화적 세계)에서는 일상(삶)과 저항(이상)이 구별되지 않았던 반면, 비봉촌(신화적 세계)을 벗어나 역사적 차원으로 내려오는 순간, 일상적인 생존 논리와 이상적인 저항 논리가 점차적으로 분화되는 양상을 띤다. 생존 논리와 저항 논리가 분화되는 지점, 역사적 공간이 펼쳐지는 지점에서 『북간도』의 서술 전략은 작품 전반부와 판이하게 달라지고 있다. 즉, 『북간도』의 후반부는 일본 침략의 만행과 부당성을 둘러싼 역사적 사건들에 대한 작가 논평적 주석이 절대적으로 증가하고 있다. 작품 전반부의 비봉촌에서는 신화적 저항 논리가 일상 속에 자연스럽게 침투하고 합치했고, 그 때문에 작품의 주제의식을 일상적 인물과 공간 속에서 구체적으로 형상화할 수 있었지만, 일상적 공간(역사적 공간)에서 인물들의 저항이 불가능하게 되고 생존 논리와 저항 논리가 각각 분화될 수밖에 없게 되자, 어떻게 사는 것이 과연 올바른 삶의 방향과 태도인가에 대해서 되묻고 반성하기 위해, 『북간도』의 작가는 작중 인물들이 살아 숨쉬는 일상적 공간보다는 역사적 기록 쪽으로 시선을 돌리고 있는 것이다.

3. 신화적 공간으로의 회귀 의지-역사적 기록

『북간도』에서 가장 중심적 인물이라고 할 수 있는 이창윤에게, 할아버지 이한복의 마지막 모습(유언)은 자신이 망각해서는 안될 하나의 절대적인 명령으로 작용한다. 청인들의 핍박과 굴욕 속에서도 창윤이 비봉촌을 쉽게 떠날 수 없었던 것은 바로 할아버지 이창윤의 뜻과 의지를 저버릴 수 없었기 때문이다. 그러나 여러 가지 주변 상황은 더 이상 청인들에 맞서 비봉촌을 개척할 수 있었던 주체적 의지를 지탱할 수 없는 지경에 이르고 만다. 이것은 당시의 역사적 배경과 밀접한 연관성을 맺고 있는데, 러일전쟁 후 만주지역에 손길을 뻗치기 시작한 일본은 남만주의 중요한 이권을 차지하기 위해 간도를 청국 땅으로 인정해버린다. 그로부터 '북간도의 조선 농민들은 완전히 남의 나라에 온 이미그런트 유랑의 이주민'[11]이 되고 만다. 그러한 간도협약이 맺어진 것이 1909년이고, 그로부터 일년 뒤 조선은 나라의 주권을 일본에게 완전히 넘겨주고 말았다. 창윤이 비봉촌을 떠나 용정 부근의 대교동으로 이사가게 된 것 역시 1910년이다. 이것은 작가가 비봉촌 문제를 우리 민족의 주권 문제와 동일시했다는 것을 의미한다. 이런 점에서 이창윤이 비봉촌을 떠난다(1910)는 사실은, 곧 이한복이 죽음으로써 맞섰던 '간도는 우리 땅이다'라는 절대적 명제의 일종의 좌절과 패배를 상징하고 있음을 알 수 있다. 과거 비봉촌에서는 자신들의 주체적 의지를 가지고 자주적 생존권을 당당하게 외칠 수 있었지만, 일본의 통감부가 들어선 이후에는 그것이 현실적으로 더 이상 불가능하게 된다. 과거 비봉촌의 세계가 점차적으로 사라지고, 비봉촌과 대비되어 새롭게 부박되는 용정은 조선인에게, 청국과 일본의 틈바구니 속에서 오로지 살아남는 문제만이 전면화

11) 위의 책, 279면.

된 현실적 생존의 공간이다. 창윤이 비봉촌을 떠날 수밖에 없는 마당에도 한사코 용정을 마다하고 대교동을 선택한 것은, 할아버지 이한복의 뜻과 의지를 끝까지 받들고자 한 그로선, 용정으로 상징되는 현실적 생존을 삶의 충분조건으로 결코 인정할 수 없었던 것이다. 이에 반해 장치덕의 손자 현도의 생각을 살펴보자.

> "글세 할 줄으 알았네. 난들 좋아서 일본법으 따르자구 하겠능가? 국권이 절반 이상이나 일본에 넘어가구 있는 이 마당에서 말이네. 그러나 그래두 숨으 쉴 수 있는 데가 여기네. 일본 아이들이 영사관이라구 해서 저어 나라 깃발으 높이 달구 있지마는 그기 무슨 상관이 있능가? 가아들이 우리르 보호해 준다문, 그러라구 해두잔 말이네. 그거르 되비(도리어) 이용해 보자능 길세."
>
> "되비 이용으 해?"
>
> "자네 옹종하게 생각할 기 없네. 여기 사람들의 생각이 태반이 그러하네, 그래두 여기가 숨으 쉴 수 있다구 요지음 얼매나 내지에서 넘어오는 사램이 많은 줄으 아능가?"
>
> 번창해진 거리를 생각해 냈을 뿐 그리고 거리를 걷고 있는 사람들의 가라앉은 활기를 되생각했을 따름, 창윤이는 아무 말도 하지 않았다.[12)]

현도는 이한복과 함께 강을 건넜던 간도 개척 1세대인 장치덕의 손자다. 비봉촌에서 청인들의 부당한 억압과 폭력에 맞서 거기에 현실적으로 대응할 것이냐, 끝까지 저항할 것이냐를 두고 최칠성과 이한복이 완강하게 대립하는 동안, 월산촌에서 용정으로 일찌감치 자리를 옮긴 현도네는 변해가는 현실에 빠른 속도로 적응해 나갔다. 위의 지문은 최칠성과 이한복 간의 대결구도가 장현도와 이창윤 사이에서도 동일하게 형성되고 있는 부분이다. 이상론보다는 현실적인 대안을 주장하는 최칠성과 장현도의 논리는 현실주의자의 그것으로서 서로 다를 것이 없다. 물론 그 구체적인 대결 양상은 사뭇 다르다. 비봉촌에서의 최칠성과 아

12) 위의 책, 308면.

한복의 대립과 갈등이 청국과 조선 양자 간의 직접적인 대결 차원에서 전개되었던 반면, 이제 간도를 둘러싼 문제가 청국과 일본 간의 대결로 굴절됨으로써 그 와중에 조선은 소외되었다. 이제 북간도 어디에서도 우리의 주권을 당당하게 주장할 수 있는 현실적 공간은 존재하지 않는다. 현도의 논리에 대한 창윤의 부정과 저항이 점차적으로 왜소해지고 무력해질 수밖에 없는 것은 결정적으로 이러한 국제적인 역학관계의 변화와 역사적 현실에 기인한 것이다. 비봉촌에서 대교동으로, 혼춘으로, 다시 용정으로 떠도는 창윤네 식구는 남의 나라에 온 유랑의 이주민이라는 비참한 신세로 전락해버리고, 생존 논리를 앞세우는 현도에 맞서 창윤은 현실적으로 비봉촌에서와 같은 저항 의지를 표명할 수 없게 되었다. 그럼에도 불구하고 할아버지 이한복의 세례를 받은 창윤이 현도의 생존 논리에는 끝까지 동화될 수는 없었다. 현도와 창윤의 선택 사이에서 작가가 어느 편에 서 있느냐는 자명하다. 이한복 일가의 저항 논리는 『북간도』의 처음부터 끝까지 일관되게 지속되고 있는 작품의 중심 원리이다. 현도의 선택이 올바르지 못했음을 『북간도』는 작가 주석적 논평을 통해 끊임없이 상기시키고 있다. 그러나 창윤의 저항 논리는 결과적으로 현실적(일상적) 공간에서 일탈됨으로써 점차적으로 추상화·관념화되는데, 이를 보완하기 위해 작가는 일본을 이용하자는 장현도의 생각이 한갓 순진한 것에 불과하였음을 역사적 기록을 통해 드러내고 있다. 위에서 창윤을 설득했던 현도의 주장에 바로 이어 벌어지는 국가의 주권을 완전히 빼앗겨 버린 한일합방이 일어나고 만다. 뿐만 아니라 뒤를 이어 벌어지는 만세사건·혼춘 마적습격사건·농민 학살사건·만주사변 등의 역사적 사건들에 대한 작가 주석적 논평은 점차적으로 노골화되는 일본의 만주 침략을 고발하고 있다. 일본의 항복을 다룬 마지막 장('그 뒤에 올 것') 바로 전, 만주사변을 다루고 있는 장의 소제목은 '어둠이 짙어가고'이다. 만주사변이 있기 전 간도에서는 철도 폭파, 기관고소각 등 치안이 극도로 혼란스러웠는데, 그것이 모두 만주 출병의 구실을 마련하기 위한 일본의 획책이었다고 작가적 논평을 통해 직접적으로 밝히고 있다.[13)] 일본이 간도 지방에서 조선인을 보호한다는 명목은 만주를 빼앗기 위한 하나의 전략적인 차원에 불과했고 현도가 선택한 삶의 방향은 자의든 타의든 거기에 봉사하고 말았다는 것이다.

> "최창락, 최창락 하지마는, 그때는 외국인에게 피살된 경우요 사회장도 필요하고 성대한 장례도 필요했소. 중국측에 본때를 보여주기 위해서 말이오. 그러나 이번엔 같은 대일본제국 신민끼리요. 무슨 까닭에 사건을 크게 만들자는 거요? 중국측에 보이자는 거요. 그렇지 않으면, 당신네들이 일본제국에 반항한다는 표신가? 물러가오. 안 가면 구속할 테야."
>
> 스에마쓰는 주먹으로 테이블을 치고 발까지 굴렀다.
>
> "으음—"
>
> 대표들은 스에마쓰의 방에서 나오지 않을 수 없었다.
>
> "아무 일도 못 하겠다."
>
> 현도는 그저 장사에나 열중해야겠다고 생각했다.[14)]

간도에서의 조선인 자치제 논의가 무르익었을 때 자치제 임시대표의 한 사람으로서, 일본 순경에 의한 무고한 양민학살(김춘택 사건)에 항의하기 위하여 일본 측에 찾아간 현도는 스에마쓰의 부당한 협박과 위협에도 그저 장사에나 열중해야겠다는 생각뿐 더 이상의 고민과 반성, 저항을 보여주지 못한다. 냉엄한 생존 논리 앞에서 일체의 다른 사유와 행위의 구체적 가능성은 무기력하게 후퇴하고 양보해버린다. 결국 최칠성의 생존 논리와 마찬가지로 현도의 생존 논리 역시 현실에 타협하고 굴복하고 있는 적응 논리로써 민족적 주체성을 망각한 것이다. 다만, 최칠성에 대한 비판은 이한복과의 대립을 통해 드러냈지만, 장현도에 대한

13) "가와카미 용정 주재 특무기관장은 만몽출병의 구실을 간도지방에서도 마련하기 위해 획책하고 있었다. 이번 사건은 가와카미가 조선 사람을 써서 꾸민 연극이었다. …… 각지에서 출병의 구실을 하나하나 갖추어져 가고 있었다."(위의 책, 710면)

14) 위의 책, 654~655면.

비판은 역사적 기록과 논평에 의존하여 드러내고 있다. 다시 말해, 『북간도』의 후반부는 작품 전반부에서 보여주었던 신화적이고 절대적인 세계의 자장 속에서 민족 수난과 그 극복 의지를 탐색하기 위하여, 국권 상실이라는 역사적 사실을 통해 민족적 정체성이라는 신화를 재정립하고자 한 것이다. 이런 점에서 『북간도』의 후반부의 역사적 기록(역사의 사실성)에 대한 점차적인 의존은 객관적인 역사적 리얼리티의 강화로 이어지지 못하고 있다. 『북간도』 후반부의 역사적 기록과 그에 대한 작가 주석적 논평은 궁극적으로 비봉촌이라는 신화적 세계로의 회귀를 지향하고 있기 때문이다.

백낙청의 「역사소설과 역사의식」(『창작과 비평』, 1967년 봄)은 역사소설의 본질적 성격에 대한 이론적 고찰과 구체적인 작품 분석을 겸한 최초의 것이라고 할 만하다. 거기에서 주된 분석 대상이 된 작품은 춘원의 『단종애사』와 동인의 『대수양』이다. 그들 작품에 대해 백낙청은, 춘원이 충의지사를 흠모하는 감상주의자로서 등장인물을 선·악 두 팀으로 갈랐다고 한다면, 동인은 호걸을 사랑하는 영웅주의자로서 선·악을 구분했다[15]고 보면서, 이것은 그들의 역사의식의 미숙성을 드러낸 것이라고 강하게 비판하고 있다. 춘원과 동인 모두, 동양의 전통적 관념 위에서 역사를 하나의 정적인 기록이요 영원불변한 교훈의 원천으로 취급했다는 것이다. 역사란 어느 한 개인(영웅)의 의지와 상관없이 흐르는 도도한 흐름이 있으며, 진정한 역사소설이란 역사의 개인화 혹은 사물화(私物化)에 있는 것이 아니라 '현재 역사의 구체적 전신(前身)'으로서의 과거를 제시함으로써 그 국가·민족을 구성하는 사람들의 구체적 삶에 일어나는 변화의 총화를 그려낼 수 있어야 하는데, 그렇게 현재를 역사의 소산으로 보고 과거를 현재의 전신으로 파악하는 정신이야말로 역사의식의 기본조건[16]이라고 역설하고 있다. 주로 루카치의 『역사소설

15) 백낙청, 「역사소설과 역사의식」, 『창작과비평』, 1967년 봄.(임형택·최원식 편, 『한국근대문학사론』, 한길사, 1982, 111면에 재수록)

론』에 의거하고 있는 백낙청의 논의는 역사적 리얼리티의 형상화를 본격적인 역사소설의 기본조건으로 간주하고 있다. 안수길의 『북간도』를 역사소설로 볼 수 있는 것인지 논란의 여지가 있을 수 있다. 가장 소박하게 말해서, 역사소설을 과거를 소재로 한 소설이라고 할 때, 어디까지를 과거로 할 것인지에 대해서도 그 규정과 구분이 분명하지 않기 때문이다.[17] 다만, 『북간도』의 경우 그 주축이 되고 있는 작품 배경(전반부)이 1900년을 전후로 봉건사회로부터 근대사회로 이행하는 한국사회의 시대적 전환기였고, 해방을 맞는 순간까지의 후반부 작품 배경 역시 일제시대라는 일정한 완결성을 띤 역사적 과거로 볼 수 있기 때문에, 그것이 동시대적 성격을 갖고 있는 일종의 사회소설이라기보다는 역사적 과거를 배경으로 한 역사소설로 보는 것이 보다 타당하다고 생각된다. 『북간도』는 역사라는 거대한 시간적 흐름 속에서 투쟁하고 갈등하는 인간의 모습을 형상화하고자 한 작가의 일정한 역사의식 없이는 씌어질 수 없는 작품이다. 그러나 춘원과 동인의 역사소설에 대한 백낙청의 비판과 문제 제기를 안수길의 『북간도』가 만족스럽게 극복하고 있는지에 대해서는 사실 의심스럽다. 안수길의 『북간도』 역시, 역사를 하나의 정적인 기록이요 영원불변한 교훈의 원천으로 취급하고 있다는 비판에서 자유롭지 못하기 때문이다. 역사의 구체적 가능성을 총체적으로 조망할 수 있는 중도적 인물의 부재는 『북간도』의 치명적인 약점이다. 루카치가 스코트를 진정한 역사소설의 시발점으로 본 가장 큰 이유는 바로 그의 역사소설에서는 상호 투쟁하는 양극단을 서로 매개하는 중도적 인물이 소설의 주인공을 형상화했다[18]는 데에 있다. 어쩌면 장치덕의 손자 현도는 극단적으로 대립한 세력들(이한복 일가와 최칠성 일가)을 서

16) 위의 책, 91면.

17) 이에 대해 강영주는 적어도 두 세대 이전의 과거사를, 작가가 명백히 역사적 과거라는 의식 하에 형상화한 소설이라고 잠정적으로 규정하고 있는데, 그러한 규정 역시 다분히 주관적이다. 강영주, 『한국 역사소설의 재인식』, 창작과비평사, 1991, 18면.

18) 루카치, 이영욱 역, 『역사소설론』, 창작과비평사, 1987, 40면.

로 매개할 수 있는 가능성이 가장 큰 인물이라고 할 수 있다. 그러나 작품 속에서 현도의 성격은 보다 구체적이고 독자적으로 형상화되지 못한 채 창윤네 시선을 통해서만 간헐적으로 등장함으로써, 숭고한 낭만적 이상주의자 창윤네와 대비되는, 무기력하고 안이한 현실 타협주의자 이상의 의미를 형성하지 못하고 있다.

한편, 현도의 생존 논리에 맞선 저항의 논리를 대부분 역사적 기록에 의존하여 제시하고 있다는 점은 『북간도』가 주제의 내면화에도 일정 정도 실패하고 있음을 보여주는 것으로 보인다. 창윤의 아들 정수로 하여금 그 역할(주제의 소설적 내면화)을 일정 정도 담당하도록 하고 있으나, 한복이나 창윤의 그것(저항 논리)에 비해서 정수의 성격 형상화는 그 내적 필연성이라든지 구체성이 현저히 약화됨으로써, 막연한 낭만적 동경이라는 지극히 추상적이고 심정적인 수준에서 펼쳐지고 있다. 인물 혹은 인물들 간의 상호관계의 내적 필연성의 약화는 소설의 구조적 안정감이라든지 독자의 심리적 공감 획득의 실패로까지 이어진다. 『북간도』의 주축이라고 할 수 있는 생존 논리와 저항 논리라는 이중 구조는 마지막까지 선명하게 대비되고 있지만, 작품 후반부에 이르러, 그것이 인물들 간의 대결을 통해 구체적으로 형상화되지 못한 채, 역사적인 기록에만 일방적으로 의존한 채 평행적으로 나열됨으로써, 소설적 형상화의 실패뿐만 아니라 역사적 리얼리티를 약화시키는 결과를 초래하고 있다.

4. 『북간도』의 의의와 한계

『북간도』의 주제적 의의를 논한다는 것은 매우 조심스러울 수밖에 없는데, 그것은 곧 민족주의 사상의 의의와 한계를 검토하는 것일 수 있고, 우리 민족이 겪어 온 심각한 역사적 굴곡과 상처는 그에 대한 논의를 무심하게만은 진행할 수 없도록 여전히 제약하고 있기 때문이다. 『북간도』는 작가의 생생한 체험을 바탕으로 우리의 기억 속에 잊혀져 가는 간도 개척사를 증언하고 있으며, 그 주제의식은 비봉촌과 용정으로 상징되는 공간 대비를 통해 드러나고 있다. 비봉촌은 간도 개척 1세대의 꿈과 희망이 담겨 있는 상징적인 공간이다. 그곳은 외세의 침입으로부터 끝까지 저항하며 자주적 생존을 부르짖는 공간이다. 민족의 자주권이 민족의 생존권과 직결되어 있는 까닭에 거기에서의 대결과 투쟁은 그만큼 절실하고 절박한 것일 수밖에 없다. 그에 반해 용정은 비봉촌에서의 가능성과 절박함이 외세에 의해 강제적으로 박탈당한, 이념 상실의 공간이다. 용정의 일상적 공간에서의 대결과 투쟁이란 오직 현실적 생존을 위한 대결과 투쟁일 뿐이다. 현실적 생존만이 일방적으로 우선시될 때 그 이외의 대결과 투쟁은 무력하고 왜소해질 수밖에 없다. 용정의 사상을 거부하고 그 밖으로 떠도는 창윤의 저항이 무력하고 왜소해 보이는 것은 그 때문이다. 그러나 작가의 긍정적인 시선은 처음부터 끝까지 창윤네를 향해 있다. 즉, 『북간도』의 주제의식은, 일관되게, 비봉촌에서 그토록 강렬하게 부르짖었던 자주적 생존권의 회복이라고 할 수 있다. 작품 서두의 주역이었던 이한복의 모습은 작품 안에서 일종의 신화적이고 원형적 성격을 갖고 있으며 그 뒤를 잇는 장손, 창윤, 정수의 모습은 바로 이한복의 재현 혹은 그러한 재현을 꿈꾸는 대체적 존재라고 할 수 있다. 그러나 그것은 작가의 강렬한 주제의식을 전달하는 데 효과적일 수는 있지만, 역사의 객관적 리얼리티를 형상화하는 데 반드시 적절하다고만은 할 수 없을 것이다. 백낙청은 주로 역사소설의 역사적 과거를 설명하면서, 그것이 현재에 사는 독자의 절실한 현실적 관심거리가 되어야 함('현재 역사의 구체적 전신')과 동시에, 역사적으로 파악된 과거란 과거의 시점에서 역사로서 작용하고 있는 과거라야 한다('역사로서의 과거')[19]고 한 바 있다. 루카치는 이를 '특수하게 역사적인 것'(구체적인 시대제약성)[20]이라고 하였다. 그런데 『북간도』의 심층구조를 형성하고 있는, 이한복으로의 순환적인 혹은 회귀적인 구조는 그러한 '특수하게 역사적인 것'을 파악하는 데 일정한 한계로 작용하고 있다. 실제, 당시 북간도의 중심지는 용정이었는데, 그러한 용정을 전면적으로 부정 또는 외면하고서는 간도 이민사라는 시대적 구체성(특수성)을 객관적으로 파악하기 어렵게 된다. 그러나 용정의 사상을 대변한다고 할 수 있는 현도는 작품의 중심적 인물이 되기에는 지나치게 단편적으로 그려지고 있다. 창윤 역시 현도에 맞서 직접적이고 적극적인 대결의지를 보여주지 못한 채 할아버지 이한복의 영웅적 모습에만 관념적으로 집착하고 있다(환상성). 아내와 자식을 버려둔 채 떠돌다가 뜬금없이 의병이 되어 군자금을 요구하러 온 동생 창덕에 대해서 창윤이 아무런 말없이 흔쾌하게 승낙한 것은 그러한 환상의 여운 때문일 것이다, 그러나 봉오동 전투에 참전한 뒤 만주를 떠돌다가 돌아온 아들 정수에 대해서는, 일본 통감부에 자수하여 살 길을 찾으라는 현도의 자수 권유를 받아들이도록 설득하고 있다. 이러한 모순된 모습 역시 하나의 역사적 사실일 수 있다. 그러나 문제는 아무런 소설 내적인 인과성과 구체성이 결여된 채 그것이 제시되고 있다는 점이다. 저항 논리와 생존 논리 사이의 대결이 인물들의 성격을 통해 구체적으로 내면화되지 못한 상황에서 당위적 명제에만 지나치게 집착함으로써, 작품이 전개될수록 추상적인 관념성이 증대되고 이에 따라 소설의 구체적인 진실성은 상대적으로 약화된 것이다. 민족의 자주적 생존권에 대한 강렬한 신념이 역사적 기록과 논평에 과도하게 의존하는 순간, 역설적으로 역사의 구체적이고 객관적인 리얼리티를 상실하고 있다. 이런 점에서 결구 안수길의 『북간도』는 자주적 생존권을 향한 민족 주체성 회복이라는 강한 의지를 보여주면서도, 동시에 어떤 당위적 명제만으로는 소설 속에서 역사

19) 백낙청, 「역사소설과 역사의식」, 『한국 근대문학사론』, 한길사, 1982, 91면.
20) 루카치, 이영욱 역, 앞의 책, 17~18면.

적 리얼리티를 구축하는 데 일정한 한계가 있을 수밖에 없음을 또한 보여주고 있다고 할 수 있다.

제2장

경계의 와해와 분열 의식

장용학의 「요한시집」론

1. 서론

별빛이 사라진 무(無)와 같은 현실과 그럼에도 불구하고 새로운 길을 찾아 떠나야 하는 영혼[1)]에 대한 인식과 자각 과정은 근대 탄생과 근대 형성의 기본항이다. 시대와 사회의 주도적인 패러다임이 바뀌는 사이 문학의 영역 역시 많은 변화를 겪을 수밖에 없었는데, 이와 함께 소설은 근대적인 서사양식으로 강력하게 부각되었다. 그것은 무엇보다도 소설이라는 양식이 변화하는 시대와 사회의 새로운 국면을 담아내는데 여타의 장르에 비해 유리했기 때문일 것이다. 균형과 조화, 통일성의 원칙 하에 작동되었던 과거 노래의 형식이 근대에 이르러 더 이상 힘을 갖기 어려웠던 반면, 통일되고 고정된 형식을 파기해 버린 소설은 그

1) 게오르그 루카치, 반성완 역, 『소설의 이론』, 심설당, 1985, 29면.

스스로의 유연함을 가지고 현실에 대한 반영이라는 문학의 사명을 새롭게 담당할 수 있었다. 그러나 있는 그대로의 현실의 세계가 곧바로 소설의 세계가 될 수 있는 것은 아니다. 실제로 일어난 사건을 기계적으로 옮겨 놓거나 현실의 모습을 있는 그대로 재현했다고 해서 소설이라고 할 수는 없다. 거기에는 구체적 현실의 간섭과 구속이 드러나 있는 동시에 '사실을 넘어서는 그 무엇에 대한 강렬한 욕망'이 담겨져 있기 때문이다.

인간적인 절망과 부정적 세계 인식이 가장 극단화된 것으로 우리는 50년대 소설을 쉽게 떠올리게 된다. 전후라는 시대적 배경을 통해 그려진 인물들의 끔찍스러운 체험과 상처는 일체의 인간적인 믿음과 희망을 송두리째 뒤흔들었다. 거기에 표출된 허무와 냉소, 자학적인 제스처들 속에는 절망적인 당대 현실의 시대적 조건과 경험이 반영되어 있다. 그러나 거기에는 또한 '사실을 넘어서는 그 무엇에 대한 강렬한 욕망'이 담겨져 있기도 하다. 물론 그러한 욕망이란 인간(영혼)과 세계(현실)를 총체적으로 지배하고 규율했던 초현실적 실재로의 절대적 지향과는 이미 거리가 멀다. 영혼과 현실 사이의 본질적인 동일성의 세계가 심각하게 균열됨에 따라, '그 무엇에 대한 욕망들'은 더 이상 본질주의로의 환원을 거부하고 자기 부정과 모순에 시달리는 혼란스러운 모험으로 변해버렸다. 유토피아적 욕망을 둘러싸고 벌어지는 투쟁과 모험, 그리고 위험을 실제적으로 형상화해낼 수 있었다는 것은 소설이 가진 근대적 가능성이었다. 가장 50년대적인 작가 중 한 명으로 일컬어지는 장용학의 소설 세계 역시 그러한 욕망과 가능성의 자장 안에 위치해 있다고 할 수 있다. 이 글의 주된 목적은 그것의 구체적인 모습이 어떠한 것인가를 밝히고자 하는 것이다.

장용학 소설에 대한 기존의 논의는 일반적으로 그의 작품이 공포스러운 전쟁 체험과 폐허화된 전후 현실을 형상화함으로써 인간적 질서와 가치, 제도 등 문명 일반에 대한 비판적 성찰을 보여주고 있다는 긍정적인 평가와 함께 그것이 지나치게 관념적인 난해함과 추상적인 보편화로 치달아 버렸다는 부정적인 평가가 엇갈리고 있다. 천이두의 「안테우스의 자유」, 임헌영의 '아나키스트의 환가」, 이선영의 「아웃사이더의 반항」, 김현의 「에피메니드의 역설」[2] 등은 모두 그러한 이중적인 평가가 혼합된 글들이다. 대지에서 발을 떼자마자 죽음을 면치 못하는 '안테우스의 운명'이라든지 전부를 인식하기 위해 그 밖에 위치하게 되는 인식은 결국 전체성을 잃어버릴 수밖에 없다는 '에피메니드의 역설' 등은 모두 그것에 대한 비유적 표현이다. 특히 거기에서 지적되고 있는 부정적인 측면들(관념의 난해함, 추상적인 보편성)과 관련해서는 그것이 미학적 형상화의 실패[3]를 보여주는 것일 뿐만 아니라, 상당 부분 무기력한 패배감과 허무주의에 함몰되어 있어 궁극적으로 역사적 구체성과 현실적 응전력을 상실하고 있는 50년대 소설 일반의 한계로 확대인식[4]되기도 한다. 폐쇄적이고 추상적인 인식 구조라는 50년대적 특수성과 일반성으로 환원해버리는 그러한 결론들은 어떤 점에서 장용학 소설에 대한 논의를 이미 시효가 지나버린 것으로 속단하는 결과를 초래하고 있다. 그러나 전후 현실에 대한 대결 의지가 작품 전면에 투영되어 있는 장용학 소설은 인간을 규율하고 지배하는 억압적 현실과 형이상학적 초월 어느 쪽으로도 고착화되지 않는 인물들 내면 의식의 복합적인 흐름을 보여줄지언정, 무기력한 패배감이나 폐쇄적인 허무주의로 귀결되지 않는다. 이 글은 장용학의 대표작이라고 할 수 있는 「요한시집」분석을 통해 이러한 문제성에 대해서 재검토해보고자 한다.

---

2) 천이두, 「안테우스의 자유—장용학 「현대의 야」」, 『종합에의 의지』, 일지사, 1974; 임헌영, 「장용학론—아나키스트의 환가」, 『현대문학』, 1966.3; 이선영, 「아웃사이더의 반항」, 『현대문학』, 1966.3; 김현, 「에피메니드의 역설」, 『현대한국문학전집』 4, 신구문화사, 1965.

3) 김교선, 「심리적 지적 사색과 소설적 형식」, 『현대문학』, 1964.5; 김윤식, 「우화성과 이데올로기 비판」, 『문예중앙』, 1981년 봄.

4) 권영민, 『한국현대문학사』, 민음사, 1993, 171면.

이에 대해 본론에서는 크게 두 가지 측면에서 살펴볼 것이다. 먼저 본론의 첫 번째 장에서는 토끼 우화 분석을 통해 「요한시집」의 토끼 우화가 폐쇄적이고 완결된 형식이 아니라 불확실성 위에 기반한 지속적 질문의 형식을 가짐으로써 우화의 일반적 성격에서 벗어나 있음에 주목할 것이다. 토끼 우화는 작가의 주관적 자의식에 의한 명백한 해답이 이미 주어져 있는 닫힌 구조를 가지고 있다기보다는 반성적 서술자의 개입에 의한 지속적인 문제의식과 질문이 제기되고 있는 열린 구조를 가지고 있다. 특히 토끼 우화의 후일담 부분은 이데올로기적 환상에 대한 비판적 인식이 담겨져 있다고 할 수 있는데, 거기에서 주의해야 할 점은 그것으로 모든 것이 귀결되고 완결되는 것은 아니라는 점이다. 다시 말해, 일체의 현실은 이데올로기적 환상으로 이루어졌으니 현실적인 모든 것은 허위이고 거짓이라는 또 다른 이분법적인 도식으로 고착화되지 않는다. 여기에서 문제는 어떻게 하면 현실을 에워싸고 있는 이데올로기적 환상에서 벗어나 모호하고 불확실한 기반 위에서나마 삶의 새로운 방향성을 모색할 수 있느냐이다.

본론의 두 번째 장과 세 번째 장에서는 누혜의 자살이 가지고 있는 궁극적 의미와 누혜와 동호와의 상호 관계성에 대한 고찰을 통해 「요한시집」이 추상적 세계로의 전면적 이탈이나 전후 현실에 대한 즉자적 반영만이 아닌 새로운 삶의 방향성을 향한 힘든 모색 과정을 담고 있음을 확인하고자 한다. 누혜의 자살 속에는 억압적 현실의 구속과 폭력에 대한 절망적이고 고통스러운 기억의 흔적들이 남아 있을 뿐만 아니라 현실에 대한 초월 의지와 새로운 삶의 방향성에 대한 모색의지가 담겨 있다. 이러한 사실은 누혜가 죽은 뒤 동호가 누혜의 대리인으로서, 누혜 어머니를 찾아가는 과정에서 더욱 분명해진다. 동호가 포로수용소에서 나온 뒤 무엇보다도 먼저 누혜 어머니를 찾아가는 것은 어떻게든지 그들이 가진 상처와 피해 의식을 현실 속에서 치유하고자 하는 의지를 보여주는 것이다.

2. 경계의 와해와 이데올로기 비판

「요한시집」은 프롤로그 격에 해당하는 토끼 우화와 (상)(중)(하)의 본문이 구분된 특이한 구조를 가지고 있다. 토끼 우화는 그것이 작품의 첫머리에 놓여 있기 때문이기도 하지만, 난해하게 펼쳐진 본문 해석의 편의성 때문에도 흔히 「요한시집」 전체 주제로 소급되어지곤 한다. 장용학 소설의 우화성에 주목한 김윤식은 작가는 그러한 우화적 수법을 통해 생과 밀착된 역사성의 결여에서 오는 관념의 생경함을 무마하고 있다[5]고 지적한 바 있다. 장용학 소설의 본질적인 구성 원리를 알레고리라고 간주한 방민호와 서영채의 주장[6]은 이에 대한 논의를 더욱 확장시킨 것이다. 장용학 소설에 등장하는 인물들은 자신의 행위를 판단하고 반성하는 주체가 아니라, 이미 예정되어 있는 일련의 행위들을 재현하는 기호이자 비유 형상(rhetorical figure)[7]이라는 서영채의 견해나, 그들은 곧 작가의 일관된 주제를 전달하기 위해 만들어진 인공적이고 예시적인 인물에 지나지 않을 수 있다[8]는 방민호의 견해는 장용학 소설이 전체적으로 작품과 작품 바깥이라는 명확한 이중 구조를 특징으로 하는 알레고리적 상상력과 구조에 기반하고 있다는 강한 전제를 가지고 있다. 알레고리적 구조에 대한 그들의 연구는 장용학 소설의 추상성에 대한 기존의 피상적인 접근에서 한걸음 더 나아가 구체적인 작품 구조 분석을 통한 소설 내적인 근거를 밝힘으로써 난해하다고 여겨졌던 장용학 소설에 대한 선명한 해석의 단초를 제공했다고 볼 수 있다. 그러나 그것은 또한 장용학 소설이 가지고 있는 복합적인 의미망을 상당 부분

---

5) 김윤식, 「우화성의 이데올로기 비판」, 『문예중앙』, 1981년 봄.
6) 방민호, 「알레고리적 상상력의 의미」, 『한국소설문학대계』 29, 동아출판사, 1995; 서영채, 「알레고리와 계몽」, 『소설의 운명』, 문학동네, 1996.
7) 서영채, 「알레고리와 계몽」, 『소설의 운명』, 문학동네, 1996, 154면.
8) 방민호, 「알레고리적 상상력의 의미」, 『한국소설문학대계』 29, 동아출판사, 1995, 531면.

제한하고 배제함으로써 장용학 소설이 결국 작가의 주관적 자의식과 관념에 의한 추상적 역사의식에 기초하고 있다는 기존의 부정적 평가를 더욱 공고히 하고 있다. 이것은 그들의 논의가 최종적으로, 장용학 소설에서 50년대적인 상황을 제거하면 그것은 무의미한 기표놀음[9]이자 내용 없는 형식[10]에 불과할 수 있다는 결론으로 이어지고 있는 데서 확인할 수 있다.

그러나 과연 그들의 주장처럼, 장용학 소설이 이야기 그 자체로서는 아무런 의미를 산출하지 못한 채, 탈역사적이고 초월적인 위치에 선 작가의 일관된 주제를 드러내기 위한 한갓 기호일 뿐이며, 그 실효성이란 결국 50년대라는 한시적 전망 안에 철저하게 갇혀버린 것일까. 우선 「요한시집」의 토끼 우화에 대한 재검토는 이러한 의구심에 어떤 해답의 실마리를 제공할 수 있다고 생각한다. 토끼 우화는 크게 두 부분으로 나뉘어지고 있다. 자기가 살고 있는 세계가 외부 세계의 빛에 의한 그림자에 불과하다는 사실을 깨닫고 바깥 세계로 모험을 떠나는 토끼 이야기와 그러한 토끼의 죽음을 애도하고 그에게 제사를 올리는 토끼 후예들의 이야기가 그것이다. 먼저 앞부분의 토끼 이야기는, 동굴 벽에 비친 그림자가 실제 사물의 형상이 아니라 하나의 허상일 뿐이라는 주인공의 깨달음이 그 중심 내용을 이루고 있다는 점에서 현상과 이데아라는 이분법적인 세계관을 예시하고 있는 플라톤의 동굴 우화[11]를 연상케 한다. 그러나 「요한시집」의 토끼 우화는 기본적으로, 교훈적이고 계몽적인 내용을 담고 있는 플라톤의 동굴 우화와는 전혀 다른 차원의 성격을 가지고 있다. 플라톤의 동굴 우화가 이데아(실재)의 우위성에 대한 명백한 확신을 바탕으로 그곳에 도달하는 과정과 함께 교육과 철인 통치의 필요성을 역설하고 있는 반면, 「요한시집」의 토끼 우화는 현상

9) 위의 책, 529면.

10) 서영채, 「알레고리와 계몽」, 『소설의 운명』, 문학동네, 1996, 172면.

11) 플라톤, 박종현 역, 『국가』, 서광사, 1997, 448~454면.

(허상)을 규율하고 지배하는 외부적 실재(이데아, 제일원인)가 지극히 위험스러운 사상일 뿐만 아니라 불안정하고 불확정적인 것이라는 반성과 의심의 시선이 끊임없이 개입되어 있다. 다음은 그러한 시선의 개입이 드러나고 있는 부분이다.

> ①그 창구멍으로 기어 나갈 수 없을까 하는 생각을 마침내 해냈다는 것은, (…중략…) 이 얼마나 놀라운 발견, 발견이라기보다 발명을 해낸 것입니까. 그러나 그것은 그에 못지않게 위험한 사상이었습니다. 손만 가져갔어도 세계는 꺼져 버리지 않았습니까.
>
> ②훗날, 그때 도루 돌아갔더라면 얼마나 좋았을까 하고 얼마나 후회를 했는지 모릅니다마는, 그러나 그때 누가 있어 「도루 돌아가거라」했다면 그는 본능적으로 「자유 아니면 죽음을!」하는 감상적(感傷的) 『포-즈』를 해보였을 것입니다.[12)]

①은 동굴 바깥 세계로의 모험을 결단하는 주인공에 대한 서술자의 이중적인 시선이 교차되어 있는 부분이다. 한편으로는 동굴 바깥 세계에 대한 발견이 하나의 혁명이라고 할 만큼 경탄스럽다는 놀라움의 시선(긍정적)이 드러나 있다면, 다른 한편으로는 동굴 안과 바깥이라는 그런 식의 절대적 구분이 어떤 면에서 자신이 자라온 구체적이고 감각적인 경험 세계를 전면적으로 무효화 시켜버릴 수 있다는 두려움과 공포의 시선(부정적)이 드러나 있다. 이러한 서술자의 이중적 시선에 의해 동굴 바깥 세계는 약속과 희망의 대상이 되기도 하지만 공포와 두려움의 대상이 되기도 한다. ②의 강조된 부분은 동굴 바깥 세계로의 모험에 대한 인물의 목소리와 서술자의 목소리가 중첩되어 있는 일종의 자유간접화법이다. '그때 도로 돌아갔더라면~얼마나 후회를 했는지 모릅니다'라는 서술의 주체는 서술자이기도 하고 토끼이고도 하다. 이것은

---

12) 장용학, 「요한시집」, 『현대문학』, 1955.7, 51~52면.

동굴 바깥 세계로의 맹목적 집착이 지닌 위험성을 간파한 서술자의 시선이 토끼의 내면에 투사된 것으로 볼 수 있다. 한편, 그러한 위험성에도 불구하고 '자유 아니면 죽음을!' 외쳐대는 토끼의 단호한 선언이 감상적인 포즈에 지나지 않을 수 있다는 서술자의 부정적 판단이 곧바로 이어지고 있는데, 여기에서 토끼의 모험을 바라보는 서술자의 시선은 처음의 놀라움(긍정적)에서 그것의 무모함에 대한 두려움(부정적)으로 점차적으로 전환되고 있음을 알 수 있다. 자연의 태양광선을 감당하지 못하고 소경이 되고 마는 토끼의 비극적 결말은 동굴 바깥 세계에 대한 공포와 두려움이 최종적으로 현실화된 것이다. 동굴 바깥으로 나왔지만 아무 것도 볼 수 없다는 것, 동굴 안과 바깥의 경계에서 꼼짝없이 죽음을 맞을 수밖에 없는 토끼의 운명은 절대적인 보편 세계를 그가 어느 곳에서도 찾지 못했음을 의미한다. 이런 점에서 현상과 실재라는 형이상학적 세계 인식은 토끼 우화 속에서 와해되고 있다.

그런데 토끼의 후예들이 토끼가 죽은 바로 그 자리에 제사를 드리기 시작했다는 후일담은 절대적인 보편 세계가 사라진, 바로 그 지점에서 또다른 새로운 신화(근대 이데올로기)가 만들어지고 있음을 보여주고 있다. 인간의 역사란 진리(형상)와 거짓(질료)이라는 실재적 구분에 의한 것이 아니라 인간에 의한 만들어짐의 역사[13]라고 할 수 있는데, 근대 이전과 마찬가지로 근대 역시 그 기본적인 성격은 '그것은 마치 ~인 듯이'라는 이데올로기적 환상과 가정에 의해 구축되고 지속된다. '효험이 있을 때도 있고 없을 때도 있고, 그러니 제사를 드리나마나였지만' 그렇지 않으면 '아주 이 세상이 꺼져버리기나 할 것 같이' 여기는 일종의 종교적이고 미신적인 신비화는 이데올로기의 기본적 성격이라고 할 수 있다.

---

13) 동굴 바깥 세계에 대한 깨달음을 어떤 발견이 아닌 일종의 새로운 발명으로 간주한 서술자의 발언(①) 역시 이러한 관점과 맥락 위에서 파악할 수 있을 것이다.

> 효험이 있을 때도 있고 없을 때도 있고, 그러니 제사를 드리나마나였지만, 하여간 그 버섯 앞에 가서 절을 한번 꾸벅 하면 그것만으로 마음이 후련해지더라는 것입니다. 그 버섯이 없어지면 아주 이 세상이 꺼져 버리기나 할 것같이 생각하고 있는 것 같았습니다.[14]

이데올로기의 근본 메카니즘 연구에 천착하고 있는 지젝에 의하면, 이데올로기가 작동하고 있는 사회적인 장은, 이데올로기적 환상 작용에 대해 아무 것도 모르고 행동하는 순진한 개인들뿐만 아니라, 그것에 대해 잘 알고 있음에도 불구하고 여전히 아무 것도 모르는 듯이 행동하는 개인들을 포함 한다.[15] 지식의 측면이 아닌 실천의 측면을 통해서, 즉 자신의 현실적 활동을 통해서 실제적인 현실 관계를 구성하는 후자의 무의식적인 환영이야말로 이데올로기적 환상의 근본 성격이며, 그러한 이데올로기적 환상에 의해 사회적 현실은 구조화된다고 지젝은 역설하고 있다. 「요한시집」의 토끼 우화에서 토끼의 후예들은 사회적 현실을 구조화하는 근대적 이데올로기의 환상에 지배되고 복종하는 자들이다. 여기에서 그들의 믿음과 복종은 실제적 효험이라든지 합리적인 근거에 의한 것이 아니라 믿음 그 자체에 의한 것인데, '자유의 버섯' 앞에 가서 제사를 지내면 마음이 후련해진다는 것은 그것이 좋기 때문에 믿는 것이 아니라, 믿기 때문에 좋은 것임을 보여주고 있다. 그러나 이데올로기적 믿음이 상실되는 순간 그것에 의해 구조화된 사회적인 장 자체는 한꺼번에 와해될 수 있다. 그처럼 사회적인 현실이란 근본적으로 불안정한 자리에 기반하고 있으며, 이데올로기적 환상이란 그러한 사회적 현실의 근본적인 불안정성을 은폐하고 보호하는 상상적인 시나리오이다. 이 때문에, '효험이 있을 때도 있고 없을 때도 있고, 그러니 제사를 드리나마나' 사실은 별 상관이 없다는 것에 토끼의 후예들은 잘 알고

---

14) 장용학, 앞의 책, 53면.

15) 지젝에 의하면, 근대 사회의 냉소주의자들은 후자의 대표적인 사례로 지적되고 있다. 슬라보예 지젝, 이수련 역, 『이데올로기라는 숭고한 대상』, 인간사랑, 2002, 60~69면.

있지만, 그럼에도 불구하고 그러지 않으면 '마치 세상이 꺼져버리기나 하는 듯이' 그들은 여전히 행동하고 있는 것이다. 토끼 우화의 후일담은 그러한 토끼 후예들의 어리석음에 대한 비판적 인식을 담고 있다. 동굴 안의 세계가 외부 빛에 의한 허상에 불과하다는 사실을 이미 깨달은 토끼와 서술자의 입장에서 볼 때 이데올로기적 환상이 지니고 있는 왜곡과 허위성은 분명해지기 때문이다. 그런데 여기에서 주의해야 할 점은 그러한 이데올로기에 대한 비판이 궁극적으로 현실에 대한 총체적인 부정과 거부 의지로 귀결되지 않는다는 점이다. 다시 말해, 일체의 현실은 이데올로기적 환상으로 이루어졌으니 현실적인 모든 것은 허위이고 거짓이라는 또 다른 이분법적인 도식으로 고착화되지 않는다. 토끼와 서술자가 열어놓은 지평 위에서 그러한 이분법적인 경계는 이미 와해되어 있다. 즉, 「요한시집」의 토끼 우화에 드러난 이데올로기에 대한 비판은 허상과 실재라는 절대적이고 보편적인 세계 이해 위에서가 아니라 일체의 경계가 해체된 바로 그 지점에서 이루어지고 있다는 것이다. 이로 인하여 거기에는 자기 지향성에 대한 여러 가지 고민과 갈등, 문제 의식이 여전히 남아 있다. 이는 토끼 우화를 하나의 폐쇄적이고 완결된 구조를 가진 것이 아닌, 본문과의 상호 관계성 속에서 더 많은 질문과 반성을 제기하는 개방적이고 미완결된 구조를 가진 것으로 보아야 하는 이유이다.

결론적으로 말해 「요한시집」의 토끼 우화는 일차적으로, 새로운 세계로의 모험을 떠나는 근대적 개인과 근대적 이데올로기의 구축 과정에 대한 비유담으로 볼 수 있다. 그런데 거기에는 그것이 근본적으로 불안정하고 불확정적인 토대 위에 구축되어 있음을 응시하고 있는 서술자의 비판적이고 반성적인 시선이 끊임없이 개입되어 있다. 이 때문에 선악의 뚜렷한 이분법적인 구분이라든지, 그것에 의한 교훈적이고 계몽적인 주제 제시, 그리고 하나의 완결된 체계를 특징으로 하는 우화의 일반적 성격은 소멸되고 만다. 즉, 「요한시집」에서 토끼 우화는 어떤 명백한 해답이 제시되어 있는 닫힌 구조가 아니라, 그것에 대한 지속적인 반성과 질문을 촉구하고 있는 열린 구조[16]로 이루어져 있다. 이는 우화뿐만 아니라 본문 역시 그러한데, 그 때문에 우화와 본문의 관계는 어느 것이 어느 것으로 일방적으로 종속된다든지 환원됨으로써 어떤 완결된 모습을 구축하고 있다기보다는, 우화 속에서의 서술자의 반성적인 시선이 본문 속에서 더욱 구체화되고 확대됨에 따라 점차적으로 우화와 본문의 경계 역시 허물어지고 있다.

3. 하나의 돌파구로서의 트여짐

토끼 우화를 제외하면, 「요한시집」은 누혜와의 포로수용소 생활과 누혜 어머니를 찾아가는 과정이라는 두 개의 서술축을 중심으로 이루어져 있다. 서술자는 동호이지만 이야기의 중심 인물은 누혜라고 할 수 있다. 그렇다면 누혜는 어떤 인물인가. 그는 늘상 '푸른 하늘 저 쪽'을 꿈꾸고 있는 인물이다. 네 편이냐, 내 편이냐라는 양자택일의 폭력적 강요를 거부한 그가 수용소의 포로들에게 두들겨 맞고 쓰러진 채 쳐다본 것은, '지상의 검은 그림자는 티 한 점 비치지 않는 거울같이 평화로운 하늘'이다. 지상의 포로수용소가 컴컴한 어둠으로 둘러싸인 암흑의 세계라면 천상의 푸른 하늘은 거울같이 투명하고 밝은 광명의 세계이다. 이것은 동굴 안과 바깥이라는 토끼 우화에서의 표면적인 구분법이라든

16) 김윤식은 「요한시집」을 이미 해답이 제시되어 있는 닫힌 소설로 본 반면, 염무웅은 요한시집의 주제는 토끼가 얻은 자유가 과연 무엇인가라는 최종적 질문에 있다고 보고 있어 상반된 관점을 보여주고 있다. 김윤식, 「우화성과 이데올로기 비판」, 『문예중앙』, 1981년 봄, 152면; 염무웅, 「실존과 자유」, 『현대한국문학전집』, 신구문화사, 1965, 429면.

지, 현상(허상)과 이데아(실재)라는 형이상학적 이분법과 매우 흡사하다. 이 때문에 앞에서 언급한 많은 논자들은 장용학 소설이 궁극적으로 무시간적이고 보편적인 관념론에 함몰됨으로써 거기에서 현실의 구체적인 계기들이란 아무래도 좋은 것으로 무용하고 무의미하게 된다고 주장했던 것이다. 그러나 그러한 주장은 「요한시집」이 가지고 있는 복합적인 의미망을 단순화시키고 있을 뿐만 아니라 어떤 점에서 심각하게 왜곡시키고 있다는 점에서 세심한 주의를 기울일 필요가 있다. 이와 관련해서 우리가 무엇보다도 먼저 주목해야 할 문제는 우선, 누혜가 꿈꾸는 천상 세계가 과연 지상 세계에 얼룩져 있는 일체의 거짓됨과 폭력성(어두운 그림자)을 제거함으로써 명확한 사태 진상을 환하게 밝혀주는 일종의 선험적 좌표로 기능하고 있는가, 그것이 그러한 형이상학적인 보편 세계로 인식되고 있는가이다. 다음은 그러한 물음에 누혜 자신이 대답하고 있는 부분이다.

> "저기다 곡식을 심어봤으면 좋겠네……."
> 그를 위로하느라고 이렇게 말해 봤다.
> "산두 없구 저렇게 너른데 그래두 풍년이 안 들까? 평화시대가 안 올까……."
> "곡식이 나면 사람은 거기에두 말뚝을 박는다."[17]

이것은 누혜가 자살하기 며칠 전, 티 한 점 없는 푸른 하늘을 쳐다보며 동호와 함께 나눈 대화이다. 여기에서 누혜는 그가 꿈꾸는 천상 세계 역시 결코 지상 세계의 거짓됨과 폭력성을 제거하거나 치유할 수 없다는 점에서 그것이 불확실하고 불안정한 것일 수밖에 없음을 분명하게 자각하고 있다. 이러한 대화를 나눈 며칠 뒤 자살을 하고 마는 누혜의 운명은, 동굴 바깥 세계로의 모험을 떠났지만 절대적 보편 세계를

17) 장용학, 「요한시집」, 『현대문학』, 1955.7, 72면.

어느 곳에서도 찾지 못하고 동굴 안과 바깥의 경계에서 꼼짝없이 죽음을 맞게 되는 토끼의 운명과 동일하다. 이들에게 현상과 실재라는 형이상학의 확고한 이분법적인 구분과 믿음은 와해되어 있다. 토끼에게 동굴 바깥이나 누혜에게 푸른 하늘은 고정되고 불변하는 일종의 변경할 수 없는 '하나의 지점'으로 작용하고 있는 것이 아니라, 다만 또다른 삶의 방향성을 고민하고 모색하기 위한 가능성의 '어떤 자리'를 차지하고 있을 뿐이다. 그 곳은 네 편, 내 편이라는 폭력적인 편가르기뿐만 아니라 어둠과 밝음, 거짓과 진실, 허상과 실재라는 경계와 구분이 와해된 자리이다. 누혜가 꿈꾸었던 푸른 하늘이 궁극적으로 모호하고 불확정적인 어떤 가능성을 열어두는 '하나의 돌파구로서의 트여짐'[18]이라는 사실은 누혜의 유서를 통해 다시 한번 확인할 수 있다.

> 自由가 있는 한 人間은 奴隷여야 했다! 自由도 하나의 數字. 拘束이었고, 强制였다. 극복되어야 할 그 무엇이었다. 「뒤」의 것이었다! 神, 永遠……, 自由에서 빚어져 생긴 이러한 「뒤에서 온 說明」을 가지고 「앞으로 올 生」을 잰다는 것은 하나의 屠殺이요, 冒瀆이다. 生은 說明이 아니라 權利였다! 迷信이 아니라 意慾이었다! 生을 살리는 오직 하나의 길은 神, 永遠 …… 自由가 죽는 것이다.[19]

여기에서 누혜는 최고의 인간적 가치로 받아들여지고 있는 신과 영원, 자유를 전면적으로 부정하고 있다. 그것은 그러한 인간적 가치에 의한 경계와 구분이 인간의 무수한 가능성과 다양성을 강제하고 구속하는 또다른 억압과 폭력일 수밖에 없음을 간파했기 때문이다. 이런 점에서 누혜의 자살은 토끼 우화에서 토끼의 죽음과 마찬가지로 어떠한 추상적이고 보편적인 확실성을 전제하거나 확인하고 있는 것이 아니다. 누혜의 자살 속에는 오히려 억압적 현실의 구속과 폭력에 대한 절망적

---

18) 위의 책, 75면.
19) 위의 책, 79면.

이고 고통스러운 기억의 흔적들이 늘상 남아 있다. 그에게 작동하고 있는 극단적인 초월의지와 그의 내면에 얼룩져 있는 고통스러운 체험의 흔적들은, 마치 동전의 양면처럼, 뗄래야 뗄 수 없는 관계이다. 누혜의 자살이 '세계를 둘로 갈라놓은, 따라서 두 개의 세계를 이어 놓고도 있는'[20] 철조망(경계)에서 이루어졌다는 사실은 이에 대한 하나의 시사점을 던져주고 있다. 그것은 누혜의 자살이 어느 한 쪽으로의 맹목적 집착이 아니라, 경계 바로 그 자체에서 그러한 경계를 넘어서고자 하는 어떤 가능성을 향해 있음을 암시하고 있다. '누혜 또한 참된 구세주 예수를 위하여 길을 닦고 죽어야 할 요한적 존재에 지나지 않으며 「요한시집」의 주인공은 동호'라는 작가의 발언[21]은 누혜의 죽음이 어떤 완결이 아니라 '하나의 돌파구로서의 트여짐'임을 작가 스스로 예시하고 있다. 이에 대해서는 다음 장에서 동호와의 상호 관계성을 통해 검토하고자 한다.

4. 경계 속으로

「요한시집」의 주제와 관련한 작가의 발언에서 우리가 다시 한 번 주목해야 할 점은 작품의 주인공이 누혜가 아닌 동호라고 한 부분이다. 물론, 그러한 작가의 발언은 작가와 작품을 별도로 보아야 한다는 신비

---

20) 위의 책, 75면.

21) "요한시집의 주인공은 동호이다. 서장에서 그쳤으니 누혜가 주인공으로 보일 수도 있지만 누혜는 요한적인 존재이고 「요한시집」은 동호가 자유의 시체 속에서 순화되어 탄생하는 과정을 그리려고 한 것이다. 그러나 내일 아침 해는 남에서 떠오를지 서에서 떠오를지 아직은 모를 것으로 끝난다." (장용학, 「실존과 요한시집」, 『한국전후문제작품집』, 신구문화사, 1964, 402면)

평가들의 의혹과 염려를 굳이 염두하지 않더라도, 작품을 분석함에 있어서 거기에 전적으로 의존한다든지 그것을 절대적으로 신뢰할 수는 없을 것이다. 그러나 그러한 발언이 공연한 수사만이 아님은 누혜의 존재적 의미가 실제로 작품 속에서 동호와의 관계를 통해 더욱 구체화되고 확장되고 있다는 점에서 확인할 수 있다. 동호는 본문(상 · 중 · 하) 전체의 서술자일 뿐만 아니라, 그 자신의 관념적 서술 위주로 이루어진 부분(상)만도 작품의 절반 가량을 차지하고 있다. 다만, 동호의 관념적 서술로 이루어진 부분 역시 누혜의 어머니를 찾아가는 과정으로 이루어졌다는 점에서 그 중심에는 여전히 누혜가 자리하고 있고, 동호는 그에 대한 서술자로서의 위치를 차지하고 있다. 이에 따라 동호의 존재적 의미는 스스로의 독자성을 가지고 있다기보다는 누혜와의 관계성 속에서 형성되고 있다. 이것은 누혜 역시 마찬가지라고 할 수 있는데, 그의 존재적 의미 또한 동호와의 관계성 속에서 더욱 분명해지기 때문이다.

동호는 모두에게 반편 취급을 당하는 인물이다. 비행기 소리 같은 것을 들으면 아무 데에나 자빠져서 거품을 물었고, 때로는 몽둥이를 쳐들고 자동차에 달려들기도 한다. 뿐만 아니라 나무에서 벌레가 떨어지는 것을 보아도 자신이 그렇게 떨어지는 것처럼 느끼는 인물이다. 그러한 동호를 남들은 모두 비웃고 조롱했지만, 누혜는 그를 비웃지 않는 포로수용소 안에서의 유일한 벗이었다. 누혜는 동호의 분열 증세가 전쟁이라는 엄청난 폭력과 재앙의 결과라는 사실을 잘 알고 있었고, 자신 역시 그와 동일한 경험과 상처를 가지고 있었기 때문이다. 그들에게는 그럼에도 불구하고 아무렇지도 않게 살아가면서, 여전히 네 편 내 편을 가르며 아귀다툼을 하는 사람들이 오히려 비정상적이고 이상한 사람들이었다. 그들이 겪었던 처참했던 체험과 그들 주변의 비정상적 현실은 이미 미치거나 죽거나 하지 않고는 견디어낼 수 없는 극한 상황이었다. 다만 그에 대한 누혜와 동호의 표면적인 반응과 행동 양식은 조금 달랐다고 할 수 있는데, 누혜가 주변 현실에서 한걸음 물러난 초연한 태도를 보인 반면, 동호는 전쟁 기억과 공포에 밀착됨으로써 현재와 과거와의 거리 감각을 상실하고 있고 정신 분열 증세까지 보인다. 그러한 이상 행동과 분열 증세는 그로 하여금, 네 편 내 편이냐는 강압적 선택의 폭력으로부터 제외된 예외적 인물로 취급받게 하는 원인이 되고 있다. 이런 점에서 그것은 포로수용소에서 횡행하고 있는 강압적 선택의 폭력으로부터 벗어나고자 하는 무의식적 욕망이 강하게 작용한 결과라고 할 수 있다. 이는 동호의 분열 증세를, 경계와 구분을 넘어서고자 한 누혜의 자살과 동일한 차원에서 바라볼 수 있게 한다. 다시 말해 누혜와 동호가 현실에 대항하는 표면적 태도와 행동 양식은 조금씩 달랐지만, 그들의 의식 기저에는 모두 현실적 경계 또는 구분에 의한 강력한 억압 기제와 그에 대한 초극 의지가 동시에 작동하고 있다고 할 수 있다.

그런데, 누혜가 철조망에 목을 매어 자살함으로써 세상을 떠나고, 동호는 수용소에서 석방되어 세상에 들어옴으로써 이들 둘 사이의 삶의 방향성은 다시 갈라서고 있다. 경계 세우기에 대한 누혜의 거부감과 반항 의식은 자살로 이어질 만큼 극단적인 모습을 보인 반면, 동호는 그에 대한 강한 거부감과 반항 의식을 가지고 있으면서도 어떻게 하면 그로 인한 공포와 두려움에서 벗어날 수 있을까 모색하는 이중적인 양태를 보이며 경계의 언저리에 맴돌고 있다. 다음은 그에 대해 고민하고 방황하는 동호의 관념적 의식이 드러난 부분이다.

> 그런 숨바꼭질하기에는 해가 다 저물었다. 수평선을 들어서 옆으로 치우고 탁, 트이게 해야 한다. 그렇지 않으면 아주 담을 쌓아서 막아버려야 한다. 결국 따지고 보면 질펀한 것만이 태연해질 수 있는 오늘 저녁이 아닌가. 내일 아침이 올지 말지 하더라도 끝난 오늘은 끝난 오늘로서 아주 결단을 내버려야 한다. 우선 성실(誠實)하게 살아야 한다. 무엇보다도 성실하게 살아야 한다. 진리를 찾는다고 하여 애매한 『제스츄아』를 부려서는 안된다. 차라리 그 진리를 버려야 한다. 그런 제스츄아 때문에 이 공기가 얼마나 흐려졌는지, 그것을 정확하게 측량해낸다면 우리는 살아 있는 것이 시시해질 것이다.[22]

위의 인용문은 경계와 구분을 초극해버린 누혜의 자살에 대한 서술자 동호의 반성적 인식과 자기 삶의 방향성에 대한 새로운 모색 의지를 보여주고 있다. 다시 말해 여기에는, 누혜의 자살(저기 저쪽을 향한 그리움) 역시 또 다른 경계 세우기가 아닌가, 경계란 따지고 보면 그러한 진리 찾기의 결과가 아니었던가, 만약 어떤 진리가 정말로 분명하고 확실한 보편적 세계 이해일 수 있다면 우리의 삶이란 어떠한 생성이나 창조도 불가능하고, 현실의 구체적인 계기들이란 아무래도 좋은 무용함과 무의미함에 불과한 것이 아니냐는 질문과 반성이 담겨져 있다. '무엇보다도 성실하게 살아야 한다'라는 동호의 반복적 외침은 경계 없음을 향한 누혜의 자살에 대한 맹목적인 동의와 추종이 아니라 불확실하고 불확정적인 기반 위에서나마 자기 삶의 새로운 방향성을 찾아야 한다는 절박한 다짐이자 의지의 표명이다. 누혜는 자살하기 전날 밤 동호에게, 포로가 된 자신을 따라 이남으로 내려왔다는 어머니가 그를 옭아매는 마지막 현실적 경계임을 고백한 바 있다. 비록 어머니도 죽는다는 사실을 깨닫고 자살을 결심했지만, 누혜에게 어머니는 그러한 결단을 내리는 순간까지 그의 뇌리에서 지우기 어려웠던 존재였다. 이런 점에서 동호가 포로수용소에서 나온 뒤 무엇보다도 가장 먼저 누혜의 어머니를 찾아가는 것은, 죽기 전 누혜의 대리인으로서, 누혜를 옭아 맨 마지막 현실적 경계 속으로 들어가는 것이며, 바로 그를 통해 현실의 억압과 폭력으로 인해 그들이 겪었던 상처와 피해 의식을 치유하고자 하는 의지가 반영된 것이라고 할 수 있다. 그들에게 어머니는 그들이 회복해야 할 마지막 그 무엇이었다. 이런 점에서 누혜 어머니를 찾아가는 여정의 의미를 동호는 '하나의 귀향'[23]이라고 스스로 규정하고 있다. 여기에서 동호와 누혜의 존재적 의미와 지향성은 다시 합치되고 있는데, 자신들이 가지고 있는 상처와 피해 의식을 치유하기 위해 그들은 서로의 몸을

---

22) 장용학, 「요한시집」, 『현대문학』, 1955.7, 55~56면.

23) 위의 책, 56면.

빌려 자신들의 고향과 어머니의 품으로 돌아가고 있는 것이다. 이렇듯, 본문의 가장 기본적인 서사 구조가, 현실 속에서 회복해야 할 그 무엇을 향한 '하나의 귀향'이라는 일종의 길찾기 과정으로 이루어졌다는 사실은, 장용학의 「요한시집」이 추상적이고 폐쇄적인 현실 인식으로 인하여 궁극적으로 그것이 역사적 구체성과 현실적 응전력을 상실하고 있다는 기존의 부정적 평가를 다시 한번 재고하도록 한다.

그러면 이제 시간 구조상 이 작품의 마지막 부분이라고 할 수 있는 동호와 누혜 어머니가 만나는 장면을 검토해보자. 누혜 어머니를 통해서 확인하게 되는, 황폐화된 삶의 현실과 생존을 향한 인간의 처참한 모습은 그들로 하여금 엄청난 공포와 전율에 휩싸이게 한다. 중풍에 걸린 누혜 어머니가 고양이가 잡아온 쥐를 잡아먹는 다음 장면은 이 작품의 가장 충격적인 장면이다.

> 아주 죽었는지 쥐에게는 움직임이 없다. 나는 숨을 죽였다. 노파의 손이 그리로 가는 것이었다. 거미처럼 슬그머니 가서, 꾹 잡아 쥔다. 알지 못할 예감에 나의 몸 안에서 피가 그늘로 그늘로 모여든다. 고양이를 보니 그 자리에 앞발을 세우고 장한듯이 앉아서 노파가 하는 일을 구경하고 있다. (…중략…) 아까 그 노파의 눈, 손, 입, 그것은 그 쥐를 먹으려고 하는 눈이고, 손이고, 입술의 꼬물거림이었다![24]

현실 세계(전쟁)의 억압과 폭력으로부터 벗어날 수 있는 마지막 의지처라고 여겼던 고향과 어머니의 모습은 이처럼 처참한 풍경[25]이었다. 그들이 회복하고자 했던 그 무엇은 현실 속에서는 더 이상 회복하기 어려울 만큼 훼손된 상태였으며 이로 인한 두려움과 절망감은 오히려 더욱 심각해지고 있다. 이것은 우선, 전쟁의 폭력성과 그로 인한 삶의 끔

24) 위의 책, 65면.
25) 이것은 동호의 의식과 무의식에 상당한 영향을 미치는 하나의 원초적 장면으로 작용하고 있다.

찍스러운 조건들이 결코 부분적이거나 일시적인 현상이 아니라 전면적이고도 절대적인 파탄이었음을 하나의 충격적인 이미지(피의 얼룩짐)를 통해 고통스럽게 증언하고 있는 것으로 볼 수 있다. 그들에게 남아 있는 것은 아사에 직면한 굶주림과 생존만을 위한 몸부림이었고 이것은 일체의 인간적인 믿음과 희망을 송두리째 뒤흔드는 절망감과 좌절감으로 이어진다. 그러나 여기에는 또한 그러한 절망과 좌절을 넘어서고 극복하고자 하는 강렬한 현실 초극의지가 작동하고 있다는 점 또한 주목해야 할 것이다. 그 매개자는 물론 동호이다. 동호는 누혜 어머니 앞에서 끊임없이 의식의 분열 상태를 겪게 되는데, 누혜 어머니를 자기 어머니로 착각하는가 하면 자기가 동호인지 누혜인지도 헷갈려 하면서 도살장을 부수고 나오는 돼지와 사전에서 해방된 나무의 행렬 등 엉뚱한 환영에 시달리고 있다. 동호가 그러한 의식의 분열과 엉뚱한 환영에 시달리는 이유는 무엇인가. 거기에는 황폐화된 현실로 인한 엄청난 두려움과 절망감뿐만 아니라 어떤 식으로든지 그러한 현실의 억압과 폭력에서 벗어나고자 한 의식의 흐름이 중첩되어 있기 때문이다. 한편으로는 세상과의 화해 가능한 지점에 대한 모색 의지가 작동하고 있고, 다른 한편으로는 현실 속에서 빚어지는 모든 구역과 분노로부터 이탈하고자 하는 초월 의지가 작동하고 있다. 전자가 '어머니! 난 누혜입니다!', '어머니! 우리 문 안에 들어가 살아!'라는 안타까운 절규로 나타나고 있다면, 후자는 마지막 현실적 경계였던 어머니를 자기 손으로 살해하고 마는 극단적인 장면으로 나타나고 있다. 이로 인하여 종잡을 수 없이 좌충우돌하는 불안정한 의식의 흐름은 그것을 일관성있게 조직화하는 안정된 기반을 마련하지 못한 채, 의식의 분열과 엉뚱한 환영으로 이어지고 있는 것이다. 다시 말해 동호의 분열된 의식 속에는 황폐한 현실로 인한 엄청난 좌절과 절망, 그리고 그에 대한 강력한 초월 의지와 새로운 삶에 대한 모색 의지가 복합적으로 교차, 충돌하고 있는 것이다.

그런데 한편, '여기가 아닌 저기'라는 또 다른 지점을 향해 무한하게 이탈하고자 하는 흥분된 내면의 충동을 끊임없이 감시하고 있는 검열의 시선이 작품 속에 투영되어 있어 주목할 만하다. 동호의 행동 일거수일투족을 응시하고 있는 고양이의 눈은 이를 상징한다. 고양이의 눈은 동호의 의식 속에서, 눈 먼 도승에게로, 다시 누혜의 눈으로 대치되고 있다. 앞에서 경계와 구분을 초극하고자 했던 누혜의 존재적 의미는 여기에서 그러한 욕망의 도달점을 감시하고 억압하는 검열관이라는 위치로 미묘한 자리바꿈을 하고 있다. 작품 속에서 그것은 세계(현실)에 유연하게 대처하도록 본능적 욕망을 통제하고 중재하는 자아나, 그러한 자아를 강력하게 지배하고 있는 초자아와 같은 금기와 명령 체계로서의 절대적인 역할[26]을 수행하지는 못한다. 그러나 그럼에도 불구하고 그것은, 욕망의 위험스러운 위반과 탈주를 감시함으로써 양심이나 무의식적 죄의식[27]을 자극하고 잔존케 하고 있다. 이러한 무의식적 죄의식의 자극과 잔존[28]은 장용학의 「요한시집」이 결국 추상적 세계로의 전면적 이탈이나 전후 현실에 대한 즉자적 반영만이 아니라 황폐한 현실을 둘러싼 복합적인 내면 의식의 대립과 갈등을 담고 있음을 다시 한번 확인시켜주는 것이다.

---

26) 지그문트 프로이드, 박찬부 역, 『쾌락원칙을 넘어서』, 열린책들, 1997, 153~157면.
27) 위의 책, 124면.
28) "이마에 식은땀이 배는 것을 느낀다. 그것은 내가 이길 수 없는 싸움이었다. 나는 그의 눈밖에 보지 못하는데 고양이는 내 눈썹까지 보고 있는 것이다. 내가 죄지은 것이 무엇인가? 살아 있다는 것 이외 내가 죄지은 것이 무엇인가……."(장용학, 「요한시집」, 『현대문학』, 1955.7, 80면)

5. 맺음말

지금까지 장용학의 「요한시집」 분석을 통해, 거기에는 끔찍스러운 전쟁체험과 상처의 흔적이 담겨져 있을 뿐만 아니라 더 나아가 새로운 삶의 방향성을 향한 강렬한 모색 의지와 현실 초극 의지가 복합적으로 교차하고 있음을 살펴보았다. 본론에서는 우화와 본문 분석을 따로 하였는데, 이는 우화와 본문을 무리하게 일치시킴으로써 나타나는 오해를 피하기 위한 의도이기도 하였다. 「요한시집」의 토끼 우화는 본문과 밀접한 상관관계를 가지고 있음이 분명하지만, 그것은 본문에 비해서 훨씬 더 많은 것을 이야기하고 있거나 훨씬 더 작은 것을 이야기하고 있다. 장용학 소설의 특징을 전체적으로 우화의 일반적 특질로만 종속 또는 환원시키고 있는 기존의 논의는 작품 전체가 가지고 있는 복합적인 의미망을 자의적으로 단순화시키고 왜곡시키는 측면이 있다. 토끼 우화 자체를 검토해 보았을 때, 그것은 작가의 주관적 자의식에 의한 명백한 해답이 이미 주어져 있는 닫힌 구조를 가지고 있다기보다는 반성적 서술자의 개입에 의한 지속적인 문제의식과 질문이 제기되고 있는 열린 구조를 가지고 있음을 알 수 있었다. 특히 토끼 우화의 후일담 부분은 이데올로기적 환상에 대한 비판적 인식이 담겨져 있다고 할 수 있는데, 거기에서 주의해야 할 점은 그것으로 모든 것이 귀결되고 완결되는 것은 아니라는 점이다. 다시 말해, 일체의 현실은 이데올로기적 환상으로 이루어졌으니 현실적인 모든 것은 허위이고 거짓이라는 또 다른 이분법적인 도식으로 고착화되지 않는다. 토끼의 모험과 죽음을 통해 허상과 실재라는 이분법적인 경계는 이미 허물어졌다. 여기에서 문제는 어떻게 하면 현실을 에워싸고 있는 이데올로기적 환상에서 벗어나 모호하고 불확실한 기반 위에서나마 삶의 새로운 방향성을 모색할 수 있느냐이다. 「요한시집」의 본문은 이러한 고민과 갈등이 더욱 구체적으로 확대된 것이라고 할 수 있다. 동호가 포로수용소에서 나온 뒤 무엇보다도 가장 먼저 누혜 어머니를 찾아가는 것은 어떻게든지 그들이 가진 상처와 피해 의식을 현실 속에서 치유하고자 하는 일종의 길찾기 과정에 해당한다. 그런데 그들이 찾아간 그곳은 현실 속에서는 이제 더 이상 회복하기 어려울 만큼 끔찍스럽게 훼손되고 손상되어 있다. 중풍에 걸린 어머니가 고양이가 잡아온 쥐를 잡아먹는 충격적인 장면은 전쟁의 재앙으로 인한 삶의 파탄 양상이 그만큼 전면적인 것이었음을 압축하여 보여주고 있다. 이로 인하여 인물들의 내면 의식은 어떤 고정되고 안정된 지점을 찾지 못한 채, 의식의 분열과 엉뚱한 환영에 시달리고 있다. 거기에는, 비록 그들의 궁극적인 지향점이 영원히 부재하고 불가능한 것일 수 있지만, 그럼에도 불구하고 '여기 아닌 저기' 어딘가를 향해 끊임없이 찾아 헤매는 불안정한 의식의 지향이 담겨져 있다. 다시 말해 동호의 의식 분열 증세와 극단적인 행동은 처참한 현실에 대한 절망과 좌절뿐만 아니라, 자기 삶의 새로운 방향성을 향한 강렬한 모색 의지 등에서 기인한 것이다. 그것은 어느 한 쪽으로 고착화되지 않는 인물들의 불안정한 내면의 흐름을 보여줄지언정, 현실에 대한 총체적인 부정과 거부 의지로 귀결되지 않는다. 한편으로는 현실의 간섭과 개입을 간과하지 않고, 또 한편으로는 자기 삶의 방향성을 향한 강렬한 모색 의지를 외면하지 않고 있는 그것은 결국, 현실에 대한 절망과 좌절, 그리고 그에 대한 극복의지 등이 복합적으로 충돌하고 있는 일종의 의식 과잉 상태를 보여주는 것이라고 할 수 있다.

참고 문헌

권영민, 『한국 현대문학사』, 민음사, 1993.
김교선, 「심리적 지적 사색과 소설적 형식」, 『현대문학』, 1964.5.
김윤식, 「우화성과 이데올로기 비판」, 『문예중앙』, 1981년 봄.
김인환, 『언어학과 문학』, 고려대 출판부, 1999.
김 현, 「에피메니드의 역설」, 『현대한국문학전집』 4, 신구문화사, 1965.
방민호, 「알레고리적 상상력의 의미」, 『한국소설문학대계』 29, 동아출판사, 1995.
서영채, 「알레고리와 계몽」, 『소설의 운명』, 문학동네, 1996.
송하춘·이남호 편, 『1950년대의 소설가들』, 나남, 1994.
염무웅, 「실존과 자유」, 『현대한국문학전집』 4, 신구문화사, 1965.
이상섭, 『문학비평 용어사전』, 민음사, 1976.
이어령, 「주제와 방법」, 『현대한국문학전집』 4, 신구문화사, 1965.
이선영, 「아웃사이더의 반항」, 『현대문학』, 1966.3.
이재선, 『현대 한국소설사』, 민음사, 1991.
임헌영, 「장용학론—아나키스트의 환가」, 『현대문학』, 1966.3.
장용학, 「실존과 요한시집」, 『한국전후문제작품집』, 신구문화사, 1964.
천이두, 「안테우스의 자유—장용학 「현대의 야」」, 『종합에의 의지』, 일지사, 1974.
최동호 편, 『남북한 현대문학사』, 나남, 1995.
최혜실, 「분단문학으로서 「원형과 전설」」, 『국어국문학』 116호, 1996.
한 기, 「전후소설의 계보학적 고찰」, 『장용학 대표작품 선집』, 책세상, 1995.

게오르그 루카치, 반성완 역, 『소설의 이론』, 심설당, 1985.
슬라보예 지젝, 이수련 역, 『이데올로기라는 숭고한 대상』, 인간사랑, 2002.
조셉 칠더즈·게리 헨치 편, 황종연 역, 『현대문학·문화비평 용어사전』, 문학동네, 1999.
지그문트 프로이드, 김명희 역, 『늑대인간』, 열린책들, 1996
______________, 박찬부 역, 『쾌락원칙을 넘어서』, 열린책들, 1997.
플라톤, 박종현 역, 『국가』, 서광사, 1997.

제3장

해방기 어문운동이 문학에 미친 영향

문인들의 반응을 중심으로

1. 서론

본 연구의 주된 목적은 해방기 어문운동이 구체적인 전개 과정과 이와 관련된 이 시기 문인들의 반응과 문제 의식을 살펴보는 데에 있다. 해방 직후 가장 시급히 해결해야 할 과제 중 하나로 다가온 것은 일제 잔재 청산 문제였다. 일제 식민지 통치 하에 살아야 했던 대부분의 작가들은 스스로가 이 문제로부터 결코 자유로울 수 없었다. 황도 문학 수립의 기치를 내세우고 결성되었던 '조선문인보국회(1943.4.17)'가 있었던 자리에 해방된 바로 다음 날(1946.8.16), 문인들이 모여 치욕스러운 옛 간판을 내리고 '조선문학건설본부'라는 새 간판을 내걸었던 것은 이를 상징적으로 보여주고 있다. 해방 직후 전개된 일련의 자기비판 논의는 이와 밀접한 관련을 맺고 있다. 각종 언론 매체에서는 앞 다투어 유명 작가들을 초빙하여 자기비판 논의를 의제로 좌담회를 개최하였는데, '아서원 좌담회'나 '봉황각 좌담회' 등은 모두 이에 해당한다. 과거의 자기 삶과 문학에 대한 전반적 비판과 새로운 방향 정립이라는 시대적 요구에 대한 응답이 이른바 문인들의 자기비판 논의로 표출되었다고 할 수 있다.

이에 반해 이 시기 어학자들은, 자기비판 논의의 한가운데 있었던 문인들과 비교해 볼 때, 그러한 굴레로부터 비교적 자유로웠다고 할 수 있다. 특히, 일제 말기 '조선어학회 사건'으로 인하여 관련자들이 모두 검거되고 해방된 이후에야 그 주동자들이 감옥에서 풀려났다는 사실은 한편으로는 일제 치하에서의 우리말 연구가 일제에 대한 저항 운동으로서의 성격을 가질 수 있음을 의미하였고, 또다른 한편으로는 해방기 어문운동을 조선어학회가 주도적으로 이끌어 나갈 수 있게 된 결정적 계기로 작용하였다고 할 수 있다. 8・15해방으로 함흥에서 출옥한 이극로, 최현배, 이희승, 정인승[1])을 맞이한 조선어학회는 1945년 8월 20일, 새로운 국어 회복을 위한 당면 방침을 정하고, 8월 25일, 임시 총회에서 간사 6명을 선정함으로써 재건[2])되었다. 그 구체적인 활동 방향은 국어 교원 양성, 국어 교과서 편찬, 『한글』誌의 속간, 국어사전 편찬 등이었다. 민족어로서의 모국어 회복을 둘러싸고 벌어진 이 시기 어문운동은 비단 어학자만들의 문제가 아니라, 이 시기 문인들에게 또한 중요하고 민감한 사안으로 다가왔다. 한 좌담회(봉황각)에서 과거 일제 시대 모국어를 버리고 일본어로 작품 활동을 한 사람들에 대하여 신랄한 비판의 목소리를 감추지 않은 이태준의 발언은 이를 잘 보여주고 있다. 민족어로서의 모국어 회복 문제는 당시의 지식인 대부분이 별다른 이견 없이 동의했던 바라고 할 수 있다. 다만, 그 구체적인 사안에 대해서는 의견이 엇갈렸는데, 이에 대한 검토를 통해 이 시기 어문운동에 대한 문인들의 반응과 문제의식을 살펴보고자 한다.

---

1) "1944년 9월 30일 함흥지방법원 판결문과 1945년 8월 13일자 조선총독부 고등법원의 판결문에 따르면, 이극로 6년, 최현배 4년, 이희승 3년 6개월, 정인승 2년 등" 실형 선고가 내려진다. 임중빈, 「조선어학회 사건의 실상」, 『10월의 문화 인물』 10호, 국립국어연구원, 1994.

2) 당시 간사장은 이극로였고, 간사는 최현배(경리), 김병제(서무), 이희승(교양), 정인승(출판), 김윤경(도서)이었다. 김윤경, 「조선어학회 수난기」, 『한글』 속간호, 1946.4 참조.

2. 본론

1) 해방기 어문운동의 전개 과정

(1) 민족어로서의 모국어 회복 운동 - 국어의 제도화와 규범화

개항 이후 19세기 말 언문일치운동의 연장선 위에서 전개된 일제 시대 어문운동의 특징적 면모는 식민지적 근대와 민족주의적 근대가 혼재된 이중적 성격을 지니고 있다는 점이다. 그것은 한편으로는 조선어에 대한 일제의 국책('언문 철자법')에 순응하는 성격을 지녔는가 하면, 또 다른 한편으로는 일제의 국책('민족어 말살 정책')에 저항하는 성격을 지니기도 했기 때문이다. 이러한 관점은 일제 시대 어문운동이 거둔 성과와 업적을 부정하거나 폄하하기 위한 것이라기보다는 일제에 의해 강탈된 이 땅의 역사가 감내할 수밖에 없었던 역사적 질곡에 대한 좀더 냉정하고 객관적인 이해와 접근을 위한 것이다. 일제 식민지 치하에서의 정상적 활동 영역들은 대부분 식민지적 근대로서의 성격을 완전히 벗어나기란 사실상 불가능하였다고 할 수 있을 것이다. 이러한 상황에서, 비록 타력에 의한 것일지언정, 일제의 식민 지배로부터의 해방은 이른바 '민족 담론'과 관련하여 새로운 전환점이 되었다. 식민지적 근대에 대한 전면적 비판과 민족주의적 근대에 대한 절대적 옹호가 해방 직후 담론적 상황의 중심을 이루었고, 그러한 담론적 상황은 새로운 정체(政體)를 수립해야 한다는 시대적 과제와 맞물리면서 이 시기 거의 모든 논의(친일 잔재 청산, 외세 의존 배격, 봉건 잔재 청산 등)를 지배하였다. 이 때, 민족어로서의 모국어 회복을 기치로 내세운 조선어학회의 재건(1945.8.25)은 해방기의 역사적 상황 속에서 그 시대적 요구에 적극 부응하는 것이었다. 해방 직후 출옥한 이극로 등을 중심으로 재결성된 조선어학회는 국어

강습회를 개최(1945.9)하여 국어 강사를 양성하였는가 하면, 곧이어 미군정청의 지원을 받아 국어 교과서를 편찬(1945.11)하였고, 일제 시대의 원고를 찾아 『조선말큰사전』[3] 제1권을 간행(1947.10)하기도 하였다.

민족 국가 수립이라는 당시 역사적 과제 앞에서 조선어학회를 중심으로 전개된 '민족어로서의 모국어 회복 운동'은 좌우익의 정치 이념적 대립을 떠나 찬·반 이론의 여지가 있기 어려운 것이었다. 모국어 상실 위기로까지 치달았던 식민지 경험은 민족의 운명과 언어의 운명을 동일시하는 결정적 계기가 되기에 충분했다. 훼손된 모국어의 회복을 통해 민족 정신을 보존할 수 있고 민족 국가의 기반을 확립할 수 있다는 믿음은 자연스럽고 당연한 것으로 여겨졌다. 1940년을 전후하여 감행된 일제의 민족어 말살 정책(일어상용, 창씨개명 등)으로 인하여 1945년 일어 보급률은 27%로 추산되기에 이르렀다[4]고 한다. 해방 직후 한글 문맹자가 전체 인구(12세 이상)의 78%에 달했다는 기록[5]을 염두에 두면, 식민지 시대를 거치면서 우리말에 침투된 일본어의 영향력이 어느 정도였을지 짐작이 간다. 해방된 지 3년이 지난 시점에서 씌어진, 한 일간지의 다음과 같은 사설은 일상적 언어 생활에서 일본어가 여전히 상당한 위세를 떨치고 있으며, 이에 대한 당시 지식인들의 비판적 목소리 또한 강했음을 잘 보여주고 있다.

> "서울 거리에서도 특히 20전후의 아가씨들이 가다가 '아라 이야다', '짓싸이' 따위 왜말 쓰는 것은 불쾌하기 짝이 없고, 상점에서 일제 때 왜놈 레코드로 심지어 '나니와부시'까지 거리가 좁다 하고 울려나오는가 보면, 레코드 음악 방송 중에서도 가끔 왜놈이 지은 '짜쯔' 소리가 흘러 나온다. 그보다도 놀랠 만한 것은 앞서, 모 기자단이 지방의 '조선 경비대'를 시찰했더니, 대원들이 '요까렌

3) 조선어학회의 『조선말큰사전』은 1947년 10월에 제1권이, 1949년 5월에 제2권이 출간되었고, 제3권은 1950년 6월에 『큰사전』으로 이름이 바뀌어 출간되었다. 전쟁으로 나머지 부분의 출간이 늦어지다가 1957년 6월에 총 6권이 완간(164,125 표제어 수록)되었다.

4) 김민수, 『신국어학사』(全訂版), 일조각, 1990, 245면.

5) 한국교육십년사 간행회, 『한국교육십년사』, 풍문사, 1960, 110면.

노……' 하는 왜놈 군가의 곡조를 고대로 따온 군가를 천연스레 부르더라고 ―소위 유행가나 악극단 노릇하는 극단들 속에도 이미 썩어빠진 왜놈 냄새가 풍긴다. 가뜩이나 왜국 물건의 시장화된 꼴을 저주하는 판에 일부 상인들이 일제 때 왜놈 상표를 붙여서까지 물건을 속여 파는 심사는 야속한 일이다. 그 정신과 정서를 표현하는 길이 '말과 소리'라면, 이러틋 왜색 잔재 역연한 거리의 현상은 정신적으로 아직 왜놈이 손아구에 잡혀 있는 겨레가 남아 있다는 것을 말함이니 식자들의 개탄도 무리가 아니다."[6)]

이희승은 「일상 용어에 있어서의 일본적 잔재」[7)]에서 일어 혼용, 일본 유행가의 범람, 이상·김상의 상의 칭호, 창씨명의 미청산, 일본식 땅 이름 그대로 쓰기, 전화번호 일본말로 부르기, 관공서 공문의 일본식 투, 두쟁(斗爭)과 만재(萬才) 같은 일본식 잘못 쓰기 등 일상 생활에 만연해 있는 일본어 잔재의 실태를 상세히 나열하고, 언어 사용에 대한 주체적 의식과 자각을 촉구하였다. 일제 말기 일제가 일어 상용과 창씨개명 등을 통해 피지배 민족에게 강압적으로 일본 정신(大和魂)을 주입시키려 하는 등 전방위적으로 황국신민화 정책을 펼쳤던 만큼, 여기 저기 남아 있는 일본어의 흔적을 없애고 우리말의 회복을 촉구한 것은 과거 식민 지배 시대의 타율적 억압과 속박으로부터 벗어나 주체적인 민족 정신을 바로 세우고자 한 시대적 열망의 소산이라고 볼 수 있을 것이다. 이 때 언어와 문화, 민족의 관계는 서로 떼려야 뗄 수 없는 불가분의 것으로 간주되었음은 물론이다.

미 군정청에서 발행한 『우리말 도로 찾기』[8)]라는 책자는 당시 '민족어로서의 모국어 회복 운동'이 민간 차원에서뿐만 아니라 정부의 정책적 차원에서 또한 적극적으로 실행되었음을 보여주고 있다. '우리가 지난 삼십 륙 년동안, 포악한 왜정 밑에서, 얄궂은 민족 동화 정책에 얽눌

---

6) 「사설―倭色의 殘滓는 아직도 남아 있다―民族的 反省 痛感」, 『조선일보』, 1948. 8.15.

7) 이희승, 「일상 용어에 있어서의 일본적 잔재」, 『신천지』 2권 5호, 1947.6.

8) 문교부, 『우리말 도로 찾기』, 조선교학도서주식회사, 1948.6.

리어, 우리가 지녔던, 오천 년 쌓아 온 문화의 빛난 자취는, 점점 벗어지고 까다롭고 지저분한 왜국 풍속에, 물들인 바 많아, 거의, 본래의 모습을 잃게 되었으니, 더욱 말과 글에 있어 심하였다'로 시작하는 이 책자의 머리말은 '일본말을 국어로 쓰게 된 과거의 굴복적 퇴보'로부터 벗어나기 위해서는 '한시바삐 왜말을 씻어버리고 우리말을 살려야 할 것'이라고 하여 일본어 잔재 청산과 모국어 회복 운동의 역사적 당위성을 역설하고 있다. 본문 36페이지로 이루어진 『우리말 도로 찾기』는 일본말을 표제어(총 943단어)로 '가나'의 오십음 순서대로 먼저 적고, 그 말 대신으로 쓸 만한 우리말을 대조시켜 놓았는데, 조선교학도서가 광복 기념으로 60만 부를 만들어 미 군정청 문교부에 무상으로 헌납했으며, 조선어학회의 순회 강연 및 순회 강습회의 교재가 되었다[9]고 한다. 여기에서 우리는 당시 조선어학회의 활동과 미 군정기 어문정책 사이의 긴밀한 상응관계를 엿볼 수 있는데, 이들의 협력적 공조 관계는 미 군정 초기부터 시작된다. 1945년 9월 8일 인천에 상륙하여 다음 날 서울에 들어와(1945.9.9) 조선총독 아베 노부유키로부터 정식 항복 서명을 받음으로써 시작된 미군정은 조선총독부의 행정기구를 접수하여 그대로 개편 운영하였다. 이 때, 교육부문 담당관이었던 Earl N. 락카아드 대위는 학무국장이 되었고, 학무국 편수과정과 편수관에는 조선어학회의 핵심 인사라고 할 수 있는 최현배와 장지영 · 이병기가 임명되었다. 여기에는 일본어로 된 교과서를 더 이상 사용할 수 없게 된 당시 상황에서 조선어학회가 한글로 된 새로운 국어 교과서를 편찬하기로 결의(1945.8.25)하고 교재 편찬 작업을 이미 진행하고 있었다는 점이 중요하게 반영되었다고 볼 수 있을 것이다. 조선어학회는 자체적으로 편찬한 국어 교과서를 편찬이 완료되는대로 미 군정 당국에 헌납하고, 발행권을 넘겨 받은 미군정은 이를 곧바로 출판하여 전국 초 · 중고등학교에 무상으로 배부하였는데, 이는 미 군정기 전반에 걸친 어문 정책 결정 과정에 조선어

9) 허만길, 『한국현대국어정책 연구』, 국학자료원, 1994, 40면.

학회가 주도적으로 참여할 수 있었던 중요한 배경이 되었다. 결국, 우리말에 침투한 일본어의 잔재를 청산하고 민족어로서의 순수한 모습을 되찾기 위해 조선어학회를 중심으로 전개된 '모국어 회복 운동'은 정부 차원의 어문 정책에 그대로 반영됨으로써 이때부터 우리말과 글은 국어로서의 지위와 위상을 부여받고[10] 본격적으로 규범화·제도화되기 시작했다고 할 수 있다.

이 때, 특기할 만한 점은 우리말과 글을 규범화하고 제도화하는 과정에서 이 시기 어문운동의 중요한 초점과 방향이 '한글'이라는 문자의 문제로 집중되었다는 점이다. 이렇게 된 데에는 한글이 우리의 고유한 글자라는 사실 때문에 민족어로서의 대표적 상징성을 가지고 있었다는 이유와 함께, 입말에 비해 글말이 제도적이고 규범적인 성격이 강한 탓에 조직적이고 대중적인 계몽 운동을 펼치기에 글말을 통한 사업이 더욱 효과적이고 용이하다는 점 때문이기도 할 것이다. '한글'이라는 우리만의 글자를 가졌다는 사실은 '한글'이 곧 우리말이라는 인식으로 이어졌고, 해방 직후 한글 문맹률이 78%에 이르렀다는 사실은 무엇보다도 한글 보급의 필요성을 절감하게 만들었다. 해방 직후 재결성된 조선어학회가 펼친 사업 중 그 첫 번째에 해당한 것이 한글 강습회를 통한 교사 양성과 한글 보급이었고, 군정 당국에서 또한 수시로 직장 내에 한글 강습회를 개최하고 전국 곳곳에 국문 강습소를 두어, 공무원과 교원, 일반 국민들에게 적극적으로 한글 교육을 실시하였다. 그 결과, 해방 당시 78%였던 문맹률이 남한단독정부 수립 당시 42%로 줄었다.[11] 조선어학회, 한글문화보급회, 미 군정 당국이 주도해 나간 한글보급운동은 이

10) 1894년 고종은 칙령(法律勅令 總以國文爲本 漢文附譯 或混用國漢文)을 통해 한글을 국가 공문서의 표준으로 선포하였지만, 이후의 상황은 그 선언적 의미를 무색하게 만들었다. 그것은 표면적으로 중국의 지배로부터 벗어나 대내외적으로 자주적 독립 국가임을 천명하고자 한 것이었지만, 실제적 결과는 일본에의 전면적 예속으로 귀결되고 말았기 때문이다. 이런 점에서, 일제의 식민 지배로부터 벗어난 8·15해방은 우리 말과 글이 국어로서의 지위와 위상을 차지하게 된 본격적인 출발점이 되었다고 할 수 있다.

11) 한국교육십년사 간행회, 『한국교육십년사』, 풍문사, 1960, 110면.

시기 어문운동 중 가장 구체적이고도 실질적인 성과를 낸 부문이라고 할 수 있을 것이다.

(2) 한자 폐지론의 전개 과정 - 근대 지향과 자주 지향

계몽적이고 대중적인 성격이 강했던 '민족어로서의 모국어 회복 운동'과 '한글보급운동'이 군정 당국과의 긴밀한 협조 관계 속에서 별 다른 저항 없이 순조롭게 진행되었던 반면, 이 시기 어문운동에서 가장 큰 논란에 휩싸이게 된 것은 한자 폐지를 둘러싼 한글 전용 문제였다. 새로운 교육 이념과 체제를 마련하기 위하여 1945년 11월 23일 발족한 조선교육심의회는 제9분과위원회[12]의 토의와 결의에 따라 동년 12월 8일, 교과서에서 한자를 폐지하기로 결정[13]하였다. 이는 일차적으로는 초·중등 교육에 제한된 한글 전용 방침이었지만, 최초로 한글 전용을 공식화한 것으로, 향후 전개될 문자생활의 기본적 방향을 제시했을 뿐만 아니라 그것이 정부의 정책적 차원에서부터 즉각적으로 실행될 것을 예시했다는 점에서 많은 논란을 일으켰다. 먼저, 조선교육심의회 제9분과위원회 위원으로 직접 참여했던 조윤제의 반발을 들 수 있다. 그는 국어에서의 한자 폐지를 일종의 국어 혁명으로 간주[14]하고, 그만큼의 중대성을 가진 문제가 충분한 토의와 협의를 거친 후에 신중하게 결정된 것인가 하고 우선적으로 반문했다. 그는 국어의 오랜 전통을 도외시한 한자 폐지는 결국 민족의 문화를 파괴하는 것은 될지언정 건설은 될 수 없다는 입장을 견지하면서, 정부의 교육 정책이 사회의 언어적 현실

12) 교과서 부문을 담당한 제9분과 위원회의 위원은 최현배·장지영·조진만·조윤제·피천득·황신덕으로 총 6명이었다. 이응호, 『미 군정기의 한글운동사』, 성청사, 1974, 313면.

13) 문교부, 「머리말」, 『한자 안쓰기의 이론』, 조선교학도서주식회사, 1948, 1~2면.

14) 홍기문 역시 당시의 한자 폐지 결정을 일종의 쿠데타에 비유한 바 있는데, '몬저 변할 만한 諸般의 基礎工作이 必要한 것이다. 一朝一夕의 쿠데타로써 그것을 實行될 수도 업슬 뿐만 아니라 그러한 實行은 오히려 追後의 反動을 이리킬 憂慮만이 두텁다'고 하였다. 홍기문, 「국어의 당면 문제」, 『서울신문』, 1947.1.4~5.

과 유리된 채 단독 실행됨으로써 오히려 초등학교에서는 '신문은 고사하고 내 집 남의 집 주소 번지 하나 읽지 못하는'[15] 문맹 국민만이 양성되고 있다고 강하게 비판했다. 결국 그의 비판은 이 시기 교과서에서의 한자 폐지 결정이 국어의 전통과 언어적 현실에 대한 충분한 고려와 준비없이 정책 입안자들에 의하여 무모하고 성급하게 결정되었다는 점으로 모아진다고 할 수 있다. 이에 대하여 한자 폐지론자들의 입장은 강경하고 단호했다. 조선어학회의 기관지 『한글』에는 곧이어 조윤제의 글을 반박하는 두 편의 글[16]이 연속으로 실렸다. 다음은 '趙潤濟 教授의 盲論을 一蹴함'이라는 부제가 붙은 이정학의 「국어교육의 당면 문제」 서두의 일부이다.

> 漢字 廢止란 어제 오늘에 생긴 말이 아니다. 그 可否에 관한 理論은 이미 語學界와 漢學界를 網羅한 權威者 사이에 充分한 討論이 있었고 이제는 異口同聲으로 廢止論에 贊同을 가져온 것이니 오직 問題는 廢止의 方法으로는 早急을 피하여 漸進的으로 나가는 技術 問題뿐이다. 이 數十 年 間의 苦悶과 研究의 結果로서 나타난 斯界 權威의 主張은 실로 國家 百年 大計를 위함이요 또한 새로운 朝鮮의 文化 發展을 위함에 있는 것이니 眞實로 朝鮮의 將來를 사랑하는 사람이라면 敢히 貧弱한 數旬의 研究로써 漢字 廢止의 時代的 潮流에 反逆할 수는 없을 것이다. 이미 是非의 時期는 지났고 이제는 實踐의 時期니 어찌 理論을 위한 理論을 세워 이 國家的 運動에 固執과 混亂을 招來함이 賢明한 文化人의 態度라 할 것이랴.[17]

한자 폐지 결정 과정에서의 비민주성과 그 준비 부족을 지적한 조윤

15) 조윤제, 「국어 교육에 있어서의 한자 문제」, 『조선교육』 1권 2호, 1947.6, 69면. 이 글은 같은 시기 발간된 『국어 교육의 당면 문제』(문화당, 1947.6.30)라는 단행본 제3편 1장(한자 문제)에 그대로 수록되어 있으며, 다음 해 『백민』 4권 2호(1948.3)에 '漢字廢止論을 駁함'이라는 제목으로 바뀌어 재게재되었다.

16) 이정학, 「국어교육의 당면 문제-조윤제 교수의 맹론을 일축함」, 『한글』 통권 102호, 1947.10; 윤곤강, 「나랏말의 새 일거리-문학자로서 본」, 『한글』 통권 103호, 1948.2.

17) 이정학, 앞의 글, 27면.

제의 『국어 교육의 당면 문제』(문화당, 1947.6)에 대하여 깊은 실망과 유감을 표명하는 것으로 시작한 이정학의 글은 문교 당국의 방침이 학계의 여러 의견을 충분히 수렴함으로써 이루어졌음을 강조함으로써 준비와 통의의 절대적 부족을 지적한 조윤제의 비판을 일축하고, 한자 폐지를 둘러싼 시비는 시대적 조류에 반역하는 것일 뿐만 아니라 이미 결정된 국가 정책에 혼란만을 부추기는 것으로 몰아세우고 있다. 신문, 잡지를 포함한 일상적 언어 생활에서 상당한 부분을 차지하고 있는 한자 문제에 대하여서는 '8 · 15 이후 이 한자 폐지의 시대적 여론은 적어도 제한 또는 한자가 어느 정도 감소되어 가고 있다는 뚜렷한 현실을 우리에게 제시하여 주고 있다'고 강변하는 한편 백성을 우매하게 하고 과학 생활을 파괴하였던 한자의 폐해를 다시 한 번 환기시킴으로써 '새로운 민주국가 건설의 기초 수립을 위하여서는 이 운동을 더욱 맹성 각성하여 국민적 자각 하에 강력히 추진시켜야 할 책임을 통감한다'고 역설하고 있다. 하지만 당시 한자 폐지 여론과는 별도로, 일반 신문과 잡지 등에서의 한자 사용이 실제적으로 줄어들었다는 분명한 징후를 찾아보기는 어렵다. 또 한자의 문제점과 폐해를 지적하고 있는 부분은 조윤제 역시 일정 부분 공감을 표명했던 바인데, 이를 근거로 국민들의 각성과 자각만을 촉구한 것은 일상적 언어 현실과 초 · 중등 교육과의 간극과 괴리를 어떻게 할 것인가라는 조윤제의 비판에 만족할 만한 해명을 제시하고 있는 것으로 보기는 어렵다. 전통 문화에 대한 이해 문제에 대해서는 어렵고 난해한 한자로 이루어진 서적들을 쉬운 한글로 번역함으로써 오히려 전통에 대한 대중적 이해의 확대를 도모할 수 있으며 그것은 한자 폐지의 중요한 이유 중 하나가 될지언정 한자 폐지 반대론의 이유가 될 수는 없다고 반박했다. 하지만 이 또한 당시 한글 번역의 역량과 수준, 그리고 번역 자체가 가지고 있는 한계 등을 감안하면 지극히 단순하고 편의적인 반론에 그치고 있다는 느낌을 지울 수 없다. 『한글』지 다음호에 실린 윤곤강의 「나랏말의 새 일거리」는 한자 폐지 반대론에 대한 새로운 비판을 보여주고 있다기보다는 한자 폐지 반대론자들에 대한 감정적 비난[18]으로서의 성격이 더욱 강해지고 있다.

미 군정청 문교부에서 발행한 「한자 안쓰기의 이론」(조선교학도서주식회사, 1948)은 한자 폐지 반대론에 대하여 정부차원에서 조직적으로 대응하였음을 보여주고 있다. 이는 최현배의 『글자의 혁명』(문교부, 1947.5)을 그대로 축약한 것으로 당시 한자 폐지론의 이론적 토대를 제공했다고 할 수 있다. 한자 사용 폐지론의 근거로 7가지 항목[19]을 제시한 뒤, 한자 폐지 반대론에 대한 반론과 한자 사용 폐지의 방법을 밝히고 있는 그것은 언어 도구론적 관점('말과 글은 생활의 무기이요 문화의 연장이다')과 진화론적 관점('한자 폐지는 세계사적 필연성이다')을 토대로 글자 혁명의 당위성과 필연성을 역설하고 있다. 여기에서 한자를 포함한 지난 시대의 교육과 문화는 타파되고 폐기되어야 할 대상으로 철저하게 부정되고 있으며 그것에 대응하여 절대적 긍정의 대상으로 설정되어 있는 것은 효율성과 실용성에 바탕을 둔 과학 기술 문명이다. "小學校에서 漢字를 가르치기에 時間을 허비하고서 科學을 가르치지 못하였다. 國民 一般이 科學的 知識 技能이 不足한 때문에 國家 總力 戰爭에 지고 말았다. 그러므로 今後 日本이 다시 살아 나려면, 모름지기 漢字를 全廢하고 Roma字를 쓰기로 하여야 한다"라고 한 일본의 한 국립대학 총장(眞島 利行)의 발언을 인용하여, 이를 '最善의 良心的 反省이요, 悲痛한 斷案이니 확실히 우리의 거울이 될 만한 말'[20]이라고 한 부분은 그의 언

18) "더욱이 묘한 것은 대개 그들은 지나간 왜놈의 세상 때, 돈냥이나 있어 순조롭게 행세를 할 수 있던 크라스(class)의 자제들로 해방이 된 오늘날에도 오히려 학벌의 허울이나 믿고 있는 털어놓고 보면 먼지만 쏟아지는 따위의 사람들 속에 더욱 많음을 보거니와, 이들이야말로 예수교의 풀이말을 빌어 말한다면 '구할 수 없는 영혼들'이라 아니 말할 수 없는 노릇이다." 윤곤강, 「나랏말의 새 일거리」, 『한글』 통권 103호, 1948.2, 47면.

19) ① 국민의 정력과 시간의 허비 ② 과학기술의 생활능력의 교육을 위하여 ③ 한자는 인쇄에 너무 불편불리하다. ④ 대중문화, 민주국가의 건설을 위하여 ⑤ 우리말의 정당한 또 자연스런 발달을 일우기 위하여 ⑥ 문자사적 계단으로 보아 한자의 폐지는 형세이다. ⑦ 한글의 발달사적 계단으로 보아, 한글이 우리의 새 문화의 표현기관으로 충족하게 되었다.

어관과 교육관이 어디에 근거하고 있으며 그 지향하고 있는 바가 무엇인지를 잘 보여주고 있다. 여기에서 한글의 우수성을 주장할 수 있는 이유 또한 그것이 단순히 우리의 글자(순수성, 고유성)이기 때문이라기보다는 다른 어느 나라의 글자보다도 과학적으로 이루어진 글자(과학성, 합리성)라는 점 때문이라는 점이 강조되고 있으며, 이러한 관점에 서 있었기 때문에 과거 한글의 원래 형태나 모습에 굳이 매달리거나 집착하지 않고 '가로쓰기'와 '풀어쓰기'와 같은 한글 자체의 과감한 혁신에 대한 주장도 가능했다고 할 수 있다. 이런 점에서 그와 같은 한자 폐지론은, 당시 반대론자들이 흔히 비판했듯이, 우리의 것만을 고집하는 폐쇄적 국수주의자 혹은 순수주의자의 것이라기보다는 실생활에서의 편리와 유용성을 무엇보다도 중시하는 실용적 근대주의자 혹은 급진적 개혁주의자의 것으로 보는 것[21]이 더욱 타당해 보인다. 한글을 창제한 세종대왕의 위대성과 한글의 민족적 고유성에 대한 강조는 당시의 시대적 분위기 속에서 그 명분론적인 정당성을 얻기에 유리했기 때문에 좀 더 강하게 앞세워진 것이라고 볼 수 있다.

UN의 지지 아래 1948년 5월 10일 남한만의 총선거가 실시된 뒤, 그 결과 구성된 제헌 국회가 최초의 헌법을 제정 · 공포(1948.7.17)하고 곧이어 이승만을 초대 대통령으로 선출(1948.7.20)함으로써 1948년 8월 15일 대한민국 정부가 출범했다. 이 과정에서 조선어학회를 비롯한 사회의 대중적 여론에 힘을 입어 대한민국 헌법은 한글과 국한문, 두 개의 정본으로 작성되었으며 그해 10월 9일 정부는 법률 제6호로 '한글전용법'[22]을 공

20) 문교부, 『한자 안쓰기의 이론』, 조선교학도서주식회사, 1948, 9~10면.

21) 이와 관련하여 황선영은 '한글 전용론자들의 언어에 대한 관심은 민족에 대한 열정으로부터 출발한 것이었지만, 그것이 결코 왕권 복권과 같은 과거 회귀의 경향을 갖지 않았던 것 역시 분명하다. 오히려 한글 전용론자들에게서는 민족개조론을 주장했던 이광수에 비견될 만한 과거 부정의 경향조차 발견할 수 있다'라고 하면서 한글 전용 논쟁을 국수주의와 사대사상의 대립이라는 틀로만 이해하는 태도의 문제점을 지적한 바 있다. 황선영, 「탈식민지화 과정에서의 언어적 민족주의에 대한 연구」, 연세대 석사논문, 1998, 68~69면.

포하였다. 이에 주도적 역할을 했던 조선어학회가 국회에 제출(1948.7.24)한 '한글 전용법 제정 건의문'을 보면 처음부터 끝까지 일관되게 강조하고 있는 것은 '민족적 자주 정신'이다. 여기에서 과거 약 천여 년 동안의 문화란, 남의 문화, 남의 정신, 남의 버릇, 남의 장단에 춤을 춘 것뿐으로 철저히 부정되고 있으며, 이를 버리지 않는다면 '만대의 자손에게 노예의 굴레를 정하여 주는 민족적 반역대죄를 면할 길이 영원히 없을 것'[23]이라고 경고하고 있다. 과거의 문화란 곧 한자로 이루어진 문화를 의미하며, '민족적 반역 대죄'라는 경고는 한자 폐지 반대론자들을 염두에 둔 것이라고 할 수 있다. 이 때 한자는 민족적 자주 정신을 훼손한 외래의 산물일 뿐이며, 시급히 청산되고 타파되어야 할 적대적 존재로 의심의 여지 없이 전제되고 있는 셈이다. 이는 한글과 한자의 관계를 자주와 외세의 상징적 이념 대립 구도 속에 그대로 일치시킴으로써 시급한 한자 청산만이 민족적 자주 정신을 바로 세울 수 있는 유일한 길임을 강조하고 있다. 하지만 당시의 사회적 여론, 특히 지식층에서의 여론이 그에 대해 절대적 지지와 동의만을 표명했던 것은 아닌 듯 하다. 그 다음 해에 신문지상을 통해 현상윤에게 보낸 최현배의 공개 편지는 그러한 분위기를 우회적으로 보여주고 있다.

> 오늘날 우리 사회에서 지도자적 지휘를 가진 사람의 대다수가 고루한 한학(漢學)의 구식 교육에 젖은 이가 아니면 비뚜러진 일제 교육에 물든 이가 많음은 슬픈 부자연의 자연인 사실이다. 그리하여 오늘날 교육계의 지도자 중에도 왕왕이 교육 그것에 대하여 전연 몰리해한 사람이 있음을 보게 되니 아무리 임시적 사정의 소치라 할지라도 이를 그대로 간과할 수는 없다. 만약 이를 그대로 간과하고 보면 민주 국가의 건설 자유 교육의 창설에 만 년의 유한을 끼치게 될 염려가 없지 아니하기로 바쁨을 불고하고 이 짧은 공개의 편지를 쓰노니 이는

22) 1948년 10월 1일 재석 의원 131명 중 86대 22로 통과된 한글 전용법은 다음과 같다. "대한민국의 공용 문서는 한글로 쓴다. 다만, 얼마 동안 필요한 때에는 한자를 병용할 수 있다."(한글학회 50돌 기념사업회, 『한글학회 50년사』, 한글학회, 1971, 423면)

23) 위의 책, 421면.

> 결코 어떤 개인을 침에 그 본의가 있지 아니하고 다만 교육의 근본 뜻을 밝히어써 새교육 건설에 도움이 되고자 함임 따름이다.[24]

여기에서 그는 한자 폐지를 반대하는 당시 교육계 지도층에 대해 강한 유감을 표명하는 한편, 자신의 공개 편지가 교육의 근본 뜻과 새 교육 건설의 방향을 명확히 정립하고자 한 것이라고 밝히고 있다. 하지만 그것이 이성적이고 합리적인 논의와 논쟁으로 이끌고 있다기보다는 당사자 개인의 과거 발언(한글 폄하 발언)과 행적(이윤재의 파직)에 대한 인신공격적 비난을 중심으로 전개됨에 따라 상대로부터 비열하고 악랄하다[25]는 평을 듣기도 한다. 그러한 비판과 공격이 충분히 예상됨에도 불구하고 당시 가장 대표적 일간지라고 할 수 있는 『서울신문』을 통해 공개적으로 시비를 걸었던 것은 정부 수립 이후 별다른 진전을 보이지 않는 한글 전용에 대한 사회적 여론을 다시 한 번 환기시키기 위한 전략적인 측면으로서의 성격이 강하고, 그 무렵 국회와 정부에서의 한자 사용을 위한 법 제정 움직임과 무관하지 않은 것으로 보인다. 1949년 11월 5일 국회에서는 25명의 긴급 결의안으로 '한자 사용 건의안'이 발의되었고 1950년 5월 국무회의에서도 이에 대한 토의 결과 '한자 섞어 쓰기' 주장이 채택되어, 관공서 공용 문서에서의 한글 전용 운동은 중단되기에 이르렀다.[26] 조선어학회에서 한글 전용 실천에 적극 대응할 민간 단체로 한글전용촉진회를 따로 결성(1949.6.12)한 이유 역시, 한글 전용법이 발표된 지 1년이 넘도록, 유기적 활동이 되지 않은 데 있음[27]을

---

24) 최현배, 「교육이란 무엇?－현상윤님에의 공개 편지 上」, 『서울신문』, 1949.8.2.

25) "故 桓山 李允宰氏의 在世時의 일을 이렇다 저렇다 말한 것은 이것은 誤解라는 것보다 ○○이오 또 이런 말을 先生이 하는 것은 말하는 先生의 心思가 陰險하다는 것보다도 그 程度를 넘어 卑劣하며 惡辣하다고 말할 수 있는 것이니 이것은 대개 나와 故人의 사이를 離間코자 하는 때문입니다."(현상윤, 「한자제한론의－최현배씨에게 답함」, 『서울신문』, 1949.8.11)

26) "각의에 따라 한자를 섞어 쓰기로 하라."(한글학회 50돌 기념 사업회, 앞의 책, 427면)

27) 위의 책, 424면.

『한글학회 50년사』는 밝히고 있다. 이는 한자를 국어에 정면으로 대립되는 적대적 대상으로만 간단히 치부해 버리기에는 그 영향력과 지배력이 지난 과거뿐만 아니라 당시의 현재적 시점에 이르기까지 만만치 않았음을 반증하는 것이라고 할 수 있다. 그럼에도 불구하고 당시 한자 폐지론자들은 논의의 초점을 한글과 한자의 실제적 관계가 자주 대 외세(봉건, 사대)를 표상하는 이념적 대립 구도에 있다는 점에 집중하여 명분론적 정당성을 획득하고자 하였다. 이에 반해 한자 폐지 반대론자들은 한자 또는 한자어를 국어에서 완전히 제외시키는 것이 현실적으로 가능한가라는 문제와 그것이 우리말과 글, 그리고 문화의 발전에 궁극적으로 바람직한 것인가라는 문제를 지속적으로 제기함으로써 급진적 한자 폐지 주장에 강한 회의와 의심을 표명했다. 그들(한자 폐지 반대론자)에게 중요했던 것은 자주 대 외세(봉건, 사대)의 표상으로서의 문제라기보다는 언어적 현실과 문화적 전통의 문제였다고 할 수 있다.

2) 언론의 관심과 문인들의 반응

(1) 여론 조사 및 신문 사설

교과서에서의 한자 폐지론이 공표(1945.12.8)된 뒤 여론이 분분해지자 미 군정청 학무국은 일반 시민을 대상으로 여론 조사를 실시하였는데, 이와 관련된 기사는 다음과 같다.

> 漢字 廢止를 一般은 贊成-社會課에서 輿論調査 發表 : 한자(漢字) 폐지의 여론이 분분함으로 군정청 사회과에서는 구랍二십二일부터 一주일간 종로거리를 중심으로 통행인을 상대로 여부를 조사하여 보앗다한다. 조사인원은 일반시민 一천三백八십四명과 교육자 四백 三십八명 도합一천八백二십二명인데 이중 한자폐지를 하자는말을 들엇다는 사람이 시민중에 一천七십八명인데그중

교육자가四백三십四명으로거위다알고잇는 모양인데 찬성하는시민은 五백四십九명이고 교육자 二백四십六명으로 반수 이상이찬성을 표시하엿다한다.[28)]

이에 대하여 이응호는 당시 한자 폐지론에 대한 찬성 여론이 일반인의 경우 88.2%(549명 / 644명)였고 교육자의 경우 56.7%(246명 / 434명)[29)]였던 것으로 분석한 바 있다. 하지만 그러한 비율은 위 기사에서 전체 조사 인원과 일반 시민, 교육자, 시민의 숫자가 정확히 무엇을 의미하고, 전체 분모를 어떻게 간주하느냐에 따라 다르게 해석될 여지를 남기고 있다. '한자폐지를 하자는 말을 들엇다는 사람이 시민중에 一천七십八명인데 그중 교육자가四백三십四명'이라는 것은 전체 조사 인원 1천 822명(일반인 1,384+교육자 438) 중에서 일반인은 644명, 교육자는 434명, 총 1천 78명이 당시 한자 폐지론을 인지하고 있었음을 의미한다. 교육자들의 경우 99%(438명 중 434명) 이상이 한자 폐지론에 대하여 알고 있어 매우 높은 관심을 가지고 있었던 데 반해 일반인의 경우 46.5%(1,384명 중 644명)만이 인지하고 있어 그렇게 많은 관심을 보이지 않았음을 알 수 있다. 그런데 '찬성하는시민은 五백四십九명이고 교육자 二백四십六명으로 반수 이상이찬성을 표시하엿다한다'에서 549명의 의미가 전체 찬성 인원인지, 일반인의 찬성 인원인지 불분명하다. 그것이 일반인을 의미한다면 일반인 찬성 549명과 교육자 찬성 246명, 그래서 전체 찬성 인원은 795명이 된다. 하지만 그 바로 앞 문장의 구조와 동일하게 기사가 작성된 것이라면, 총 549명의 찬성 인원 중 교육자가 246명이고 일반인이 303명이다. 그렇다면 교육자의 여론은 반대(188명)보다 찬성(246명)이 높았고 일반인의 여론은 찬성(303명)보다 반대(331명)가 오히려 더 높았던 것으로 해석할 수 있다. 이는 당시 한자 폐지론이 일반인들에게는 절대적 지지와 환영을 받았다는 주장[30)]에 의심을 갖게 한다. 앞의 해석이 맞다고 하더라도,

28) 「한자 폐지를 일반은 찬성」, 『동아일보』, 1946.1.11.

29) 이응호, 「한글만 쓰기 운동」, 『한글 전용으로의 길』(한글학회 50돌 기념사업회), 1971, 61면.

일반인 중 절반 이상이 한자 폐지 주장을 들어본 적도 없다는 사실은 기본적으로 위의 조사만을 가지고 일반인들이 당시의 한자 폐지론을 압도적으로 지지했다는 유력한 증거로 내세우기는 어렵게 한다.

민간인 측의 여론 조사로는 『신천지』에서 언론인과 문인들을 대상으로 설문 조사[31]를 한 적이 있는데, 한자 전폐(全廢)의 가부(可否)를 쓴 뒤 그 이유를 밝히는 것으로 되어 있다. 설문에 응한 20여 명 중 거의 대부분(17명)이 한자 전폐에 부정적 입장을 표명했고 한자 전폐가 가능하다고 대답한 사람은 노천명(시인), 김영수(소설가), 함상훈(정치 평론가), 양재복(『조선일보』 주필), 윤태웅(연희전문 교수) 등 5명뿐이다. 한자 전폐의 이유로 노천명·양재복은 한글이 우리의 고유 문자(고유성)라는 점을, 김영수·함상훈은 한글의 우수성을, 윤태웅은 중국의 예를 들어 문자의 혁명 없이 문화의 발달이 있을 수 없다(한자의 폐해)는 점을 강조했다. 이에 반해 한자 전폐에 반대하는 의견을 표명한 사람들은 '우리 문장의 표현력이 급작히 저하된다'(임화)는 점, '우리의 문화 유산을 기초로 하지 않고 신문화의 건설을 상상할 수 없다'(백남운)는 점, '우리 문화의 일대 혼란이 일어날 뿐 아니라 그 자유스러운 발전을 저해한다'(이원조)는 점, '동양 문화의 주류가 한자에 있다'(임병철)는 점, '한자를 전폐하면 말의 9할은 폐쇄될 것'(김광섭)이라는 점, '조선문화는 한문을 토대로 되었다'(성인기)는 점, '한자와 우리 문화와는 불가분의 관계를 가졌다'(서강백)는 점 등을 그 이유로 들었다. 한자 전폐 반대의 입장을 표명한 사람들의 성향을 보면, 이념적 성향 혹은 정파적 입장과 무관하게 골고루 분포되어 있음을 알 수 있는데, 여기에서 그들은 한자 문제를 무엇보다도 문화적 전통과의 관련성 속에서 파악·접근하고 있다. 당시의 대표적 인 문학자들이라고 할 수있는 그들에게 한자는, 일본어와 달리, 국어에 절대적으로 대립하는 적대적 요소가 아니라 오히려 국어의 일부이자 우

30) 이응호, 『미 군정기의 한글운동사』, 성청사, 1974, 395면.
31) 설문, 「한자 전폐의 가부와 이유」, 『신천지』 창간호, 1946.1.

리 문화의 일부로 인식되었으며, 이런 점에서 한자의 전면 폐지는 우리의 인문학적 전통과의 절연을 의미하는 것으로 받아들여졌다고 할 수 있다. 이처럼 『신천지』 설문 조사에서 한자 폐지에 대한 부정적 답변이 절대적 우위를 차지했던 것은 설문 항목에 '한자 전폐'라는 극단적 단어를 사용했기 때문이기도 했을 듯 하다. 이는 그 어감상 표기 수단으로서의 한자 폐지뿐만 아니라 어휘적 차원에서의 한자어 폐지까지를 지시하는 것으로 받아들여질 수 있는 측면이 다분하기 때문이다. 기존의 한자어를 단순히 한글로 표기하는 수준을 넘어 새로운 말로 바꾸려는 시도는 한자 폐지 반대론자들이 한자 폐지론자들을 비난하고 공격했던 대표적인 사안이기도 했다. 이에 대하여 한자 폐지론자들은 자신들의 주장은 어휘적 차원에서의 한자어 폐지가 아닌 표기 수단으로서의 한자 폐지에 국한된 것임을 누차 강조하였다. 하지만 "요사이 같이 新造語의 亂舞하는 例는 아마도 그 比가 世界에서 드물 것이다. 흔히 漢字卽時撤廢와 無關한 問題라고 辨明하는 이를 보지만 文字論에서 보아 表裏一體가 되는 問題임을 看破하여야 된다. 端的으로 말하면 한글의 發音符號的表記로 意味內容이 把握에 基準이 없어 當然 '풀어 짓기'가 일어나는 것"[32]이라고 지적한 이숭녕은 한자 폐지와 한자어 폐지를 전략적으로 구분하려 했던 한자 폐지론자들의 주장을 일종의 변명에 불과한 것으로 일축하였다. 한자 폐지론의 궁극적 목표가 한글 전용이었고 그 일환으로 한자어를 우리말로 바꾸고자 하는 노력 또한 지속적으로 전개되었다는 점을 생각하면 반대론자들의 비판이 한자 폐지의 진의를 완전히 혼동하거나 왜곡한 것이라고만은 하기 어렵다.

그렇다면 당대의 일상적 언어 생활을 대표적으로 반영한다고 할 수 있는 신문사의 입장은 어떠했을까. 한자 폐지의 실제적인 성과를 내기 위해 조선어학회에서 이에 대한 협조를 신문사에 지속적으로 요청(방문

---

32) 이숭녕, 「한자철폐시비」, 『국제신문』, 1948.12.7~9(신기철, 『한글공문의 기초지식』, 동방문화사, 1949, 50면에 재수록).

과 공문)했음에도 불구하고 별다른 성과를 거두지 못했다[33]는 점을 감안하면 한자 폐지에 대한 신문사의 전반적 태도와 입장은 대체로 부정적이거나 소극적이었던 것으로 보인다. 이를 가늠케 하는 두 편의 신문 사설(『자유신문』, 『조선일보』)이 있다. 다음은 이와 관련한 『자유신문』의 사설 일부이다.

> 今日의 國民의 基本教育인 國民學校에서 이를 廢止한다 함은 過와 不及이 따中이 아니라는 말과 가치 過去에 偏重이 不可한 동시에 廢止도 또한 不可한 것이다. 그 理由로 極히 一般的인 몃 個를 들면 첫재로 日用에 不便하다. 우리는 오래인 漢文文化에 저저왓슴으로 姓名 하나를 쓰려도 漢文이 들고, 문패 하나를 보려도 漢文이 들고, 申告類나 商用去來에도 漢文이 쓰인다. 이것은 길고긴 文化의 흐름으로 不可避의 일이다. 廢止論者 중에는 '그것은 國民學校 外에서 따로 배호면 되지 않느냐' 하기도 하고, 甚至於 '國民學校에서 漢文을 안 가르치면 世上도 따라 오리라' 하나, 이것은 暴君的 論法요 極히 放漫한 論이다.[34]

위 사설은 일상적 언어 현실을 무시한 채 일방적으로 이루어진 '한자 폐지론'이 실제적으로 그 안에 지극히 폭력적이고 독선적인 관점을 내포하고 있음을 강하게 비판하고 있다. 충분한 사회적 의견 수렴 과정이나 합의가 생략되었을 뿐만 아니라 일반 국민의 자발적 요구에 의한 것이라기보다는 조선어학회와 정부의 정책 입안자들 주도에 의해 그것이 결정되고 강행되었다는 사실은 그들로 하여금 그러한 비판에서 결코 자유롭지 못하게 한다. '조선을 알려면 한문을 알어야 한다'와 '우리는 장래에라도 문을 닷고 살 수는 없다'라는 점 또한 한자 폐지에 반대하는 이유로 거론되고 있는데, 이런 점에서 위 신문 사설의 전반적 태도는 한자 폐지 불가의 입장을 분명하게 천명하는 것이라고 할 수 있다. 이에

33) 위의 책, 31면.

34) 「사설－한자 폐지는 불가하다」, 『자유신문』, 1946.2.5.

비해 『조선일보』의 사설은 한자 폐지의 원칙에는 찬성하지만, 그 방법과 과정은 좀더 신중히 고려해야 한다는 입장을 표명하고 있다. 하지만 '현실의 움직임을 떠난 어느 국부적 진리에 사로잡혀서는 안된다'[35]는 점을 강조하면서, 조선어의 일부로 된 한자어까지 인위적으로 우리말로 개변하고자 하는 태도에는 분명한 반대의 입장을 보여주고 있다.

(2) 좌담회 및 문인들의 반응

1946년 1월에 창간된 『대조』지는 그 창간호에 「벽초 홍명희 선생을 둘러싼 문학 담의」라는 제목 하에 문인들의 좌담회 기록을 싣고 있다. 문인들의 대선배격에 해당하는 홍명희(1888~1968)를 초대하여 김남천(1911~1953)과 이원조(1909~1955), 이태준(1904~?)이 문학계의 주요 현안들에 대하여 질문을 하고 그의 의견을 듣는 방식으로 진행되었다. 언제, 어디에서 열린 좌담회인지는 밝히고 있지 않은데, '한자 폐지 문제'와 '언어와 현학적인 언어학자', '횡서에 관한 토의' 등이 토론 주제에 포함되어 있는 것으로 보아, 교과서에서의 한자 폐지와 가로쓰기가 공표된 1945년 12월 8일 이후인 것으로 판단된다. 조선문학건설본부와 조선프로문학동맹이 조선문학동맹으로 통합된 것이 1945년 12월 13일이고, 이듬해 조선문학자대회(1946.2.8~9)를 통해 중앙집행위원장으로 홍명희가 선출되었다는 점을 감안하면 이 모임의 계기와 취지는 조선문학동맹이 결성된 이후 전국 규모의 조선문학자대회를 준비하는 과정에서 그를 문맹 위원장으로 추대하기 위한 것이 아니었나 추측되기도 한다. 김남천, 이원조, 이태준은 임화와 함께 조선문학가동맹을 이끌어간 실질적 주도자였을 뿐만 아니라 조선문학자대회 준비위원이기도 하였다. 한자 폐지와 관련된 문제에 이르러서는 주로 이태준이 질문을 하고 홍명희가 답하는 식으로 진행되고 있는데, 홍명희가 '한자는 구경 폐지되어야

35) 「사설－한자 전폐 시비」, 『조선일보』, 1946.3.4.

한다'라는 확고한 입장을 견지하면서 점진적 한자 폐지론을 펼치고 있는데 반해, 이에 대하여 이태준은 한자 폐지보다는 한자 제한 정도가 어떻겠느냐는 입장을 끈질기게 타진하고 있어 흥미롭다.

李泰俊 : 語彙많기로는 朝鮮말이 世界에서 으뜸이라는데 先生님 생각은 어떠십니까?

碧初 : 확실히 語彙야 많지. 그러나 心理描寫같은 것을 하자면 말의 不足을 切實히 느끼게 되든걸. 그것은 있는 말을 우리가 충분히 活用하지 못하는 罪도 많으니까 日後에는 잠자고 있는 말을 캐내는 것도 文學者의 任務겠지. 그러구 不足한 말은 漢文의 힘을 많이 빌어와야 할 걸. 漢字廢止論이 벌써 論議되고 있다지만 漢字를 廢止하자면 相當한 준비가 있어야할껄. 그렇게 輕輕히 論議할 問題가 아니야. 나는 지금 當場 漢字를 없애자고는 하지 않지만 漢字는 구경 廢止해야할 줄로 믿는 사람이야.

李泰俊 : 廢止보다 漢字 數爻를 制限하면 어떻겠습니까?

碧初 : 아니 制限이니 할 것 없이 아예 廢止해야 해. 廢止해두 좋을 만큼 準備만 하면 고만이거든.

李泰俊 : 우리가 日常 使用하는 漢字數라는 것이 不過 七八百字인데 그것쯤이 中學生이나 專門學生에게 부치는 負擔은 아닌줄 생각하는데요.

碧初 : 처음 얼마동안은 漢文 述語 같은 것은 한글로 쓰고나서 그 밑에 括弧를 치고 漢字를 달다가 차츰 없새지. 가령 직접이니 간접이니 하는 述語는 漢字를 달지 않드라도 누가 다 알어 듣듯이 되잖우?

金南天 : 그러자면 時日이 꽤 오래겠죠.

李泰俊 : 그렇지만 含蓄있는 單語 같은 것은 좀 困難할 것입니다. 例를 들면 觀念的이라는 單語 같은 것. 그런 含蓄的인 것은 敎養 없는 사람은 못 알어들을 것이 아닙니까?

碧初 : 含蓄과 뉴앤스는 한글로 써도 쓰면 쓰는대로 다시 생기지.

李泰俊 : 制限은 必要하겠지오.

碧初 : 制限은 廢止의 전제래야 해.[36)]

---

36) 「좌담회－벽초 홍명희 선생을 둘러싼 문학 담의」, 『대조』 창간호, 1946.1, 75~76면.

한자 문제를 토의하기 위해 이태준이 먼저 거론하고 있는 것은 조선말의 풍부한 어휘력에 대한 것이다. 일제 시대에 발간한 이태준의 『문장강화』(문장사, 1940)는 우리 고유어에 발달한 풍부한 감각어(의음어와 의태어)의 예를 상세하게 서술한 바 있다. 하지만 거기에서 그는 한자어가 가진 특징(聲意二元的)과 장점(함축성, 논리성)에 대해서 또한 상술하고 있는데, 고유어와 한자어를 각각 속어(생활어)와 교양어로 구분하고 '교양인의 사고나 감정을 표현하려면 도저히 속어만으로는 만족할 수 없는 것이다'[37)]라고 하여 사상과 감정의 표현력 측면에서 우리말에서의 한자어 사용의 불가피성을 역설하였다. 글자 한 자 한 자의 적절한 사용과 그에 따른 어감의 미세한 차이까지를 강조한 그로서는 이미 우리말의 한 축으로 굳건히 자리 잡고 있는 한자(또는 한자어)를 폐지한다는 것은 우리말의 전체적 표현력을 현저하게 축소시킬 뿐만 아니라 글쓰는 이의 개성적 표현 혹은 글마다의 다양한 문체 효과를 발휘할 수 있는 여지를 아예 없애 버리는 것은 아닌가 하는 강한 우려가 생길 수밖에 없었던 듯하다. '한자는 구경 폐지되어야 한다'라는 확고한 입장을 보여주고 있는 홍명희 역시 부족한 어휘의 경우 한문의 힘을 빌지 않을 수 없는 우리말의 현실적 사정에 대하여서는 공감을 표명하고 있다. 앞 절에서 살펴본 『신천지』 설문조사에서, 임화가 당장의 한자 폐지론에 반대한 이유 또한 '당장에 한자를 폐지하면 우리 문장의 표현력이 급작히 저하한다'라는 사실을 우선적으로 거론하고 있으며, 김광섭 역시 '한자를 전폐하면 말의 9할은 폐쇄될 것입니다'[38)]라고 한 점 등을 감안하면, 이 시기 이들 문인들에게 한자(한자어)는 우리말에 대립되는 외래어라기보다는 우리말에서 결코 빼놓을 수 없는 중요한 한 축으로 인식되고 있음을 알 수 있다. 다만 이들에게 한자와 한자어는, 별다른 구별 없이, 동일한 의미로 받아들여지고 있는데, 이는 한자 폐지론자들로 하여금 자

37) 이태준, 『이태준 문학전집』 16, 서음출판사, 1988, 70면.
38) 설문, 「한자전폐의 가부와 이유」, 『신천지』 창간호, 1946.1.

신들의 주장이 결코 한자어를 폐지하는 것이 아니라는 사실에 집중하게 된 주된 이유로 작용했다고 볼 수 있다. 이에 비해 홍명희의 경우, 한자 폐지와 한자어 폐지의 차이를 비교적 명확히 구분하여 인식하고 있으며, 괄호 안에 한자를 쓰는 중간 단계를 제시하는가 하면 표음 문자인 한글에서도 얼마든지 함축적인 의미와 말의 뉘앙스가 생길 수 있다는 사실을 지적하고 있어, 당시 한자 폐지론자들의 주장에 더욱 힘을 실어주고 있다. 특히, 한글 횡서 문제와 관련해서는 글자 한 자 한 자를 분해한 '풀어쓰기' 주장에까지도 긍정적 반응을 보이고 있어 이태준을 비롯한 이원조, 김남천보다 훨씬 더 급진적 문자관을 가지고 있음을 알 수 있다.

해방기 가장 대표적인 문학 단체는 조선문학가동맹과 전조선문필가협회, 청년문학가협회 등이라고 할 수 있다. 이들 문학 단체에서 한자 폐지에 대한 공식적 입장을 직접적으로 내놓은 적은 없다. 다만, 조선문학가동맹이 주최한 전국문학자대회(1946.2.8~9)에서 이태준이 「국어재건과 문학가의 사명」이라는 주제로 보고 연설을 한 뒤, 한자 관련 문제의 중요성을 제기하고 이 문제를 연구·토의할 공동기관을 설치할 것을 결정하였는데, 그 결정서 전문은 다음과 같다.

> 國語 問題에 關한 決定書: 漢字 廢止, 或은 制限, 橫書 問題 等 우리 文學뿐 아니라 民族文化建設 上 重大한 關係가 있는 國語 問題는 十數의 意見으로 決定할 것이 아니므로 文化各界의 專門家로 構成된 共同機關만이 決定할 수 있다고 생각한다. 따라서 本 大會는 이 問題의 正當한 解決을 爲해서 同盟은 率先하야 이러한 共同機關設置에 着手하기를 決定하고 거기에 必要한 方針의 作成과 實行을 同盟指導機關에 委任한다. 一九四六年 二月九日 第一回 全國文學者大會[39]

39) 홍구 편, 『건설기의 조선문학』, 조선문학가동맹 중앙집행위원회서기국, 1946.1, 200면.

사실, 위의 결정서가 채택되기 전 날(1946.2.8) 대회 석상에서 발표되었던 이태준의 보고 연설은 위 결정서에 비해 훨씬 더 직접적으로 당시의 한자폐지론자들을 비판하는 내용이 포함되어 있다. 그 중 핵심적인 대목은 "漢字 때문에 우리말이 獨自的 發達을 못했고 漢字 때문에 우리말이 新語, 觀念語, 造作에 自律性을 잃어온 것이 事實이요 그것이 不滿인 것이 事實이나 그렇다고 해서 이미 살아온 民族의 數千年間의 文化歷史를 除外하는 態度로 漢字 以前으로 물러가서까지 言語整理를 하려는것은 不可能한 일이기도 하거니와 學問이기보다 觀念運動인 것이다"[40]라고 한 부분이다. 여기에서 그는 우리말의 독자적이고 자율적인 발달을 저해한 한자의 폐해를 인정하면서도, 그렇다고 해서 문화적 전통의 문제와 언어적 현실의 문제를 고려하지 않은 한자 폐지론은 학문적이거나 과학적인 주장이라기보다는 지극히 감상적이고 관념적인 주장일 뿐이라고 강하게 비판하고 있다. 위 결정서에서 "國語 問題는 十數의 意見으로 決定할 것이 아니므로"라는 구절은 당시 한자 폐지를 결정했던 정책 입안자들을 겨냥한 것으로, 그와는 별도의 '문화 각계의 전문가로 구성된 공동기관'을 설치하자는 것은 결국 한자 폐지 결정에 대한 전면적 재검토를 주장하는 것이라고 할 수 있다. 그럼에도, 이 대회에서 한자 폐지에 대한 직접적인 반대 입장을 결의하기보다는 우회적 비판에 머무르면서 이 문제에 대한 좀더 신중하게 연구·토의할 '공동 기관'을 설치하기로 결정한 것은 '한자 폐지 반대'를 조선문학가동맹의 공식적 입장으로 대내외적으로 표방하기에는 여러 가지로 부담스러운 측면이 있었을 것이고 이 대회에 앞서 가진 좌담회에서 한자 폐지를 적극적으로 지지했던 홍명희(중앙집행위원장)의 견해 또한 함부로 무시할 수 없었으리라는 추측 또한 가능케 한다. 하지만 이후 조선문학가동맹이 한자 폐지를 비롯한 국어 문제를 토의하기 위한 공동 연구 기관을

40) 이태준, 「국어 재건과 문학가의 사명」, 『건설기의 조선문학』, 조선문학가동맹, 1946.6, 175면.

설치·운영했다거나 어떤 독자적 움직임을 보여주었다는 기록은 찾아볼 수 없다. 급박하게 전개된 당시 정치적 혼란 속에서 이 문제는 다른 산적한 현안들에 밀려 유야무야 되었던 것으로 보인다.

3. 결론

민족국가 수립이라는 당시 역사적 과제 앞에서 '민족어로서의 모국어 회복 운동'은 좌·우익의 정치 이념적 대립을 떠나 찬·반 이론의 여지가 있기 어려운 것이었다. 모국어 상실 위기로까지 치달았던 식민지 경험은 민족의 운명과 언어의 운명을 동일시하게 된 계기가 되기에 충분했다. 훼손된 모국어의 회복을 통해 민족 정신을 보존할 수 있고 민족 국가의 기반을 확립할 수 있다는 믿음은 자연스럽고 당연한 것으로 여겨졌다. 일제 시대를 거치면서 우리말에 침투한 일본어의 잔재를 청산하고 민족어로서의 순수한 모습을 되찾기 위해 조선어학회를 중심으로 전개된 '모국어 회복 운동'은 정부 차원의 어문 정책에 그대로 반영됨으로서 이때부터 우리말과 글은 국어로서의 지위와 위상을 부여받고 본격적으로 규범화, 제도화되기 시작했다고 할 수 있다. 여기에서, 특기할 만한 점은 우리말과 글을 규범화하고 제도화하는 과정에서의 이 시기 어문운동의 중요한 초점과 방향이 '한글'이라는 문자의 문제로 집중되었다는 점이다. 이는 그것이 우리의 고유한 글자라는 사실로 인하여 민족어로서의 대표적 상징 효과를 가지고 있었다는 이유와 함께 입말에 비해 글말이 제도적이고 규범적인 성격이 강한 탓에 조직적이고 대중적인 계몽 운동을 펼치기에 글말을 통한 사업이 더욱 효과적이고 용이하다는 점 때문이기도 할 것이다. '한글'이라는 우리만의 글자를 가졌다는 사실은 '한글'이 곧 우리말이라는 인식으로 이어졌고, 해방 직후 한글 문맹률이 78%에 이르렀다는 사실은 무엇보다도 한글 보급의 필요성을 절감하게 만들었다.

계몽적이고 대중적인 성격이 강했던 '민족어로서의 모국어 회복 운동'과 '한글보급운동'이 군정 당국과의 긴밀한 협조 관계 속에서 별다른 저항 없이 순조롭게 진행되었던 반면, 이 시기 어문운동에서 가장 큰 논란에 휩싸이게 된 것은 한자 폐지론이었다. 당시 한자 폐지론자들은 구시대의 봉건적 유물이자 지배 계층의 문화를 형성했던 한자를 폐지하고 민중 지향적이고 근대 지향적인 새로운 문자 혁명을 주창했다는 점에서 문자 정책과 관련하여 혁신적 개혁주의자라고 할 수 있다. 특히, 과거 한글의 원래 형태나 모습에 굳이 매달리거나 집착하지 않고 '가로쓰기'와 '풀어쓰기'와 같은 한글 자체의 과감한 혁신까지 주장할 수 있었던 것은 그들이 실생활에서의 편리와 유용성을 중시하는 실용적 과학주의에 토대하고 있었기 때문이다. 한글을 창제한 세종대왕의 위대성과 한글의 민족적 고유성에 대한 강조는 당시 시대적 분위기 속에서 명분론적인 정당성을 얻기에 무엇보다 유리했기 때문에 상징적으로 앞세워진 것이라고 할 수 있다. 이에 반해 한자 폐지 반대론자들의 우려와 비판은 당시의 급작스러운 한자 폐지 결정이 언어적 현실과 문화적 전통에 대한 충분한 고려와 준비없이 정책 입안자들에 의하여 무모하고 성급하게 결정되었다는 점으로 모아진다. 당시 일반 국민의 여론과 언론사, 그리고 문인들의 반응 역시, 한자 폐지에 대해 절대적 지지와 환영을 보냈다고만은 하기 힘들다. 이와 관련된 문인들의 발언을 살펴보면, 이들에게 한자(또는 한자어)는 우리말에 대립되는 외래어라기보다는 우리말에서 결코 빼놓을 수 없는 중요한 한 축으로 인식되고 있음을 알 수 있다. 한자(또는 한자어)가 우리말의 한 축을 차지하고 있는 이상, 한자(또는 한자어)를 폐지한다는 것은 우리말 전체의 표현력을 현저하게 감소시킬 뿐만 아니라 글쓰는 이의 독자적 개성과 다양한 문체적 효과를 감쇄시킬 수밖에 없다는 점에서 당장의 한자 폐지는 받아들이기 어려웠다고 할 수 있다. 이 때, 한자와 한자어는 이들에게, 별다른 구별 없이, 동일한 의미로 사용되고 있음을 알 수 있는데, 이는 당시 한자 폐지론자들로 하여금 한자 폐지와 한자어 폐지를 전략적으로 구분하여 자신들의 주장이 결코 한자어를 폐지하자는 것이 아니라는 사실에 집중하게 된 주된 이유로 작용했다고 할 수 있다. 하지만 한자 폐지론자들의 궁극적 목표가 한글 전용이었고 그 일환으로 한자어를 우리말로 바꾸고자 하는 노력 또한 지속적으로 전개되었다는 점을 생각하면 한자 폐지 반대론자들의 우려와 비판이 그 진의를 완전히 혼동하거나 왜곡한 것이라고만은 간주하기 어렵게 한다.

조선문학가동맹과 전조선문필가협회, 청년문학가협회 등 해방기 문학 단체 중 한자 폐지에 대한 공식적 입장을 직접적으로 표명한 것은 없다. 다만, 조선문학가동맹이 주최한 전국문학자대회(1946.2.8~9)에서 한자 관련 문제의 중요성을 제기하고 이 문제를 연구·토의할 공동기관을 설치할 것을 결정한 바 있다. 이는 당시 한자 폐지를 결정했던 정책 입안자들을 겨냥한 것으로, 별도의 '문화 각계의 전문가로 구성된 공동기관'을 설치하자고 한 것은 결국 한자 폐지 결정에 대한 전면적 재검토를 주장한 것이라고 할 수 있다. 하지만, 이후 조선문학가동맹이 한자 폐지 문제와 관련한 더 이상의 어떤 구체적인 활동을 전개했다는 기록은 찾아볼 수 없다. 급박하게 전개된 당시 정치적 혼란 속에서 이 문제는 다른 산적한 현안들에 밀려 유야무야되었던 것으로 보인다. 이 시기 자료를 통해 본 당시 언론과 문인들의 일반적 반응은 한자 폐지에 대한 절대적 지지와 옹호보다는 그에 대한 우려와 반대의 목소리가 훨씬 우세했다고 할 수 있다. 하지만, 그러한 논의와 대립 과정을 거치면서 한자 폐지와 한글 전용은 언젠가는 완수되어야 할 국가적 어문 정책의 방향과 목표로 결정적으로 인식되기 시작했다고 할 수 있을 것이다.

참고 문헌

김민수, 『국어정책론』, 고려대 출판부, 1973.

_____, 『신국어학사』(전정판), 일조각, 1990.

문교부, 『우리말 도로찾기』, 조선교학도서주식회사, 1948.

_____, 『한자 안쓰기의 이론』, 조선교학도서주식회사, 1948.

이영철, 「틀리기 쉬운 말」, 조선아동문화협회, 1947.

이응호, 『미 군정기의 한글 운동사』, 성청사, 1974.

신기철, 『한글 공문의 기초 지식』, 동방문화사, 1949.

정태진, 『한자 안 쓰기 문제』, 아문각, 1946.

조윤제, 『국어교육의 당면한 과제』, 문화당, 1947.

최경봉, 『우리 말의 탄생』, 책과함께, 2005.

최현배, 『글자의 혁명』, 군정청 문교부, 1947.

한글학회 50돌 기념사업회, 『한글학회 50년사』, 한글학회, 1971.

__________________, 『한글 전용으로의 길』, 한글학회, 1971.

허만길, 『한국 현대국어정책 연구』, 국학자료원, 1994.

홍 구 편, 『건설기의 조선문학』, 조선문학가동맹 중앙집행위원회서기국, 1946.

황선영, 『탈식민지화 과정에서의 언어적 민족주의에 대한 연구』, 연세대 석사논문, 1998.